궁극의 군대

TECHNOLOGY AND THE AMERICAN WAY OF WAR SINCE 1945

궁극의 군대

미군은 어떻게 세계 최강의 군대가 되었나

토머스 G. 맨켄

김수빈 옮김

미지북스

차례

여기 미군의 두 고위급 장교의 발언이 있다. 두 발언 사이에는 30년 이상의 간극이 있으며, 우리는 이를 통해 미국의 전쟁 방식에서 기술이 수행한 역할을 알 수 있다. 첫 번째는 베트남전쟁이 한창이던 1969년, 윌리엄 웨스트모어랜드 대장의 발언이다. 두 번째는 새천년이 밝아오던 2000년, 윌리엄 오언스 제독의 발언이다.

미래의 전쟁에서는 데이터 링크와 컴퓨터를 이용한 정보 평가, 자동화 력통제체계를 사용해 적을 찾아내고 추적하는 동시에 조준까지 할 수 있게 될 것입니다. 초탄 명중률이 100퍼센트에 가까워지고 지속적으로 적을 추적할 수 있는 감시 장비를 실전에 배치한다면 대규모 병력의 필요성은 줄어들 것입니다.[1]

저는 미군이 현재 사용할 수 있는 기술과 개발 중인 기술이 우리가 군사 작전을 수행하는 방식에 혁명을 일으킬 것이라고 믿습니다. 이 기술로 어느 때 어떤 날씨에서도, 이라크와 한반도처럼 폭이 300킬로미터가 넘는 전장에서도, 전례 없을 정도로 정확하고, 쉽고, 빠르게 상황을 파악할 수 있을 것입니다. 이는 미래의 전쟁에서는 야전 지휘소에 있는 육군 군단 지휘관이 전체 전장의 3차원 영상을 실시간으로 볼 수 있다는 뜻입니다. (……) 지휘관은 적 부대의 위치와 활동을 정확히 알 수 있을 것입니다. 적이 움직임을 숨기기 위해 야간 또는 악천후에 이동하거나 산속 또는 숲속에 숨어 있더라도 마찬가지입니다. 또한 지휘관은 아군에 대한 정보와 움직임도 즉시 알 수 있습니다. 공중폭격과 포격, 그리고 보병 공격을 거의 동시에 지시할 수 있어 적의 어떠한 공격 시도도 무력화할 수 있을 것입니다.[2]

의심할 바 없이 이 두 발언은 미국의 국방 계획을 움직여온 원동력인 기술에 대한 낙관론을 피력한다. 웨스트모어랜드의 발언은 미군을 센서와 정밀 타격을 중심에 두고 개편해야 한다는 근래의 논의가 새롭지 않으며, 수십 년 역사를 자랑하는 사고방식임을 일깨워준다. 또한 이들 발언은 기술 개발과 획득에서 낙관적인 예측이 자주 빗나간다는 사실을 입증하기도 한다. 실제로 전쟁의 불확실성을 없애기 위한 기술의 획득과 이용은 1960년대나 지금이나 요원하다.

나는 이 책에서 2차 대전 이후 60년 동안 미합중국 군대의 문화가 기술과 어떻게 상호작용했는지를 탐색한다. 기술은 몇몇 경우(특히 핵무기와 장거리탄도미사일) 각 군의 모습을 바꾸어놓기도 했지만, 사실은 각 군이 나름의 목적에 따라 기술을 변용한 경우가 더 많았다는 것이 나의 주장이다. 실제로 기술이 각 군의 정체성을 위협했을 때도 각 군의 문화는 이에 유연하게 대처했다. 나는 전략적 환경(주로 소련과의 경쟁에서)이 어떻게 기술과 조직 문화를 변화시켰는지도 살펴볼 것이다.

이러한 환경과 조직 문화, 그리고 기술은 종종 놀라운 방식으로 상호작용했다. 예를 들어 중부 유럽에서 발발하는 전쟁을 상정한 전장 기동성의 필요성은 미 육군의 기병대 문화와 헬리콥터 기술과 결합하여 베트남전쟁에서 중요한 역할을 수행했던 공중기동사단^{airmobile division}들을 낳았다. 또한 미국의 항공모함 전단에 대한 소련 폭격기의 위협은 미 해군의 분산된 지휘권 문화와 정보 기술의 빠른 성장과 결합하여 네트워크 중심전^{network-centric warfare}이라는 개념을 낳았다. 이와 비슷하게 중부 유럽에서 소련의 기갑 전력을 저지해야 할 필요성은 정밀 무기의 개발로 이어졌는데, 이 정밀 무기는 정작 소련이 붕괴하고 나서야 완성되었다.

미 육군 제1기병사단은 헬리콥터를 위시한 기술을 적극적으로 받아들여 스스로를 공중기동사단으로 탈바꿈했으나 기병대의 전통을 기리는 측면에서 여전히 기병 분견대를 유지하고 있다. © U.S. Army photo by Pfc. Phillip Turner

전략 문화와 미국의 전쟁 방식

한 사회와 그 사회가 전쟁을 치르는 방식에 연관이 있다는 관념은 유서가 깊다. 『펠로폰네소스전쟁사』에서 투키디데스는 스파르타 왕 아르키다모스와 아테네 장군 페리클레스가 군대의 역량을 자국의 기질과 연관 지었다고 쓴다.[3] 20세기 초반 줄리언 코벳은 전략적 사고를 두고 독일의 '대륙파'와 영국의 '해양파'를 구분한다. 대륙파는 육지 세력 간의 전쟁에 집중하는 데 비해 해양파는 해양 세력과 육지 세력 간의 전쟁에 집중한다.[4] 바실 H. 리델 하트는 코벳의 주장을 더 다듬어, 역사적으로 영국은 전쟁에 대해 독특한 접근법을 따랐다고 기술한다. 육지에 자원을 집중하는 것을 피하고 해양력을 이용해 상대를 경제적으로 압박하는 방식을 취했다는 것이다.[5]

한 나라가 전쟁을 치르는 방식은 지리적, 사회적 특성에서 비롯되며 비교 우위를 반영한다.[6] 이는 그 나라가 과거에 효과적으로 사용했던 접근법을 반영한다. 이러한 접근법은 만고불변은 아니나 발달 속도는 느리다. 예를 들어 영국이 역사적으로 해양력과 간접 전략을 선호했고, 대규모 군대를 유지하는 걸 회피해왔다는 사실은 우연이 아니다. 이스라엘의 좁은 국토와 수는 적지만 교육 수준이 높은 인구, 그리고 기술적 능력은 전략적 선점strategic preemption과 공격 작전, 주도권, (점차) 고등 기술을 강조하는 전략 문화를 낳았다.[7] 오스트레일리아의 지리적 위치와 해양적이라기보다는 대륙적인 정체성, 그리고 국가 형성기의 군사적 경험은 오스트레일리아의 전쟁 방식에 영향을 미쳤다.[8]

미국만의 독특한 전쟁 방식이 있다는 생각은 러셀 위글리가 쓴 『미국의 전쟁 방식』과 연관이 있다.[9] 이 책에서 위글리는 남북전쟁 이후 미군은 전투에 대한 독특한 접근법을 추구했다고 주장한다. 즉 미군은 화력을 퍼부어 적을 섬멸하는 전쟁을 선호한다는 것이다. 그에 따르면 미국의 전쟁 방식의 주된 특징에는 전쟁의 모든 측면에서 보이는 공격성, 결정적 전투의 추구, 그리고 모든 자원을 투입하고자 하는 욕망이 포함된다. 반면 제한적이거나 불분명한 목적을 위해 제한된 수단을 사용하는 전쟁은 불편하게 여겨왔다.

위글리의 저술은 미군이 '바라는' 전쟁 방식에 대한 서술로 보는 것이 적절하다. 미국의 군사적 경험은 위글리가 말하는 것보다 훨씬 다채롭다. 브라이언 M. 린이 지적했다시피 미군은 사실 섬멸보다는 소모 전략을 선호해왔다. 게다가 미국은 역사적으로 억제와 제한적 목표를 위한 전쟁을 비롯해, 위글리의 저서가 설명하는 것보다 훨씬 다양한 전략을 추구해왔다.[10] 린을 비롯한 다른 학자들은 미군이 소규모 전쟁을 치르고 반군을 상대한 풍부한 전통이 있다고 지적한다. 심지어 맥스 부트는 이러한 전통을 대안적인 미국식 전쟁 방식으로 제시하기까지 했다.[11]

전략 문화

미국의 전략 문화에는 몇 가지 지속적인 특징이 있다. 예를 들어 미국은 오랫동안 정치적 목적을 완벽하게 달성하기 위한 전쟁 수행을 무엇보다 선호했다.[12] 남북전쟁 당시, 에이브러햄 링컨 대통령과 율리시스 S. 그랜트 장군은 남부군을 완전히 격파하기 위해 싸웠다. 1차 대전 당시 미국 원정군 지휘관이었던 존 J. 퍼싱 대장은 우드로 윌슨 대통령이 협상을 통한 종전을 모색했음에도 독일제국의 무조건 항복을 받아내기 위한 정책을 선호했다.[13] 2차 대전 당시 프랭클린 D. 루스벨트와 휘하 지휘관들은 모두 한마음으로 전쟁을 시작한 독일, 일본, 이탈리아 정부를 완전히 무너뜨리기 위한 전쟁을 이끌어야 한다고 여겼다. 오늘날 진행 중인 알카에다와 조력자들에 대항하는 전쟁에서도 협상을 통한 해결을 원하는 감정은 찾을 수 없다.

미국인들은 끝장을 볼 때까지 싸우기를 선호했던 만큼이나 제한된 정치적 목적을 달성하기 위한 전쟁에는 불편해했다. 한국전쟁과 베트남전쟁에서 공히 미국의 군사 지도자들은 단지 현재 상태를 유지하거나 복원하기 위해 싸운다는 생각에 냉담했다. 더글러스 맥아더 대장은 한반도에서 공산군에 대한 완전한 승리 말고는 죄다 '타협책'이라고 여겼다.[14] 이와 비슷하게, 베트남에서 미국이 실패한 이유에 대한 일반적인 (그리고 미국의 장교들 사이에서 가장 인기 있는) 설명은 이러하다. 시민들이 반전운동 등으로 개입하지 않았더라면 미군이 이겼을 것이다.[15]

정치적 목적을 완전히 달성하기 위한 전쟁을 수행하려는 욕망은 미국의 적들을 악마로 묘사하는 경향과 연관된다. 이러한 시각은 미국 역사의 산물이다. 20세기를 거치면서 미국은 일련의 전제 정권들과 싸웠다. 히틀러의 독일과 김일성의 북한, 사담 후세인의 이라크와 슬로보단 밀로셰비치의 세르비아까지 다양했다. 하지만 무력 사용을 지지하도록 대중을 결집시킬 필요성과 제한된 목적을 달성할 필요성 사이에서는 분명 갈등이 빚어진다. 미국의 적들을 악마로 묘사했던 정치 지도자들은 미국이 전쟁을 끝까지 수행하지 않았을 때 종종 역풍을 맞았다. 예를 들어 조지 H. W. 부시 대통령의 조언자들은, 그가 사담 후세인을 아돌프 히틀러에 빗대었을 때 화를 냈다. 이런 발언은 1991년 걸프전쟁을 수행하는 데 악재가 될 것이라고 보았기 때문이다.[16] 미국은 적어도 악마 같아 보이지는 않는 적들과 싸울 때 어려움에 맞닥뜨렸다. 비록 호치민이 잔혹한 공산주의 정부의 수장을 맡고 있었지만 북베트남의 선전가들과 베트남전쟁을 반대하는 미국인들은 그를 친절한 '호 아저씨Uncle Ho'로, 심지어 현대의 조지 워싱턴 같은 인물로 묘사할 수도 있었다. 그러므로 미국이 테러와의 전쟁에서 싸웠던 인물이 미국의 모든 것을 뼛속까지 증오하며, 미국인에게 호감을 얻으려는 어떠한 노력도 기울이지 않았던 오사마 빈 라덴이었다는 것은 다행이었다.

발달한 기술에 의존하는 경향은 적어도 2차 대전 이후 미국의 전쟁 방식의 중심축이 되었다. 근래의 역사에서 미국보다 전쟁을 기획하고 수행하는 데 기술의 역할을 더 강조한 나라는 없다. 미국은 2차 대전에 자체 과학과 기술을 대규모로 동원했으며, 이는 원자탄의 제조와 투하로 결실을 맺는다. 냉전을 수행하는 데에도 기술은 중요한 역할을 했다. 미국은 기술을 통한 질적 우위를 점해 소련과 동맹국들의 수적 우위를 상쇄하려 했기 때문이다. 냉전 이후에 이라크, 구 유고슬라비아, 아프가니스탄에서 수행한 전쟁에서 미군은 우방과 적국을 막론하고 기술 우위를 확실히 보여주었다.

비록 미군이 기술을 선호하지만 이러한 시각이 도전을 받지 않은 것은 아니다. 이와 반대로 민간과 군사 지도자들, 국방 전문가들은 여러 차례 발달한 기술에 의존하는 정책에 이의를 제기했다. 한쪽에는 (노골적으로든 에둘러서든) 기술이 전쟁 승리의 열쇠라고 주장하는 기술 애호가들이 존재해왔다. 반대편에는 미국 군대가 기술에 매혹되어 있다고 비난하는 현대의 기술 배척자들이 있다.

1940년대와 1950년대에 기술 애호가들은 핵무기의 등장이 전투에 혁명을 초래했다고 주장했다. 반면에 핵무기는 매우 효과적인 공중폭격 또는 화력지원 수단에 지나지 않는다고 생각했던 이들도 있었다. 이들에게 핵무기는 군에 새로운 역할과 임무를 부여하지 않으며, 기존 임무를 더 효과적으로 수행할 수 있게 해주는 도구일 뿐이었다. 1970년대와 1980년대에 기술 애호가들은 스텔스와 정밀유도무기를 비롯한 새로운 기술 개발을 지지했다. 이들에 대항한 군 개혁 운동가들은 덜 복잡한 무기 체계를 더 많이 조달해야 한다고 주장했다. 정보IT혁명이 전쟁의 성격과 수행 방식에 대한 중대한 변화를 암시하는가를 둘러싸고 논쟁이 벌어지는데, 이는 앞서 설명한 의견 대립의 최근 사례에 지나지 않는다.

2003년 이라크전쟁과 이로 인한 여파는 논쟁을 벌이는 양쪽 진영에 실탄을 제공했다. 정밀유도무기나 무인 항공기, 지휘통제체계와 같은 발달한 기술은 미국과 연합군이 사담 후세인 정권을 신속하게 무너뜨리는 데 기여했다. 반면, 후세인 정권의 전복 이후 등장한 반군 세력에 대해 기술은 해결책을 제시하지 못했다.

양쪽의 관점 모두 결함이 있다. 기술 애호가들은 전략의 비물질적인 차원을 무시한다는 비난을 받을 수 있다. 기술적인 능란함은 전략적 명민함을 대체할 수 없다. 또 뛰어난 기술력은 오만을 낳을 수 있다. 반면 기술 배척자들은 기술의 이점을 과소평가한다는 비난을 받을 수 있다. 아무리 기술이 중요하지 않다고 주장하더라도 최신 M1 에이브럼스 전차를 적의 전차(그중 가장 좋은 것이라 할지라도)와 바꾸려고 할 군인은 없을 것이다.

콜린 그레이가 관찰했듯이, 전략 문화는 좋거나 나쁜 것이 아니며 전략적 행위의 맥락을 보여주는 것이다.

현존 최강의 전차인 M1-A1 에이브럼스 전차. © U.S. Navy photo by Photographer's Mate 1st Class Brien Aho

미국의 주요한 전쟁 방식에서 두드러지게 나타나는 기계적 사고 자체는 순기능도 역기능도 초래하지 않는다. 이러한 경향 때문에 미국이 정치나 평화보다는 기술적인 수단에 의지하고, 기술적인 것이 정치적 맥락을 무시하고 전술을 좌우한다면 이는 역기능을 초래한다. 하지만 전략과 전쟁의 기술적 차원을 신중하고 혁신적으로 이용한다면 이는 매우 값진 자산이 될 수 있다.[17]

미국이 전통적으로 전쟁을 수행할 때 보인 기술에 대한 의존은 물론 성공 비결이 아니다. 기술은 전략적 사고를 대체할 수 없다. 미국은 베트남전쟁에서 상대에 비해 (적어도 대부분의 분야에서) 상당한 기술적 우위를 누리고 있었지만 패배했다. 이는 정치적 목적 달성에 적절한 전략을 수립하는 데 실패했기 때문이다.

1990년대 미국 정부는 근본적으로 정치적인 문제들(테러리즘이나 인종 폭력 같은)을 해결하기 위해 공중이나 해상에서 발사하는 정밀유도무기를 비롯한 기술의 사용을 점차 고려했다. 발달한 기술을 선호하는 워싱턴의 취향 또한 어떤 이들에게 미국이 군인이나 민간인의 사망을 초래하지 않고도 무력을 행사할 수 있을 거라는 환상을 심어주었다. 그리고 미국의 적들에게는 이러한 기술 선호가 사상자 발생을 피하려 한다는 인상을 심어주었다. 일례로 후세인은 하이테크 전쟁을 미국의 강점이 아닌 약점의 징후로 보았다.[18]

군종별 문화

미국의 전략 문화는 분명한 특징이 있으며, 군종별로도 독특한 문화가 자리 잡고 있다. 각 군의 역사에 의해 형성된 이러한 문화는 결국 현재와 미래의 행동에 영향을 끼친다.[19] 각 군의 문화는 수백만 명의 군인들이 수십여 년에 걸쳐 쌓아왔으며, 사회적이고 직업적인 유인의 연결망을 통해 뒷받침되기 때문에 바뀌기가 쉽지 않다. 사람들은 추상적인 '군대'에 지원하는 게 아니라 미 육군, 미 해군, 미 공군 그리고 미 해병대에 지원한다. 그들이 특정 군에 지원하는 이유는 해당 군의 가치와 문화에 동질감을 느끼기 (혹은 이를 원하기) 때문이다. 그래서 합동성을 강화하기 위해 제정되었던 골드워터-니콜스법이 통과된 지 20년이 훨씬 넘었음에도 불구하고 한 장교의 관점을 결정짓는 가장 중요한 요인이 계급이나 나이, 실전 경험이 아닌 소속 군종이라는 사실은 놀랍지 않다.[20]

많은 경우 장교들에게 군종별 정체성은 특기별 정체성보다 중요하다. 예를 들어 조종사라고 다 같은 조종사가 아니다. 공군 조종사들의 문화적 태도는 해군 조종사와는 상당히 다르다.[21] 육군 보병 장교들의 시각도 해병대 보병 장교들과는 상당히 다르다.[22]

군종별 문화는 기술에 대한 태도에서도 드러난다. 예를 들어 모든 미군이 기술에 동등하게 의존하진 않는다. 해전이나 공중전에 당연히 더 많은 기술이 집중되기 때문에 해군과 공군은 전쟁에서 기술의 역할을 강조하는 편이다. 반면 육군과 해병대는 인적 요소를 강조하는 편이다. '공군과 해군은 사람이 장비를 다루는 것을, 육군과 해병대는 장비를 사람한테 장착하는 것을 논한다'는 군대 속담도 있다.

그러므로 육군과 해병대 장교들이 해공군 장교들에 비해 기술이 전쟁의 성격과 수행에 미치는 영향에 회의적인 편이라는 사실은 그리 놀라운 일이 아니다.[23]

각 군은 구조가 다르고, 주도하는 집단도 다르다. 해병대와 공군이 하나의 지배적인 하위 집단에서 나오는 강력한 지도자들이 존재하는 '군주제'에 가깝다면, 육군과 해군은 다양한 하위 집단에서 나오는 덜 강력한 지도자들이 존재하는 '봉건제'에 가깝다.[24] 또한 각 군은 각자 가장 소중히 여기는 특유의 '제단'이 있다.[25] 이러한 특징은 결국 각 군이 기술에 어떻게 접근하는지, 또 기술이 어떻게 각 군에 영향을 미치는지를 결정하는 요인의 하나다.

미 해병대는 일원화된 군주제적 조직이다. 미군의 군종 가운데 가장 규모가 작으며, 가장 결집력이 높다. 해병대의 기풍은 모든 해병은 동일하며, 모든 해병은 소총수라는 관념에 기반을 둔다. 해병대는 보병부터 포병과 기갑, 항공에 이르기까지 모든 전투병과를 갖추고 있음에도 역대 해병대 사령관 10명 모두 보병 출신이었다.

또한 해병대는 미군 가운데 전통과 현상 유지에 가장 헌신하는데, 이는 의식적으로 역사를 공부하면서 강화된다. 해병대는 사관후보생 교육대Officer Candidate School에서 유일하게 역사를 가르치는 군종이다.

해병대의 전통과 순응에 대한 강조는 군복에서 분명하게 드러난다. 다른 군종들에 비해 해병대 군복은 2차 대전 이후로 가장 덜 바뀌었다. 이는 해병대의 순응 윤리를 반영하는 것이다. 가슴에 금빛 항공 휘장을 다는 조종사들을 제외하면, 군복만으로 해병의 주특기를 구분하기란 불가능하다.

해병대는 다른 군종에 비해 기술을 가장 낮게 평가한다. 부분적으로 이는 전사 개개인을 전투의 중심에 놓고 생각하는 문화의 결과다. 또한 역사적으로 기술에 투자할 돈이 가장 적었다는 사실도 원인 중 하나다. 얼마 전까지도 해병대는 자신들이 사용할 장비의 대부분을 육군과 해군이 개발하게 하고는 필요한 만큼만 도입하고 적응했다. 그래서 이후의 장에서는 해병대가 가장 적게 거론된다.

육군의 권력은 전통적인 전투병과인 보병, 기병/기갑, 그리고 포병이 공유한다. 참모총장 자리는 이들 전투병과 출신 장교들이 돌아가며 맡는다. 2008년 참모총장인 조지 케이시 대장은 보병 장교이다. 그의 전임자 10명 중 4명이 보병, 3명은 포병, 2명은 기갑, 그리고 1명은 특전대 출신이었다.[26]

해병에게는 해병대 정체성이 무엇보다도 중요하다. 그에 비해 육군은 병과 정체성에 큰 중요성을 부여한다. 칼 빌더의 말을 빌리면, 육군은 "서로 돕는 길드guild들로 이루어진 형제단brotherhood이다. 여기서 길드와 형제단, 두 단어 모두 중요하다. 육군의 전투병과는 지위나 소유물이 아닌 자신의 능력에 가장 큰 자부심을 느끼는 장인들의 조합인 길드와 같다. 이 길드들은 형제단 속에서 서로 연결되어 있는데, 형제처럼 공동의 가족적 유대(육군)를 추구하며 전투에서 서로에게 의존한다는 점을 인식하기 때문이다".[27] 해병대와 달리 육군 장교의 병과 정체성은 군복에서 찾을 수 있다.

육군은 기술을 기존 병과 구조에 흡수하는 경향을 보여왔다. 예를 들어 헬리콥터를 폭넓게 받아들이자 새로운 병과를 만들기보다는 기갑 병과 범주에 회전익 항공기를 포함했다.

해병 장교들과 마찬가지로 육군 장교들 또한 자주 기술은 전투에서 부차적인 역할을 수행할 뿐이라고 말한다. 그러나 사실 육군은 전통적으로 고급 기술을 높이 평가했다. 이후의 장에서 보겠지만 육군 지도자들은 일관되게 고급 기술을 가상의 적에 대한 비교 우위를 안기는 요소로 간주했다.

기술은 선천적으로 지상군에 비해 해상군에게 더 중요하다. 해군은 본질적으로 적대적인 환경에서 작전을 수행하며, 선원들은 태곳적부터 이런 환경으로부터 자신을 보호하기 위해 조선 기술에 의존해왔다. 이는 기술의 중요성을 인정하는 태도뿐만 아니라 새로운 것보다는 입증된 것을 높이 사는 태도를 낳았다.

20세기 미 해군은 이른바 군주제적 조직에서 봉건제적 조직으로 진화했다. 20세기가 막 시작되었을 당시만 해도 해군은 바다 위에 떠 있는 선단만 보유하고 있을 뿐이었다. 그러나 20세기 들어 해상 항공기와 잠수함 전력이 개발되었고, 이를 통해 해군의 구조는 근본적으로 바뀌었다. 육군은 새로운 전쟁 방식을 기존 병과에 흡수한 반면, 해군은 항공기와 잠수함이 등장하자 새로운 병과를 추가하고 진로를 개발하는 식으로 대응했다. 결국 해군의 주도적인 병과들은 해상함, 잠수함 그리고 항공이 되었다. 이 세 병과가 집단적으로 해군을 통제한다. 역대 10명의 해군 참모총장 가운데 셋은 조종사였고, 넷은 해상함 전투 장교였으며, 나머지 셋은 잠수함 장교였다.[28]

공군은 유인 항공 기술에 기원을 두고 있으며, 유인 항공 기술에 의해 계속 정의되고 있다. 공군은 조종 특기와 비조종 특기로 구분되며, 다양한 종류의 조종사들로 구성되어 있다. 전투 조종사들은 공군의 20퍼센트에도 미치지 않지만 공군의 탄생 이래 지금까지 공군을 주도해 왔다.[29] 1947년부터 1982년까지 공군 참모총장은 언제나 폭격기 조종사였으며, 1982년 이후에는 항상 전투기 조종사였다.

전략 환경

기술과 군종별 문화는 진공 속에서 상호작용하지 않으며, 공히 전략 환경의 영향을 받는다. 이 책에서 다루는 대부분의 기간에 미국이 새로운 무기를 개발하고 배치한 이유는 바로 소련의 위협 때문이었다. 소련의 핵 공격을 억제하고 바르샤바조약 동맹국에 맞서 서유럽을 지키는 임무는 중대한 과제였으며, 기술은 이에 대한 해결책을 제시할 것처럼 여겨졌다. 냉전 중에 민간·군사 지도자들은 미국의 기술 우위가 숫자는 더 많지만 기술적으로는 덜 복잡한 소련의 무기들에 대해 비교 우위를 제공한다고 보았다.

놀랄 것도 없이 냉전은 미합중국 군대에 영향을 끼쳤다. 소련과 장기간 경쟁하지 않았더라면 미국은 전진 배치된 다목적 기갑 전력과 기계화 전력, 수만 기의 핵무기와 1,000기가 넘는 대륙간탄도미사일ICBM, 그리고 고도로 발달된 전략정찰기와 인공위성들을 개발하지 않았을 것이다. 또한 냉전은 미합중국 군대의 규모와 형태를 결정짓는 데도 도움을 주었을 뿐만 아니라 각 군별로 어느 부문이 더 중요한지를 결정하는 데 영향을 끼쳤다.

냉전의 전반기에는 전략핵 폭격이 중요했기에 전략공군사령부Strategic Air Command와 폭격기를 조종했던 장군들이 미 공군을 장악했다. 냉전 후반기에는 베트남전쟁의 영향을 받은 데다 중부 유럽에서 전쟁을 치를 가능성이 있어 전술공군사령부Tactical Air Command와 전투기 조종사들이 공군을 장악했다. 이와 유사하게, 미 육군은 북대서양조약기구NATO의 중부 전선에서 전투를 치러야 할 필요성 때문에 중기갑/기계화 부대를 강조했다. 마찬가지로 핵 공격과 탄도미사일 발사 잠수함, 그리고 함재기의 중요성 때문에 미 해군 내에서는 이들 병과가 주도권을 잡았다.

미국과 소련의 상호작용은 국제정치학자들이 상정한 작용-반작용 현상보다 훨씬 복잡했다. 앤드루 W. 마셜은 1972년에 이렇게 썼다. "전략 군비경쟁의 본질이나 미소 상호작용 과정에 대한 일반적인 가설들(미국과 소련의 전력 형성이 밀접하게 연관되어 함께 진화했다고 주장하는)은 실증적으로는 틀렸거나 매우 의심스럽다. 상호작용 과정에 대한 더 진지한 기밀 연구들은 하나같이 군축론자들이 주장하는 것보다 훨씬 복잡하며 느리게 움직이는 작용-상호작용 과정을 보여준다."[30]

미소 군비경쟁은 미합중국 군대 발전에 전략과 작전상의 문제들을 제공했을 뿐 해결책을 일방적으로 교시하진 않았다. 각 군은 기술과 군종별 문화라는 환경과 상호작용하면서 모종의 선택을 했다.

이 책에 대하여

이 책은 전략 환경의 맥락에서 기술과 문화의 상호작용을 다루었다. 기술은 미군의 문화에 영향을 주었고, 또 영향을 받았다는 것이 나의 주장이다. 기술이 미군에게 영향을 주었다는 데에는 의심의 여지가 없다. 가장 극적인 사례로, 핵무기와 장거리탄도미사일의 등장은 군대의 구조와 조직을 (몇몇 경우에는 극적으로) 바꾸어놓았다. 전략공군사령부 창설과 육해공군의 탄도미사일 개발을 예로 들 수 있다.

한편 미군의 군종별 문화는 그들이 추구하기로 선택한 기술에 영향을 미쳤다. 기술은 어떠한 해결책을 일방적으로 제시하지 않는다. 군대가 선택할 수 있는 선택지들의 목록을 제공할 뿐이다. 어느 선택지가 더 매력적인지를 결정하는 것은 바로 군종의 문화다.[31] 공군은 냉전 초기에 순항미사일보다는 유인 항공기를, 탄도미사일보다는 순항미사일을 선호했는데, 이는 공군이 핵 혁명을 활용하는 데 영향을 미쳤다. 군종의 문화는 신기술에 대한 소속 장교의 시각에도 영향을 미친다. 예를 들어 공군 장교들은 미사일을 무인 폭격기로 보는 데 비해 육군 장교들은 장거리 포병 장비로 본다.

전반적으로 볼 때, 기술이 각 군을 형성했다기보다는 각 군이 기술을 형성했다고 보아야 할 것이다. 각 군의 문화는 기술의 위협에 유연하게 대처했고, 핵무기의 등장과 같은 군 전체를 뒤흔든 사건에도 전반적으로 큰 변화를 겪지 않았다. 미 육군은 1950년대 말 핵전쟁을 상정하여 연대나 대대 없이 다섯 개의 전투단으로 재편하는 펜토믹사단Pentomic Division 개념을 도입하면서 급진적인 변화를 꾀했지만 1960년대 초에 이 계획을 폐기하고 2차 대전 때와 비슷한 조직 구조로 회귀했다. 해군의 항모전단은 지상 배치 폭격기, 수상비행기, 핵탄도미사일 잠수함의 도전에도 살아남았다. 이처럼 급격한 변화에도 유연하게 대처하는 각 군의 특성은 각 군의 문화를 변화시키려는 이들이라면 반드시 유념해야할 것이다.

하지만 각 군종별 문화가 기술 선택에 영향을 미친다는 주장에도 한계는 있다. 순전히 각 군의 선호도 때문에 도입되거나 거부당한 무기의 사례를 찾기란 불가능하다. 기술적 실현 가능성과 군의 선호도는 함께 가는 편이다. 새로운 무기 체계에 반대하는 데에는 편협한 구실도 있지만 충분히 그럴 만한 기술적인 이유도 있다.

이 책은 크게 1940년대 말부터 1950년대에 있었던 핵 혁명과 오늘날 진행 중인 정보혁명이라는 두 가지 군사적 혁명을 다룬다.[32] 또 일련의 전쟁들을 다룬다. 단지 냉전뿐 아니라 한국, 베트남, 페르시아만, 구 유고슬라비아, 아프가니스탄, 이라크에서 일어났던 치열한 전쟁들도 포함된다.

1장은 2차 대전 종결 이후 약 15년간 계속된 핵 혁명을 다룬다. 냉전 초기 소련과 경쟁하면서 미군이 어떻게 변화했는가를 추적한다. 또 핵무기의 등장과 폭격기, 미사일 같은 장거리 투발 수단에 각 군이 어떻게 대처했는지도 살펴볼 것이다.

2장에서는 1961~1975년 미군의 진화를 추적한다. 당시는 신축적 대응 전략과 국방부에 대한 문민 통제가 부상하던 시기였다. 각 군이 신축적 대응 전략에 어떻게 적응했는지를 다룬다. 또한 미국의 핵무기 현대화와 탄도미사일 방어 체제[MD]의 개발을 다룬다. 두 경우 모두에서 각 군종의 상호작용과 각 군과 국방부 장관실의 상호작용이 중심 역할을 맡았다.

3장에서는 베트남전쟁에서 미국이 사용한 첨단 기술들에 대해 알아본다. 육군의 공중기동부대와 해군의 하천선^{riverine}부대, 공군의 기관포 무장 항공기를 비롯한 혁신적인 기술의 결과물을 각 군이 어떻게 사용했는지 사례를 논한다. 또한 1990년대와 이후 전쟁에서 가치를 입증한 무인 항공기^{UAV}와 무인 지상 센서 그리고 정밀유도무기^{PGM} 등을 낳은 신기술의 도입도 다룬다.

4장에서는 1976~1990년, 냉전 후반기에 기술이 수행한 역할을 논한다. '국방 개혁' 운동에 의해 제기된 미국의 전략에서 기술의 역할에 대한 논쟁을 살펴볼 것이다. 또한 육해공군의 신무기 개발과 미국의 전략 및 중거리 핵전력^{Intermediate-range Nuclear Forces}의 현대화, 그리고 전략방위 구상^{Strategic Defense Initiative}의 등장도 다룬다.

5장은 냉전이 끝난 후 1991~2001년 전장에서 이러한 무기들이 어떻게 사용되었는지를 논한다. 1991년 걸프전과 이후의 전쟁에서 정밀유도무기와 스텔스가 위력을 보이자 많은 이들이 군사 분야에서의 혁명과 '미국의 새로운 전쟁 방식'을 논의하기 시작했다.

6장에서는 전통적인 미국식 전쟁 방식의 재등장을 살펴볼 것이다. 과거 세대가 사용했던 수단들과는 많이 다르지만 적을 무너뜨리기 위해 대규모 병력을 동원하는 방식을 말한다. 또한 아프가니스탄과 이라크의 전장에서 기술이 수행한 역할도 살펴볼 것이다.

결론에서는 정보혁명으로 인해 제기된 군사 부문의 혁명에 대한 오늘날의 논쟁을 위해 지난 60년간의 교훈을 새겨볼 것이다. 아울러 정보혁명의 활용에 있어 미합중국 군대의 역할이 무엇이었는지도 살펴볼 것이다.

1장

핵 혁명,
1945~1960년

2차 대전이 끝나고 냉전이 시작되자 미국의 군인과 정치인들은 일련의 도전에 직면했다. 가장 큰 도전은 미소 경쟁이 특징인 새로운 안보 환경에 대응하는 전략과 전력을 개발하는 것이었다. 동시에 미군은 핵무기의 등장에 적응해야 했다. 이중의 도전에 직면한 미군은 1945년부터 1960년까지 전면적인 변화를 도모했다.

핵무기는 기회이자 도전이기도 한 양날의 칼이었다. 핵무기에 대해 미국은 처음에는 독점적 지위를, 이후에는 주도적 지위를 누렸다. 원자탄은 소련의 대규모 정규 지상군 전력을 상쇄할 역량을 제공한 듯했다. 1949년, 소련이 핵무기와 장거리 투발 능력을 갖추자 미국은 이제 핵 공격 위험에 노출되었다. 소련과의 핵 경쟁에 맞닥뜨린 미국은 공중 및 우주 정찰에 투자했다. 더욱 극적으로, 핵 혁명으로 인한 취약성을 보완하면서 동시에 이점을 취해야 할 필요성이 생겼기에 미국은 군대를 조직하고 훈련하며 무장하는 방식에 대변화를 도입했다.

핵 혁명은 모든 군의 정체성에 중대한 질문을 던졌다. 공군을 유인 폭격기 중심으로 편성할 것인가? 아니면 미사일 중심으로 편성할 것인가? 탄도미사일 잠수함이 항공모함을 대신하여 해군의 중심 전력이 될 것인가? 핵 혁명은 전통적인 내륙 작전과 대규모 상륙작전, 나아가서는 육군과 해병대의 존립 자체에도 의문을 제기했다. 핵무기로 인해 각 군은 새로운 능력을 개발할 수 있는 기회를 얻었고, 장거리 미사일, 우주 정찰 그리고 본토 방공을 비롯한 새로운 임무들을 두고 치열한 경쟁을 벌였다. 핵 시대에 각 군에서는 새로운 엘리트가 부상했다. 공군의 미사일 운용 요원과 해군의 핵잠수함 승선 요원이다. 공군은 핵 공격 임무를 맡으면서 국방 예산에서 많은 몫을 차지할 수 있었다. 반면에 해군, 그리고 특히 육군은 새로운 핵전쟁 시대에서 자신의 존재 가치를 입증해야 했다.

물론 모든 혁신이 다 성공을 거두진 못했다. 공군의 핵추진 항공기나 육군의 펜토믹사단 도입 같은 시도는 막다른 길에 직면했다. 전략순항 미사일 같은 시도는 1950년대에는 실패했지만 이후 성공하기도 했다.

결국 각 군은 핵 혁명 시대에 자신들의 정체성과 구조, 임무에 대한 도전에 유연하게 대처할 수 있었다. 기술이 각 군의 문화에 영향을 끼쳤을 뿐만 아니라 군의 기풍 또한 그들이 추구한 기술에 영향을 끼쳤다. 예를 들어 공군과 해군은 미사일에 비해 유인 항공기를 선호했다. 육군은 핵무기를 매우 효과적인 포병 전력으로 보는 편이었다. 비록 2차 대전 이후 15년간 각 군은 상당한 변화를 겪었으나, 결과적으로 핵무기 등장 이전 각 군의 정체성은 기술 발달에 열광했던 사람들이 예견했던 바보다 훨씬 적응력이 강했음이 입증되었다.

미소 경쟁

미군은 어느 정도의 자신감을 갖고 냉전을 시작했다. 많은 국방 전문가들은 미국이 얼마간 핵무기를 독점할 수 있으리라 여겼다. 원자탄을 개발한 맨해튼 프로젝트를 총괄했던 레슬리 그로브스 대장은 소련이 향후 20년간 미국의 핵 독점을 무너뜨릴 수 없으리라고 믿었다.[1] 프랭클린 D. 루스벨트 대통령 시절 과학연구개발처 의장이었던 배너바 부시도 미국의 핵 독점이 오래 유지되리라는 점에 동의했다. 그는 1949년에 "원자탄의 대량 제조는 고도로 산업화된 국가의 자원을 쥐어짜는 사업이다"라고 썼다.[2] 전문가들은 핵 공격으로 인한 파괴 위험이 너무도 효과적이어서 거의 모든 군사 도전을 억제할 수 있으리라고 보았다.

그러나 실상 미국의 핵 독점은 5년도 채 가지 못했다. 1949년 9월 3일, 공군의 핵 정찰 작전의 일환으로 일본과 알래스카 사이를 오가던 공군의 WB-29 항공기는 대기 중에서 특이한 방사성 물질을 감지했다.[3] 정보 분석가들은 이 잔해가 소련이 8월 29일에 실시한 첫 핵실험에서 나온 것임을 재빨리 알아챘다.

전략정찰을 위한 기술

미국과 소련의 핵 경쟁, 소련 정권의 비밀스러운 속성, 소련의 깊은 지리적 종심 그리고 미국의 기술적 기반 등으로 인해 미국은 공중 및 우주 정찰 기술 개발에 박차를 가했다. 정찰기와 정찰위성은 미국이 소련의 핵전력 규모와 구성을 파악하고 공격 징후를 알아차리는 데 도움을 주었다.

미국의 공중 및 우주 정찰 사업은 기술적 가능성의 지평을 넓혔다. 미국은 기존 모델들보다 더 높고 빠르게 날 수 있는 항공기를 만들었다. 위성을 궤도에 올릴 뿐만 아니라 지상의 특정 지점을 촬영하여 안전하게 지상으로 전송할 수 있게 했다. 또 기술적 인프라의 초석을 다졌고, 이는 냉전 종식과 소련 붕괴 이후에도 15년 이상 계속 미국 정보력 강화에 기여했다.

미국의 전략정찰 사업은 냉전 초기 소련의 핵무기 사업의 규모와 특징에 대한 정보가 없었기에 시작되었다. 소련 산업에 대한 대부분의 정보는 독일의 항공사진과 오래된 지도들을 통해 나왔다. 이러한 정보원은 소련의 핵무기 연구 및 개발에 대한 증거를 발굴하는 데 한계가 있었다. 이보다 더 유용했던 것은 2차 대전 이후 소련에 붙잡혔다가 나중에 귀국한 독일 과학자들의 증언들이었다.[4] 미국은 이러한 약간의 정보가 있었음에도 본질적으로는 장님이나 다름없는 상태에서 소련과의 핵 경쟁에 돌입했다.

소련의 핵무기 연구와 개발을 알기 위해서는 소련 영공을 날아야 했다. 초기인 1956년 고고도로 소련 상공을 떠다니면서 장착된 카메라로 지상을 촬영하는 공군의 제네트릭스[WS-119L] 사업이 추진되었으나 결과는 부실했다. 공군은 516개의 풍선을 날렸으나 겨우 44개만 회수할 수 있었다. 게다가 미국의 영공 침범에 소련은 강력하게 반발했다.[5]

미국은 유인 항공기 그리고 무인 위성으로 소련의 군사 개발에 대한 유용한 정보들을 더 많이 얻어낼 수 있었다. 1948년부터 공군 제72전략정찰중대 소속의 RB-29 정찰기는 소련의 극지방과 극동 지방에서 광학 및 전자 정찰 임무를 수행했다. 카메라 장비로 공역에서 소련 영토를 촬영할 수 있었다. 하지만 소련 영토 주변부 비행으로는 별다른 정보를 얻지 못했다. 8월 초부터 대통령의 재가 아래 정찰중대가 소련 영공을 날기 시작했다. 8월 5일의 첫 임무는 19시간 이상 계속되었다. 정찰기는 약 1만 미터 이상의 고도에서 비행하면서 소련의 레이더 포착 범위와 틈새를 파악하고 소련 영공에 침투했다. 소련이 가끔 임무 수행에 나선 미군의 존재를 알아차리고 요격을 위해 전투기들을 긴급 출동시키기는 했지만 이는 소련이 RB-29를 요격할 수 있는 MiG-15를 보유하게 된 1949년 이후의 일이다.[6]

1950년대 초 미 공군은 RB-50(RB-29의 개조형), RB-45 토네이도, 그리고 나중에는 RB-47 스트라토젯을 대소련 전자정보ELINT 수집 임무에 투입했다. 임무 중에 항공기는 상대의 전자 방출을 감지하여 잠재적 목표를 식별할 수 있었다. 또한 핵전쟁 상황이 되면 전략공군사령부 폭격기가 소련 영공에 침투하는 데 필요할 소련의 레이더 포착 범위를 지도로 표현할 수 있었다. 임무를 성공적으로 완수하기 위해서는 소련의 무전 및 레이더 신호들을 감시하여 소련 레이더망의 빈틈을 찾아내야 했다. 이러한 임무 비행은 소중한 정보들을 제공했지만 극도로 위험했다. 1950~1959년, 공군과 해군은 이러한 임무 수행 중 적어도 16대의 항공기와 164명의 대원을 잃었다.[7]

미국은 비행대원들이 감수해야 하는 이러한 위험을 줄이기 위해 우주에 기반을 둔 전자정보 수집을 추진했다. 사실 미국 최초의 정보위성은 전자정보 위성이었다. 은하계 방사선 및 배경복사Galactic Radiation and Background 프로젝트라는 위장 명칭을 부여한 이 사업은 표면적으로는 태양의 방사선을 측정하기 위해 기획되었다. 그러나 단 200명도 안 되는 사람들만 알고 있었던 이 프로젝트의 본 목적은 바로 해군과 공군의 전자정보 항공기로는 관측할 수 없는 소련의 방공 레이더 신호들을 수집하는 것이었다. 이 위성은 1960년 7월부터 1962년 8월까지 800킬로미터 이상 상공에서 지구 궤도를 공전하며 레이더 신호를 수신하고, 지상에 전송했다. 지상의 분석가들은 이러한 신호들을 분석하고, 워싱턴의 해군연구소Naval Research Laboratory에 보내 평가를 거친 후 국가정보국NSA에 배포했다.[8] 이 프로젝트의 뒤를 이어 포피Poppy 위성이 발사되었고, 1962년 12월부터 1977년 8월까지 소련 함정들로부터 나오는 레이더 전파를 수집했다.[9]

폭격기 공백과 전략공중정찰

소련의 핵무기 전력과 해당 무기를 운반할 폭격기 전력의 규모를 파악해야 했으므로 미국은 U-2와 A-12 블랙버드 같은 혁신적인 정찰기를 개발했다. 이 항공기들이 촬영한 자료들로 소련의 폭격기대대 규모를 과대평가하지 않을 수 있었다.

소련 핵전력에 대한 1950년대 초의 정보는 양이 충분치 않고 질도 의심스러워 미국 정보기관들은 소련의 폭격기 전력 규모를 과대평가했다. 1954년 노동절 퍼레이드에서 소련 정부는 처음으로 M-4 바이슨Bison 전략폭격기를 공개했다.[10] 같은 해 제트 엔진을 장착한 Tu-16 뱃저Badger가 등장했다. 미국 최초의 제트 폭격기 B-47이 등장한 지 단 1년 만의 일로, 미국의 정보 분석가들은 충격을 받았다. 그리고 1년 후 Tu-95 베어Bear가 투시노 에어쇼에서 첫선을 보였다.

1955년 소련 '항공의 날' 퍼레이드 리허설을 본 서구의 전문가들은

12~20대의 바이슨 폭격기를 보았다고 증언했다. 하지만 실상은 10대의 폭격기를 다양한 대형으로 관람석 주변에서 날게 하여 적어도 20대의 기체가 비행 중이라는 인상을 심어주려고 한 것이었다.

미끼를 문 미국 정보기관들은 소련의 폭격기 생산량 추정치를 급격히 상향 조정하여 소련이 적어도 30대의 폭격기를 보유하고 있다고 결론지었다. 사실은 단 10대의 기체만이 배치되어 있었다. 미 국방부는 소련의 월간 폭격기 생산량을 6대라고 보았으며, 1956년 말에는 20대로 상향 조정했다. 그러나 1955년 1월부터 1956년 6월까지 소련이 실제로 생산한 폭격기는 총 31대에 지나지 않았다.[11] 1955~1958년 바이슨 폭격기는 아홉 번의 큰 사고를 겪고 한동안 임무에서 배제되기도 했다.[12]

U-2 정찰기로 촬영한 사진들은 소련의 폭격기 전력에 대한 미국 정보기관들의 과대평가를 수정하는 데 많은 증거를 제공했다. 1954년 3월 록히드는 버나드 슈리버 공군 준장에게 요청하지도 않았던 제안서 CL-282를 보내 단발 엔진을 장착하고 약 2만 1,000미터 상공에서 3,200킬로미터 범위를 비행할 수 있는 정찰기 생산을 제안했다. 1954년 11월 27일, 아이젠하워 대통령은 CIA의 리처드 비셀과 공군의 오스몬드 리틀랜드 대령의 감독 아래 록히드를 주계약자로 하는 아쿠아톤 프로젝트에 투입할 예산으로 3,500만 달러를 승인한다.[13] U-2는 진정한 협력의 결정체였다. 록히드는 기체를 디자인하고 생산하고 지상 요원들을 제공했으며, 공군은 조종사들을 선발하고 임무를 계획하고 작전을 수행했다. CIA는 기체와 기체 카메라의 생산을 감독했으며 기지를 선정하고 보호하고 필름을 현상했다.[14] U-2의 개발은 철저하게 비밀에 부쳐졌고 극소수의 사람들만 알았다. 이러한 비밀주의로 인해 비

셀은 상당한 재량권을 얻었고, 경쟁력 있는 입찰 절차와 더욱더 빠른 조달을 위해 '증빙이 필요 없는 자금'을 사용했다.[15]

U-2는 1955년 8월 5일 첫 비행을 시작했다. 사업이 승인된 지 10개월도 채 안 됐을 때였다. 1956년 6월 20일 첫 작전 임무에서 U-2는 동독과 폴란드 상공을 날았다. 1956년 6월부터 1960년 5월까지 이 정찰기는 소련 상공을 24회 비행했다. U-2가 1956년 7월 5일에 촬영한 모스크바 남동쪽에 위치한 라멘스코예의 사라토프−엥겔스비행장 사진은 소련에 대한 미국의 폭격기 전력 공백설을 잠재웠다. 사라토프−엥겔스비행장은 바이슨 폭격기가 배치된 유일한 기지였다. 공군은 소련의 폭격기 보유 대수를 100대 가까이로 잡고 있었지만, 기지에서 볼 수 있었던 폭격기는 30대 남짓이었다.[16] U-2가 수집한 정보들로 인해, 1957년 봄부터 소련 폭격기 전력에 대한 추정치는 감소하기 시작했다. 1959년 11월, 정보기관들이 추정한 1961년 소련 폭격기 전력은 1956년 추정치의 20퍼센트에도 못 미쳤다.[17]

U-2가 소중한 정보 수집용 자산이기는 했지만, 개발자들은 아무런 제재도 받지 않고 소련의 영공을 영원히 날 수 없으리라는 것을 알았다. 그들은 몇 년 정도만이라도 그런 호사를 누리길 바랐다. 기체의 레이더 단면적을 줄이고 생존성을 개선함으로써 기체의 유효 수명을 늘리기 위해 록히드는 레인보 프로젝트를 출범시켰다.[18] 록히드는 레이더빔을 흡수하는 아이언 페라이트iron ferrite 도료를 바르고, 전자전ECM 기능을 갖춘 블랙박스를 개발하는 등 U-2를 개조했다.[19]

미국은 U-2에 이어 옥스카트 프로젝트를 가동해 초음속 A-12 블랙버드를 얻었다. U-2는 고고도 비행 능력으로 생존성을 확보했지만 A-12는 생존을 위해 속도를 활용했다. 음속의 몇 배에 달하는 속도로

U-2 정찰기. 1956년에 도입됐으나 여전히 현역으로 뛰고 있으며, 한국의 오산비행장에도 배치되어 정찰 임무를 수행하고 있다. © U.S. Air Force photo by Senior Master Sgt. Paul Holcomb

먼 거리를 이동할 수 있는 기체를 만들기 위해 개발자들은 처음부터 다시 시작해야 했다. 일반적인 알루미늄 기체는 초음속 비행 시 고온에 녹을 터라 개발자들은 기체를 티타늄으로 만들어야 했다. 게다가 기체는 다량의 연료가 필요했다. 사실 이 기체는 본질적으로 날아다니는 연료 탱크나 다름없었다. 이러한 요구 사항은 큰 부담이 되었고, 1960년대 말 프로젝트는 예산을 30퍼센트 초과했으며, 일정 역시 1년 이상 지체되었다.[20]

블랙버드는 1962년 4월 처음으로 성공적인 비행을 마쳤다. 이 기체에는 몇 가지 혁신적인 기능들이 탑재되었는데, 그중 하나가 천문항법 장비였다. 블랙버드는 기체 후면의 창에 달린 컴퓨터로 작동되는 작은 망원경을 이용하여 60여 개의 별들을 기반으로 현재 위치를 계산할 수 있었다.[21] 또한 블랙버드는 레이더 단면적을 최소화하기 위해 디자인된 최초의 기체였다.[22]

미사일 공백과 우주 정찰

U-2와 A-12/SR-71의 성공에도 불구하고 얼마 안 있어 유인기로 더 이상 소련 상공을 날 수 없게 된다. 프랜시스 게리 파워스가 탑승한 U-2가 1960년 5월 격추당하면서 소련 상공 비행은 종말을 맞았고(그러나 다른 나라에서는 계속되었다), 이 사건으로 우주 정찰의 필요성이 더욱 높아졌다. 우주 정찰을 통해 소련의 대륙간탄도미사일 사업에 대한 보다 정확한 자료를 얻을 수 있을 터였다.

1950년대 초 미국은 소련의 미사일 사업에 대한 믿을 만한 정보를 얻지 못했다. 소련 진영에 대한 1953년 3월의 CIA 보고서는 소련의 핵무기 보유량에 대한 CIA의 이해도를 두고 '상당히 충분한 수준'이라고 평가했다. 그러나 보고서 작성자들은 "독일의 연구에 기반을 둔 특정 프로젝트들은 잘 알고 있지만 현재 소련의 유도미사일 사업에 대한 지식은 부실하다"고 현실을 인정했다.[23] 이듬해 소련의 전략 전력에 대한 국가정보평가보고서[NIE] 11-6-54에서도 소련이 개발하고 있는 유도미사일에 대한 분명한 정보가 없다는 사실을 인정했다. 소련 미사일 전력에 대한 미국의 정보 평가는 독일과 미국의 미사일 사업, 그리고 소련의 유사 영역 역량 추정치에 대한 정보기관들의 지식에 기반을 두고 있었다. "그러므로 미사일의 특징과 사용 가능한 시일에 대한 예측은 오직 잠정적이며, 불충분한 정보와 미개척 영역에 대한 최대한의 추정으로 간주해야 한다."[24]

소련의 폭격기와 미사일 사업 규모를 정확히 알지 못하는 상황은 진주만의 교훈과 더불어 기습공격에 대한 공포를 부추겼다. 1957년 2월, 당시 매사추세츠공과대학[MIT] 총장이던 제임스 R. 킬리언 주니어가 회장을 맡고 있던 국방동원과학자문위원회Office of Defense Mobilization Science Advisory Committee의 기술능력자문단Technological Capabilities Panel은 아이젠하워 대통령에게 「기습공격의 위협에 대해」라는 보고서를 제출한다. 보고서는 소련의 기습공격 감행 능력이 성장하고 있음을 경고하고 더 나은 정보, 조기경보, 방어 조치 등을 통해 미국의 공격 전력을 보호할 것을 강력히 요청했다. 또 미 행정부에 중거리탄도미사일IRBM과 대륙간탄도미사일의 개발을 시작하거나 서두를 것을 요청했다.[25]

1957년 10월 4일, 소련이 세계 최초로 인공위성을 발사한 사건은 경보와도 같았다. 위성을 궤도에 올릴 수 있다면 핵탄두를 미국으로 날릴 수도 있을 터였다. 1957년 11월 게이터위원회 보고서는 소련이 1959년까지 미국에 대륙간탄도미사일 공격을 실시할 능력을 갖출 수 있다고 결론지었다. 랜드연구소 소장이었던 H. 로완 게이터 주니어가 위원장을 맡고 주요 과학자들과 사업가, 군사 전문가들이 참여한 이 위원회는 전략공군사령부의 폭격기 기지가 매우 취약하다고 경고했으며 미국의 조기경보 시스템, 탄도미사일의 가속력 그리고 능동적·수동적 방어 계획의 개선을 조언했다. 사실 소련 폭격기의 위협에 대한 우려로 이미 전략공군사령부는 미국 폭격기가 공격 경고를 받았을 때 빠르게 이륙할 수 있도록 하는 절차를 도입했다. 그러나 이러한 조치들만으로는 부족했다. 게이터위원회와 함께 준비된 극비 스프라그 보고서는 임의의 날짜에 경보를 내렸을 때 여섯 시간 안에 이륙할 수 있는 비행기가 하나도 없었다고 보고했다. 전략공군사령부는 겨우 50~150개의 핵무기를 폭격기로 날려 보낼 수는 있었겠지만 대부분 소련의 방공망에 파괴될 거라고 보았다.[26]

우주와 탄도미사일 분야에서 소련이 뚜렷한 성과를 거두자 미군의 주요 장교들은 미국의 기술 우위가 과연 얼마나 지속될지 의문을 품었다. 1959년 맥스웰 D. 테일러 육군 대장은 미국이 소련에 대한 군사적 우위를 많은 부문에서 잃었다고 썼다. "내가 보기에 1964년경이 되면 장거리 미사일의 숫자와 효과 측면에서 미국이 러시아에 비해 매우 불리한 위치에 서게 될 것이다. 대담한 조치를 당장 취하지 않는다면 말이다."[27] 제임스 개빈 육군 중장은 한 술 더 떴다. 소련은 이미 미국에 비해 기술적으로 "분명한 우위"에 있다는 것이다.[28] 그는 미국의 기술 자원들을 더 유리하게 사용할 수 있는 기회가 있다고 보았다. "한 국가가 상대방으로 하여금 대량의 중요 자원을 낭비하게 만들 수 있는 기술 전략을 충분히 입안하고 실행할 수 있다."[29] 그는 그러한 전략으로 "우리는 기술적 주도권을 회복할 수 있으며, 반드시 이를 해내야 한다"고 주장했다.[30]

미국은 소련의 미사일 개발 현황을 이해하고 발사 시험을 감시하기 위해 소련 국경선에 레이더 기지를 배치하는 데 기술을 활용했다. 1950년대 후반이 되면 이 레이더 기지들은 유럽에서 터키를 지나 이란과 파키스탄에까지 설치된다.[31] 또 1958년에 미국과 노르웨이는 암호명 '메트로Metro' 기지를 운용하여 소련의 미사일 실험 '무선 측정' 자료를 감청하기 시작했다.[32]

1960년에 미국 정보 분석가들은 통신정보와 인적 정보를 통해 소련이 플레세츠크에 대륙간탄도미사일 발사장을 건설하고 있지 않나 의심했다. 1960년 5월 1일, 파워스가 조종하는 U-2가 해당 지역을 조사하기 위해 이륙했다가 V-750(SA-2 가이드라인) 지대공미사일에 격추되었다.[33] 이런 비극이 일어나지 않았다면, 소련에서 유일하게 실전 운용 중인 대륙간탄도미사일 발사 기지를 사진 촬영했을 테고, 소련의 장비가 미국 정보기관들이 짐작한 것만큼 발달하지는 않았음을 밝혀냈을 것이다.

미국은 U-2의 취약성을 만회하기 위해 정찰위성 개발에 박차를 가했다. 1차 대전까지 거슬러 올라가는 유인 정찰기와는 달리 무인 위성은 완전히 새로운 수단이었다. 그러나 수백 킬로미터 상공에서 시속 수백 킬로미터 속도로 궤도를 공전하면서 지면 사진을 찍기란 극도로 어려운 과제였다. 이러한 장애를 극복한다면 미국의 과학적, 기술적 독창성을 입증할 뿐만 아니라 국가적 목표를 달성하는 미국 정부의 능력을 증명할 터였다.

최초로 실전 운용된 광학 정찰위성 개발 계획, 암호명 코로나Corona는 랜드연구소가 우주를 군사적으로 이용하기 위해 제시한 기술적으로 대담한 제안서를 계기로 수립되었다. 그리하여 무기 체계 117LWS-117L 혹은 위성 및 미사일 관측 위성SAMOS 사업이라고 일컬어지는 공군의 포괄적인 우주 정찰 사업이 시작되었다.[34] 이 사업은 U-2 개발과 마찬가지로 CIA와 공군 그리고 록히드, 아이텍Itek, 제너럴일렉트릭, 코닥, 더글러스항공Douglas Aircraft 같은 방위산업체들이 긴밀히 협조하는 가운데 간소화된 관리법을 통해 진행되었다.[35]

1960~1972년 미국은 키홀Keyhole 1~4라는 이름으로 네 가지 버전의 코로나를 발사했다.[36] 1960년 8월 18일, 소련의 미스슈미타비행장을 사진 촬영했고, 이는 최초의 성과였다. 필름이 담긴 캡슐은 개조된 C-119 플라잉 박스카Flying Boxcar 비행기에 의해 공중에서 포획되었다.[37] 그 후 수년 동안 코로나가 수행한 총 145회의 임무 중 120회에서 완전 성공 혹은 부분 성공을 거두었다. 위성들은 640킬로미터 분량의 필름을 감광했고, 80만 장 이상의 사진을 찍었으며, 144억 제곱킬로미터

넓이의 땅을 촬영했다.[38]

    미국은 정찰위성을 통해 소련 영공에 침투하여 자국민의 생명을 위험에 빠뜨리지 않으면서도 소련의 영토를 관측할 수 있는 능력을 얻었다. 정찰위성이 제공한 정보는 소련의 대륙간탄도미사일 사업에 대한 상당한 통찰을 제공했으며, 소련의 기습공격에 대한 우려를 크게 불식시켰다. 코로나는 플레세츠크에서 대륙간탄도미사일 기지를 확인했고, 대륙간탄도미사일의 움직임이 의심됐던 여러 지역들이 실제로는 그렇지 않다는 것을 보여주었다. 그러나 코로나만으로 소련의 미사일 사업에 대한 정보를 얻은 것은 아니었다. 미국은 영국 비밀정보국[MI6]의 첩자 노릇을 한 올렉 펜코프스키 중령이 제공한 정보에도 큰 도움을 받았다. 1961년 봄, 펜코프스키는 소련이 자국의 대륙간탄도미사일 사업 규모를 과장했다는 사실을 담은 정보를 제공했다.[39] 1961년 9월 미 정보기관들은 코로나로 수집한 정보를 활용한 첫 국가정보평가보고서에서 소련에 배치된 SS-6*의 숫자를 10기가 겨우 넘는 수준으로 추정했다. 하지만 이 수치조차도 나중에는 과다 추정으로 밝혀졌다. 소련은 이 거추장스러운 맘모스를 단지 4기만 배치했던 것이다.[40]

핵무기와 미군

전략정찰 기술의 발전도 중요했지만 핵무기와 장거리 운반 수단의 획득에 비할 바는 못 되었다. 역사가들과 국방 분석가들은 후자가 군사

---

* 소련이 개발한 세계 최초의 대륙간탄도미사일.

혁명을 예고했다는 데 전반적으로 동의한다. 소련 이론가들은 이를 군사-기술 혁명이라고 일컬었다.[41] 그들의 관점에서 볼 때, 핵무기와 운반 체계 기술은 새로운 작전 개념 및 조직과 결합하여 전쟁의 특성과 수행 방식에 중대한 변화를 초래했다. 핵 혁명은 새로운 전쟁 방식을 창조했고, 기존의 방식을 무용지물로 만들 수도 있었다.

핵무기의 파괴력은 히로시마와 나가사키에서 분명히 드러났음에도 불구하고, 핵무기의 혁명적인 본성은 조금 더 천천히 나타났다. 1951년이 돼서야 핵전쟁이 2차 대전 이전의 전략폭격 이론 틀에 잘 부합하는 것처럼 보였다. 이론가들은 원자탄이 숫자와 정확도 따위는 문제가 되지 않을 정도로 강력하지는 않으며 여전히 육군과 해군이 중요한 역할을 하고 있다고 보았다. 미래의 전쟁은 동원력이 중요해지는 소모전이 될 터였다.[42] 그러나 1945~1960년 원자탄이 더욱 강력해지고 개수도 늘었으며 이를 다양하게 활용할 수 있게 되자 전문가들이 핵전쟁을 생각하는 방식도 바뀌었다.

군은 처음에 핵무기를 잠정적으로 수용했다. 미국의 실질적인 핵무기 작전 수행 능력은 2차 대전이 끝나고도 수년간 상당히 제한된 상태였다. 1945년 12월, 미국은 3기의 원자탄만을 보유하고 있었다. 1946년 7월에는 9기, 이듬해에는 13기, 1948년에는 50기를 보유했다. 이때 생산된 원자탄들은 모두 5톤이 넘는 마크 3 '팻맨' 내폭 장치들로, 조립된 것은 하나도 없었다. 39명으로 구성된 팀이 이틀을 작업해야 조립을 할 수 있었다. 1948년 이전까지 공군은 자격 요건을 완벽하게 충족시키는 조립팀을 보유하지 못했다. 이 핵무기들은 너무 크고 무거웠기 때문에 특수한 들것을 사용해야 폭격기에 장착할 수 있었다. 1948년 전략공군사령부는 원자탄을 투하할 수 있도록 특별히 개조된 B-29 폭격기를 겨우 30대가량 보유하고 있었다. 이 폭격기들은 전부 뉴멕시코의 로즈웰에 자리 잡은 509폭격대 소속이었다.[43] 게다가 1948년 당시 전략공군사령부는 핵무기를 운반할 수 있도록 훈련된 요원도 50여 명밖에 두고 있지 않았다. 전략공군사령부 지휘관으로 부임한 커티스 르메이 대장은 전시에 목표물에 원자탄을 투하할 능력이 있는 요원이 단 한 명도 없다는 사실을 알게 되었다.[44]

미군에 핵무기가 느리게 도입된 이유 중 하나는 핵무기가 커다란 비밀로 취급되었기 때문이다. 원자탄은 민간 기구인 원자력위원회[AEC]가 제조 및 통제했다. 대통령은 1947년 봄 이전까지는 핵무기 보유량에 대해 공식 보고를 받지 않았으며, 1947년 후반까지 합동참모본부에서는 핵무기를 사용한 전쟁 계획을 수립하지 않았다. 1948년 9월이 돼서야 국가안전보장회의[NSC]에서 미군의 전시 핵무기 사용 계획 수립을 인가한 NSC-30 '원자력 전쟁에 관한 정책'을 승인했다. 대통령은 핵무기를 사용할지, 또 언제 사용할지를 결정할 권한을 갖게 되었다.[45]

1948~1952년, 여러 혁신들 덕택에 무기 개발자들은 기존 마크 3의 명목 폭발력을 25배 이상으로 높일 수 있게 되었다. 디자인, 구성, 안정성, 그리고 임계질량을 생성하는 데 필요한 고폭약의 폭발력은 물론이고 역학과 구조, 핵분열성 물질 자체의 구성들이 개선된 덕분이다. 1951년 미국은 최초의 강화 원자탄을 실험했다. 이 원자탄은 1메가톤의 폭발력을 만들기 위해 비어 있는 내폭심부[implosion core]에 소량의 융합 연료를 집어넣는 방식을 사용했다.[46] 1952년에 미국은 원자탄을 대량 생산하기 시작했다.

에드워드 텔러와 E.O. 로렌스, 원자력위원회의 루이스 스트로스 위원장 등을 포함한 민간과 군의 옹호론자들은 정부에 무엇보다 수소폭탄을 개발하라고 촉구했다. 하지만 이러한 사업에는 이론적이고 공학적인 난관들이 산적해 있었다. 과학계가 한목소리로 지지하지도 않았다. 예를 들어 J. 로버트 오펜하이머는 보다 완벽한 원자폭탄을 만들고자 했다. 잔혹한 관료제적 전투를 거쳐 1949년 수소폭탄을 개발하기 위한 속성 계획이 수립되었고, 트루먼 대통령은 1950년 1월에 이를 승인했다.[47]

미국은 최초의 진정한 수소폭탄을 1952년 10월 실험했다. 이 무기, 더 정확하게 말해 이 장치는 20메가톤의 폭발력을 보유한, 극저온으로 냉각된 괴물이었다. 이후 미국은 수소폭탄의 폭발력은 증대시키고 크기는 줄일 수 있게 되었다. 1953년 전략공군사령부는 비상시에 수소폭탄을 운반할 수 있는 능력도 갖추게 되었다. 그리고 '봉인심부sealed pit' 핵무기의 개발로 더 오래가고, 안전하면서도 기내 보관 및 운반이 가능한 핵무기를 만들 수 있게 됐으며, 대응 태세도 크게 향상됐다.[48] 핵 폭파 장치 구조를 바꾸고 극밀도 금속 합금을 도입함으로써 개발자는 더 적은 방사성 물질을 사용한 핵무기를 제작할 수 있게 되었다. 탄두가 작아지면 더 많은 양을 보관하고, 더 다양한 운반 수단을 이용할 수 있다. 단지 탄도미사일이나 순항미사일뿐만 아니라 폭뢰나 어뢰, 포탄, 로켓, 지뢰 등에도 장착할 수 있다. 그리고 로스알라모스 국립연구소와 로렌스리버모어 국립연구소는 핵무기의 크기를 극적으로 줄이는 방법을 발견했다. 최초의 수소폭탄 길이는 6.7미터 정도였지만 1961년에 배치된 데이비 크로켓Davy Crockett 무반동총의 핵탄두는 길이 60센티미터에 지름 30센티미터였다.[49]

1950년대에 핵전략은 독립된 학술 연구 분야로 떠올랐다. 전쟁 문제에 대한 연구는 전통적으로 민간인보다는 전현직 군 장교들이 더 강점을 보이는 분야였으나 핵무기의 등장으로 학계는 평준화되었다. 1950년대에 억제 이론과 선제공격 fisrt strike과 제2격 second strike, 선제응징공격표적 counterforce target 개념을 개발한 이들은 주로 캘리포니아 산타모니카에 있는 랜드연구소의 민간인들이었다. 물론 핵전략 이론가들의 출신 배경은 더 다양한데, 역사가 버나드 브로디, 경제학자 토머스 셸링, 그리고 수학자 앨버트 월스테터를 예로 들 수 있다.

1953년 10월 29일, 아이젠하워 대통령은 NSC 162/2 '기본국가안보정책'에 서명한다. 이 정책은 미국의 국가안보와 건강한 경제를 직접 연관 지었으니, 긴축을 유지하기 위해 미군은 핵무기에 더욱 의존할 터였다. 이 정책의 중심에는 대량 보복 massive retaliation 교리가 자리 잡고 있었다. 당시 국무장관이었던 존 포스터 덜레스의 표현을 빌리자면, 이는 미국의 안보가 "우리가 선택한 수단으로, 우리가 선택한 장소에서 즉각 보복할 수 있는 엄청난 능력에 달려 있다"는 믿음을 의미한다.[50] 이 문서는 국방부에 각 군의 핵무장을 지시하고, 정부에는 전술 핵무기의 개발과 배치를 요청했다. 그리고 조기경보와 대륙 방공을 통해 미국의 동원 기지를 지켜야 한다는 점을 인정했다.[51]

아이젠하워 행정부의 뉴룩 New Look 국방 계획은 대량 보복 전략을 적용하기 위해 세워졌다. 뉴룩 정책은 핵무기가 전쟁에 혁명을 초래했다는 믿음이 반영된 것이다. 각 군의 역할을 원자력 시대에 맞게 재정의하여 각 군의 규모와 구성을 크게 바꾸었다. 아이젠하워가 두 번의 임기를 수행하는 동안 국방이 연방 지출에서 차지하는 비중은 64퍼센트에서 47퍼센트로 떨어졌다. 인력은 1960년 350만 명에서 247만 명으로 줄었다. 예산 감축으로 각 군은 한국전쟁 시절에 세웠던 군비 확장 계획의 많은 부분을 취소했으며, 1960년 육군의 6개 사단, 공군의 15개 비

행단, 해군 함정 300척을 없애버렸다.[52]

뉴룩 정책은 대량 보복 전략의 대들보인 전략공군사령부에 최우선권을 주었다. 전략공군사령부는 새로운 항공기와 무기를 도입하고, 기지 네트워크를 확장했으며, 통신체계를 개선했다. 반면 아이젠하워 행정부는 종래의 지상군 예산을 상당히 감축했다. 동맹국이 미래에 국지전을 벌이게 되더라도 미국의 공군력과 해군력의 도움을 받으면 견딜 수 있으리라는 판단에서였다.

아이젠하워 행정부는 각 군의 규모도 크게 변화시켰다. 아이젠하워는 공군력이 억제의 핵심이라고 믿었다. 전략공군사령부의 폭격기와 (나중에) 대륙간탄도미사일은 대량 보복을 적용하는 주요 수단이 되었다. 트루먼 행정부 말기였던 1953 회계연도에 공군의 예산은 육군보다 약간 적었으나 2년이 지나자 육군 예산의 두 배 가까이로 증가했다. 실제로 공군의 예산은 육군과 해군의 예산을 합친 규모에 육박했다.[53] 1958 회계연도에 공군 예산은 전체의 48퍼센트를 차지했다. 해군과 해병대는 합해서 29퍼센트, 육군은 21퍼센트였다.[54]

1950년대 초, 원자력 무기들은 점차 재래식 무기로 취급되었다. 원자력위원회 위원장이었던 고든 딘은 1952년에 "전술 원자탄에서 전략적 역할을 둘러싸고 있는 휘황찬란한 파괴의 망토를 걷어내면, 완벽히 타당한 이유를 들어 전술 원자탄을 다른 무기들과 동일하게 다룰 수 있다"고 썼다.[55] 개빈 대장은 "핵무기는 재래식 화력이 될 것이다. 모든 군사 조직들이, 예를 들어 가장 작은 단위의 보병부대까지 핵무기를 보유하게 된다면 재래식 수단이 된다는 점에서 그렇다"고 말했다.[56]

핵무기는 미군에는 위협이자 기회였다. 핵무기는 각 군의 전통적인 정체성을 위협했다. 다른 한편으로 핵 혁명은 탄도미사일과 순항미사일, 우주 그리고 방공 분야에서 새로운 경쟁의 장을 열었다. 이 분야에서 자리 잡을 수 있는 군은 더 많은 자원과 특전을 누릴 터였다.

공군: 핵 혁명을 이용하다

공군은 핵 혁명의 주된 수혜자였다. 공군력 지지자들이 보기에 핵무기의 등장은 1920년대부터 조종사들에게 활기를 불어넣었던 전략폭격 개념의 타당성을 입증하는 것이었다. 말할 것도 없이 공군은 전심으로 전략핵 폭격을 자신들의 핵심 임무로 끌어안았다. 폭격기 조종사들은 육군항공단* 시절처럼 공군을 장악했고, 전략공군사령부는 공군에서 가장 강력한 조직이 되었다. 공군은 전략핵 폭격을 맡으면서 상당한 예산을 배정받았다. 1950년대에 공군은 국방 예산의 가장 큰 몫을 챙겼다. 핵무장 폭격기, 이어 핵탄두 미사일이 군대 내에서 일종의 법정화폐가 되었다.

공군의 탄생과 성장은 핵 시대와 불가분의 관계다. 1946년 3월, 미 육군항공대는 전략공군사령부, 전술공군사령부 그리고 방공사령부의 세 전투사령부를 구성했다. 1년 반이 지나고, 1947년 국가안전보장법은 미 공군을 독립된 군종으로 재편했다.

전략공군사령부와 폭격기 조종사들은 공군의 탄생 때부터 공군을 장악했다. 전략공군사령부는 2차 대전 당시 전략 항공전을 수행했던 제8공군과 제20공군의 직계 후손이었고, 당시의 경험은 전후 공군 교리를

---

* 미 공군의 전신.

형성하는 데 많은 영향을 미쳤다. 고참 폭격기 장군들은 전략폭격은 전쟁을 이길 수 있을 뿐만 아니라 전쟁을 억제할 수 있다고 믿었다.

1946년 11월에 전략공군사령부는 두 개의 항공단과 아홉 개의 폭격비행단을 보유하고 있었다. 전략공군사령부의 한 보도자료에는 "장래에 미국을 침략하는 자는 누구든 곧바로 파괴될 것입니다. 우리의 대답은 재빠른 보복이며, 전략공군사령부가 공중에서 적을 섬멸할 것입니다"라고 쓰여 있다.[57] 그러나 사령부는 서류와는 달리 현실에서는 놀라운 모습을 보여주지 못했다. 전략공군사령부의 여섯 개 비행단만이 B-29 슈퍼포트리스Superfortress를 보유하고 있었다. 이들 중 단 27대만이 원자탄을 운반할 수 있도록 개조되어 있었으며 모두 509폭격대대에 배속되어 있었다. 미국의 원자탄 보유고는 13기로, 이는 원자력위원회의 통제 아래 있었다. 명령이 내려지면, 폭격기를 준비해 원자력위원회 창고로 이동한 다음 핵무기를 장비하고 해외로 배치되는 데 닷새가 걸릴 것이었다.

1948년 10월, 대통령은 르메이 대장을 전략공군사령부 사령관으로 임명했다. 르메이는 높은 수준의 작전 숙련도와 대비 태세를 확보하는 데 주력했다. 둘 다 소련에 대규모 핵 폭격을 가하라는 명령이 떨어질 경우 필요할 것이었다.

전략폭격기

냉전 초기에 폭격기는 핵무기를 운반할 수 있는 유일한 수단이었다. 컨베어Convair에서 만든 B-36 피스메이커는 전후 전략공군사령부의 첫 폭격기였으며, 최초의 진정한 대륙간 폭격기였다. 사실 B-36은 육군이 1941년 봄에 제시한 요구 사항의 결과물이었다. 당시 육군은 미국 영토에서 이륙하여 독일을 폭격하고 복귀할 수 있는 폭격기를 원했다. 원자탄 등장 이전에 제시된 B-36의 장거리 적재량이 원자탄 한 개와 같았고(대략 4.5톤), 작전 반경이 메인주에서 레닌그라드에 이르는 최단거리와 같았다는 것은 기막힌 우연이었다.[58]

B-36은 거대한 항공기였다. 최초로 원자탄을 투하했던 에놀라 게이 Enola Gay는 B-36의 한쪽 날개 밑에 들어갈 수 있을 정도였다. 거대한 폭탄고에는 철도차량 3량이 들어갈 수 있었다. 초기 모델은 6개의 터보프롭 엔진으로 구동되었으며, 후기 모델에는 이륙과 고고도 진입, 적 영공 고속 통과를 위해 4개의 제트 엔진을 추가했다. "6개의 회전하는 엔진과 4개의 불타는 엔진"으로 이 폭격기는 최대 시속 640킬로미터까지 속도를 낼 수 있었다. 한편 추가된 제트 엔진으로 무게와 연료 소비가 늘어 폭격기의 작전 반경은 5,000킬로미터로 줄었다.

피스메이커는 공군과 해군의 관료제적 전투에 빠르게 얽히기 시작했다. 예산뿐만 아니라 역할과 임무도 관건이었다. 예산을 둘러싼 싸움은 공군력 옹호론자들을 극단으로 몰고 갔다. 공군 지도부와 하원의 동맹군들은 폭격기의 활동 범위와 적재량을 대대적으로 선전하면서 이제는 단 하나의 무기만 가지고도 전쟁을 수행할 수 있게 됐다고 역설했다. 공군성 장관 스튜어트 시밍턴은 1948년 1월 뉴욕의 청중들에게 이렇게 말했다. "저희는, 미국의 운명은 우리 공군의 계속되는 발전에 좌우된다고 확신합니다. 우리가 적절한 공군력을 갖느냐의 문제는 바로 생존의 문제입니다."[59]

초대형 항공모함 '유나이티드스테이츠' 건조 사업의 취소에 쓰라림을 맛보고 자군의 미래를 걱정하게 된 해군의 지도자들은 전략폭격의 교리와 이것의 구현체인 B-36에 공개적으로 의문을 제기했다. 해군 참모총장 아서 래드퍼드 제독은 B-36 폭격기가 "미국인들의 마음속에서 전쟁 이론의 상징이 되었다. 이 핵 공습 이론은 전쟁이 발발할 경우 저렴하면서도 쉬운 승리를 약속한다. (……) '폭격기 장군'들이 시대에 뒤떨어진 대형 폭격기를 보호하려고 싸우는 꼴을 우리나라가 지켜봐야 하는가?"라고 말했다.[60] B-36을 비판하는 이들은 이 육중한 비행기는 소련의 요격기에 취약하다고 주장했으며, 폭격기의 생존성에 대한 시험을 요구했다.

B-36을 비판하는 이들이 공군 밖에만 있던 것은 아니었다. 1947년 전략공군사령부 사령관이던 조지 케니 대장은 B-36이 적지에서 살아돌아오기에는 턱없이 느리다고 주장했다. 대신 작전 범위가 좁아 해외 기지에 더 의존해야 할지라도 음속 비행이 가능한 폭격기에 공군이 투자해야 한다고 촉구했다. 정치적으로 들끓고 있던 당시 분위기에서 공군 내 공군력 옹호론자들이 보기에 이 발언은 불충했고, 케니 대장은 해임되었다.[61]

그러나 B-36의 취약성에 대한 케니의 지적은 옳았다. 1940년대 말, 소련 정부는 대규모 전략 방공 사업에 착수했다. 스탈린 치하의 소련은 폭격기와 원자탄에 들어가는 비용을 합친 것보다도 훨씬 더 많은 금액을 전략방공에 사용해 전국에 걸쳐 레이더와 지휘통제 장비의 네트워크를 형성했다. 소련은 B-29를 요격하기 위해 MiG-15 제트 전투기를 배치하고, 이를 1만 3,000대가 넘게 생산했다. 1957년, 소련의 첫 지대공미사일SAM 체계인 S-25(SA-1 길드)가 임무 수행에 돌입했다.[62]

결국 미 공군은 이 거대한 폭격기의 생존성을 높이기 위한 창의적인 방법을 강구해야 했다. 아이디어 중 하나는 폭격기에 적 요격기와 맞서 싸울 수 있는 무인 항공기를 장착하는 것이었다. 다른 아이디어는 폭격기의 폭탄창에 사람이 탑승한 기생 전투기(XF-85 고블린)를 수납하는 것이었다. 나중에 리퍼블릭항공은 F-84 선더제트를 B-36의 복부에 맞게 개량했다. 공군은 나중에 피스메이커를 모함으로 만들어 피스메이커가 연안 상공에 머무르는 동안 선더제트가 적 영공으로 침투하여 사진을 촬영하거나 폭탄을 떨어뜨리게 하는 방안도 내놓았다.[63] 그러나 이러한 계획이 실제로 실행되지는 않았다.

공군은 새로운 후속 항공기 디자인들을 실험했다. 가장 널리 알려진 것은 원래는 프로펠러 추진기로 개발되었던 노스롭 YB-49 전익기일 것이다. 1945년, 육군은 두 개의 기체를 제트 추진 방식으로 개조하는 계약을 발주한다. 이 전익기는 1947년 10월 시험비행에 착수했는데 너무 많은 연료를 소비하고, 항속거리가 제한돼 있었으며, 비행하기 어렵다는 사실이 밝혀졌다. 공군은 1950년 3월 15일 사업을 취소한다. 사실 전익기 디자인은 시대를 앞서간 것이었다. 수십 년 후에 이 디자인은 B-2 스피릿 스텔스 폭격기 디자인으로 부활한다.

B-52 스트라토포트리스는 훨씬 성공적이었다. 이 항공기는 폭탄 4.5톤을 적재하여 8,000킬로미터까지 운반해야 한다는 요구 사항에 부응하도록 개발되었다. B-52는 믿을 수 있으며 조종하기 쉬워 냉전 이후까지도 전략공군사령부의 주력 폭격기가 되었다. 실제로 B-52는 1991년 걸프전과 2001년 아프가니스탄 작전에서도(역할이 상당히 다르기는 했지만) 많이 사용되었다.

핵에 대한 국방부의 열의는 무기에만 국한되지 않았다. 1946년 공동원자력위원회와 원자력위원회는 핵연료를 사용하여 재급유 없이 매우 오랫동안 연속 비행이 가능한 항공기를 배치하기 위해 항공기 핵추진 사업을 추진했다. 이론상으로 핵연료를 통해 항공기는 한 번 비행에 며칠씩 체공할 수 있었다. 그러나 이론과 실제 사이에는 큰 간극이 있었다. 가장 큰 난관은 원자로의 디자인이었다. 핵추진 항공기는 작고 가벼우면서도 강력할 뿐만 아니라 충분한 방호벽을 갖추고 있어 승무원들이 방사선에 노출되지 않게 하는 원자로가 필요했다. 결국 그러한 디자인은 불가능하다는 결론이 내려졌고, 사업은 1961년에 취소되었다.[64]

유인 항공기에서 순항미사일까지

장거리 미사일과 순항미사일 등장에 적응하는 일은 핵무기를 운용하는 것보다 더 큰 도전이었다. 미사일은 공군이 기술 전반에 부여했던 가치에 부합했으며, 특히 기술적 우위를 유지해야 할 필요성이 있었기에 더 각광받았다. 햅 아널드 대장은 1945년 10월 상원에서 이렇게 증언했다.

평화와 안보를 위해 공군력에서 첫째로 중요한 것은 탁월한 연구입니다. (……) 기존 장비의 질이 아닌 양에 의존할 경우 국가안보 수준은 급격히 저하된다는 점을 기억해야 합니다. 매년 기존 공군 장비의 5분의 1을 대체하게 하는 과학 발전을 믿어야 하며, 이러한 추가 전력은 세계에서 가장 뛰어나다는 점을 확신해야 합니다. 이를 위해 국가의 가장 뛰어난 과학 인재들을 지속적으로, 지체 없이 동원해야 합니다.[65]

화이트 대장은 훨씬 노골적으로 이를 표현했다. "우리 공군은 (……) 언제나 기술이 더욱 빠르게 발전하길 원한다. 왜냐하면 우리의 생명선이 새로운 기술 개발 영역에서 시작된다는 점을 알고 있기 때문이다."[66]

한편으로 장거리 유도미사일의 개발로 공군의 핵심 관념인 유인 비행 자체에 의구심이 제기되었다. 미사일 기술은 기체에 조종사가 탑승하는 기존 방식과는 달리 기체와 운용자를 분리했다. 미사일 도입 필요성에 직면했을 때 공군이 '조종사 없는 기체'로도 일컬어졌던 순항미사일을 더 선호했다는 사실은 이해하기 어렵지 않다. 공군이 탄도미사일을 받아들이기 시작한 것은 대륙간 순항미사일이 비현실적이라는 점이 밝혀지고 나서였다.

1940년대 후반에는 핵무기의 주요 운반 수단이 폭격기가 될지 미사일이 될지 분명치 않았다. 장거리 미사일을 개발할 수 있는지, 또 실용적인지는 당시로선 확실히 알 수 없었다. 한편으로 정부 안팎의 전문가들은 폭격기가 미래에도 지금 같은 역할을 수행할지를 두고 의구심을 드러냈다. 캘리포니아공과대학의 구겐하임항공학연구소 소장이었으며 육군항공대 과학자문단의 수장이었던 테오도르 폰 카르만과 수학자 존 폰 노이만 등이었다.[67]

1946년 4월, 육군항공대는 각종 형태의 미사일 28기를 개발하고 있었다. 몇몇 장교들은 공군의 생존을 위해서는 미사일을 적극 개발해야 한다고 보았다. 육군항공대 공군이사회 의장이었던 휴 J. 너 소장은 1946년 2월 이렇게 말했다. "공중 미사일은 어떠한 수단으로 운반되든 간에 항공대의 무기입니다. 우리가 이를 인지하지 않고 이 분야에서 가장 경쟁력 있는 조직이 되지 못하면 미사일은 육군이나 해군의 소관이 될 것입니다."[68]

전후 예산 규제로 공군은 1947년 7월 미사일 사업을 대거 감축하고 모든 탄도미사일 개발 계획을 포기했다. 1년 전에 시작되었던 미사일 개발 계획 28개 중 스나크Snark와 나바호Navaho, 단 2개만 살아남았다. 탄도미사일 개발보다 순항미사일 개발을 강조함으로써 공군의 의사 결정자들은 자기들이 안전하다고 여긴 쪽에 패를 걸었다. 그들은 순항미사일이 점차 진화하면 대륙을 넘나드는 무기가 될 것이라고 보았다. 8,000킬로미터를 비행할 수 있으며 명중률이 높은 램제트 추진 순항미사일 개발은 사정거리가 비슷한 탄도미사일보다 훨씬 난감한 도전임을 아는 사람은 거의 없었다.[69]

미 공군의 첫 '무인 폭격기'인 마틴 마타도어는 전술 지대지미사일로 개발되었다. 마타도어는 1945년 8월에 개발이 시작되었고, 1949년 1월 시험에 들어갔다. 이 미사일은 이동식 발사대에서 부스터 로켓에 의해 발사되었으며 비과 중에 지상에서 전자적으로 조종되었다. 속도는 시속 965킬로미터, 사정거리는 1,100킬로미터였다.

마타도어의 약점 중 하나는 지령유도방식에 의존한다는 데 있었다. 이 미사일은 비과 중에 지상 통제소와 계속 통신을 해야 했기 때문에 사정거리에 제약이 생겼다. 미사일의 사정거리를 늘리려는 노력의 일환으로 굿이어에어크래프트에서는 자동지형인지 및 운항ATRAN이라는 레이더 지도 매칭 체계를 개발했다. 이 체계는 미사일 내부에 탑재된 지형 지도와 레이더 안테나로 파악한 지형을 비교하고, 미사일이 본래 항로를 이탈하면 이를 교정했다. 1948년 3월, 연구소에서 첫 시험을 했으며 10월에는 실제 비행 시험을 치렀다. 지령유도와는 달리 ATRAN은 방해전파에 쉽게 교란되지 않았으며, 가시선 밖에서도 기동이 가능했다. 그러나 보다 정확한 운항을 위해서는 많은 레이더 지도가 필요했다.[70]

1952년 8월, 공군물자사령부Air Materiel Command는 ATRAN 운항 체계와 개조된 마타도어 기체를 결합하여 TM-76A 메이스Mace를 만들었다. 이는 유럽 주둔 미 공군에 1959년 처음으로 배치되었으며 1960년대 중반까지 현역으로 활약했다. 공군은 또한 교란이 방지된 관성유도장치로 유도되며, 메이스 A보다 사정거리가 두 배 긴 TM-76B 메이스도 개발했다. 메이스 B는 1959년에 개발하기 시작해 1961년에 실전 배치했고, 1970년대 초반까지 유럽과 태평양에서 운용했다.

1954년 3월, 공군은 첫 마타도어 부대를 서독에 배치했고, 이후 한국과 타이완에도 부대를 배치했다. 공군은 200기가 조금 안 되는 수량의 마타도어와 메이스 미사일을 장비한 6개 중대를 배치했다. 그러나 이 미사일은 신뢰도가 낮고, 정확도 역시 형편없었다. 결국 탄도미사일이 도입되면서 도태되었다. 공군은 1969년 4월 마지막 마타도어 부대를 해산했다.[71]

마타도어와 메이스 같은 단거리 미사일들이 최초로 배치됐지만 처음부터 공군은 사정거리가 더 긴 미사일을 염두에 두고 있었다. 1946년 1월, 노스롭은 사정거리가 약 4,800킬로미터인 아음속 터보제트 추진 미사일 MX-774A 스나크 개발 제안서를 제출한다.[72] 이동식 발사대에서 두 개의 부스터 로켓 엔진으로 발사되어 비행 속도를 낸 다음 부스터 엔진은 분리되고 터보제트 엔진이 가동되는 방식이었다. 목표물에 도달하면 핵탄두가 담긴 끝부분이 동체에서 분리되어 목표물에 탄도를 그리며 떨어진다.

대륙간 순항미사일을 개발하는 데 난관은 많았다. 가장 큰 난관은 상당히 먼 거리를 정확하게 유도하는 것이었다. 당시의 관성항법 장비는 핵무기를 운반한다 하더라도 요구되는 정확도를 만족시키지 못할 터였다. 노스롭은 대신 혁신적인 방안을 제안했다. 별들의 위치를 미사일의 경로와 매치시키는 천체유도 장비였다. 장비는 작동했지만, 미사일의 비과 중에 안정된 상태로 작동하지는 못했다. 게다가 덩치가 크고 무게가 1톤에 달했다.[73]

스나크는 논란의 대상이었다. 1949년 7월, 조지프 맥나니 공군 대장은 스나크를 미국에서 가장 전도유망한 미사일 사업이라고 추켜세웠으나 공군의 많은 이들은 이 사업에 냉담했다. 어느 정도 예상할 수 있듯이 육군과 해군 또한 비용과 위험을 거론하며 사업을 비판했다.[74] 스나크의 시험 과정에서 불거진 문제들은 비난을 더욱 부추겼다.

이것만으론 충분치 않았는지, 공군은 새로운 요구 사항을 들이밀었다. 방공망이 점차 정교해지는 가운데 대륙간 순항미사일의 생존성을 우려한 나머지, 1950년 6월 사업 관리자들은 미사일의 마지막 비과 단계에서 초음속으로 가속하는 기능을 요구 사항에 추가했다. 미사일의 사정거리와 적재량, 정확도도 상향 조정했다. 노스롭은 스나크보다 동체가 더 크고, 첨단이 더 뾰족하고, 날개도 더 큰 슈퍼 스나크를 내놓았다. 하지만 스나크와 마찬가지로 슈퍼 스나크 역시 기술 문제와 비용 초과, 일정 지연으로 문제를 빚었고, 사업에 대한 지지는 약화되었다.[75]

전략공군사령부는 1951년 말 우려를 표명하기 시작했다. 이는 공군을 폭격기 조종사들이 장악하고 있었기 때문이기도 했지만, 지상과 공중 양 측면에서 미사일의 생존성에 대한 합당한 의문이 제기된 이유도 있었다. 지상에서 스나크 미사일은 고정된 발사장(사이트)에 배치될 터인데 이는 취약할 수밖에 없었다. 공중에서는 속도가 음속에 미치지 못하고 기동을 할 수 없는 데다 방어 수단이 없었다. 미국의 장거리 미사일 사업을 연구하기 위해 고위 과학자들을 소집하여 결성한 전략미사일평가위원회Strategic Missile Evaluation Committee는 스나크가 너무 복잡하고 취약하며 부정확하다고 판단했다. 스나크는 탄두를 목표 지점의 32킬로미터 내에 운반할 확률이 55퍼센트밖에 안 됐다. 이 수준의 정확도로는 가장 큰 핵탄두조차도 성능을 발휘하는 데 제약을 받는다.[76]

이러한 문제점들에도 불구하고 공군은 사업을 계속했다. 최초의 스나크 부대인, 메인주 프레스크 아일에 위치한 제702미사일단Missile Wing은 1959년 1월에 임무를 개시했으며, 5월에 첫 미사일들을 지급받았다. 케네디 대통령은 대통령 취임 2년 후에 미사일 배치를 취소시켰다. 케네디 행정부는 스나크 미사일이 지상에서 취약하며, 비과 능력도 신뢰할 수 없고 소련의 방공망을 뚫을 수 없다고 보았다. 무엇보다 대륙간탄도미사일보다 나은 점이 전무하다시피 했다. 공군은 1961년 6월 25일, 제702미사일단을 해산했다.[77]

아음속이었던 스나크보다 더 대담했던 것은 바로 초음속 나바호 미사일이었다. 나바호는 스나크의 가장 큰 약점이었던 비과 중의 취약성을 교정하기 위해 개발되었다. 나바호는 5,600킬로미터를 음속의 세 배 속도로 날아갈 수 있도록 계획되었다. 공군 사업의 우선순위에 올라 있었지만 나바호는 처음부터 문제를 일으켰다. 특히 미사일의 램제트 엔진의 신뢰도가 낮아 '네버고Never-go'라는 별명을 얻었다. 1957년 7월 초, 공군은 7억 달러의 예산을 소모한 끝에 비행 시간이 90분도 안 되는 나바호 사업을 취소하고 1세대 대륙간탄도미사일 SM-65 아틀라스가 배치될 때까지 SM-62 스나크에 의존하기로 결정했다.[78]

유인 항공기를 중심에 놓는 공군의 문화가 미사일을 대하는 공군의 태도를 형성했다. 초기에 공군은 순항미사일을 유인 항공기로 취급하곤 했다. 1951년 5월, 공군회의Air Force Council에서는 유도미사일에 항공기 식별 부호를 부여할 것을 권고했다. 마타도어, 스나크 그리고 나바호는 폭격기로 명명되었고, 팰컨Falcon 공대공미사일과 보막Bomarc 지대공미사일은 전투기로 명명되었다. 예를 들어 마타도어의 식별부호는 B-61이었다. 그리고 미사일단missile wing 또한 공군의 비행단 숫자에 포함되었다.[79] 나중에 미사일들은 각기 전술미사일TM과 전략미사일SM로 재명명되었다.

공군 지도부의 일원들을 포함한 몇몇 사람들은 공군 자체가 무인 미사일에 반발하고 있다고 느꼈다. 그들이 볼 때 공군은 미사일로 인해 자신의 직책을 잃을까 우려하는 장교들이 장악하고 있었다. 조종사들은 자신들이 운항하던 항공기에 애착을 가졌고, 공군의 과학자 장교들을 조직 부적응자라고 폄훼했다.[80] 서부지역개발국Western Development Division의 추진체 개발사업부장이었던 에드워드 N. 홀 대령은 이렇게 말했다. "극복해야 할 것은 음속이나 열에 대한 장벽이 아니라 마음의 장벽이다. 인간이 언제나 부딪혔던 단 하나의 장벽이다."[81] 1953년부터 1961년까지 공군 참모총장과 참모차장을 지냈던 토머스 D. 화이트 대장은 더욱 직설적으로 이를 표현했다. "조종사들 사이에 항공기에 대한 뿌리 깊은 편애가 없다고 한다면, 이는 바보 같은 소리다. 당연히 그런 감정이 있다."[82] 1957년에 열린 지휘관 회의에서 화이트 대장은 항공기에 대한 공군의 애착을 말에 대한 기병의 애착에 비견했다. 그는 직설화법으로 동료 장교들을 자신이 '거함Battleship 심리'*라고 이름 붙인 용어를

---

* 해군이 화력 통제 기술 등의 발달로 크기가 작으면서도 더 효율적인 함선을 개발하게 됐음에도 불구하고 20세기 초의 대형 전함에 대한 집착을 버리지 못했던 것을 빗댄 표현이다.

아틀라스 미사일은 미국이 처음으로 실전 배치한 대륙간탄도미사일^{ICBM}이다. © NASA

동원해 책망했다. 또 미사일들은 공군에 계속 남을 것이며 조기에 경쟁에 뛰어드는 쪽이 공군의 이익에 부합한다고 말했다. 화이트는 일단 신무기의 가치가 정착되면 공군도 새로운 무기들을 받아들일 거라고 여겼다.[83]

한편 르메이는 미사일을 유인 폭격기의 대체물이 아닌 보완물로 여

겄다. "최초의 대륙간탄도미사일은 유인 폭격기를 보완할 거라고 보는 시각이 합리적이라고 생각합니다. 언젠가는 유인 폭격기 전력을 어느 정도 대체할 것입니다. 하지만 예측 가능한 미래에 대륙간탄도미사일이 모든 유인 폭격기 전력을 대체하리라고 생각하지는 않습니다."[84]

순항미사일에서 탄도미사일까지

기술적 유효성, 위협의 인식, 그리고 관료제 정치가 서로 결합하여 공군은 탄도미사일 개발 쪽으로 나아갔다. 탄도미사일은, 제대로 작동한다면 폭격기나 순항미사일에 비해 몇 가지 우위를 보장할 수 있었다. 무엇보다 두드러지는 우위는 바로 속도에서 찾을 수 있다. 폭격기나 순항미사일은 도달하는 데 몇 시간이 걸릴 목표물을 탄도미사일은 단 몇 분 만에 타격할 수 있다. 이 못지않게 중요한 점은 소련의 방공망에 영향을 받지 않으리라는 점이었다. 미국의 폭격기 기지는 소련의 선제공격에 점차 취약해지고 있었고, 항공기는 소련의 방공망을 뚫고 폭탄을 운반하는 데 점점 더 많은 난관들과 마주치고 있었지만 탄도미사일은 이에 구애받지 않고 타격 능력을 제공할 수 있었다.

그러나 몇몇 존경받는 과학자들은 회의적이었다. 과학연구개발처의 수장을 지내기도 했던 배너바 부시는 1949년 "현실적인 대륙간 미사일 개발은 환상"[85]이라고 썼다. 1947년 항공참모부 평가 패널은 적어도 다음 10년 동안은 아음속 폭격기가 1,500킬로미터 이상을 날아 폭탄을 운반할 수 있는 유일한 수단으로 남으리라고 예측했다.[86] 이러한 회의론이 나온 이유는 대륙간탄도미사일을 기술적으로 실현시킬 수 있을지

불확실했기 때문이다. 특히 정확한 유도장치와 강력한 로켓 엔진 개발, 대기권 재돌입 시 탄도의 생존성 확보가 문제였다.[87]

미군 내에서도 탄도미사일에 대단한 열의를 보이진 않았다. 1945년부터 장거리탄도미사일을 두고 실험을 하긴 했지만 어느 군도 탄도미사일에 최우선순위를 두진 않았다. 공군의 경우, 지대지미사일은 우선순위에서 공대지미사일과 방공미사일에 뒤처졌다.[88] 공군 지도부는 지대지미사일 중에서 탄도미사일보다는 스나크와 나바호 같은 순항미사일을 선호했다. 두 모델 공히 적의 방공망을 뚫을 수 있는 능력을 보여주지 않았음에도 불구하고 말이다.[89]

그럼에도 탄도미사일 개발을 추구해야 할 몇 가지 강력한 동기들이 있었다. 첫째는 미국이 미사일 경쟁에서 소련에 뒤처지고 있다는 인식이었다. 1951년 후반과 1952년 초반, 미국 정보기관들은 소련이 120톤의 추력을 낼 수 있는 엔진을 이미 개발했고, 이보다 추력이 두 배나 강한 엔진을 개발하고 있다는 첩보를 입수했다. 이는 소련이 대륙간탄도미사일을 개발하고 있음을 강하게 암시했다. 소련이 그러한 무기를 배치하면 미국의 폭격기 기지들은 위험에 빠질 터였다.[90]

둘째로 관료제 정치가 한몫을 했다. 육군에서는 베르너 폰 브라운과 그의 독일 과학자팀이 탄도미사일 사업을 이끌고 있었다. 공군 내부의 탄도미사일 옹호론자들은 그런 유망한 분야를 육군에 내주고 싶어하지 않았다.

셋째로 기술 발전으로 대륙간탄도미사일을 개발할 수 있게 되었다. 1950년 12월, 랜드연구소는 장거리 미사일 개발을 가능하게 한 로켓 엔진과 유도장치의 중대한 개선 사항을 보고했다.[91] 1952년 11월 에니웨톡에서 있었던 최초의 핵융합 장치 실험은 핵탄두를 1.5톤 정도로 가볍게 만들 수 있음을 시사했다. 미사일 개발자들은 덕택에 대륙간탄도미사일이 운반해야 하는 적재물의 중량을 현격히 줄일 수 있었다. 수소폭탄의 엄청난 폭발력 덕분에 대륙간탄도미사일에 요구되는 극도의 정확도도 완화되었다. 후자의 발전으로 공군연구개발사령부Air Research and Development Command는 대륙간탄도미사일의 전면 개발을 추천했다.

마지막으로 공군성 장관 트레버 가드너의 개입과 아이젠하워 행정부의 압력은 공군이 무인 미사일을 지지하는 쪽으로 돌아서는 데 도움을 주었다. 에드먼드 비어드가 대륙간탄도미사일 개발에 관한 선구적인 연구에서 결론지었듯이, 민간의 개입이 없었더라면 공군은 생존성이 의심스러웠을지라도 차세대 유인 폭격기를 계속 개발했을 것이다.[92]

1950년 공군회의에서는 사정거리가 8,000킬로미터이고 2.5톤의 탄두를 1.5킬로미터 오차 범위 내로 운반할 수 있는 탄도미사일의 디자인 대안들을 연구하는 장기 계획인 프로젝트 아틀라스를 실행하도록 권고했다. 이는 1965년까지는 유인 항공기가 전략공군력의 중추로 남을 것이며 효과가 점차 향상되는 순항미사일들이 무기고에 들어오리라는 추정을 반영한 결정이었다. 공군이 대륙간탄도미사일을 배치할 시점은 1960년대 중후반이 될 터였다.[93]

소련의 미사일 개발에 대한 우려와 전략순항미사일의 무용함 때문에 공군은 계획을 수정했다. 1954년 5월 공군성 장관은 아틀라스 프로젝트에 "예산 등에 아무런 제한을 두지 않고 최대한의 노력"을 투입할 것을 승인했다. 다음 달이 되자 아틀라스 프로젝트는 공군의 가장 중요한 사업이 되었고, "기술이 허락하는 한 최대한 박차를 가할" 사업이 되었다.[94] 1954년 7월 1일, 공군연구개발사령부 사령관 토머스 S. 파워 대장은 연구개발사령부의 현장 사무소격인 서부지역개발국WDD을 설립하여 43세의 버나드 슈리버 장군에게 맡긴다.

미사일을 최대한 빠르게 실전 배치하기 위해 WDD는 동시 병행 개발 방식을 도입했다. 동시 개발은 미사일 부품, 제조 및 시험 시설, 지휘통제 시설, 그리고 훈련 시설을 동시에 획득한다는 뜻이다. 예를 들어 아틀라스를 위한 발사 시설은 엔지니어들이 미사일 디자인을 완성하기 전에 개발이 시작되었다.[95] 병행 개발은 개별 부품의 제조를 각기 다른 사업자에게 맡기는 것을 의미했다. WDD는 개발 시간을 단축하기 위해 경쟁을 이용했다.[96] 공군은 WDD 사업에 최고 우선순위와 흔치 않은 자유를 부여했다. 1955년 말, WDD는 주류 무기 개발 센터로 자리매김했다. WDD 프로젝트에는 아틀라스를 비롯하여 타이탄^{Titan} 대륙간탄도미사일과 토르^{Thor} 중거리탄도미사일^{IRBM}, 그리고 WS-117L 정찰위성이 포함되어 있었다.

아틀라스 사업은 매우 규모가 큰 사업이었고 일개 회사가 주계약자 prime contractor 지위에서 방대한 자원을 동원할 수가 없었기 때문에, 슈리버는 라모-울리지^{Ramo-Woolridge Corporation}를 프로젝트의 체계 통합 업체로 지정했다. 이는 중대한 혁신이었다. 이전까지는 주계약자가 무기 개발을 관할했다. 그러나 대륙간탄도미사일은 매우 복잡했기 때문에 공군은 미사일을 개발하고 있는 수백 개 회사들의 작업을 중간에서 조정할 업체가 필요했다. 라모-울리지는 공군 가족의 일원이 되어, 회사의 엔지니어들이 슈리버의 부하들과 같이 일하게 되었다. 계약자들의 수백 가지 작업과 수천 개의 하부 체계들의 개발을 관리하기 위해 그들은 시스템 공학에 필요한 규율을 함께 만들었다.[97] 1957년, 아틀라스 사업에는 17개의 주 사업자와 200개의 하청업체, 그리고 7만 명에 달하는 인력이 연관되어 있었다.[98]

아틀라스의 초기 개발은 실패의 연속이었다. 최초의 미사일이 1956년 8월에 인도되었음에도 불구하고 16개월 후에야 처음으로 성공적인 발사를 할 수 있었다. 1.5톤의 핵탄두를 1만 킬로미터 거리에 있는 목표물의 500미터 이내에 떨어뜨리는 것은 결코 만만한 일이 아니었다. 1959년에 첫 배치되었을 때 아틀라스 D 미사일은 캘리포니아 반덴버그 공군기지 지상 지지탑에 장착되었다. 미사일은 이후 콘크리트로 된 '관coffin' 안에 들어가는 방식으로 배치되었다. 미사일은 발사 전에 연료를 공급받고 지상에 수직으로 세워져야 했다. 아틀라스의 후속 모델들은 약간 덜 취약했다. 관성유도를 받는 아틀라스 E는 흙으로 덮인 콘크리트 관 안에 배치되었고, 아틀라스 F는 콘크리트와 강철로 된 지하 사일로 안의 엘리베이터에 설치되었다.[99]

공학 면에서 가장 큰 도전은 미사일의 노즈콘(첨단)과 재돌입체의 디자인이었다. 당시에는 고속으로 대기권에 재진입하면서 지상까지 적재물을 안전하게 운반할 수 있는 입증된 방법이 없었다. 재돌입체를 개발하는 데 아틀라스 사업 예산의 11퍼센트를 소모했다.[100]

아틀라스의 개발에 필연적으로 따르는 위험 부담을 줄이기 위해 공군은 같은 부품으로 XSM-68 혹은 WS107A-2 타이탄이라고 일컬어지는 미사일을 개발했다. 아틀라스와 마찬가지로 타이탄은 액체연료와 관성유도를 사용하는 대륙간탄도미사일이었다. 타이탄 I은 적의 공격에 피해를 입지 않기 위해 강화된 지하 사일로에 들어간 최초의 미 공군 대륙간탄도미사일이었다. 1959년 2월에 첫 시험을 거치고 미국 서부 다섯 개 기지에 최종 배치되었으나, 1965년 타이탄 II에 의해 도태되었다.

1957~1963년은 폭격기에서 순항미사일과 탄도미사일로 우선순위

가 전환된 시기였다. 로버트 페리가 지적했듯, 1957년 전까지 탄도미사일은 폭격기, 순항미사일과 벌이는 경쟁에서 불리한 위치에 있었다. 그러나 1963년경에는 탄도미사일이 전략전의 중심 무기가 되었다. 이러한 전환은 공군의 획득 사업 결정에서 드러난다. 1951년에서 1962년 사이에 제트 엔진을 단 전략폭격기가 3,000여 대 도입되었다. 그러나 1962년 말에는 폭격기들이 구식이 되었음에도 거의 교체되지 않았다. 탄도미사일이 주 무기가 된 것이다.[101]

1955년 1월 공군과학자문위원회는 전술탄도미사일 개발을 권고했다. 공군의 대륙간탄도미사일 사업과 마찬가지로 중거리탄도미사일 IRBM 사업 또한 적의 위협과 관료제적 이익 추구의 결과물이었다. 킬리언위원회는 미국이 소련보다 앞서 전술탄도미사일을 개발해야 한다고 권고했다. 게다가 육군은 주피터Jupiter 미사일을 개발하고 있었다. 두 갈래 위협에 공군은 토르의 개발로 답했다.[102]

토르의 개발은 매우 빠르게 진행되었다. 최초의 시험용 미사일은 개발 계약서에 서명한 지 1년도 채 되지 않아 케이프커내버럴*에 인도되었다. 토르 미사일은 1958년 9월에 실전 배치되었다.

미국 영토에서 소련을 공격할 수 없었기 때문에 미국은 영국과 합의하여 토르 미사일을 영국에 배치했다. 공군은 토르를 영국에 배치하고 요원들을 훈련시켰으며, 영국은 기지를 짓고 미사일을 운용하는 데 동의했다. 미국은 각기 미사일 15기를 보유한 4개 중대를 영국에 배치했다. 그리고 주피터 미사일을 보유한 NATO의 2개 중대를 이탈리아와 터키에 배치했다.[103]

---

* 케네디우주센터가 있는 곳.

폭격기에서 미사일로 초점이 옮겨가자 미국의 국방 태세뿐만 아니라 방위산업의 구조도 바뀌었다. 2차 대전 이후 줄곧 미국에서 가장 큰 정부 계약 업체였던 제너럴모터스는 1960년에는 21위로 곤두박질쳤다. 커티스라이트는 2위에서 13위로, 포드는 3위에서 37위로, 베들레헴철강은 7위에서 42위로 밀려났다. 1960년, 이러한 거대 업체들은 보잉, 제너럴다이내믹스, 록히드, 제너럴일렉트릭, 북아메리카항공 등 5개의 상위권 방산업체들로 대체되었다.[104]

대륙 방공

1950년대 소련의 핵 공격 능력이 성장함에 따라 소련 지도부가 미국의 폭격기 전력을 기습공격할 가능성이 높아졌다. 전략공군사령부는 소산과 방어를 통해 폭격기 전력을 보호하고자 했다. 1951년 공군은 요격기, 대항공기 미사일, 그리고 조기경보 레이더를 통합 관리하는 방공사령부를 창설한다. 이듬해, 트루먼 대통령은 소련의 공격에 대한 경고를 발하기 위해 북아메리카 북부에 원거리 조기경보DEW 라인을 설치할 것을 공군에 명령했다.

핵 공격으로부터 전략공군사령부의 폭격기와 미국의 도시들을 보호할 필요성으로 인해 공군은 대륙 방어를 진지하게 생각하게 되었다. 복잡한 대규모 공격에도 유효성을 유지하려면 대륙 방어는 자동화해야 했다. 공군은 반자동방공관제SAGE: Semi-Autiomatic Ground Environment체계를 개발하여 소련의 장거리 폭격기를 막으려 했다. MIT의 링컨연구소와 그 협력사인 마이터는 방공의 혁명을 일구었다. SAGE 사업은 최초의 실시간 통제 컴퓨터인 AN/FSQ-7과 AN/FSQ-8을 개발해냈다. 이 컴퓨터들은 각기 2만 5,000개의 진공관과 14만 7,456개의 페라이트자심 기억장치를 포함했다. 이 컴퓨터들을 함께 설치하면 무게는 각기 275톤에 이르고, 3,700제곱미터의 공간을 차지했으며, 300만 와트의 전기를 사용했다.[105]

처음에는 소련 폭격기로부터 미국 동북부를 방어하기 위해 개발되었던 SAGE는 이후 미 대륙 전역을 관할했다. 미국 전역을 8개 구역으로 나눈 뒤 각 구역에 AN/FSQ-8 컴퓨터를 장착한 전투본부들을 하나씩 할당했다. 이 구역들은 북미방공사령부[NORAD]의 전투작전본부와 바로 연결되어 있었다. 개별 전투본부는 32개의 하부 구역에 배치된 레이더 정보를 수신하고 처리한 다음 평가한다. 각 하부 구역에는 가동 중인 AN/FSQ-7 한 대와 대기 중인 AN/FSQ-7 한 대가 설치된 관제소가 있었다. 전투본부는 전반적인 위협과 대응 현황 자료를 만들었고, 관제소는 감시 정보를 처리하고 적의 위협에 대응한 항공기와 미사일들을 할당했다. 관제소의 컴퓨터들은 적 항공기 200기와 아군기 및 미사일 200기를 동시에 추적할 수 있도록 설계되었다.[106]

기술적 복잡성의 결정체라 할 수 있는 SAGE는 군사적으로는 실패작이었다. 1959년 작전 가능 상태가 되었을 때, 미국에 대한 소련의 가장 큰 위협은 이제 폭격기가 아닌 대륙간탄도미사일이었기 때문이다. 한편으로 SAGE 사업은 컴퓨터와 통신, 관리 기술에서 값진 파생물을 많이 낳았다.[107] 또한 미 본토를 소련 폭격기로부터 방어하기 위한 북미방공사령부 계획의 일환으로 계속 작전 상태를 유지했다.

해군이 직면한 핵무기 시대의 도전

핵 혁명이 공군에게 득이 된 반면, 핵무기와 장거리 미사일이 등장하자 많은 이들은 해군의 존재가 여전히 유효한지를 두고 의문을 제기했다. 해군은 여러 방식으로 도전을 받았다. 해군은 원래 핵폭격기를 자군 항공모함에 배치하는 식으로 핵무기의 점진적인 도입을 추진했다. 그러나 함대탄도미사일FBM의 개발과 이를 운반하고 발사할 수 있는 핵추진 잠수함이 등장하자, 해군은 자군의 미래를 잠수함발사탄도미사일SLBM에 걸었다. 이리하여 해군의 조직 문화와 부합하는 방향으로 핵무기 시대에 적응하는 방법을 찾았다.

공군, 특히 전략공군사령부가 미군의 주력으로 부상하자 해군 내부에서도 다양한 반응이 나왔다. 몇몇 장교들은 해군을 전략공군으로 변모시켜 공군을 이기고 싶어했지만, 대부분의 해군 장교들은 군함들이 핵 공격에 과도하게 취약하지 않으며, 해군의 항공모함이 적어도 공군의 폭격기 정도만큼은 핵 공격에 유용하다는 점을 보여줌으로써 해군이 여전히 필요한 전력임을 입증하는 쪽이 더 중요하다고 믿었다.[108]

프레더릭 L. '딕' 애시워스 중령과 존 T. '칙' 헤이워드 중령을 포함한 젊은 장교들은 해군이 핵으로 자신의 가치를 입증하는 것이 중요하다고 확신했다. 그들의 관점에서 볼 때, 원자력 무기는 해군이 항모 공습과 같은 기존 임무 수행 능력을 증대시킬 터였다.[109]

해군의 유용함을 보여줄 수 있으려면 함선과 항공기 그리고 폭탄을 적절히 배합하는 방안을 찾는 것이 급선무였다. 공군은 기존의 전략폭격기를 핵무기 운반용으로 개조할 수 있었지만 해군은 핵 공격 임무를 수행하기 위해 새 항공기를 물색해야 했다. 북아메리카항공은 이미

AJ-1 세비지Savage 공격기를 만들고 있었다. 1946년, 해군은 이 공격기를 원자탄을 운반할 수 있게 개조하는 계약을 발주했다.[110] 개발 도중에 해군은 P2V 넵튠Neptune 대잠정찰폭격기를 핵무기를 운반할 수 있게 개조했다. 개조된 넵튠에는 무게를 줄이기 위해 모든 소모성 장비들을 떼어내고, 항공모함에 착륙할 수 있도록 테일후크tailhook를 장착했다. 본래 지상기지에서 이륙하도록 설계된 넵튠은 매우 육중했기 때문에 부두에서 모함에 실을 때는 크레인을 사용해야 했으며, 항모의 갑판에서 이륙하기 위해서는 제트 추진 장치의 도움을 받아야 했다.[111] 이 때문에 모함의 갑판도 육중한 폭격기의 이착륙을 견딜 수 있도록 강화되어야 했다.[112]

1948년 4월 27일, 최초의 핵무장 함재기 비행에서 헤이워드 중령은 코럴시Coral Sea함에 실린 P2V를 조종했다. 그해 12월, 해군은 헤이워드를 지휘관으로 한 제5혼성비행중대VC-5를 시험적으로 창설했다. 1949년 1월, 이 비행중대의 일부가 분리되어 애시워스를 지휘관으로 한 제6혼성비행중대VC-6가 만들어졌다. 그해 9월, 헤이워드는 미드웨이함에서 P2V의 능력을 시연했다. 당시 관람석에는 국방부 장관 루이스 존슨, 공군성 장관 스튜어트 시밍턴, 육군성 장관 고든 그레이, 해군성 장관 프랜시스 매슈스, 그리고 합참의장 오마 브래들리 등이 있었다. 1950년 2월, 해군은 새로운 AJ 폭격기를 장비한 제5혼성비행중대를 배치하면서 최초로 핵 공격 능력을 보유한 해상 비행중대를 갖게 되었다.[113] 하지만 이러한 '최초'의 사례에도 불구하고 해군이 보유한 핵 공격 능력은 제한돼 있었다. 1950년대 후반 이전까지는 AJ-1이 항공모함에서 이륙하거나 착함을 시도하지 않았다. 게다가 AJ-1 폭격기는 실패작이었다. 1950년대 후반에 A3 스카이워리어Skywarrior가 배치되기 전까지 해군은 효과적인 핵폭격기를 보유하지 못했다.

해군은 항공기를 사용하여 핵무기를 운반하는 다른 옵션들도 검토했다. 1950년대 초반, 해군과 방산업체들은 핵무장을 한 수상기 폭격부대의 창설 가능성을 물색했다. 컨베어 XF2Y-1 시다트Sea Dart와 마틴 P6M 시마스터SeaMaster로 이루어진 수상기중대는 여기저기 분산된 원거리 기지에서 출격하여 군함과 잠수함의 지원을 받으면서, 대잠수함 전투와 폭뢰 설치, 소련 본토에 대한 폭격을 실시할 터였다. 하지만 이러한 개념은 조직 내에서 지지를 얻지 못했다. 수상기 조종사들은 해군 내에서 소수파였기 때문이다. 결국 함재기 전력과 잠수함에 비해 예산 투입에서 우선순위가 낮았다.[114]

해군과 순항미사일

해군 또한 공군과 마찬가지로 2차 대전 이후 미사일에 상당한 관심을 쏟았다. 해군은 핵무기 투발 체계가 필요했고, 공군과의 경쟁의식이 이 사업을 부추겼다. 1940년대 후반, 해군은 함선과 잠수함에서 발사되는 순항미사일과 탄도미사일에 대한 실험을 실시했다. 예를 들어 1947년, 독일의 V-1 순항미사일을 개조한 JB-2 룬Loon을 게이토급 디젤잠수함에서 발사 실험했다.

이러한 초기의 노력은 챈스보트레굴루스Chance Vought Regulus 잠수함발사 순항미사일의 개발로 이어졌다.[115] 레굴루스 미사일은 외양부터 작동 방식에 이르기까지 공군의 마타도어와 많은 부분 비슷했다. 1953년 7월 잠수함 USS 투니Tunny에서 처음 발사되었던 레굴루스는 목표물을 타격하기 위해 두 척의 다른 잠수함에 의존해야 했다. 이후 소위 트론스 Trounce 시스템을 사용하여 다른 잠수함의 도움 없이도 미사일을 목표물에 인도할 수 있었다.[116]

1955년에 작전 가능 판정을 받은 레귤루스는 수상함에서도 발사할 수 있었다. 실제로 순양함 운용자들은 레귤루스 미사일에 열광했는데, 미사일을 장착하면 공격 범위가 확장되기 때문이었다. 이후의 버전은 3.8메가톤의 열핵탄두를 925킬로미터 범위까지 마하 0.87의 속도로 운반할 수 있었다. 후속 모델이었던 초음속 버전 레귤루스 II는 비용 문제와 다른 핵무기 투발 수단들에 비해 덜 매력적이라는 이유로 취소되었다.[117]

해군과 탄도미사일

해군은 탄도미사일을 맨 마지막으로 수용한 군이다. 해군이 능장을 부린 이유에 대해 빈센트 데이비스는 이렇게 주장했다. "미사일을 새로이 강조하는 데 전반적으로 반대했던 해군 장교들이 많았다. 일부는 해군에게 과연 미사일이 필요한지 의문을 품었고, 일부는 현재의 과학적·기술적 연구가 미사일 개발에 새로운 돌파구를 열 수 있을 만큼 발달했는지에 의구심을 표했기 때문이다. 일부는 해군 사업 예산이 여전히 상대적으로 제한된 시점에서 미사일 개발을 새롭게 강조하기 시작하면 다른 해군 사업이 우선순위에서 밀릴 것을 우려했다."[118]

잠수함발사탄도미사일 제조 장벽은 높았다. 잠수함에 실을 수 있을 정도로 작으면서도 폭발력이 충분한 핵무기의 검증된 디자인이 없었으며 정확한 유도 체계 또한 없었다. 미사일을 추진할 수 있는 고체 추진체도 없었다. 무엇보다 얼마나 많은 돈을 투입해야 그런 미사일을 실제로 만들 수 있을지 알지 못했다.

이러한 우려들 때문에 1955년 여름, 해군 참모총장은 함대탄도미사일 추진은 시기상조라고 판단하고 사업을 취소했다. 같은 시기에 국방부 장관 루빈 로버트슨은 공군에 중거리탄도미사일 독점권을 주는 임시 결정을 발표하는데, 이로 인해 해군은 탄도미사일 세계에서 완전히 차단될 위기에 놓였다.[119]

함대탄도미사일 사업은 1955년 8월, 알레이 버크 제독이 해군 참모총장으로 임명되면서 생명이 연장되었다. 참모총장으로 임명된 지 24시간 안에 버크 총장은 함대탄도미사일 사업에 대한 브리핑을 지시했다. 그는 일주일 내로 사업을 되살리기로 결심했고, 개인적으로도 이 사업에 관심을 갖게 되었다.[120] 1955년 윌리엄 F. 래번 해군 소장을 필두로 한 특수사업처Special Projects Office를 만들고, 최고의 인재 50명을 뽑을 수 있는 권한을 주었다.[121] 버크는 킬리언위원회의 마지막 보고서가 1955년 9월에 공개되었을 때 추가 지원을 얻었다. 보고서는 미국의 보복 능력 확보를 위해 사정거리 2,400킬로미터의 해상 기반 미사일 개발을 해군에 권고했다.[122]

함대탄도미사일 개발은 이러한 종류의 미사일로는 첫 번째 사업이었다. 최초의 잠수함발사탄도미사일인 폴라리스Polaris A-1을 생산했을 뿐만 아니라 최초의 핵추진 탄도미사일잠수함SSBN인 USS 조지워싱턴호(SSBN 598)도 개발했다. 이러한 성과는 놀랄 만큼 짧은 시간 안에 이루어졌다. 1960년 7월 20일, 조지워싱턴호는 플로리다의 케이프커내버럴 해안에서 잠수하여 두 발의 폴라리스 A-1 잠수함발사탄도미사일을 성공적으로 발사했다.

　하비 사폴스키는 공군과 공군의 대륙간탄도미사일 사업에 대한 경쟁심 때문에 해군이 폴라리스를 받아들였다고 썼다. 각 군의 경쟁 구도가 형성돼 폴라리스 사업의 관리자들은 관료제적 장애물을 뛰어넘어 인재를 모으고 자원을 얻을 수 있었다. 그리하여 미사일을 예산 범위 내에서 일정보다 빠르게 배치할 수 있었다.[123]

　폴라리스의 개발에서 높은 정확도는 중요한 척도가 아니었다. 바다 한가운데에서 움직이는 발사대에서 발사되어 수천 킬로미터를 날아가는 미사일은 분명 정확도에서 한계가 있을 수밖에 없었다. 그리고 개발자들은 폴라리스 미사일이 도시-산업공단과 같은 큰 표적을 향해 발사될 거라고 추정했다. 그렇다 하더라도 폴라리스 미사일을 유도하는 것은 쉽지 않은 일이었다. 잠수함에서 발사되는 미사일이 표적에 닿으려면 먼저 올바른 방향으로 날아가도록 방향을 잡아야 했다. 해군은 탄도미사일발사잠수함의 위치를 파악하기 위해 독특한 방법을 사용했다. 여기에는 함선들에 함선관성항법체계[SINS]를 장착하는 것도 포함되어 있었다. 탄도미사일발사잠수함의 순찰 구역 해저를 상세히 탐색하여 함선들의 소나를 통해 항법체계를 재설정했다. 그리고 지상에 배치된 로란-C*나 우주에 배치된 위성[Transit]항법망에서 수신한 정보도 이용했다. 또한 잠수함이 자신의 위치를 파악할 수 있도록 지구의 중력장에 대한 더 정확한 모형을 새로 개발했다.[124] 잠수함의 항법 장비와 사격통제체계, 그리고 미사일의 유도 체계가 합쳐지면 미사일을 목표물 근처로 보낼 수 있을 것이었다.

---

* 전파를 이용한 쌍곡선항법 기술.

폴라리스 A-1 미사일은 600킬로톤 단일 핵무기를 탑재했으며, 사정거리는 약 1,850킬로미터였다.[125] 사정거리가 2,700킬로미터인 폴라리스 A-2는 A-1과 매우 닮았다. 사정거리가 늘어난 이유는 미사일의 중량이 감소하고 두 번째 단계의 추진력이 증대했기 때문이다. 그럼에도 A-2는 보다 강력한 800킬로톤 탄두로 무장하고 있었다. 1961년 10월 23일, 최초의 잠수 발사가 USS 에단앨런Ethan Allen(SSBN 608)에서 성공적으로 이루어졌다. 8개월 후, 폴라리스 A-2는 같은 잠수함에 장착되어 최초의 작전 순찰을 시작했다.

1964년에 배치된 폴라리스 A-3은 사정거리가 4,600킬로미터에 달하며 여러 개의 재돌입체를 보유한 최초의 잠수함발사탄도미사일이었다. A-3은 3개의 200킬로톤 탄두를 탑재했다. A-3은 A-1과 A-2의 연장선에 있다기보다는 기본적으로 설계 자체가 새로웠다. 폴라리스 A-3의 긴 사정거리로 인해 미국은 처음으로 해상의 잠수함에서 유라시아 대륙 전체를 타격할 수 있는 능력을 얻었다.

핵추진 잠수함

핵 혁명은 무기뿐만 아니라 추진 방식에서도 새로운 전기를 열었다. 핵추진 잠수함을 통해 해군은 몇 가지 골칫거리를 해결했다. 먼저 탄도미사일잠수함은 잠수한 채로 보호 없이 오랜 기간 순찰을 할 수 있게 됐고, 이리하여 미국은 해군의 핵전력을 대륙간탄도미사일과 폭격기를 향한 소련의 공격에 대한 대비책으로 쓸 수 있게 되었다. 둘째로 핵추진 공격잠수함(SSN)은 미국을 벗어나 작전을 수행하는 데 필요한 지구력을 얻었다.

핵잠수함을 도입하려는 해군의 움직임은 신속했다. 1949년, 해군은 핵추진 잠수함 개발 사업을 추진하기로 결심했다. 1955년 1월 17일, 최초의 핵잠수함 USS 노틸러스Nautilus가 코네티컷주 그로톤의 전자함 조선소Electric Boat Shipyard에서 원자력을 사용하여 출항했다. 9개월 후, 버크는 미래의 모든 잠수함은 핵추진 방식을 사용하게 될 것이라고 선언했다.[126]

핵잠수함은 잠수함 집단의 정체성과 편안하게 들어맞았기 때문에 해군은 즉시 핵잠수함을 받아들였다. 오웬 코테는 핵잠수함을 두고 "지상과 연결되는 탯줄이 필요 없고 완벽하게 잠수 상태를 유지할 수 있는 진정한 잠수함"이라고 말했다.[127] 핵잠수함은 결코 스노클을 할 필요가 없었고, 소나로 추적할 수 없을 정도로 빨랐다. 게다가 핵잠수함의 속도와 3차원적 기동성은 상대적으로 느린 디젤잠수함들을 공격하기 위해 개발되었던 기존 어뢰들을 능가했다. 핵잠수함은 잠수함 운용자들이 항상 희구하였지만 갖지 못했던 모든 능력을 갖추고 있었다.

핵추진으로 얻은 속도와 지구력은 또 다른 혁신을 낳았다. 1953년에 취역한 USS 알바코어Albacore(AGSS-569)는 잠수함의 잠항 속도를 최대화하기 위해 눈물방울 모양의 선체와 단일 스크루의 사용을 시험했다. 설계상의 이러한 특징들은 다른 특징들과 더불어 1960년 세계 최초의 저소음 핵잠수함인 스레셔Thresher(SSN-593)급의 개발로 이어졌다. 물론 이후의 미국 공격 잠수함은 모두 스레셔에서 파생되었다. 이 잠수함들은 정확하게 소련의 핵잠수함을 잡기 위해 만들어졌다. 이들의 핵심 능력은 바로 저소음에 있었다. 스레셔급 잠수함은 소음을 줄이기 위해 잠수함 내부의 신축성 있는 받침대인 래프트에 설비 부분을 두었다.[128] 이러한 설계 구조를 통해 소음이 컸던 소련제 먹잇감에 비해 소음 면에서 상당한 이점을 얻었다.

해군은 핵추진 잠수함 전력에 신속히 투자했다. 1961년 1월 1일 당시 미국은 디젤잠수함 115척과 핵추진 잠수함 13척을 보유하고 있었다. 하지만 1975년 말, 이 비율은 완전히 뒤집혀서 잠수함 함대는 핵추진 잠수함 106척과 디젤잠수함 12척을 보유했다.

육군: 폭풍우를 뚫고

핵무기의 등장으로 가장 위협을 받은 쪽은 바로 육군이었다. 2차 대전 이후, 육군은 빠른 기술 변화에 자군의 조직과 교리를 적응시켜야 하는 도전에 직면했다. 육군은 지상전을 위한 핵무기를 도입하고, 심지어 장거리 미사일, 우주, 그리고 전략방공 무기와 체계의 개발을 두고 공군과 경쟁하는 식으로 대응했다. 또한 육군은 핵무기 전장에도 적절히 대응하기 위해 전력 구조를 (비록 궁극적으론 성공하지 못했지만) 급진적으로 재편하기도 했다.

육군은 핵무기 개발로 촉발된 조직과 예산을 둘러싼 전투에서 가장 크게 패배했다. 한국전쟁이 끝난 당시, 육군은 전투 사단 20개를 보유하고 있었다. 1961년이 되었을 때 사단의 수는 3개 훈련 사단을 포함하여 14개로 줄었다. 아이젠하워 집권기에 육군은 타군에 비해 가장 적은 분량의 국방 예산을 배정받았다.[129] 한 장교는 육군의 지위가 "부차적인 군대" 수준으로 떨어졌다고 말하기도 했다.[130]

존 H. 쿠시먼 장군은 1954년에 다음과 같이 허심탄회하게 말했다.

"나는 육군의 임무가 무엇이고, 임무를 완수하기 위해 어떻게 계획을 짜야 하는지 모르겠습니다. 제 전우들도 이에 대해서 마찬가지라는 사실을 알았습니다. 새로운 무기와 새로운 기계가 전쟁의 혁명을 예고하고 있는 이 시점에서 우리 군인들은 육군이 어디로, 어떻게 가고 있는지를 알지 못하고 있습니다."[131]

핵무기와 전략공군의 등장은 전통적인 지상군이 쓸모가 있는지 의문을 제기하는 것처럼 보였다. 적어도 육군의 무기, 교리, 조직을 근본적으로 재검토할 것을 요구하는 듯했다. 1954년 존 K. 메이헌은 이렇게 썼다. "원자력이 항공력과 결합하여 [각 군의 역할을] 변화시켰는지 모른다. 이토록 치명적인 조합은 적어도 지상군의 역할을 바꾸어놓았을 수 있다. 누구도 확신할 수는 없다. 그러나 지난날의 전쟁 경험이 다가오는 전쟁을 대비하는 데 비빌 언덕이 될 수 없음은 분명하다(국가들이 그런 일이 벌어지도록 둘 만큼 멍청하지 않다면 말이다)."[132]

한국전쟁에서 제8군단장으로 발군의 기량을 보여주었던 매슈 리지웨이가 이끄는 장군들은 이러한 환경 속에서 육군을 변모시키기 위해 앞장섰다. 핵무기와 장거리 공군력이 미래의 전쟁들을 억제하는 (그리고 필요하다면 싸우는) 데 주된 도구가 되리라고 보아 세운 뉴룩 정책의 전제들을 거부하기는 했지만, 육군 지도부는 미래 전쟁 방식에서 기술이 주요한 결정 요인이 되리라는 사실을 인정했다.

이러한 태도의 중심에는, 비록 전략 핵무기가 미국의 안전을 보장하기에는 충분치 않지만 전술 핵무기는 충분히 미래전을 결정할 수 있으리라는 믿음이 있었다.[133] 그들은 전략 핵무기가 너무 파괴적이어서 유용성을 잃고 있으며, 오로지 억제 측면에서만 쓸모가 있을 거라고 생각했다. 반면에 전술 핵무기는 확전의 공포 없이도 전장에서 효과적으로 사용할 수 있을 터였다.

어떤 이들은 핵무기의 개발이 분쟁의 성격을 바꿀 것이라고 보았다. 1958년 두 명의 육군 장교들은 논문에서 이렇게 말했다. "전장에서 원자력 무기의 등장은 군사 역사상 비견할 수 없는 혁명을 가져왔다."[134] 하지만 더욱 일반적인 시각은 전술 핵무기가 매우 강화된 화력을 제공했다는 것이었다.

육군은 전통적으로 화력에 의존했고, 전술 핵무기는 이에 부합했다. 육군은 여러 면에서 핵무기에 이끌렸다. 인력을 기술로 대체하는 육군의 전통과 핵무기는 잘 어울렸다. 육군은 전술 핵무기를 작은 전략 폭탄이 아닌 매우 강력한 대포로 보았다.[135] 많은 육군 장교들에게 핵무기란 전장에서 보여줄 수 있는 궁극적인 형태의 화력이었다. 대륙군사령부Continental Army Command 사령관이었던 윌러드 G. 와이먼 대장은 핵무기 덕택에 "이제는 전술 화력만으로도 기동의 목적을 달성할 수 있게 되었다"고 말했다.[136]

한편으로, 기술이 전쟁에서 중대한 요소라는 관념은 병사가 전투의 중심에 있다는 육군의 믿음과 충돌했다. 모든 육군 장교들이 핵무기가 승리를 완전히 보장해줄 것이라고 믿지는 않았다. 마빈 울리 소령은 1959년에 이러한 시각을 다음과 같이 밝혔다. "많은 고위 육군 장교들이 궁극의 무기가 존재한다는 생각을 믿지 않는다. 그리고 분명히 대륙간탄도미사일이 그러한 무기라는 생각을 하지도 않는다."[137]

육군은 핵무기를 추구하는 데 관료제적 동기를 갖고 있었다. 아이젠하워 행정부와 의회는 전통적인 무기보다 핵무기에 더 큰 열의를 보였다. 육군이 자신의 예산을 정당화하기 위해서는 핵으로 목록을 채워야 했다. 육군미사일처Army Missile Office 수장이던 존 B. 메더리스 소장은 이렇게 말했다. "만일 모든 에너지와 노력을 이 재래식 무기와 탄약에 투입한다면 (……) 거의 어떠한 돈도 얻어내지 못할 것 같습니다. 인기 있는 현대식 장비로 예산을 정당화하는 편이 훨씬 쉽지요. (……) 긍정적인 부분을 강조하고 인기 있는 쪽으로 가는 게 어떻겠습니까? 어차피 다른 걸 얻을 수도 없고요."[138]

육군은 초기에 육군의 전통적인 조직 문화와 전력 구조에 핵무기를 수용하려 했다. 육군의 첫 핵무기 사업은 핵 발사체를 발사할 수 있는 가장 작은 대포인 280밀리포에 원자탄을 장착하는 데 초점을 맞추었다. 이 대포는 어마어마했다. 길이는 26미터가량이었고, 발사 상태에는 무게가 50톤이었는데 이동용 장비를 달면 86톤이었으며, 도로에서 이동할 수 있는 최고 속도는 시속 56킬로미터였다.[139] 1953년 5월 육군은 최초의 핵 발사체를 네바다 시험장에서 발사했다. 몇 개월 후 육군은 이 육중한 대포 6문을 유럽에 배치했다.[140]

전통적인 포병 전력의 진화 산물인 280밀리 원자포는 육군에 필요했던 특징은 전혀 없었다. 도로에서만 이동이 가능했고, 육중해서 다루기가 힘들었다. 사정거리가 27킬로미터에 불과해 목표물 깊숙이 타격하기도 어려웠다. 전선을 넘어서 타격하려면 최전방에 투입되어야 할 터인데, 이 경우 적의 역습과 노획에 취약해질 수밖에 없었다.

탄도미사일과 육군

로켓과 유도미사일은 1950년대 군사 기술에서 가장 흥미진진한 분야를 대변했다. 놀랄 것도 없이, 미사일 개발을 두고 각 군은 뜨거운 경쟁심을 불태웠다. 육군은 우주 탐사, 장거리 타격, 방공을 위한 미사일들을 연구했다. 이를 공군에 양보하지 않고 열띤 경쟁을 벌였으며, 각 분야에 비집고 들어가기 위해 안간힘을 썼다.[141]

육군의 미사일 사업은 육군 전력에 핵 화력지원을 제공하기 위해 계획되었다. 이 사업은 전장용 로켓인 어니스트존Honest John과 리틀존Little John, 전장용 미사일인 코포럴Corporal과 서전트Sergeant, 그리고 레드스톤Redstone과 주피터 미사일을 비롯한 다양한 체계를 개발했다는 점에서 평가할 만했다.

사정거리가 120킬로미터이며 액체 추진 연료를 사용한 코포럴은 미국이 최초로 보유하게 된 유도미사일이었다.[142] 캘리포니아공과대학의 제트추진연구소가 1949년 개발한 이 미사일은 길이 13미터, 직경 76센티미터였으며, 핵탄두나 재래식 탄두를 장착할 수 있었다. 핵을 장착한 코포럴 미사일은 엄청난 화력을 제공했다. 코포럴 4개 대대의 화력은 2차 대전 시절에 미국이 보유한 포병 전력의 모든 화력을 합친 것을 능가했다.[143] 1957년 말까지 약 900여 기의 코포럴 미사일이 생산되었다. 미 육군은 이 미사일들을 독일, 이탈리아, 영국에 배치했으며, 일부는 영국군에 판매했다.

육군은 코포럴의 대체품으로 서전트를 개발했다.[144] 사정거리 135킬로미터의 서전트는 군 기지, 비행장, 그리고 밀집된 군부대를 핵탄두로 공격하기 위해 설계되었다. 보다 단순한 고체연료 디자인과 관성유도체계를 갖추었고, 코포럴보다 더 강력하고 정확하며 안정돼 있었다. 육군은 이를 1962년 9월에 처음 배치했으며, 랜스Lance 미사일로 교체하기 시작한 1973년까지 보유했다.

육군 지도부는 작전의 모든 단계에 핵 공격 능력이 통합되기를 원했다. 1951년 8월 처음 시험을 실시한 어니스트존은 공수, 보병, 기갑 병과가 사용했다. 또한 육군 미사일사령부에도 배치되었다.[145] 어니스트존은 직경 762밀리, 사정거리 35킬로미터에 고체연료를 사용하는 비非유도 로켓이었다. 기본형 M31 디자인은 1954년에 배치되었다. 1961년부터 기본형 모델은 보다 짧고 가벼우며 사정거리가 더 긴 개량형 모델로 교체되었다.

1956년부터 육군은 어니스트존을 공수부대용으로 보다 작게 만든 리틀존을 개발하기 시작했다. 직경 318밀리, 고체연료 사용, 사정거리 16킬로미터의 리틀존은 발사대가 가벼워서 헬리콥터로 이동시킬 수도 있었다.[146]

레드스톤 미사일은 유도미사일 개발을 위한 미 육군 군수부의 연구와 제너럴일렉트릭의 개발 계약으로 탄생했다.[147] 처음에는 헤르메스Hermes라고 불렸지만 곧 레드스톤으로 프로젝트 이름이 바뀌었다. 길이 21미터, 무게 20톤의 레드스톤은 관성유도체계를 장착했고, 액화산소, 알코올, 과산화수소가 혼합된 연료를 사용했으며, 작전 반경이 약 380킬로미터였다. 1953년 5월 첫 시험을 한 뒤 1956년 앨러배마 레드스톤 조병창의 제40야전포병미사일전대에 최초로 작전 배치되었다.[148] 야전군을 지원하기 위해 개발된 이 미사일은 중형 미사일 지휘부와 함께 배치되었다.

레드스톤은 다목적으로 사용할 수 있었다. 미사일 체계뿐만이 아니라 미국 최초의 위성인 익스플로러Explorer I의 1단 발사용으로도 사용되었다. 그리고 머큐리Mercury 레드스톤은 처음에는 햄이란 이름의 침팬지를, 다음에는 해군 중령이자 우주비행사인 앨런 B. 쉐퍼드를 태우고 탄도비행을 했다.

중거리급 핵 작전을 두고 공군과 경쟁하면서 육군은 1955년 사정거리 2,400킬로미터의 주피터 중거리탄도미사일을 개발하기 위한 긴급 사업을 시작했다. 주피터는 계보를 분명히 따지기가 어려웠다. 고정익 항공기를 개량한 것도 아니었고 재래식 대포나 로켓이 진화한 것도 아니었다. 결국 공군과 육군 모두 중거리탄도미사일의 개발 책임과 해당 사업에 투입되는 자원을 자신들이 맡겠다고 주장할 수 있었다. 그리하여 육군은 주피터 사업에 박차를 가하고 임무와 역할은 최대한 늦게 결정하려고 했다.[149]

주피터의 개발은 토르 중거리탄도미사일을 자체 개발하던 공군과 육군의 논쟁을 촉발했다. 육군은 종심이 긴 목표물을 공격할 때는 공군에 의존할 수 없다는 점과 야간 및 전천후 공격이 가능하다는 점을 들며 주피터 사업 추진을 정당화했다. 1956년 11월, 월슨 국방부 장관은 공군에 중거리탄도미사일의 관할권을 주었다. 육군에는 계속 주피터를 개발할 수 있게 하되, 공군 인력이 미사일을 통제하게 했다. 또한 월슨은 향후 육군의 지대지미사일의 사정거리를 320킬로미터로 제한했다.[150]

육군이 핵무기를 개발하면서 전통적인 무기 체계들은 희생을 당했다. 1957 회계연도를 예로 들면, 육군은 자군 연구 개발비의 43퍼센트를 핵무기와 미사일에 투입했다. 그러나 새로운 차량에는 4.5퍼센트, 포병에는 4.3퍼센트, 항공기에는 4퍼센트를 썼다. 장갑차에는 거의 예산을 쓰지 않았다. T113 장갑차 부문은 1950년대 연구 개발비의 많은 몫을 사용했으나 1950년대 말에는 자금난을 겪었다.[151]

전략 방공

육군과 공군은 대륙 방공의 임무를 두고도 충돌했다. 미합중국 각 군의 역할과 임무를 설정한 1948년의 키웨스트 합의는 미국을 폭격기로부터 지킬 임무를 공군에 부여했다. 그런데 한편으로는 육군의 '주임무' 중 하나가 방공부대를 조직하고 훈련하며 장비하는 것임을 명기했다.[152] 육군은 이러한 모호함을 이용하여 미국 내 주요 도시들을 보호하기 위해 150개의 방공대대를 편성하는 대규모 대륙 방공 사업을 실시했다.[152]

육군의 대륙 방공은 레이더 유도 기관포인 스카이스위퍼Skysweeper에 의존하고 있었다. 그러나 소련 폭격기의 위협이 증대하자 복잡한 접근법이 필요해졌다. 육군의 나이키에이잭스Nike Ajax와 공군의 보막Bomarc 지대공미사일의 경쟁으로 에이잭스의 배치가 1954년으로 앞당겨졌다. 6미터 길이에 액체연료를 사용하는 초음속 미사일 에이잭스는 지령유도로 목표물을 요격했다.[153]

육군은 소련 폭격기의 위협에 대응하기 위해 서둘러 미사일을 생산했고, 약 20억 달러를 들여 주요 도시, 군사·산업 시설 주변에 수만 기의 미사일을 배치했다. 예를 들어 16개의 나이키 포대로 로스앤젤레스를 보호했고, 20개 포대로 뉴욕을 보호했다. 나이키는 세인트루이스나 오마하 같은 내륙 깊이 위치한 도시들도 보호했다.

국방에 대한 국민들의 지지가 높음에도 불구하고 이러한 미사일 배치는 인기가 없었다. 연이은 사고들로 나이키에 대한 인기는 더욱 떨어졌다. 1955년 4월, 나이키에이잭스 미사일이 메릴랜드의 포트미드 포대에서 사고로 발사되었다. 미사일은 부서졌고 잔해가 볼티모어-워싱턴 고속도로에 떨어졌는데 다행스럽게도 아무도 다치지 않았다. 3년 후에 발생한 사고는 더 비극적인 결과를 낳았다. 1958년 5월, 나이키 미사일 8기가 뉴저지 미들타운 근처 포대에서 폭발 또는 화재로 전소했고, 이로 인해 10명이 사망하고 3명이 부상을 입었다.[154]

나이키에이잭스의 가장 큰 한계는 한 번에 단 하나의 목표물에만 사용할 수 있다는 것이었다. 또한 여러 개의 포대들이 유기적으로 조직될 수가 없었다. 이러한 단점들은 소련의 폭격기가 미국의 방공망에 쇄도해올지도 모른다는 우려를 가중시켰다. 이러한 문제를 완화하기 위해 육군방공사령부는 접근하는 항적들의 좌표를 수동으로 표기하고 각 포대에 교전 명령을 내리는 통제소들을 만들었으나 이러한 체계는 미흡한 것으로 드러났다. 1950년대 말, 육군은 포대 간 데이터링크Interim Battery Data Link를 도입하여 포대들이 자료들을 실시간으로 공유할 수 있게 했다.

나이키에이잭스의 개발 및 배치는 중요한 진전이긴 했지만 40킬로미터에 불과한 사정거리와 작은 재래식 탄두로 인해 유용성은 크게 떨어졌다. 육군은 에이잭스에 핵탄두를 장착하려 했지만 이는 실용성이 없는 방안으로 판명되었다. 그리하여 1953년 7월 육군은 사정거리가 더 길고 40킬로톤의 핵탄두를 장착한 2세대 지대공미사일인 SAM N-25 나이키허큘리스Nike Hercules의 개발을 승인한다. 허큘리스의 사정거리는 나이키에이잭스보다 세 배 길어 그만큼 멀리 떨어진 목표물을 요격할 수 있었다. 마하 3.5의 속도로 비행할 수 있고, 고고도 목표물도 요격이 가능했으며, 5만 평방킬로미터의 영역을 방어할 수 있었다.[155] 1958년 6월, 허큘리스 미사일은 뉴욕, 필라델피아, 시카고 근처의 나이키에이잭스 포대를 개조한 곳에 배치되었다. 이후 육군은 총 145개의 나이키허큘리스 포대를 배치했다. 110개는 기존 나이키에이잭스 포대를 개조한 것이고, 35개는 새로 건설한 것이었다.

나이키허큘리스의 배치로 육군과 공군의 논쟁이 가열되었다. 공군은 나이키허큘리스가 곧 공군이 배치할 보막 미사일의 기능을 베꼈다고 비난했다. 결국 두 미사일이 모두 배치되었지만 나이키허큘리스가 훨씬 많이 배치되었다.

미국을 소련의 폭격기로부터 보호하는 임무는 복잡했다. 효과적인 통합방공체계를 개발할 필요성이 있었고, 이는 최초의 컴퓨터 개발로 이어졌다. 예를 들어 육군은 나이키 방공포대를 통제하고 통합하기 위해 미사일마스터Missile Master를 개발했다. 미사일마스터는 자동 데이터 통신, 처리 및 전시를 구현한 최초의 진정한 통합지휘통제체계였다. 육군 방공사령부에 설치된 미사일마스터는 항공기 위치 정보를 수집하고 식별한 다음 정보를 제공했으며, 이를 미사일 포대에 배포했다. 미사일마스터 운용자들은 모든 방공포대를 감시하면서 한 지역에 최대 스물네 개의 목표물과 교전하도록 지시를 내릴 수 있었다. 이 체계의 핵심은 대항공기작전본부로, 육군 레이더 기지들과 공군의 SAGE 요격기 통제 체계에서 받은 정보를 처리하여 방공포대로 전달했다.[156]

펜토믹군

핵무기의 등장으로 육군 지도부들이 전쟁을 바라보는 관점은 급격히 전환되었다. 육군의 부대들은 살아남기 위해서 더욱더 산개해야 했으며, 안전 확보와 기만술을 집중 추구해야 했다. 병력들은 적이 전술 핵무기를 사용할 유인을 줄이기 위해 집단으로 움직이기보다는 폭과 깊이에서 산개할 필요가 있었다. 병력을 적기, 적소에 집결시켜 결정타를 날린 다음, 산개할 수 있는 능력을 개발해야 했다.[157] 개빈의 말마따나, 육군이 직면한 도전은 "핵 공격을 불러일으키지 않을 정도로 얇게 구역 전반, 지상 전반에 걸쳐 산개한 상태에서도 적과 맞붙어 싸울 수 있을 정도로 강한 무정형 인간 집단을 어떻게 통제하는가"를 배우는 것이었다.[158]

핵무기의 등장으로 핵 전장에서 싸우고 살아남을 수 있는 기동력과 타격력을 겸비한 전투조직을 만들 필요성이 생겼다. 1954년 4월 리지웨이 장군은 기동력이 뛰어나고 유연하며, 새로운 기술을 활용하고, 핵 공격을 피해 산개할 수 있는 조직을 개발할 것을 육군에 지시했다. 또 그해 11월에는 육군 조직에 대한 두 번째 연구인 펜타나Pentana 연구를 맡겼다. 1955년 6월, 맥스웰 D. 테일러 대장이 리지웨이의 뒤를 이어 육군 참모총장이 되었다. 그는 펜타나 연구에 개인적으로 깊은 관심을 쏟았다.

테일러는 1956년 10월, 펜토믹사단제라는 새로운 조직 구조의 틀을 잡았다. 독립적으로 싸우면서도 대체 가능한 부대를 추구하면서 육군은 3개의 사령부를 둔 삼각형 조직 형태에서 5개의 사령부를 둔 오각형pentomic 조직으로 옮아갔다. 펜토믹사단제에서 육군은 대대를 개별 독립 작전이 가능한 전투단battle group으로 재편했다. 펜토믹 보병사단은 보병 전투단 5개와 기갑대대 하나, 그리고 기갑중대 하나로 이루어졌다. 수송대대가 장갑차들을 통제했다. 육군은 거의 전적으로 공수 가능한 장비로 무장한 펜토믹 공수대대도 창설했다.[159] 반면에 기갑사단의 구조는 상대적으로 거의 바뀌지 않았다.

원자력 시대에 접어들어 육군은 기술의 다른 분야도 재평가했다. 몇몇 장교들은 핵 공격에서 살아남는 최선의 방책은 전력을 산개하거나 땅속으로 파고드는 거라고 느꼈다. 1958년에 두 육군 장교는 이렇게 썼다. "개인이 몇 분 안에 땅속 깊이 들어갈 수 있는 기구를 만들어야 한다. 그리하면 부대 전체가 마치 해변의 게처럼 땅속으로 빠르게 사라질 수 있을 것이다."[160]

다른 이들은 종래 지상군의 기동력을 훨씬 더 강화하는 데 초점을 맞추었다. 특히 지상군의 속도와 작전 거리, 그리고 정확도를 증대시킬 수 있는 기술들에 관심을 가졌다. 육군은 전장을 빠르게 가로지르고, 도로 기동성을 갖추었으며, 개조된 로터rotor로 비행까지 할 수 있는 '만능차량universal vehicle'을 탐색했다.[161] 육군은 벨 XV3과 버톨 VZ2를 포함한 몇몇 수직이착륙 항공기 사업을 추진했다. 또한 병사 개인을 핵 전장에서 안전하게 이동시킬 수 있는 '개인용 리프트 기구'도 연구했다. 그러한 개발품 중 하나인 드래크너에어로사이클De Lackner Aerocycle은 43마력 엔진과 서로 다른 방향으로 회전하는 두 개의 날개를 가진 장치였는데, 시속 104킬로미터로 240킬로미터까지 비행할 수 있도록 설계되었다. 다른 개발품인 힐러플라잉플랫폼Hiller Flying Platform은 엔진 세 개로 서로 다른 방향으로 회전하는 두 개의 프로펠러를 작동시키는 실린더였다. 육군은 또한 크라이슬러, 피아세키항공기Piasecki Aircraft Corporation, 에어로피직스디벨롭먼트Aerophysics Development Corporation에 체공 및 비행이 가능한 지프의 개발을 의뢰하기도 했다.[162] 이보다 더욱 이색적인 발상에는 '부직 필름non-woven film'으로 만든 일회용 군복, 1,600킬로미터 정도를 운행한 후 버릴 수 있는 무정비maintenance-free 트럭, 그리고 전장 보급을 위한 화물 로켓을 사용하는 계획이 있었다.[163]

여전히 다른 장교들은 전통적인 전차와 병력 수송 장갑차^{APC}의 종말을 예상했다. 당시 전차들은 너무 느리고 무거웠고, 장갑차들은 방사선의 위협에 충분한 방호를 제공하지 못했다. 일례로 1958년, 두 명의 장교는 "오늘날의 중대형 전차의 병참적 요구 사항과, 소형 직접 사격 무기의 비약적으로 강화된 관통력과 사정거리를 감안하면, 이 다루기 불편한 괴물들의 매혹적인 역사는 종언을 고하게 될 것이다"라고 주장했다. 이들이 보기에 육군은 탑승한 장병을 고농도 방사선으로부터 보호할 수 있는 20톤 미만의 병력 수송용 장갑차를 개발해야 했다. 또한 방사선으로부터 병사를 보호할 정도로 강력한 전기장을 개발할 수 있을지도 모른다고 말하기도 했다.[164]

당시의 장교들은 펜토믹사단제가 "과거의 삼각형 사단제에 비해 (……) 엄청난 개선"이라고 주장했다.[165] 장교들은 펜토믹사단제가 군살이 없으며 강력하고 다재다능하다고 찬양했다. 옹호자들에 따르면, 그러한 부대는 전장에서 쉽게 산개할 수 있어서 덜 취약할 터였다. 열렬한 지지자들은 전투부대들이 본부의 통제나 지원을 최소한으로 받으면서도 멀리 떨어진 유동적인 전장에서 장기간 반독립적으로 작전할 수 있을 거라고 주장했다.[166] 그들은 "기술 발전이 너무나 빨라 우리는 가만히 있을 수도 없고, 심지어 천천히 받아들이기도 어려울 지경이다"라고 주장했다. "미래의 전장에서 승리할 수 있는 전력을 육성하기 위해서 우리는 단지 이러한 발전에 발맞출 뿐만 아니라 이를 예측해야 한다."[167] 펜토믹사단제는 육군이 공군과 경쟁하는 데 도움을 주었고, 새로운 무기와 인력 보강을 정당화했다.

그러나 펜토믹사단제를 비판하는 이들도 있었다. 군사 분석가 S. L. A. 마셜과 같은 이들은 전쟁 수행에는 여전히 사람이 중심이라고 주장하면서 기술을 강조하는 육군을 비판했다. 더욱 실용적으로 접근하는 이들도 있었다. 펜토믹사단제가 전술적으로 현실성이 있고 적용할 수 있는지를 두고 의구심을 표한 것이다.[168] 많은 이들이 핵전쟁 환경에서 육군이 작전을 펼 수 있는지 의문을 품었다.

결국 펜토믹사단제는 막다른 골목에 다다랐다. 육군은 펜토믹사단제 도입에 필요한 기술도 돈도 갖지 못했다. 통신 기술은 지휘관이 핵 전장에서 산개된 부대들과 통신할 수 있을 정도로 발달하지 못했다. 대륙군사령부의 전 사령관이었던 폴 프리먼 장군은 나중에 이렇게 회고했다. "펜토믹사단제를 생각할 때마다…… 몸서리를 친다. 우리가 그 사단제로 전쟁을 치르지 않아 신에게 감사한다."[169] 펜토믹사단제가 선전했던 것처럼 작동했다 하더라도 육군이 재래식 분쟁이나 반군 세력을 다루는 데에는 하등 도움이 되지 않았을 것이다. 결국 육군은 1960년에 부대를 재편하기 시작했다.

2차 대전 종료 이후 15년 동안 미합중국 군대는 크기, 조직, 기술 면에서 20세기에서 가장 극적인 변화를 목격했다. 이 기간에 제트기, 유도미사일, 위성, 그리고 통합방공체계를 비롯한 다양한 신무기와 체계들이 대거 출현했다. 각 군은 새로운 조직을 배치했다. 공군은 미사일 부대를 만들었고, 해군은 핵추진 잠수함을 만들었으며, 육군은 펜토믹사단을 만들었다. 핵의 시대에 장거리 핵 공격, 대륙 방공, 우주의 군사적이용을 비롯한 군비 경쟁의 완전히 새로운 영역 등이 생겨났다. 국방자원의 배분도 극적으로 변했고, 이들 자원의 가장 큰 몫은 공군이 차지했다.

보다 심원한 측면에서 핵의 시대는 전쟁에 대한 생각을 변화시켰다.

버나드 브로디, 앨버트 월스테터, 토머스 셸링 같은 민간의 억제 이론
가들은 새로운 전쟁 이론들을 개발했으며, 시스템 분석가들은 복잡한
무기 체계를 도입하는 새로운 기술들을 개발했다. 1964년까지만 해도
적어도 9개의 학술기관들이 시스템공학 학위를 제공했다. 1970년에는
미국에 있는 시스템공학자가 약 1만 1,000명으로 추정되었다. 이들 대
부분은 항공우주 분야에 종사하고 있었다.[170]

　핵 혁명은 극적이었지만 더 극단적인 기술 애호가들의 전망을 만족
시키지는 못했다. 핵무기는 전쟁 자체를 아예 무용지물로 만들지 못했
다. 탄도미사일은 공군의 전략폭격기나 해군의 항공모함을 대체하지
못했다. 핵 혁명으로 급부상한 공군의 미사일 특기 장교들이나 해군의
잠수함 특기 장교들 같은 새로운 엘리트 또한 각 군의 전통 엘리트들에
게 종속된 상태로 남았다.

2장

신축적 대응,
1961~1975년

2차 대전 이후 15년은 급격한 변화의 시기였다. 핵무기와 장거리 미사일이 등장해 미군은 전반적으로 변화를 추구했고, 승자와 패자가 나타났다. 반면 케네디 행정부의 신축적 대응 전략으로 인해 군은 다시 고강도 재래식 전쟁을 강조하게 됐으며, 1961~1975년에는 여러 부문에서 과거로 회귀하는 경향이 나타났다.

　그럼에도 미군은 새로운 도전들에 직면했다. 로버트 맥나마라라는 적극적인 국방부 장관이 등장하고, 군 사업의 메리트를 판단하는 기술인 시스템 분석을 폭넓게 도입하자 미군은 시험대에 올랐다. 사업 규모가 크건 작건, 가격이 싸든 비싸든, 국방부 장관실[OSD] 소속 민간인들은 군이 전통적으로 선호해온 사안을 두고 장교들과 사사건건 충돌했으며 부처 사이의 분쟁을 초래했다. 이 시기에는 공격용 핵전력과 대탄도미사일 무기 체계를 두고 민간 전문가와 장교들이 대립하기도 했다.

시스템 분석의 등장

미군 개혁의 필요성은 존 F. 케네디의 1960년 대선 캠페인의 주요 테마 중 하나였다. 케네디는 각 군의 관료제와 합동참모단 때문에 국방 예산을 효율적으로 사용하기 어렵게 되어버렸다고 믿었다.[1] 군을 문민 통제 아래 두기 위해 케네디는 포드자동차의 독불장군 타입 사장이었던 로버트 S. 맥나마라를 국방부 장관에 임명했다. 맥나마라가 군 관료제에 합리성을 심기 위해 도입한 주요 도구는 바로 시스템 분석이었다. 시스템 분석은 동일한 임무를 수행할 수 있는 각기 다른 무기 체계의 상대적 이점을 판단하는 방법을 제공했다. 맥나마라는 자신이 하버드 경영대학에서 배웠고 포드에 적용했던 시스템 분석을 비롯한 경영 기법을 펜타곤에서도 적용할 수 있으리라 자신했다. 그는 랜드연구소가 자신과 비슷한 경향이 있음을 발견하고 찰스 히치, 앨레인 엔토벤, 헨리 로웬, 대니얼 엘스버그를 비롯한 랜드연구소의 많은 전문가들을 워싱턴으로 불러들여 더 크고 강력한 국방부 장관실을 이끌게 했다. 국방부 내의 민간인 비중은 신속히 높아졌다. 1960년, 국방부 장관실과 합참, 기타 국방 관련 기구 내의 민간인은 1,865명이었는데, 1962년 중반에는 12배 가까이 늘었다.[2]

맥나마라 아래에서 국방부 장관실은 각 군이 어떻게 돈을 써야 하는지를 관장했다. 맥나마라는 각 군이 국방 예산을 기획하는 방식으로 기획계획예산제도PPBS: Planning, Programming, and Budgeting System를 채택하기를 요구했다. 이 제도는 경영대학들에 의해 대중화된 방식이었다. 맥나마라의 수하들은 국방부의 예산(각 군의 예산들도 포함)을 전략 전력, 일반 목적 전력, 정보, 그리고 통신 같은 기능별 사업들로 재분류했다. 이렇게 하여 국방부 장관과 수하들은 비슷한 임무를 수행하는 경쟁 사업들의 상대적 가치를 비교할 수 있었다. 또한 각 군으로 하여금 무기 선택에서 재정 문제를 검토하게 했다.

맥나마라는 시스템 분석을 위한 국방부 차관보실을 만들어 방위 사업 연구를 맡겼다. 맥나마라의 전임자들은 전체 국방 예산을 나눈 후, 각자의 몫을 어떻게 쓸 것인지는 각 군에 맡겼으나, 맥나마라는 각 군이 담당하는 사업의 상대적인 효과성에 기반을 두고 예산을 배분했다. 맥나마라의 보좌관이던 앨레인 엔토벤과 K. 웨인 스미스는 이렇게 썼다. "전략적 차원에서 볼 때, 군사적 필요성이 체계화되는 과정에 '순수한' 군사적 요구 사항이란 존재하지 않는다. 오직 다양한 리스크와 비용이 수반된 대안들이 존재할 뿐이다. 이러한 대안들 속에서 하나를 선택하는 것이 국방부 장관의 주 업무이다."[3]

국방부 장관실에 가득했던 민간 시스템 분석가들은 전략적 문제들을 분석하는 자신들의 능력에 대해 자신만만했다. 엔토벤과 스미스의 말이다. "군사전략과 소요 전력의 문제는 복잡하기는 하나 파악하고 분석하고 이해할 수 있다. 중요한 점은, 적어도 일부만이라도 정량화할 수 있다는 것이다. 평가와 분석의 조합을 통해 만족스러운 답을 찾을 수 있으며, 또 그래야만 한다. 방위 사업 문제들은 각각의 이점에 따라 결정될 수 있고, 그래야만 한다."[4]

시스템 분석가들이 등장하자 군 내의 많은 이들이 소외됐다. 이들은 이 민간 분석가들이 거만하고 순진하다고 보았다. 토머스 D. 화이트 전 공군 참모총장은 1963년에 이렇게 썼다. "현역이든 예비역이든 다른 평범한 군인들과 마찬가지로 나는 파이프 담배를 피우고 지적인 분위기를 풍기며 이 나라 수도에 모여든 소위 '국방 지식인'들 때문에 깊이 우려하고 있다. 과도하게 자신감에 넘치고 가끔은 거만하기까지 한 이 젊은 교수, 수학자, 기타 이론가들이 우리가 상대하는 적들에게 맞설 수 있을 정도의 동기를 가지고 있거나 세상물정을 안다고 생각지 않는다."[5]

르메이 대장 또한 비슷한 불만을 토로했다. "자신이 군사전략의 대중적 신탁의 담당자인 양 행동하는 유식쟁이들이 군의 전문성을 침해하고 있다. 이들 '국방 지식인'들은 단지 경험 있는 현역 장교들이 공식적으로 공론장에서 발언할 수 없다는 이유만으로 아무런 반론도 받아들이지 않는다. 결국 군은 종종 비전문적인 전략에 발이 묶이곤 한다. (……) 군사 소식에 열광하는 대중에게 그럴싸한 말로 군사 문제를 이야기하는 오늘날의 탁상공론꾼 전략가들은 이루 헤아릴 수 없을 정도의 해를 끼칠 수 있다. 자신들이 경험하지 못한 분야의 '전문가'인 이들은 사실과 노련한 판단에 기반을 둔 전략이 아닌 희망과 공포에 기반을 둔 전략들을 제안한다."[6]

공군만 이러한 감정에 사로잡힌 것은 아니었다. 하이먼 릭오버 해군 중장은 이렇게 증언했다. "이른바 비용 대비 효율을 계산하는 사회과학자들은 과학적인 훈련을 받지 못했으며 기술적인 전문성도 없다. 해군 작전에 대해서도 아는 바가 거의 없다. (……) 그들의 연구는 대부분 추상적인 관념일 뿐이며 실제 세계의 실제 사건에 대한 예상이라기보다 교실에서 하는 게임의 룰 같다. (……) 내가 보기에 이러한 무경험자들의 손에 미국의 운명을 맡기는 일은 현명하지 못하다."[7]

시스템 분석이 등장함으로써 국방부가 새 무기를 구입하는 방식뿐만 아니라 국방부가 구매하는 품목도 바뀌었다. 시스템 분석은 F-111 항공기 개발에서 대탄도미사일 방어 추진에 대한 결정에 이르기까지 폭

F-111 초음속 공격기. © U.S. Air Force photo by Master Sgt. Patrick Nugent

넓은 분야에서 족적을 남겼다.

신축적 대응

새로 출범한 케네디 행정부는 전임자의 대량 보복 전략에 불만이었다. 대량 보복 전략은 대규모 핵 공격으로 대응하는 전략이 재래식 전쟁과 핵전쟁을 충분히 억제할 수 있다고 간주했다. 하지만 새 행정부는 미국의 재래식 전력을 강화하기로 결심했다. 케네디 국방 전략의 특징 중 하나는 신축적 대응이었는데, 이는 군사적 위협에 맞서 자동으로 핵무기를 사용해 확전하기보다는 대칭적으로 대응하는 교리를 의미했다. 이것이 신뢰성 있는 전략이 되려면, 미국이 적어도 초기에는 바르샤바조약 동맹국의 공격을 재래식 전력으로 대적할 수 있어야 했다. 또한 개발도상국에서 소련의 지원 아래 벌어지는 '민족해방 전쟁'에 대응하기 위해 반군 진압counterinsurgency 능력을 개발할 필요가 있었다.

맥나마라의 펜타곤이 수행한 분석에 따르면 그러한 전략은 실행 가능했다. 유럽의 소련군 전력 규모는 과거 행정부가 추정한 수치의 절반이라는 결론이 나왔다. 수년 동안 미군은 국방부의 민간인 지도부에게 바르샤바조약 동맹국들은 175개 사단을 갖추고 있어 NATO의 21개 사단을 압도하고 있다고 말해왔다. 그러나 국방부 장관실의 분석가들은 사단의 개수는 군사력을 비교하기에 부족한 척도라고 주장했다. 소련군 사단의 규모 및 구성은 NATO 사단들과는 다르기 때문이었다. 이들은 미국이 소련식으로 사단을 구성한다면 현재의 사단 수를 세 배로 늘릴 수 있다고 보았다. 무기 보유량에 대한 평가는 이러한 견해를 강화했다. 1968년 중반, NATO는 바르샤바조약 동맹국에 비해 55퍼센트 수준의 전차를 가지고 있었으나, 비슷한 수의 포와 박격포를 보유하고 있었고, 1.5배 많은 대전차 무기와 1.3배 많은 병력 수송 장갑차를 보유하고 있었다.[8] 그리하여 서부 유럽을 재래식 전력으로 방어하는 것은 (적어도 개전 초기에는) 현실적으로 가능한 방안으로 여겨졌다.

신축적 대응을 구현하기 위해 케네디 행정부는 미군의 규모를 25만 명으로 늘렸고, 현역 육군 사단 수를 11개에서 16개로, 전술 전투비행단을 16개에서 21개로 늘렸다. 또 미국의 재촉에 따라 NATO는 사단 수를 27개로 늘렸으며, 항공기를 500대 늘렸고 중대한 현대화 사업을 실시했다.[9]

소련군에 대한 이해

신축적 대응은 소련의 군사적 능력을 충분히 이해해야만 실현할 수 있었다. 단지 군 부대와 장비의 숫자만이 아니라 무기 체계의 세부 특징들까지도 알아야 했다. 미국의 정보기관들은 소련 군사 연구의 현 수준을 이해하기 위해 다양한 기술들을 개발했다. 미국은 소련의 새로운 무기의 특성을 파악하기 위해 개발한 레이더들을 항공기와 위성에 장착하고 바닷속이나 소련 주변에 배치했다. 소련 내부에 몰래 정보원을 투입하기도 했다.[10] 광학정찰기와 화상 위성은 소련의 시험 시설들을 감시했다. 신호정보SIGINT 수집 장비들은 군사훈련과 행정 통신망을 감청했다. 원격 신호 수집 장비는 시험 중에 무기들이 전송하는 신호들을 가로채 기록했다.[11]

소련의 군사기술을 이해하는 데 사용한 또 다른 값진 기술은 외국의 무기 체계를 획득하여 분석하는 것이었다. 예를 들어 CIA는 소련이 인도네시아에 판매한 SA-2 가이드라인Guideline 지대공미사일에서 유도 체계를 입수했다. 이 무기의 분석으로 공군은 B-52 폭격기에 SA-2 미사일에 대한 보호 조치를 취할 수 있었다. 외국 무기 획득 프로젝트를 통해 SS-N-2 스틱스Styx 대함미사일, 코마르Komar급 유도미사일 정찰함, 리가Riga급 구축함, 스베들로프Sverdlov급 순양함, Tu-16 뱃저 폭격기, 그리고 AS-1 케널Kennel 공대지미사일에 대한 정보도 획득했다.[12]

1967년 아랍-이스라엘 전쟁은 미국 정보기관에 은혜와도 같았다. 미국 분석가들에게 폭넓은 소련제 무기들을 실전에서 관찰하고 SA-2 지대공미사일과 부속된 팬송Fan Song 레이더, AA-2 애톨Atoll 공대공미사일, SA-7 스트렐라Strela 지대공미사일, 그리고 케널과 스틱스 미사일의 유도 체계 등의 무기 체계들을 가까이에서 연구할 수 있는 기회를 부여했던 것이다. 미국 정보 요원이 무기를 실전에서 조사하고 평가할 수도 있었으며, 이외의 경우에는 연구소에서 무기들을 분석했다.[13]

이 같은 노력을 통해 미국의 기술력이 소련을 앞선다는 자신감을 얻게 되었다. 1967년의 국가정보평가보고서는 다음과 같이 결론지었다. "현재 소련이 미국에 비해 기술적으로 중대한 정도로 앞서 있는 분야는 없다." 보고서 작성자들은 그럼에도 소련이 미국을 앞지를 가능성이 있음을 인정했다. 소련은 미국이 기술적으로 우위에 서는 사태를 막기 위해 설계된 대규모 군사 연구 및 개발 사업들을 시행하고 있었다. 분석가들은 미국 정보기관들이 소련이 시험 중인 신무기를 발견할 능력을 갖기는 했지만 소련의 연구 개발에 관한 통찰력은 부족하다고 특기했다. 정보기관들이 소련의 차세대 무기 체계를 추정할 수는 있지만, 이들이 "장기적으로, 10년 혹은 더 나중에 소련이 개발할 특정 무기"를 예측할 수는 없음을 인정한 것이다.[14]

육군: 과거로 회귀하다

신축적 대응 방식으로 옮겨가는 데는 미 육군의 재편이 따랐다. 1950년대에 펜토믹사단제를 도입하면서 급격한 변화를 겪었던 육군은 펜토믹사단제 계획을 폐기하고 보다 전통적인 조직과 교리로 돌아갔다.

1950년대 말부터 육군은 펜토믹사단제의 약점을 극복할 방안에 대한 일련의 연구를 지원했다. 핵 전장에 최적화된 부대 대신, 충분한 화력으로 재래식 전투에서 소련의 기갑 전력을 상대할 수 있는 대형을 찾은 결과 목표 지향적 육군 사단제 재편^{ROAD: Reorganizing Objective Army Division}에 이르렀다. 1961년 3월 육군 참모총장 조지 H. 데커는 ROAD 계획에 서명했고, 2개월 후 케네디 대통령은 계획의 즉시 시행을 승인했다.[15]

펜토믹사단제가 아이젠하워 행정부의 대량 보복 전략을 체화한 것이라면, ROAD는 신축적 대응에 안성맞춤이었다. 펜토믹사단제의 오각형 구조와 달리 ROAD 부대는 우선 재래식 전장 전투를 수행하기 위해 설계되었다.[16] 각 사단은 세 개의 전투여단 본부를 두었고, 여기에 필요에 따라 대대가 추가될 수 있었다. 1983년까지 육군의 표준 조직 체계로 남아 있던 ROAD의 도입은 펜토믹사단제 이전 체제로 회귀한다는 뜻이었다. 사실 ROAD는 2차 대전 때의 사단 구조를 발전시킨 것이었다. 중요한 특이 사항으로는 기계화보병부대의 등장을 꼽을 수 있었다. 트럭 대신 무한궤도를 장착한 병력 수송 장갑차에 보병이 탑승한 것이었다.[17]

ROAD의 도입은 육군 내에서 전통주의자들의 부활이라는 더 큰 의미가 있었다. 미래의 핵 전장에 대해 설파하던 예언가들의 시대는 가버렸고, 이제 육군은 전쟁에 대한 더 편안한 시각으로 회귀했다. 2차 대전과 한국전쟁의 경험으로 형성된 시각이었다.

전차의 현대화

1960년대 육군은 신축적 대응에 걸맞은 무기를 찾으면서 대규모 현대화 사업을 실시했다. 1960년, 육군은 M-60 전차를 도입했다. M-48 패튼^{Patton} 전차의 발전된 모델인 M-60은 105밀리 주포를 장착하고 있었다. M-60과 이전 전차들의 주된 차이점은 차체가 M-48과 같은 주조형이 아닌 용접형이라는 것이다. 2년 후, 육군은 새로운 포탑과 강화된 보호장갑, 그리고 새로운 탄약 보관 장비를 갖춘 M-60A1을 배치하기 시작했다.

M-60의 다음 변종인 M-60A2는 전혀 다른 형태의 전차를 도입하려는 의지의 산물이었다. 1974년에 첫 도입된 M-60A2는 일반 포탄과 MGM-51 실레일러Shillelagh 대전차 유도미사일ATGM을 함께 발사할 수 있는 새로운 주포를 사용했다.

당시 육군이 배치했던 무기 체계 중 가장 복잡한 실레일러 미사일의 개발에는 각종 문제들이 산적해 있었다. 미사일 개발을 수주한 업체는 이 미사일을 개발하는 작업의 복잡성과 어려움을 너무나 과소평가했다. 미사일의 추진체, 점화기, 추적기, 적외선 지령 장치 모두 문제가 있었다. 게다가 대전차 유도미사일은 상대적으로 새로운 장비였기 때문에 이러한 문제점들을 해결하기란 극도로 어려운 일이었다.[18]

실레일러 미사일에는 작전상의 단점도 있었다. 그중 하나는 미사일이 조준선 무기였기 때문에 비과하는 동안 발사자가 계속 목표물을 조준하고 있어야 한다는 것이었다. 이는 특히 유럽에서 큰 난관이었는데 유럽 지형의 숲과 연기, 비, 계곡 그리고 어둠이 목표물의 조준을 방해할 수 있었기 때문이다.[19]

M-60A2 전차 자체에도 문제가 있었다. 종종 '우주선starship'이라는 조롱 섞인 호칭이 붙었던 이 전차는 복잡한 사격통제체계를 갖고 있었다. 게다가 눈에 띄는 모양새와 제한된 험로 기동성 때문에 유용성이 떨어져 단 543대만이 생산되었으며, 1975년에 도입되었다가 6년 후에 도태되었다.

M-60A2 개발이 실수였다면, M-60의 다음판인 M-60A3은 훨씬 성공적인 전차였다. 1978년에 도입된 M-60A3은 M-60A1의 기본 디자인을 개선하여 레이저 거리측정기, 반도체 탄도계산기, 옆바람 센서 등을 채택한 더욱 발달한 사격통제체계를 장착했다. 또한 악천후에서도 적 차량을 찾아낼 수 있는 열상조준경도 장착했다. M-60A2보다는 덜 급진적이었던 M-60A3은 이후 보다 성공적인 전차로 평가받았다. 1991년의 걸프전 당시 해병대는 M-60A3을 성공적으로 운용했다.

기술적으로 야심찬 다른 프로젝트 중에는 M-60 계열의 후속작이 될 미국과 서독의 MBT-70 합동 프로젝트도 있었다. 1963년 8월 시작된 이 프로젝트는 컴퓨터 시대의 장갑차량으로 기획되었다. 실레일러 미사일 또는 재래식 탄약을 발사할 수 있고 안정화된 사격통제체계와 레이저 거리측정기를 장착할 예정이었다.[20] 그러나 개발 단계를 넘어 생산 단계에 이르며 미국과 독일의 디자인 철학과 기술적 요구 사항이 서로 다르다는 점이 분명해졌다. 결국 비용은 상승했고 공기는 지연되었다. 1970년 1월, 프로젝트는 종료되었다. 후속 프로젝트인 XM803은 1972년 1월에 종료되기까지 2년 정도 살아남았다. XM803을 잇는 XM815가 나중에 M1 에이브럼스Abrams라는 이름으로 실전에 배치된다.

공군: 전술공군력의 부상

신축적 대응 전략의 등장으로 공군은 재래식 공군력을 더 강조하게 되었다. 게다가 전구급theater 항공기를 선호하면서 장거리 폭격기에 대한 관심이 줄어들기 시작했다. 이러한 추세는 공군의 구조뿐만 아니라 문화에도 영향을 끼쳤다. 1970년대에 베트남전쟁의 결과로 전투기 조종사들이 미 공군의 지도부를 장악하기에 이르렀다.

⊙ F-111

이후 F-111 아드박Aardvark이라는 이름으로 배치된 차기 전술 전투기TFX: Tactical Fighter Experimental의 개발 과정에서 군과 민간 시스템 분석가들이 충돌하게 된다. TFX 사업은 두 개의 다른 항공기 사업에서 시작되었다. 첫째, 공군의 전술공군사령부는 F-105 선더치프Thunderchief 전투폭격기를 대체할 기체를 물색하고 있었다. 공군은 내부에 핵무기를 장착하고, 재급유 없이 대서양을 오갈 수 있으며, 유럽의 임시 활주로에서 운용이 가능하고, 고고도에서는 마하 2.5로, 저고도에서는 아음속으로 비행할 수 있는 기체를 원했다. 둘째, 해군은 항모에 탑재된 함대 방어용 전투기를 물색했다.[21]

1961년 2월 16일, 맥나마라는 해군과 공군에게 양군의 요구 조건을 모두 충족시킬 수 있는 단일 전폭기의 개발을 지시했다. 말로는 쉬운 일이었다. 해군과 공군의 요구 사항은 각기 다른 임무와 작전 환경에서 나왔고, 심지어 양군은 공군력에 관한 관념조차도 달랐다. 공군은 고고도와 저고도 모두에서 효율적으로 작전을 할 수 있으며 적재 용량이 큰 기체를 원했다. 해군은 항공모함에서 이착륙할 수 있는 가볍고 기동력이 좋은 기체를 원했다.[22] 해군과 공군은 두 요구 조건을 합치는 방안이 비현실적이라고 여겼지만 맥나마라의 요구에 부응하기 위해 최선을 다했다.

TFX 기체의 제조자를 선정하는 과정은 논란을 불러일으켰다. 보잉이 4단계 경쟁에서 모두 이겼음에도 불구하고 1962년 11월, 맥나마라는 TFX를 린든 B. 존슨 부통령의 고향인 텍사스주에서 생산하겠다고 약속한 경쟁사 제너럴다이내믹스를 선정했다.[23] 뉴욕에 본사를 둔 그루먼은 기체의 해군 버전 생산자로 선정되었다. 텍사스와 뉴욕 모두 1964년 대선에서 치열한 접전지였다는 사실은 선거가 제너럴다이내믹스와 그루먼의 선정에 영향을 끼쳤다는 의심을 부채질했다. 비록 선정이 비용 대비 효율성에 기반하기는 하였으나 보잉이 기체를 만들기를 바라고 있던 공군과 해군 모두 결정을 달가워하지 않았다. 1963년, 아칸소주 상원의원 존 L. 맥클레런이 의장을 맡은 특별소위원회는 계약 선정에 대한 청문회를 열었고, 고향인 텍사스주에서 제너럴다이내믹스와 연계돼 있던 해군성 장관 프레드 코스는 11월에 사임했다.

TFX는 본래 공군과 해군의 요구 조건을 모두 만족시키기 위한 프로젝트였지만 실제로는 우선 공군의 사상에 맞추어 개발한 다음 최대한 함재기의 제한 사항에 맞추어 개조되었다. 최초의 공군 버전인 F-111A는 1964년 12월에 첫 비행을 했고, 첫 해군 버전인 F-111B는 이듬해 5월에 첫 비행을 했다. F-111은 고속 비행과 장거리 비행을 할 수 있는 가변익 항공기의 가능성을 보여주었지만 기체 자체는 굼뜨고, 힘이 모자랐다. 게다가 F-111A의 애프터버너 터보팬 엔진은 시동이 꺼지거나 급가속을 하는 문제점을 보여 디자인을 수없이 바꾸어야 했다. 문제점들은 결국 해결되었지만 개발 비용이 초과되는 사태의 주된 원인이 되었다. 방어 지역을 저고도로 침투하기 위해 F-111은 고도 60미터에서도 고속으로 비행할 수 있는 자동 지형탐지 레이더를 장착했다. 그러나 전반적으로 F-111은 너무 복잡하고 너무 큰 데다 너무 비쌌다.[24]

해군의 F-111B는 소련의 폭격기와 미사일로부터 항모전단을 방어하기 위해 만들어졌다. 그러나 F-111B는 항공모함에 탑재되어 작전을 하기에 부족한 점이 많았다. 너무 무거웠고, 항모의 승강기에 들어가기에 너무 길었다. 1968년 해군 TFX 사업은 취소되었다.

공군은 해군의 요구 조건에 의해 변형된 디자인으로 어떻게든 해내야 했다. F-111A는 1968년 동남아시아 전투에 서둘러 투입되었다. 그러나 F-111A는 실전에서 잘 훈련되고 경험 많은 조원의 부족을 포함한 여러 문제로 난항을 겪었고, 결국 특출할 것 없는 기록을 남겼다.[25]

1980년대에 이르러서야 F-111은 제 가치를 온전히 보여줄 수 있었다. 영국 레이큰히스의 제48전술전투비행단의 F-111은 1986년 4월 15일 미국의 리비아 폭격 때 주요한 역할을 맡았다. 당시 F-111은 페이브택Pave Tack 레이저 지시기를 달고 1톤짜리 GBU-10과 230킬로그램짜리 GBU-12 레이저 유도 폭탄LGB을 리비아의 목표물에 투하했다.[26] 1991년 걸프전 당시 F-111은 레이저 유도 폭탄을 투하할 수 있는 공군의 단 두 종류 항공기 중 하나였다.

⊙ F-4 팬텀 2

양군의 요구 사항을 모두 충족시키는 항공기의 더욱 성공적인 개발 사례는 F-4 팬텀 2Phantom II였다. 1954년 중반, 해군의 항공학 부서에서는 전천후 작전이 가능한 함대 방어용 함재 요격기에 대한 필요를 제기했다. 맥도널더글러스는 F3H-E 단발형 전투기와 F3H-G 쌍발형 전투기라는 두 가지 제안서를 제출했다. 해군은 쌍발형 모델을 선택했다. 맥도널더글러스의 실물 모형은 4정의 20밀리 기총을 달고 있었지만 해군은 오직 사이드와인더Sidewinder와 스패로Sparrow 공대공미사일만 장착하기를 원했다. 1958년 5월 8일 XF4H-1이 첫선을 보였고, 5월 말에 첫 비행을 했다. 항모 시승은 1959년 가을에 시작되었다.

맥나마라는 F-4의 사례를 각 군의 공통성을 구현하기 위한 기회로 보았다. 그는 1961년 공군에 F-4 평가를 요청했다. 각 군간 공통성은 잘 구현되는 사례가 드물었지만 F-4는 예외였다. 나중에 공군은 해군과 해병대를 합친 것보다 두 배나 많은 F-4를 획득했다.

F-4는 성공적인 기체였지만 각 군은 곧 팬텀에 기총 장착을 포기한 결정을 후회했다. F-4는 사이드와인더를 사용하기에는 너무 가까운 거리에서 북베트남의 전투기와 공중전을 벌이는 경우가 잦았다. 게다가 사이드와인더는 그다지 신뢰할 만한 미사일이 아니어서 해군과 공군의 F-4는 모두 기총을 장착했다. 처음에는 SUU-16/A 외장형 기총을 장착했다. 그러나 1967년 6월 첫 비행을 실시한 F-4E는 M61A1 6열 개틀링식 기관포를 동체 앞부분 아래에 장착했다.

해군: 대잠수함 전투

이 시기에 미 해군은 미국의 기술 우위를 해저 전투에서 소련과 경쟁하기 위해 이용했다. 미 해군은 미국의 잠수함을 숨기면서 동시에 소련의 잠수함을 감지하는 기술을 완성했다.

1960년대와 1970년대 초 소련의 수상함대는 미국과 동맹국들에 큰 위협이 되지 않았지만, 소련 잠수함 전력의 성장은 걱정거리였다. 1955년, 처음으로 소련 해군의 잠수함이 잠수한 상태에서 탄도미사일을 발사했다. 탄도미사일을 장착한 최초의 소련 잠수함은 디젤 엔진을 단 프로젝트 629(골프)였다. 1958년부터 1962년까지 생산된 이 잠수함은 3기의 R-13(SS-N-4 사크Sark) 미사일을 탑재했다.[27] 그러나 골프와 SS-

N-4의 조합은 중대한 한계가 있었다. 디젤 추진 방식은 골프의 활동 반경을 제약했는데, SS-N-4의 사정거리가 600킬로미터에 불과해 미국을 공격하기 위해서는 골프가 미국 연안에 접근해야 했기 때문이다. 게다가 미사일을 발사하기 위해서는 잠수함이 수면 위로 떠올라야 했다. 마지막으로 액체연료로 추진되는 해상발사탄도미사일^{SLBMs}은 연료의 부식성이 너무 강해 잠수함이 실탄을 장착하는 경우가 드물었다.[28]

소련은 1950년대 말 1세대 핵잠수함을 배치했다. 프로젝트 658(호텔급) 탄도미사일 핵잠수함, 프로젝트 659(에코급) 유도미사일 핵잠수함, 그리고 프로젝트 627(노벰버급) 핵잠수함이 여기에 해당한다. 이들 잠수함의 핵추진 방식은 보다 긴 시간 동안 잠항할 수 있어서 디젤 추진 잠수함들의 약점 중 하나를 극복했다. 그러나 소음이 심했으며 기계적인 문제들이 나타났다. 호텔급 잠수함 중 선도함인 K-19는 여러 차례 사고를 일으켰는데, 결국 1972년 2월 24일 큰 화재가 발생하여 승조원 28명의 목숨을 앗아갔다.[29]

소련 잠수함의 위협에 미 해군은 대잠수함 전투에 대한 새로운 접근법을 개발한다. 2차 대전 당시 대잠전에서는 능동형 소나를 사용했지만 해군의 새로운 접근법은 수동형 소나에 기반을 둔 것이었다. 특히 원거리에 있는 잠수함을 감지하는 데 강력한 도구였던 저주파 분석 및 거리 측정법^{LOFAR: Low Frequency Analysis and Ranging} 개발이 여기에 크게 기여했다.[30] 해군은 프로젝트 제저벨^{Jezebel}이란 가명으로 벨연구소에 저주파 분석 연구를 의뢰했다.[31] 수동 음향 분석은 해양 감시, 잠수함 대 잠수함 작전, 그리고 해양 순찰 작전에서 중요한 역할을 했다.

수동 음향 분석과 저주파 분석을 사용한 음향감시체계^{SOSUS} 네트워크는 해양 감시에 일대 혁명을 일으켰다. 벨연구소와 컬럼비아대학교 허

드슨연구소의 과학자들이 개발한 이 체계는 해저케이블을 따라 설치된 청음기들로 이루어져 있었다. 해군은 첫 시험용 체계를 바하마의 엘류세라에 설치했다. 이듬해 해군은 이 체계를 동부 해안에 설치하기로 결정했고, 2년 후에는 태평양 연안과 하와이에 설치하기 시작했으며, 이런 작업은 1958년에 완료되었다. 이듬해 해군은 이를 뉴펀들랜드에 위치한 아젠셔 기지에도 설치했다.[32]

음향감시체계 네트워크는 해군공병단[NavFacs]에 연결되었고, 수병들은 컴퓨터를 이용해 신호를 처리하고 분석했다. 해군은 또한 해양감시정보체계[OSIS] 접속점으로 일컬어지는 평가 센터들을 만들었다. 이곳에서 수병들은 컴퓨터 처리된 음향 정보를 평가하고, 고주파 방향탐지기 정보와 같은 다른 정보들과 취합했다.[33] 해군 정보기관들 사이에서 음향 정보가 뚜렷한 분과로 자리 잡고 있었다는 사실은 음향감시체계가 등장하는 데 중대한 역할을 했다. 해군 정보기관들은 소련 함선들의 위치를 파악하고 추적하는 능력뿐만 아니라 음향 특성을 통해 개별 함선의 종류까지 식별하는 능력을 개발했다.[34]

음향감시체계를 통해 미 해군은 놀라울 정도로 먼 거리에서도 소련의 잠수함을 포착하고 분류할 수 있는 능력을 얻었다. 소련의 1세대 핵잠수함은 프로펠러의 소음이 커서 수동 음향 분석에 극도로 취약했다. 동체에 장착된 회전기가 너무 시끄러웠기 때문에 미국은 먼 거리에서도 이를 포착하고 추적할 수 있었다. 1962년 7월, 해군은 처음으로 소련의 핵잠수함을 포착했고, 바베이도스 주변에 설치된 SOSUS망을 감시하는 수병들은 소련의 핵잠수함이 그린란드–아이슬란드–영국 해협을 지나는 것을 감시했다.[35]

음향감시체계의 개발은 잠수함 개발자들에게 소련 또한 수동 음향 분석으로 미국의 잠수함을 포착할 수 있음을 일깨웠고, 개발자들은 잠수함이 음향감시체계에 포착되지 않도록 하는 방법들을 강구했다. 차음성, 소나 성능, 소나 체계 통합, 전술 및 작전 분석의 개선은 이후 세대의 미국 잠수함들의 소음 차단에 영향을 주었다.[36]

해군은 스터전Sturgeon(SSN-637)급을 배치함으로써 은밀하게 소련 잠수함들을 추적할 수 있는 능력을 더욱 강화했다. 이 저소음 잠수함의 넓은 소나 함수각으로 소련 잠수함들을 추적할 수 있었다. 오언 코테는 이렇게 썼다. "637을 통해 함대 차원에서 적용할 수 있는 일상적인 작전 및 비밀 추적 작전을 위한 전술을 개발할 수 있게 됐다."[37] 해군은 1966~1975년 24기의 어뢰와 대함 미사일들을 장착한 37척의 스터전급 잠수함을 취역시켰다.

1968년, 소련은 2세대 핵잠수함 프로젝트 670 스캣Skat 유도미사일 핵잠수함(찰리급), 프로젝트 671 케팔Kefal 공격형 핵잠수함(빅터급), 프로젝트 667A 내배거Navaga 탄도미사일 핵잠수함(양키급)을 배치하기 시작했다. 사정거리 2,400킬로미터 R-27(SS-N-6 서브Serb) 잠수함발사탄도미사일 16기로 무장한 양키급 잠수함을 배치함으로써 소련의 핵전력은 큰 유연성을 얻었다. 잠수함 개발자들은 저소음 프로펠러를 장착하고, 선체 내부에 흡음재를 부착하고, 선체 외부를 차음 고무로 코팅하여 잠수함 소음을 줄이고자 했다.[38] 양키급 잠수함은 1967년에 배치되었고, 이듬해 소련은 미국 동부 해안 순찰에 양키급을 보내기 시작했다. 이 잠수함들은 3년 후에는 미국 서부 해안에도 나타났다.[39]

1972년에 배치가 시작된 양키급의 후속작 프로젝트 667B(델타 1급) 탄도미사일 핵잠수함은 미국에게 더 큰 걱정거리가 되었다. 사정거리가 대륙간급인 최초의 소련 잠수함발사탄도미사일인 R-29(SS-N-8 소플

라이^{Sawfly}) 12기로 무장한 이 잠수함은 소련 인근 해상에서도 미국의 표적을 위협할 수 있었다. 소련의 탄도미사일 핵잠수함들은 더 이상 미국의 음향감시체계망을 통과할 필요가 없었다. 대신 소련 인근 해상에서 요새들의 보호를 받을 수 있었다. 소련은 존 워커*의 간첩단이 제공한 정보를 통해 자신들의 탄도미사일 핵잠수함들이 미 해군의 감시에 얼마나 취약한지를 알고 나서 1970년대 후반부터는 이러한 전략을 구사하기 시작했다.[40] 소련은 네 등급으로 나뉜 델타급 잠수함 총 42척을 배치했다.[41]

해군이 무엇보다 두려워했던 완전 저소음 소련 핵잠수함은 우려보다 훨씬 나중에 등장했다. 1970년대 말에 처음 배치된 빅터 3급 공격형 핵잠수함은 저소음 때문에 미국의 분석가들을 놀라게 한 최초의 잠수함이었다. 이후에 등장한 아쿨라^{Akula}급 공격형 핵잠수함은 저소음성에서 미국과 동등한 수준을 보였다. 일본에서 획득한 고성능 제조 기계로 소련은 보다 발달한 프로펠러를 만들었고, 잠수함 소음을 줄이기 위한 다양한 기술을 적용했다. 그 결과 1980년대 중반부터 미국은 음향감시체계와 수동적 음향 분석을 사용하는 전술 대잠전 장비의 추적을 회피할 수 있는 소련 잠수함들을 맞닥뜨리게 되었다.[42]

---

* 금전적 동기로 소련에 미국의 기밀문서들을 팔아 넘겼던 미 해군 준위. 1986년 무기징역을 선고받고 2014년 감옥에서 사망했다.

핵 균형

케네디 행정부가 재래식 전력의 보강을 선언하기는 했지만 미국의 핵 전력을 무시하지는 않았다. 사실 재래식 전력을 현대화한 이유는 핵 억제에 신뢰성을 더하기 위해서였다. 그러나 케네디와 참모들은 단일통합작전계획SIOP: Single Integrated Operational Plan 62호로 구체화된 대량 보복 교리에 회의적이었다. 1961년 2월, 맥나마라 국방부 장관은 케네디에게 제출한 문서에서 미군이 공격당할 수 있는 취약성이 있고, 신축적 대응 옵션이 없다는 것을 우려 사항으로 지적했다.[43] 게다가 단일통합작전계획 62호는 군사적 표적을 강조하고 있지만 많은 민간인들의 생명도 위험에 처하게 했다. 대통령의 군 대표자military representative였던 테일러는 단일통합작전계획 62호를 두고 이렇게 묘사했다. "주변 환경에 관계없이 기존 방식으로 실행하기 위해 개발된, 융통성 없는 다목적 계획 (……) 단일통합작전계획 62호는 기민하지 못한 도구이다."[44]

결국 케네디는 단일통합작전계획에 대한 전면 재검토를 지시한다. 검토 과정에서 케네디 행정부는 몇 가지 대안들을 찾았다. 장관직을 수행한 첫째 주에 맥나마라는 랜드연구소의 분석가 윌리엄 카우프만으로부터 선제 핵 공격counterforce 전략*을 추천하는 브리핑을 받았다.[45] 이러한 접근법에 따르면 미국은 소련의 도시들을 위협할 수 있는 확증된 능력을 유지하면서 소련의 핵전력 전부 또는 대부분을 파괴할 수 있는 능

---

* 양측이 모두 핵을 보유한 경우, 선제공격이 성공하더라도 상대방이 핵으로 반격(제2격)할 경우 선제공격을 한 측도 큰 피해를 입는다. 이는 선제공격을 결심하는 데 장애가 된다. 만약 선제공격으로 상대방의 핵 자산을 최대한 파괴할 수 있다면 상대방의 반격 능력은 크게 반감되고, 반격을 크게 두려워하지 않아도 된다. 이것이 선제 핵 공격의 주요 개념인데, 이를 위해서는 상대방을 압도하는 핵무기의 양을 필요로 한다.

력을 확보할 것이었다. 공군은 선제 핵 공격을 환영했는데, 공군의 핵무기 사업을 정당화할 수 있기 때문이었다. 반면 해군은 유사시 도시에 보복 공격을 하는 최소 억제minimum deterrence 전략을 선호했다. 이는 정확도가 제한된 폴라리스에 잘 부합하는 것이었다.

셋째 옵션은 통제된 핵 대응책을 도입하는 것이었다. 그러나 합동참모본부에서는 이러한 전략의 실현 가능성에 회의적이었다. 합참의장이었던 라이먼 렘니처 육군 대장은 이렇게 표현했다. "일단 중대한 열핵 공격이 개시되면, 현재 전력의 상당 부분을 사용하지 않고 보류하는 위험을 감수할 만큼 충분한 방위력을 갖고 있지 않으며, 우리의 핵 보복 전력이 충분히 안전한 것도 아니다."[46]

검토를 거친 단일통합작전계획에 따르면 소련의 전략 핵전력, 폭격기 항로에 늘어선 방공 전력을 비롯한 도시에서 떨어진 소련군 전력, 도시 인근의 소련군 전력, 지휘통제 시설, 그리고 전면 도시 공격, 이상 다섯 종류의 목표물을 갖고 있었다.[47]

1962년 6월 16일 미시건대학교 학위 수여식 연설에서 맥나마라는 "동맹에 대한 중대한 공격으로 인한 핵전쟁 발발 시 주요한 군사적 목표는 적의 군 전력 파괴가 되어야지 적의 민간인 살상이 되어서는 안 된다. (……) 우리는 잠재적 적들이 우리의 도시에 대한 공격을 억제하도록 상상할 수 있는 가장 강력한 유인을 안겨주고 있다"라고 말했다.[48] 이러한 전략은 미국의 핵전략, 정찰위성이 제공하는 소련의 전략 태세에 관한 정보력의 발달 덕택에 세울 수 있었다.

맥나마라는 재정적 이유와 전략적 논리 때문에 선제 핵 공격에 더는 매력을 느끼지 못하게 되었다. 선제 핵 공격을 성립시키기 위해서는 미국이 보유할 수 있는 핵무기의 수량에 제한을 두기 어렵다는 점을 깨달은 것이다. 1963년 12월, 맥나마라는 존슨 대통령에게 선제 핵 공격보다 억제를 미 핵전력의 주 임무로 강조한 새로운 대통령 각서 초안을 제출했다. 새로운 요구 사항은 미국이 소련의 선제 기습공격으로부터 생존할 수 있고, 소련의 인구와 산업 기반의 상당 부분은 물론이고 소련의 정부 각료와 군 지도부를 파괴할 수 있는 충분한 전력을 유지하는 것이었다.[49]

1964~1966년 미국이 공표한 정책은 소련에게 용납할 수 없는 피해를 안길 필요성('확증 파괴')과 소련이 미국에 피해를 입힐 수 있는 능력을 제한할 필요성('피해 제한'), 둘 다를 다루고 있었다. 시간이 지나면서 맥나마라는 피해 제한을 소홀히 했고, 1967년의 그의 표현은 확증 파괴에 초점이 맞추어져 있다.[50] 그는 1965년 2월 이렇게 말했다. "우리의 전략 핵전력이 완전 성취해야 할 중대한 일차 목표는 확증 파괴 능력이다. 이러한 능력을 얻기 위해 어떠한 종류와 강도의 파괴력을 확보해야 하는지를 정확히 답할 수는 없다. 그러나 상대 인구의 4분의 1에서 3분의 1 정도를 살상하고, 상대 산업 능력의 3분의 2 정도를 파괴하는 능력을 갖고 있다면 어떠한 산업국가도 견디기 어려운 징벌을 가할 수 있고, 이는 효과적인 억제력으로 작용할 것이다."[51]

이러한 미국의 정책 기조 전환은 '효용 체감diminishing returns'과 무엇을 통해 '합리적 행위자'를 억제할 것인가를 둘러싼 판단에 기초하고 있다. 무엇으로 소련을 억제할 수 있을 것인가에 기초한 것이 아니었다. 실상 경쟁자인 소련에 대한 분석은 너무나도 부족했다.

1974년 1월, 제임스 슐레진저 국방부 장관은 미국 핵 정책의 대대적인 방향 전환을 시작한다. 슐레진저는 "적의 도시를 파괴하는 것을 유사시 미국의 유일한 선택지로 삼아서는 안 되며, 일차 선택지로 삼는 것도 피해야 한다"고 주장하며 일련의 제한된 핵 공격 선택지를 요청했다.[52] 또한 소련 산업의 70퍼센트를 위협함으로써 소련을 억누를 수 있길 원했다. 이러한 지침에 따라 마련된 단일통합작전계획 5호는 1975년 12월 승인되었고, 1976년 1월 1일 발효되었다.[53]

1960년대 후반과 1970년대 초반은 미국의 핵 교리뿐만 아니라 미소 경쟁의 전반적인 접근법에도 의문이 제기된 시기였다. 1972년 당시 랜드연구소의 분석가였던 앤드루 W. 마셜이 작성한 비밀 보고서는 미국이 작용-반작용의 군비경쟁에 돌입했다는 추정에 의문을 제기했다. 그는 이렇게 적었다. "전략 군비경쟁의 본질과 미소 상호작용 과정에 대한 가설들(미국과 소련의 전력 태세가 서로 밀접하게 연관되어 발전한다고 주장하는)은 실증적으로 볼 때 잘못되었거나 매우 의심스럽다. 미소 상호작용 과정에 대한 더욱 진지한 비밀 연구들은 거의 일관되게 군축론자들의 주장보다 훨씬 복잡하고 느리게 움직이는 작용-반작용 과정을 보여준다."[54]

마셜은 미국이 소련과 경쟁하는 방식도 비판했다. 그는 미국이 기술의 전 분야에 걸쳐서 소련과 경쟁하려 하는 부유한 국가의 전략을 따랐다고 본다. 그러나 소련은 고급 기술 개발에 일치단결해 노력할 수 있는 반면 미국은 국방에 투입할 수 있는 자원이 상대적으로 제한돼 있기 때문에 이러한 전략을 옹호할 수 없다. 그는 이렇게 썼다. "소련은 아마도 2차 대전 이후 최우선 과제 중 하나였을 군사 연구 개발 분야의 격차를 좁히고 있다. 미국은 과거에는 중요한 모든 기술 분야에서 선두를 유지하는 정책을 지지할 수 있었다. 하지만 그러한 기술 분야의 목록은 오늘날 더 적어질 수밖에 없고, 미국은 새로운 연구 개발 전략이 필요할지도 모른다."[55]

마셜은 미국이 소련과 장기간 경쟁할 수 있는 전략을 개발해야 한다고 주장했다. 특히 미국이 지속적인 우위를 보이는 분야나 소련이 특정한 약점을 보이는 분야에서 경쟁할 것을 권고했다. 그는 이렇게 적었다. "미국은 소련이 특정 분야에 대한 지출을 늘리도록 어느 정도 강요하여 미국에게 보다 위협적인 다른 분야에 소련의 한정된 자원을 투입하는 것을 막을 수 있다."[56]

이 연구 논문을 발행하고 얼마 지나지 않아 마셜은 워싱턴으로 불려들어가 헨리 키신저 국가안보보좌관 밑에서 일하게 되었다. 1973년 10월, 슐레진저 국방부 장관은 그를 국방부의 첫 총괄평가국장으로 임명했다. 마셜은 이 직위에서 장기 전략 문제들을 담당하며 국방부 장관을 보좌했다.

소련의 핵무기

소련의 미사일 전력은 1960년대 초반 느리게 성장했다. 소련은 대륙간탄도미사일을 1961년에는 16기, 1962년에는 56기, 1963년에는 122기, 1964년에는 189기를 보유했다. 1961년 11월 1일, 소련의 전략로켓군은 4개 연대에서 R-16 대륙간탄도미사일(SS-7 새들러Saddler)을 운용하겠다고 선언했다. SS-7은 발사 전에 즉각 연료를 주입해야 할 필요가 없는 최초의 소련제 미사일이었다. 하지만 소프트런치 방식*으로 발사되

---

* 로켓이 발사대에서 나온 다음 점화되는 발사 방식. 점화에 의해 발사대가 훼손되는 것을 막기 위해 쓴다. '콜드런치'와 유사한 개념이다.

며, 발사 준비에 최대 세 시간이 소요되었다. R-9(SS-8 세이신^{Sasin})은 개발에 난항을 겪었다. 애초 계획을 4년 초과한 1965년 7월까지도 인도 수락을 받지 못했다.[57]

소련의 핵무기 상태는 미국의 핵전력 개발에서 가장 중요한 고려 사항이었다. 이 미사일들의 기술 특성은 소련이 선제공격으로 미국의 대륙간탄도미사일을 파괴할 수 있는지 또는 미국의 미사일 방어를 압도할 수 있는지 등의 전략적 평가와 연관돼 있었다. 소련은 접근이 거부된 지역이었기 때문에 미국 정보기관들은 정보를 수집하고 분석하는 데 획기적인 접근법을 개발해야 했다. 미국 정보기관들은 소련의 미사일 재돌입체의 크기와 모양을 파악하여 탄두의 파괴력을 측정하기 위해 소련 미사일 시험의 광학, 레이더, 무선 측정 자료들을 수집했다. 무선 측정 신호를 가로채기 위해 여러 감청 기지들을 사용했다. CIA는 달이 반사한 소련의 레이더 전파 신호를 포착하기 위해 스탠퍼드대학교의 45미터짜리 접시 안테나를 사용하기도 했다.[58]

1960년 1월부터 미국은 소련의 탄도미사일 시험에 대한 정보를 수집하려는 폭넓은 노력을 기울이며 태평양까지 관측 범위를 확대했다. 다양한 자산들이 소련 대륙간탄도미사일의 비과 전, 비과 중, 비과 후의 전자정보를 포함한 각종 정보들을 수집했다. 미국의 잠수함들은 이러한 자료 중 독특한 것들을 수집했다. 오직 잠수함을 통해서만 미사일 첨단에서 분리된 데이터 캡슐이 낙하산에 매달려 하강하여 소련의 미사일 사거리 계측선에 의해 회수되는 모습을 관찰할 수 있었다.[59]

브레즈네프 집권 초기의 소련은 2세대 대륙간탄도미사일의 시험과 배치를 미국과 동등한 수준으로 끌어올리기 위해 노력했다. 이 2세대 대륙간탄도미사일에는 R-36(SS-9 스카프^{Scarp}), UR-100(SS-11 세고^{Sego}),

그리고 RT-2P(SS-13 세비지^{Savage})가 있었다. 그러나 미국 정보기관들은 일관되게 소련 탄도미사일 개발의 범위와 속도를 과소평가했다. 소련의 전략 전력에 대한 1964년 국가정보평가보고서는 러시아의 목표가 미사일 400~500기를 넘지 않을 것이며, 분명 700기를 넘지는 않을 것이라고 주장했다. 보고서는 다음과 같이 결론을 내렸다. "소비에트사회주의연방이 대륙간 운반체의 개수를 미국과 동등한 수준에 맞추려 한다고 여겨지지 않는다. 미국이 이와 동등한 수준으로 혹은 초과하여 미사일의 수량을 맞출 거라는 인식과 경제적 제약으로 인해 소련은 그런 목표를 세우지 않은 듯하다."[60] 실제로는 1970년경 소련은 총 1,158기의 대륙간탄도미사일을 배치한 상태였다.[61]

국방부와 정보기관들은 소련의 과거 행위를 토대로 미래 움직임을 추정하곤 했다. 소련이 과거와 다른 양상을 보일 가능성은 별로 고려하지 않았다. 그들은 소련의 전력 증강이 질서정연하고 세심한 방식으로 진행되리라 기대하여 소련이 미국과는 다른 목적을 세웠을 개연성을 고려하지 않았다.[62] 미 정보기관이 사후 분석을 통해 결론을 내렸듯, 분석가들은 탄도미사일 전력에서 미국을 따라잡는 데 따르는 난관들을 과대평가했고, 미국이 새로이 탄도미사일 전력을 배치할지도 모른다는 소련의 우려를 과대평가했다. 분석가들은 또한 동등한 전력의 구축 외에는 군사적 가치가 없다고 보았기 때문에 소련의 핵전력 확장의 추동력을 과소평가했다.[63]

맥나마라는 소련에 관한 이러한 추정에 공감했고, 1965년 4월 이렇게 말했다. "그들은 1970년까지 전략 전력에서 미국을 따라잡을 수 있는 능력을 분명 갖고 있습니다. 그러므로 그들의 1970년 전력 수준을 완벽하게 추정할 수는 없습니다. 왜냐하면 내년이라도 계획을 바꿀 수 있기 때문입니다. 그러나 오늘날 소련의 확장 속도를 볼 때 우리의 1970년 전력과 동등해지긴 어렵고, 우리의 전력을 능가할 가능성은 더욱 낮다고 말할 수는 있습니다. (……) 이는 소련이 양적 경쟁에서 패배했음을 확인했다는 사실을 의미하며, 이를 두고 우리와 경쟁하려 하지 않는다는 것을 의미합니다. 그들이 우리와 같은 규모의 전략 핵전력을 개발하는 조짐이 보이지 않는다는 뜻입니다."[64]

소련의 대륙간탄도미사일 배치 증가는 선제 핵 공격 위협의 가능성을 높였다. 거대 적재량을 운반할 수 있는 SS-9가 가장 큰 논란을 야기했다. 한 파벌은 SS-9가 미국 도시들을 공격하기 위해 만들어졌다고 주장했다. 다른 파벌은 미국의 미닛맨Minuteman 전력을 무력화하기 위해 이 미사일들에 다탄두각개목표재돌입체MIRV: Multiple Independently targeted Reentry Vehicle 가 탑재될 수 있다고 주장했다.[65] 사일로가 정확도가 높지 않은 미사일들에 대해서는 보호 능력을 제공할 수 있겠지만 정확도가 높은 미사일들에 대해서는 효과가 없을 터였다. 특히 소련이 다탄두각개목표재돌입체가 탑재된 SS-9 미사일들을 미닛맨 발사통제본부를 공격하는 데쓸 수 있다는 우려가 컸다.[66]

SS-9가 운반할 재돌입체들의 개수와 탄두의 폭발력, 그리고 정확도는 SS-9의 임무를 이해하는 데 필수적이었다. 미국은 SS-9가 1963년에 시험을 시작하자마자 이 미사일의 성능을 조심스럽게 체크했다.[67] 1968년 8월, 소련이 SS-9의 다탄두재돌입체MRV: Multiple Reentry-Vehicle체계를 시험하자 우려는 가중되었다. R-36P(SS-9 Mod 4 트리플렛Triplet)은 1971년 작전에 돌입했다. 미닛맨 전력 전부를 파괴하려면 소련은 각각 5메가톤짜리 탄두 3개가 달리고, 상당한 정확도를 갖추었을 뿐 아니라 미사일의 타깃을 재설정할 능력을 가진, 다탄두각개목표재돌입체를 장착한 SS-9 420기가 필요할 터였다.[68] 소련이 실제로 그러한 능력을 획득하려고 하는가, 이는 미국 정부 내에서 논란의 초점이었다. 소련이 마침내 1973년에 차세대 대륙간탄도미사일을 시험하기 전까지 미사일에 대한 논쟁은 합의를 보지 못했다. 이 차세대 대륙간탄도미사일은 분명 정확도가 더 높았으며, 각기 다른 목표물들을 타격할 수 있는 능력을 갖추었기에 미국의 대륙간탄도미사일에 위협이 되었다.[69]

⊙ 미국의 핵전력

대통령 선거 운동에 나선 존 F. 케네디는 미국의 핵 태세를 강화하고 미국과 소련의 미사일 전력 차이에 관한 추정치를 바로잡을 필요성이 있음을 강조했다. 특히 미국 핵전력의 취약성을 우려했다. 이러한 취약성을 줄이기 위해 케네디는 고체연료 미닛맨 대륙간탄도미사일의 배치를 서둘렀다. 이는 액체연료를 사용하는 아틀라스와 타이탄 미사일보다 더 빠르게 발사할 수 있었다. 케네디는 또한 스나크, 토르, 주피터, 레귤루스 같은 1세대 핵미사일을 도태시키면서 난공불락의 억제 전력을 확보하기 위해 폴라리스 잠수함발사탄도미사일 사업에 박차를 가했다. 그리고 대안적 국가지휘본부를 설립하고, 전략 통신을 개선하고, 사고로 인한 핵무기 발사를 막을 수 있는 안전장치를 마련함으로써 핵에 대한 지휘통제를 개선했다.

미국 핵전력의 초점이 미사일로 옮겨가자 유인 항공기의 중요성이 줄어들었다. 펜타곤은 B-52를 추가로 구매하지 않고 B-47을 도태시키기로 결정했다. 또한 스카이볼트Skybolt 공중발사탄도미사일과 XB-70 발키리Valkyrie 폭격기 사업을 취소했다.[70] 스카이볼트와 XB-70 관련 사업의 취소로 미국의 핵 태세 내에서 탄도미사일의 우위가 굳어졌다.

케네디가 집권했을 당시, 미국의 대륙간탄도미사일 전력은 지상 두 곳에 밀집되어 제대로 보호받지 못하고 있던 아틀라스 미사일 9기가 전부였다. 정교하게 계산된 두 차례 핵폭발이면 미국의 대륙간탄도미사일 전력을 완전히 파괴할 수 있었다. 이러한 취약점을 바로잡기 위해 케네디는 미닛맨 대륙간탄도미사일의 도입을 서둘렀다. 미닛맨은 기존의 대륙간탄도미사일들보다 비용이 저렴했고, 강화된 사일로에 배치하고 경계태세를 유지하는 데 용이했다.[71]

공군은 원래 미닛맨 미사일들을 사일로에 배치할 계획을 세우고 있었다. 그러나 대륙간탄도미사일의 취약성에 대한 해군의 비판에 어느 정도 자극을 받아 공군은 대륙간탄도미사일 전력을 일부나마 철도 차량에 배치하는 방안을 모색했다. 공군의 전략공군사령부가 이동형 미닛맨 개발 계획을 이끌었지만 연구 결과 이 계획에는 심각한 작전적·군수적 문제점들이 있음이 드러났다.[72] 또 이동형 배치 방식은 돈이 많이 들었다. 미사일 1기당 최고 10배까지 더 많은 비용이 소요되었다. 마지막으로 1960년부터 시작된 탄도미사일 핵잠수함의 배치는 미국에 난공불락의 억제력을 제공했고, 결국 공군은 1962년 철도 차량에 대륙간탄도미사일을 설치하는 계획을 취소한다.[73]

미국의 대륙간탄도미사일 전력을 강화 사일로에 배치할 경우 어떤 이점이 있는지가 연구를 통해 확인되었다. 랜드연구소 앨버트 월스테터의 연구는 보호 장치가 없을 경우 미국의 대륙간탄도미사일 120기는 소련의 작은 미사일 한 발에 의해서도 파괴될 수 있음을 보여주었다. 하지만 월스테터는 이 대륙간탄도미사일들이 200제곱인치당파운드[psi]의 과압에 견딜 수 있는 강화 사일로 안에 보관돼 있을 경우, 이 전력의 80퍼센트를 파괴하려면 러시아제 미사일 7,600기 이상이 필요할 것이

라고 계산했다.[74]

이에 따라 미닛맨 1은 넓게 분산된 지하 사일로에 배치되었다. 지하에 위치한 발사통제본부 하나가 발사 시설 10개에 있는 미사일들을 관장했고, 중대 하나당 5기의 미사일을 관장했다. HSM-80A 미닛맨 1A의 경우 1962년 12월에 최초로 20기의 작전 능력을 확보했으며, 1963년 2월 말이 되자 중대급 규모의 전력이 작전에 돌입했다. 총 150기의 미사일이 배치되었다. 개선된 2단 모터, 새로운 재돌입체, 더 커진 탄두를 장착한 첫 번째 미닛맨 1B는 1963년 9월에 배치되었다. 공군은 1965년 6월까지 미닛맨 1B 650기를 배치했다.

이듬해 공군은 미닛맨 1 미사일들을 모두 미닛맨 2 또는 3으로 교체하기 위해 미닛맨 전력 현대화 사업을 시작했다. LGM-30F 미닛맨 2는 발사 2단계 성능이 개선되었고, 유도장치가 크게 개선되었으며, 고체 소자회로를 장착했다. 실제로 미닛맨 2의 유도 및 통제 체계는 겨우 4년 전에 배치되었던 미닛맨 1보다 세 배나 더 정확했다. 이러한 정확도를 통해 미닛맨 2는 소련의 미사일 사일로와 통제본부 같은 강화된 목표물까지 공격할 수 있는 능력을 얻었다.[75] 1965년 10월 처음으로 작전에 투입된 미닛맨 2는 이후 공군에 의해 총 1,000기가 배치되었다.

LGM-30G 미닛맨 3은 세계 최초로 다탄두각개목표재돌입체 탄두를 장착한 대륙간탄도미사일이었다. 3단 추진체가 더 커졌으며, '버스'라고도 하는 새로운 탄두부가 장착되었다. 이 탄두부에는 자체 액체연료 로켓모터와 유도장치, 각기 170킬로톤짜리 W-62 열핵탄두를 가진 Mk 12 다탄두각개목표재돌입체 3개가 들어 있었다. 미닛맨 3은 1966년 정상 개발에 들어갔으며, 1970년 4월 처음 배치되었다. 총 500기의 미닛맨 3이 배치되었다.

미국 핵전력의 보호

소련 핵전력이 성장하자 미국은 핵전력의 개선뿐만 아니라 생존성을 확보하기 위한 노력을 기울여야 했다. 한 가지 선택지는 공격 임박 경고나 미사일 사일로 강화 같은 수동적인 방어 수단의 개선이었다. 1950년 초반 미국은 북극을 통해 북아메리카로 접근하는 소련 항공기에 대한 경보를 제공하기 위해 원거리조기경보$^{DEW: Distant Early Warning}$체계 및 파인트리$^{Pine Tree}$ 레이더들을 캐나다 북부와 중부에 배치하기 시작했다. 1959년 말, 국방부의 고등연구계획국$^{ARPA: Advanced Research Projects Agency}$은 474L 체계사업실$^{System Program Office}$을 열어 우주의 물체를 추적하고 소련의 대륙간탄도미사일을 감지하기 위한 기술과 장비를 개발하는 임무를 수행하게 했다. 1960년대 중반, 474L 체계사업실은 그린란드의 툴^{Thule} 공군기지와 알래스카의 클리어 공군 주둔지, 잉글랜드의 파일링데일스 영국 공군기지 세 곳에 탄도미사일조기경보체계$^{BMEWS: Ballistic Missile Early Warning System}$ 레이더를 가동시켰다. 탄도미사일조기경보체계는 대략 5,500킬로미터에서 날아오는 대륙간탄도미사일을 감지하는 능력을 보유했으며, 15분의 경고 시간을 제공하여 소련 미사일이 목표물에 닿기 전에 미국 대통령이 미사일 발사를 명령할 수 있도록 했다.

⊙ 대탄도미사일 방어

소련의 미사일 공격에 대한 방어에는 다른 접근법도 있었다. 1960년대와 1970년대 초반의 미국 핵 태세 개발에서 가장 중요한 질문 중 하나는 바로 미국이 대탄도미사일 방어^{ABM}를 해야 하는가였다. 대탄도미사일 방어에 찬동하는 이들의 주장은 상당히 간결했다. 정치적, 전략적,

그리고 도덕적으로 소련의 탄도미사일 위협으로부터 미국을 보호하자는 데에는 일리가 있었다. 대탄도미사일 방어 옹호론자들은 아주 작은 효과가 있는 체계일지라도 군사적으로 유용하며 미국인들의 생명을 구할 수 있다고 주장했다.

대탄도미사일 방어 반대론자들은 일견 서로 모순돼 보이는 두 가지 주장을 펼쳤다. 첫째는 탄도미사일을 효과적으로 방어할 수가 없다는 것이었다. 소련 미사일의 일부만이라도 미국의 방공망을 뚫게 되면 결과는 참혹할 것이다. 게다가 탄도미사일 방어 체계의 구성물 자체(특히 레이더)가 공격에 취약했다. 둘째는 대탄도미사일 방어 체계를 배치하려는 시도 자체가 불안정을 야기한다는 것이었다. 제롬 와이즈너와 허버트 요크는 이렇게 썼다. "역설적이게도 오늘날의 핵 대결에서 불안정성을 야기할 수 있는 잠재 요소 중 하나는 라이벌 중 한쪽이 성공적인 대미사일 방어 체계를 개발할 가능성이다. 완벽한 미사일 방어 체계를 두 강대국 중 하나만 단독으로 보유하게 될 경우, 상대방의 억제 전력은 무력화될 것이다. 상대방은 선제공격에 보복할 수 없게 된다."[76]

맥나마라는 대탄도미사일 방어에 회의적이었다. 진정으로 효과적인 체계를 만들 수가 없으며, 이를 획득하려는 시도가 군비경쟁을 촉발하리라고 보았기 때문이다.[77] 그러나 소련의 대탄도미사일 방어 체계 개발, 미국의 기술적 돌파구, 대탄도미사일 방어에 대한 미군의 지지는 맥나마라의 반대 주장을 약화시켰다.

1961년 미국 정보기관들은 분석가들이 대탄도미사일 방어 계획의 일부로 여긴 시설이 레닌그라드 인근에서 건설된 것을 발견했다. 이듬해 소련은 레닌그라드 주변에 SA-1 길드Guild 지대공미사일 30기가량을 배치했다. SA-1은 제한된 탄도미사일 방어 능력을 보유한 것으로 여겨졌다. 그리고 소련은 미국의 대륙간탄도미사일 접근 경로를 따라 아르한겔스크에서부터 리가에 이르는 탈린선Tallinn Line을 따라 SA-5를 배치하기 시작했다. 미 정보기관들은 이 SA-5가 미국의 폭격기나 미사일을 방어하기 위해 만들어졌느냐를 두고 의문을 품었다.[78] 정보기관들 내에서는 대탄도미사일 방어 체계와 관련된 시설이라면 아직 원시적인 것이라는 데 의견이 일치했다. 1963년 10월의 국가정보평가보고서는 소련이 레닌그라드 주변에 대탄도미사일 방어망을 배치하고 있다고 판단하였으나 1964년의 후속 연구는 이러한 결론을 피했다. 1967년, 맥나마라는 SA-5가 방공을 위해 개발된 것으로 본다고 증언했다.[79]

분석가들이 탈린선에 대한 해석을 주고받는 동안 소련의 대탄도미사일 방어 연구는 계속되었다. 1964년 1월, 매릴랜드 체사피크 비치의 해군연구소가 운용하는 45미터 높이의 안테나가 새리 사간 시험장* 근처에서 새로운 종류의 소련 위상배열 레이더(이후 헨하우스Hen House라고 일컬어진다) 신호를 처음으로 포착했다. 분석가들은 이 레이더가 대탄도미사일 방어 체계를 위해 현재 개발되고 있다는 결론을 내렸다. 캘리포니아 팔로알토에 위치한 CIA 시설은 8월부터 소련의 레이더 시험을 감시하기 시작했다.[80]

헨하우스는 1964년 실전에 배치되기 시작했다. 정찰 사진과 무관의 보고서에 따르면 소련은 헨하우스 레이더 두 대를 모스크바 북서쪽에서 건설하고 있는 것 같았다. 소련은 모스크바 남서쪽에서 또 다른 레이더를 제작하고 있었다. 분석가들은 이후에 도그하우스Dog House라는 이름이 붙은 이 레이더의 전자적 특성을 파악해 이를 대탄도미사일 방어

---

* 카자흐스탄 지역에 위치한 소련의 대탄도미사일 시험장.

체계의 일부라고 믿었다.[81] 1966년 11월의 기자회견에서 맥나마라는 소련이 대탄도미사일 방어 체계를 개발하고 있다는 "상당한 증거"가 있다고 발표했다.[82]

사실 소련 지도부는 모스크바를 보호하기 위한 대탄도미사일 방어 체계의 개발을 1958년 4월에 승인했다. 이 방어 체계는 지구의 대기권 바깥에서 미사일을 요격하도록 설계되었다. 개발자들은 통제본부 하나에 8개의 조기경보 레이더, 그리고 추적 및 유도 레이더들과 8개의 발사대를 갖춘 포대 32개(나중에는 16개로 줄어들었다)를 둔 방어 체계를 기획했었다. 하지만 기술적 어려움에 직면한 개발자들은 1967년까지 이 방어 체계를 작전에 투입한다는 초기의 배치 스케줄을 맞출 수 없었다. 실제로 이 방어 체계의 첫째 부분은 1972년에, 둘째 부분은 1974년에야 작전에 투입할 수 있었다.[83]

이 방어 체계의 헨하우스 레이더는 접근 중인 탄도미사일을 초기에 감지하고 추적하는 역할을 했으며, 도그하우스 레이더는 탄도에 대한 정확한 정보를 제공했다. 트라이애드Try Add 레이더는 각 포대와 연동하여 목표물의 경로와 핵탄두를 장착한 갈로쉬Galosh 요격체를 목표물에 유도시키는 역할을 했다.

대탄도미사일 방어 체계의 배치를 고려하게 된 둘째 이유는 미국의 대미사일 기술의 발전이었다. 고등연구계획국ARPA은 프로젝트 디펜더Defender를 비롯한 탄도미사일 방어 연구를 지원했는데, 여기에는 미사일 방어에 레이저나 입자선particle beam 등을 사용하는 고도의 기술부터 위상배열 레이더와 같은 덜 이색적인 기술들이 포함되어 있었다.[84] 고등연구계획국은 프로젝트 밤비Bambi: Ballistic Missile Boost Intercept의 일환으로 우주 기반 미사일 방어 요격체를 연구하기도 했다.

대탄도미사일 방어 체계를 배치하기 위한 최초의 계획에서 미국은 웨스턴일렉트릭과 맥도널더글러스의 LIM-49 나이키제우스Nike Zeus를 활용했다. 1955년부터 개발 중이었던 나이키제우스는 MIM-14 나이키 허큘리스 지대공미사일의 상대적으로 간단한 발전형이었으며, 허큘리스와 동일하게 지령유도방식과 핵탄두를 사용했다. 1958년 1월, 맥켈로이 국방부 장관은 육군에 탄도미사일 방어의 주도권을 주었지만 한편으로는 대탄도미사일 방어 레이더와 지휘통제체계를 계속 개발하도록 공군에 지시했다.[85]

1959년 가을, 육군은 35개의 지역 방어 구역과 9개의 포착 레이더, 그리고 120개의 미사일 포대로 구성된 대탄도미사일 방어 체계를 제안한다. 이 방어 체계는 1964년까지 초기 작전 능력을 확보하고 1969년에 완전 전력화할 계획이었다. 그러나 이 방어 체계는 중대한 약점을 여럿 지니고 있었다. 나이키제우스는 속도가 느려 적의 탄두가 아직 대기권 바깥에 있을 동안에 발사해야 했기에 초보적인 대응 장치에도 취약점을 노출했다. 게다가 이 방어 체계는 기계적으로 작동하는 레이더를 사용하고 있었는데 대량의 항적 정보를 처리할 수가 없어서 쉽게 물량 공세에 압도당할 수 있었다. 억제책으로 핵 보복 위협을 선호한 공군은 특히 이 방어 체계에 비판적이었다.[86]

나이키제우스 A가 나오고 얼마 지나지 않아 나이키제우스 B가 등장했다. 나이키제우스 B는 나이키제우스 A와 동일한 점이 단지 유도 방식과 1단 부스터뿐인, 완전히 새로운 미사일이었다. 나이키제우스 B는 소련의 탄두가 대기권에 재돌입하기 전에 우주 공간에서 요격하기 위해 만들어진 3단 고체추진 핵 요격체였다.[87]

1962년 7월 19일, 콰절런 환초에서 발사된 나이키제우스 미사일이

나이키제우스 미사일의 시험 발사 장면. © U.S. Army

캘리포니아 반덴버그 공군기지에서 발사된 아틀라스 D를 요격했다.
요격체의 모조 핵탄두는 아틀라스 재돌입체에 2킬로미터 이내로 근접
했다. 12월 22일의 다음 시험에서는 요격체가 200미터까지 근접했다.
1963년 11월까지 연장된 총 13회의 시험에서 나이키제우스는 완전 성
공 9회와 부분 성공 3회를 기록했다.[88]

이러한 결과에도 불구하고 맥나마라는 나이키제우스의 배치에 반대했다. 대신 국방부 장관실은 사업을 재구성하여 나이키 X 체계를 만들었다. 나이키 X는 스파르탄Spartan 장거리 미사일과 스프린트Sprint 단거리 미사일, 그리고 새로운 전자주사 레이더 등으로 이루어져 있었다. 스파르탄 요격체는 접근하는 미사일을 대기권 상층부에서 요격하고, 스프린트는 대기권에서 디코이decoy(기만체)들이 다 타버린 후에 남은 것들을 30~50킬로미터 상공에서 요격하는 것이었다. 나이키제우스의 레이더는 한 번에 단 하나의 미사일만을 추적할 수 있었지만 나이키 X는 복수의 항적을 추적할 수 있는 위상배열 레이더를 채택했다.[89]

나이키제우스 B의 개선형인 스파르탄은 1968년 콰절런 환초에서 비과 시험에 돌입했다. 스파르탄은 사정거리가 길고 더 육중하며 더 성능이 뛰어난 요격체였다. 5메가톤짜리 핵탄두로 무장되어 있었는데, 이 핵탄두는 소련의 재돌입체를 폭파로 파괴하는 것이 아니라 (고고도에서는 불가능하다) X선으로 파괴하도록 만들어졌다.

스프린트는 잠수함발사탄도미사일을 비롯하여 스파르탄의 방공망을 뚫고 내려오는 탄두로부터 아군 자산을 보호할 수 있는, 반응 속도가 빠른 최후 수단의 필요로 만들어졌다. 1964년 3월, 마틴마리에타는 100G(중력가속도)로 가속이 가능하여 단 5초 만에 마하 10의 속도를 낼 수 있는 원뿔 형태의 미사일을 개발하는 계약을 수주했다. 스프린트 미사일의 첫 발사 시험은 12회 성공했고, 부분적으로는 2회 성공했으며, 2회 실패했다.

이러한 개발 작업에도 불구하고 맥나마라는 대탄도미사일 방어의 실현 가능성에 회의적이었다. 미국이 방어 체계를 배치하면 소련도 이에 반응할 거라고 여겼다. 그의 보좌관 두 명은 나중에 이렇게 썼다. "우리

사회가 받을 피해를 줄이기 위해 어떤 시도를 하든 소련은 그들의 확증 파괴 전력에 이를 상쇄할 수 있는 개선 사항을 추가할 것이다. 이는 반대의 경우에도 마찬가지이다. (……) 이러한 '작용—반작용' 현상은 여하한 전략 전력 계획 문제를 포함한 모든 군비경쟁 이론의 중심에 자리잡고 있다."[90] 맥나마라의 시스템 분석가들은 피해를 줄이려는 미국의 시도를 무력화하기 위해 소련이 미사일에 다탄두각개목표재돌입체를 장착하거나 침투 도구penetration aid들을 사용하거나 탄도미사일 전력의 규모를 늘리는 등의 여러 조치를 취할 수 있다고 보았다.[91]

사실 소련은 자신들의 대륙간탄도미사일을 저지하려는 미국의 대책에 대한 맞대응 수단들을 1960년대부터 개발했다. SS-9를 위해 개발된 리스트List 시스템은 외기권 요격체를 속이기 위해 금속 풍선을 비롯하여 대기권 내에서 사용하는 디코이 등의 장치들로 구성돼 있었다. 소련은 또한 SS-11을 SS-11 Mod 2 형상으로 업그레이드하면서 여러 맞대응 장치들을 탑재시켰다.[92]

미국의 대탄도미사일 방어 능력을 상쇄하기 위한 소련의 노력에는 소련이 '글로벌 미사일' 체계라고 부르던 부분궤도폭격체계FOBS: Fractional Orbiting Bombardment System도 있었다. 대륙간탄도미사일과는 달리, 부분궤도폭격체계는 탄두를 실제로 궤도에 올려 레이더망이 거의 존재하지 않는 미국의 남쪽에서 접근해올 수 있었다. SS-9의 파생형인 이 무기는 1965년 12월부터 1971년 8월까지 24회의 시험을 거쳤고, 1968년 11월부터 작전에 투입되었다. 흥미롭게도, 미국 정보기관들은 1971년까지도 소련이 부분궤도폭격체계의 능력을 보유하고 있다고 평가하지 않았다.[93]

1967년 6월, 엔토벤은 나이키 X 체계를 미닛맨 기지 방어에 사용하는 것을 지지하는 내용의 대통령 각서 초안에 대한 제안서를 맥나마라 국방부 장관에게 제출한다. 그러나 맥나마라는 나이키 X의 불확실한 유효성 때문에 이를 꺼렸고 대신 1967년 9월 18일 센티넬Sentinel 대탄도 미사일 방어 체계를 발표한다. 센티넬은 대탄도미사일 방어의 초점을 전반적 방어에서 중국의 소규모 미사일에 대한 방어로 옮겼다.[94] 이 체 계는 미국 북부에 위치한 다수의 주변포착 레이더PAR: Perimeter Acquisition Radar 와 미 대륙, 알래스카, 하와이의 열세 곳에 배치된 추적 및 교전 레이 더, 그리고 스파르탄과 스프린트 요격체로 구성될 터였다.

1967년 11월, 육군은 13개 도시들에 센티넬을 배치하기 위한 예비 조사를 시작했다. 그러나 센티넬에 대한 반대가 점차 거세졌다.[95] 핵무 장한 요격체를 주변에 두는 것에 주민들이 반발했고, 이는 베트남전쟁 으로 군을 혐오하는 정서가 표출된 탓이기도 했다. 1969년 2월, 리처 드 닉슨 대통령은 취임하고 얼마 지나지 않아 센티넬에 대한 작업을 중 단시켰다. 한 달이 채 지나지 않은 1969년 3월 14일, 닉슨은 센티넬을 세이프가드Safeguard라는 새로운 대탄도미사일 방어 체계로 대체한다. 이 방어 체계는 탄도미사일과 부분궤도폭격체계로부터 미국의 대륙간탄 도미사일 전력을 보호하도록 설계되었고, 12개의 스파르탄/스프린트 발사포대로 구성돼 있었다. 사업 1단계에서는 몬태나의 말스트롬 공군 기지와 노스다코타의 그랜드폭스에 있는 미닛맨 사일로를 방어하고, 2 단계에서는 미주리의 화이트먼 공군기지와 와이오밍의 F. E. 워런 공 군기지를 방어 대상에 포함할 계획이었다.

새로운 대탄도미사일 방어 구상의 논리에는 의심스러운 구석이 있었 다. 로렌스 프리드먼은 이렇게 썼다. "현 행정부가 세이프가드를 지지 하는 논거에는 (……) 안이한 추정, 제한된 증거들로 내린 성급한 판단에 기반을 둔 불안한 추측이 포함되어 있다. 거의 알려진 바가 없는 소련의 중대한 능력을 과도하게 추정하고 있다."[96]

세이프가드는 강경한 정치적 반대에도 직면했다. 의회는 스피로 애그뉴 부통령이 1969년 8월 6일 이 사업에 결정적인 표를 던지고 나서야 예산을 승인했다. 1971년 11월, 의회는 워싱턴DC를 방어하는 포대에 대한 예산을 승인한다.

대탄도미사일 방어의 미래는 미국과 소련의 공격용 핵무기의 규모를 제한하려는 노력들과 불가분의 관계에 있었다. 1972년 미국과 소비에트연합은 전략무기제한협정Strategic Arms Limitation Treaty에 서명한다. 전략무기제한협정은 대륙간탄도미사일의 수량을 현재 수준에서 동결하고, 새로운 잠수함발사탄도미사일 발사대는 구형 대륙간탄도미사일과 잠수함발사탄도미사일 발사대들을 폐기한 수량만큼만 허용했다. 두 강대국은 대탄도미사일 방어 포대의 수를 두 개씩으로 제한한 대탄도미사일 방어 협정도 체결했다. 1974년 7월 3일, 미국과 소련은 대탄도미사일 방어 협정을 개정하여 방어 포대의 수를 하나로 줄였다.

1972년 5월, 국방부는 그랜드폭스의 포대에 비해 공기가 19개월 지체되고 있던 몬태나 공군기지 포대의 건설을 중단시켰다. 그랜드폭스 포대는 28기의 스프린트와 8기의 스파르탄 요격 미사일과 함께 1975년 4월에 처음으로 작전 가능 상태에 도달했다. 10월 1일에 70기의 스프린트와 30기의 스파르탄 미사일을 보유하면서 완전 작전 가능 상태에 도달했다. 바로 다음 날, 의회는 표결로 포대를 폐쇄하기로 했다. 소련이 다탄두각개목표재돌입체를 장착한 탄도미사일을 배치하면서 몇몇 사람들은 미사일 공격에 대한 방어는 무용하다는 점을 확신했다. 게다가 이 방어 체계의 레이더 자체가 훌륭한 목표물이었다. 1976년 2월,

육군은 운용을 시작한 지 채 5개월도 안 된 세이프가드 체계를 폐쇄하기 시작했다. 미사일 기지 레이더는 작동을 멈추었고 요격미사일들은 무장이 해제되어 옮겨졌다. 포착 레이더는 조기경보 레이더로 계속 운용되었다.

1961~1975년은 국방부 장관실의 영향력이 두드러진 시기였다. 국방부 장관실의 대부분을 차지하고 있던 민간 국방 전문가들이 선호했던 시스템 분석 방법론 또한 상당한 영향력을 행사했다. 국방부의 민간 지도부가 살릴 사업과 죽일 사업의 궁극적인 결정권자로 행동하면서 미군은 예산 배분이 상대적으로 고정된 상황에서 자원을 더 얻기 위해 경쟁해야 했다. 이러한 구조를 만들어낸 로버트 맥나마라는 1968년 장관직에서 물러났지만 이 구조는 냉전 기간 내내 유지되었다.

민간인 국방 전문가들의 득세는 새로운 기술 개발에 새로운 변수가 되었다. 몇몇 사례에서는 현명한 결단을 내릴 수 있었다. 예를 들어 F-4 팬텀 2를 해공군 합동 사업으로 진행함으로써 공군 혼자서는 결코 개발할 수 없었을 매우 훌륭한 기체를 얻을 수 있었다.

그러나 이러한 접근법이 언제나 성공한 것은 아니었다. 차기 전술 전투기 사업은 민간의 감독 아래 진행되는 합동 무기 체계 개발의 한계를 극명하게 보여주었다. 결과적으로는 공군에서 잘 사용했던 F-111을 낳기도 했지만, 해군이 찾고 있었던 함재기를 만들지는 못했다.

1950년대에 설계되고 1960년대에 개발된 무기들은 중부 유럽에서 소련과 벌일 수 있는 재래식 전쟁과 핵전쟁의 요구 사항에 맞추어 만들어졌다. 이 중 많은 무기들이 나중에는 동남아시아에서의 비정규전이라는 매우 상이한 환경에서 사용되었다.

3장

베트남전쟁과 기술,
1963~1975년

베트남전쟁은 전반적으로 미국 패권의 한계를 보여주었으며, 특히 기술에 의존하는 미군의 전략에 한계가 있음을 드러냈다. 사람들은 흔히 미국이 베트남전쟁을 독일의 풀다 협곡에서 소련과 벌이는 고강도 전투처럼 수행했다고 비판한다. 예를 들어 육군은 대게릴라전보다 정규전을 강조했고, 공군은 동남아시아 정글에서 벌어지는 비정규전을 수행하는 데 중부 유럽을 위해 디자인된 기체와 전술을 사용했다.[1]

대부분 그렇듯이, 널리 알려진 말은 절반만 맞다. 베트남전쟁은 냉전이라는 맥락에서 발생한 지엽적인 분쟁이었고, 미군은 그런 시각으로 전쟁을 수행했다. 미군의 요구 사항들은 동남아시아에서 벌어지는 무력 충돌이 아닌 소련과의 전쟁 가능성을 두고 형성되었다. 한편 각 군은 여러 분야에서 혁신적인 기술들을 도입했다. 육군은 공중기동사단을 도입하였는데, 본래는 핵 전장을 위해 개발된 이 편제를 통해 적군에 비해 화력과 기동성 측면에서 우위를 점할 수 있었다. 해군은 공산군의 보급로를 차단하기 위해 하천전단riverine force을 배치했고, 공군은 같은 임무를 수행하기 위해 수송기를 무장 항공기로 개조했다. 또한 베트남전쟁에서는 무인 항공기UAV: Unmaned Aerial Vehicle, 무인 지상 레이더, 정밀유도무기PGM: Precision-Guided Munitions를 비롯한, 1990년대와 이후의 전쟁에서 진가를 보여주는 다방면의 신기술들이 등장했다.

기술과 베트남전쟁

베트남전쟁은 미국식 전쟁법의 고전적인 사례였다. 베트남에서 미군 총사령관이었던 웨스트모어랜드 대장은 그랜트, 퍼싱 혹은 아이젠하워가 익숙하게 여겼을 전략을 구사했다. 적의 섬멸을 목표로 하는 공격작전을 실시하기 위해 기술과 화력을 대규모로 이용하는 전략 말이다. 러셀 웨이글리는 이를 두고 이렇게 표현했다. "이전의 양차 대전과 군사사를 통해 단단히 형성된 미국의 군사적 사고는 새로운 전투 환경이 과거와 얼마나 다르든 간에 세계대전과 군사사의 영향에서 벗어날 수 없었다."[2]

⊙ 공중전

공중전은 매우 기술 집약적인 전투 분야이기 때문에 베트남에서 펼친 작전에서 기술이 어떠한 역할을 수행했는지를 가장 잘 보여주는 사례이다. 양측이 가장 대등하게 겨룬 전장 또한 공중이었다. 베트남전쟁 내내 최첨단 미국 항공기는 최전선의 소련 방공망과 맞닥뜨렸다. 기술은 미 공군의 유효성에 기여했다. 하지만 미 공군이 승리하는 데 유일한 요인은 아니었으며, 심지어 가장 중요한 요인도 아니었다. 기술에 혁신적인 전술과 조직이 결합되었을 때만 진정한 효과를 거둘 수 있었다. 그러지 못했을 경우, 신기술은 잠재력을 실현시키지 못했다. 충분히 성숙되지 않았거나 조직의 저항에 희생당했기 때문이다.

공군은 여러모로 동남아시아에서 벌어진 제한된 재래식 전쟁에 대한 채비가 미흡했다. 많은 공군 지도자들은 소련과 벌일 핵전쟁에 대비해 구성된 전력이 베트남전쟁에도 적합할 것이라고 생각했다. 1965년부터 1968년까지 계속된 롤링선더Rolling Thunder 작전에서 북베트남의 단단히 방어된 목표물들에 대한 공군의 공습 임무 대부분은 리퍼블릭 F-105 선더치프가 수행했다.

선더치프는 본래 공중전용으로 개발되었지만 이후 중부 유럽에서 바르샤바조약 동맹국들과 벌일 전쟁에 사용하기 위한 핵폭격기로 개조됐다. 저고도에서는 세계에서 가장 빠른 기체였지만 기동성이 없었다. 초기에 선더치프는 '리드 슬레드Lead Sled'*, '울트라돼지Ultrahog', '쿵Thud' 같은 모욕적인 별명들을 얻었다. 공중전 기록도 시원찮았다. 선더치프는 동남아시아에서 가장 높은 손실률을 기록한 미국 기체로 남아 있다. 공군은 총 332대의 선더치프를 잃었다.[3]

미국이 최초로 공습을 실시할 당시, 북베트남은 꽤나 단순한 대공 방어망을 갖추고 있었다. 100대도 안 되는 비행기들을 보유하고 있었는데, 이 중 제트 엔진을 장착한 기체는 하나도 없었다. 조기경보 레이더는 조금 있었지만 지대공미사일은 없었다. 그러나 상황은 빠르게 변했

---

* 무거운 글라이더.

다. 공습을 시작한 지 이틀 후, 미국은 하노이 근처 공군기지에서 MiG-17 프레스코Fresco 제트 전투기를 정찰 사진으로 확인했다.[4]

제원상으로는 미 공군의 F-105와 해군의 F-4 팬텀 2, 그리고 F-8 크루세이더Crusader와 해군 A-4 스카이호크Skyhawk와 A-6 인트루더Intruder가 한국전쟁 때 사용되던 MiG-15 패고트Fagot의 업그레이드판에 지나지 않았던 MiG-17에 비해 훨씬 우월했다. MiG-17은 아음속인 데다 기관포만 갖고 있었지만 미국의 전투기들은 초음속에 공대공미사일을 장착하고 있었다. 그러나 MiG-17은 아음속 수평 비행에서 미국의 제트기들을 능가할 수 있었으므로 근접전에서 상당한 이점을 누렸다.[5]

⊙ 북베트남의 지대공미사일

1965년 중반 미국의 정보기관은 북베트남이 조기경보 레이더의 보유량을 두 배 이상 늘렸을 거라고 추정했다. 4월에 미 정보기관은 북베트남이 SA-2 가이드라인을 보유했다는 최초의 증거를 확보했다. 이 커다란 레이저 유도 방식 미사일은 B-52와 같이 고고도를 비행하는 폭격기를 격추하기 위해 만들어졌다. 보통 가이드라인 기지는 몇 개의 장거리 조기경보 레이더와 팬송FAN SONG 유도 레이더, 그리고 6개의 발사대로 구성돼 있었다.[6] 1965년 7월부터 1968년 3월까지 북베트남은 미국의 항공기에 5,366~6,037기의 지대공미사일을 발사했다.[7]

미군은 북베트남의 지대공미사일에 대해 기술적, 전술적 대응책을 개발했다. 첫째로 공군은 공습 임무를 지원하기 위해 EB-66 전자전기를 배치했다. B-66 디스트로이어Destroyer 폭격기의 개량형으로, 쌍발 엔진을 장착한 EB-66은 두 가지 임무를 수행했다. EB-66B 전자전기는 북베트남의 레이더들을 식별했고, EB-66B와 EB-66E는 전자전 대응책

을 사용하여 레이더들을 교란했다. 이 두 종류의 기체는 종종 함께 작전을 수행했다.[8]

또한 공군과 해군은 자신들의 기체에 전자전 대응 장치ECM를 장착하기 시작했다. 1965년 7월, 공군은 RF-101 부두Voodoo와 RF-4 정찰기에 QRC-160 재밍포드를 장착하기 시작했다. QRC-160은 본래 전략폭격기를 위해 개발된 전자전 대응 장비에 기반을 둔 것이었다. 포드에는 4개의 재머가 들어 있었다. 2개는 팬송 레이더를, 다른 2개는 대공포AAA: Anti-Aircraft Artillery를 유도하는 레이더를 교란하기 위한 것이었다. 1966년 9월, 최초의 재밍포드 25개가 전구에 도착했다. 1967년 초에는 동남아시아에서 51개의 재밍포드가 사용되었다. 해군은 A-4와 A-6 공격기 내부에 ALQ-51 전자전 대응 장치를 장착했다.[9]

미국은 1967년 초까지 이러한 전자전 대응 장치들을 배치함으로써 항공기의 손실을 크게 줄였다. 한 공군 비행단장은 이를 두고 이렇게 말했다. "이런 종류의 기술 발전이 적의 방어 태세를 저하시키는 경우는 극히 드물다. ECM은 우리가 이전에 직면했던 적군의 방어 환경을 이제 어느 정도 침투할 수 있는 작전 환경으로 바꾸어놓았다."[10]

공군 또한 조종사에게 지대공미사일 발사를 경고하기 위해 F-105에 레이더 추적 및 경보RHAW: Radar Homing And Warning 장치를 장착했다. 팬송이 목표물을 포착하고, 추적 후 지대공미사일을 발사하는 데 시간이 걸린다는 사실을 이용하여 RHAW 장비는 조종사에게 회피 기동을 하고, 채프를 뿌리고, 방해전파를 방사할 시간을 주었다.[11]

미 공군은 또한 지대공미사일의 위협에 대해 전술적으로도 적응했다. 공습 편대는 SA-2의 교전 범위 고도 아래에서 저고도 공격을 구사하기 시작했다. 그러나 새로운 취약점이 나타났으니 지대공미사일에

의한 손실은 줄었지만 대공포에 의한 손실이 크게 늘어난 것이다.[12]

마침내 미 공군은 아이언 핸드Iron Hand라고 일컬어진 임무들을 수행하여 지대공미사일 기지를 공격하는 전술을 개발했다. 해군은 초기에 이 임무를 위해 A-4 스카이호크를 사용했던 데 비해, 공군은 복좌형 F-100F 슈퍼세이버Super Sabre를 사용하다가 나중에 F-105F와 F-4C를 사용했다.[13] 이들 '와일드 위즐Wild Weasel'* 항공기는 공습 편대보다 먼저 목표 지역에 들어가 공습을 개시하기 전에 북베트남의 지대공미사일들을 파괴하거나 무력화할 터였다.

해군은 북베트남의 지대공미사일들을 제압하기 위해 유도무기들을 배치했다. 1966년 3월, 해군은 AGM-45A 슈라이크Shrike 대방사미사일ARM: Antiradiation Missile을 도입한다. 팬송이 방사하는 전파를 추적하도록 개발된 것이었다. 이 대방사미사일은 어느 정도 성공을 거두기는 하였지만 기동성과 사정거리에 한계가 있었으며 기만술에 당할 수 있었다. 북베트남이 이에 적응하자 1966년에 28퍼센트이던 성공률이 1967년에는 18퍼센트로 떨어졌다. 1968년 3월에 해군은 AGM-78 스탠더드Standard 대방사미사일을 도입한다. AGM-78은 슈라이크보다 사정거리가 더 길고 탄두가 더 육중했다. 또 컴퓨터화된 메모리가 있어 레이더가 꺼진 이후에도 기억한 위치를 바탕으로 유도를 할 수 있었다. 그러나 스탠더드는 슈라이크에 비해 10배가 비쌌으며, 발사 실패율이 30퍼센트에 이르는 등 신뢰도가 떨어졌다.[14]

대방사미사일의 도입이 지대공미사일 위협을 감소시키는 데 일조하

---

* 지대공미사일 기지 공격용으로 레이더 탐지기와 전파방해 장비를 갖춘 미군 기체들에 붙은 별명.

기는 했지만, 해결책이 될 수는 없었다. 기술(ECM이나 대방사미사일 같은)과 전술(아이언 핸드 임무 같은) 모두를 사용했을 때에만 미국의 조종사들이 지대공미사일의 위협을 최소화할 수 있었다. 1965년, 북베트남의 지대공미사일은 16기당 1대꼴로 미국 항공기를 격추시켰다. 1966년에는 기체 1대를 떨어뜨리는 데 소모한 미사일의 수가 33기로 늘어났다. 1967년에는 기체 1대를 격추하는 데 50기를 썼으며, 1968년에는 기체 1대를 떨어뜨리는 데 100기가 넘는 미사일을 썼다. 북베트남도 지대공미사일 운용 전술을 바꾸는 식으로 응수했지만, 미군 항공기는 여전히 중고도에서 작전을 수행할 수 있었다. 이로써 대공포 사격에서 자신들을 보호했으며, 목표물을 향해 항행하는 능력을 개선했고, 폭격 명중률을 더욱 높였다.[15]

⊙ 북베트남 전투기

1966년, 북베트남의 영공에 모습을 드러낸 소비에트연합의 최신예 전투기 MiG-21 피시베드Fishbed는 북베트남에서의 항공력 우세를 점하기 위한 싸움을 보다 복잡하게 만들었다. 피시베드는 미국의 F-4와 F-8보다 기동력이 뛰어났으며 가속 능력도 탁월했고, K-13(AA-2 애톨) 공대공미사일로 무장하고 있었다. 또한 북베트남은 자국 전투기 관리에 점차로 복잡해지고 있는 지상관제요격GCI: Ground-Control Intercept체계를 도입하기 시작했다.[16]

미국의 전투기들이 맞닥뜨린 가장 큰 도전은 북베트남 요격기들의 위치를 사전에 파악해야 한다는 점이었다. 북베트남에서 작전을 수행하던 미국의 항공기들은 초기에 지상관제요격 레이더의 지원을 받지 못했기 때문에 북베트남 전투기들의 급습에 종종 놀라곤 했다. 이러한 공백을 메우기 위해 1966년 7월, 해군은 강력한 공중검색 레이더를 장착한 함선들을 홍하* 하구 주변에서 순찰하게 하는 레드크라운Red Crown 임무를 수행하기 시작했다.[17] 그리고 공군은 EC-121D 빅아이Big Eye 공중 레이더 감시기를 태국에 배치했다. 통제사들은 빅아이의 레이더들로 북베트남 항공기를 발견하고, 이를 미국의 공군 장병들에게 경고했다. EC-121 요원들이 북베트남의 기체와 미국의 기체를 구별하는 일을 돕기 위해 미국의 항공기들은 공중통제사들이 자신들을 우군기로 식별할 수 있게 해주는 응답기를 장착했다. 그러나 이러한 혁신은 문화적인 저항에 부딪혔다. 미국의 조종사들은 북베트남도 자신들에게 신호를 보낼 수 있다는 (잘못된) 생각에 자주 응답기를 꺼버리곤 했다. 다른 경우, 조종사들은 자신들이 제한 구역에서 작전을 하고 있을 때 빅아이가 자신들을 추적하지 못하도록 응답기를 껐다.

북베트남은 미국의 피아식별IFF: Identify Friend or Foe 응답기에 신호를 보낼 수 없었으나 미국은 북베트남의 응답기에 신호를 보낼 수 있는 능력을 개발했다. 1967년 초, 미국은 소련의 수출 전투기에 장비된 SRO-2 응답기에서 나오는 신호를 읽는 기능을 장착한 QRC-248 피아식별 응답/호출기를 도입했다. 북베트남의 지상관제요격망은 SRO-2 응답기에 크게 의존하고 있었기 때문에 QRC-248의 개발은 의외의 횡재였다. 1967년 5월 말이 되자 공군의 EC-121D 칼리지아이College Eye 항공기들 모두가 이 장비를 받았다.[18]

QRC-248로부터 얻은 정보는 정확하고 믿을 만하여 미군에게 북베트남의 요격기 출현을 미리 경고했다. QRC-248은 적의 피아식별응답

---

* 베트남 북부에 흐르는 큰 강.

기에 직접 호출 신호를 보낼 때 가장 효과적이었다. 그러나 국가안보국 NSA과 합동참모본부는 그렇게 직접 호출 신호를 보내는 것에 우려를 표했다. 적에게 QRC-248의 존재를 노출시킬 수 있었기 때문이다. QRC-248은 1967년 7월까지 북베트남 응답기의 신호 감청에만 사용되었다.[19]

1967년 1월, 공군은 F-4D 몇 기에 APX-80 컴뱃트리Combat Tree 피아식별호출기를 장착하기 시작했다. 이는 QRC-248과 마찬가지로 북베트남 피아식별 응답기의 신호를 발생하게 했다. 컴뱃트리가 장착된 기체들은 1972년 5월까지 단 5대만 전구에 투입되었지만 전세에 큰 영향을 끼쳤다. 이후 5개월 동안 공군은 적기를 20대 격추했는데, 이 중 17대를 컴뱃트리 덕에 격추할 수 있었다.[20]

1967년 여름, 공군은 EC-121K 리벳탑Rivet Top을 도입한다. 원래 전자정보기였지만 지대공미사일 기지들을 식별하고 공격을 경고할 수 있도록 개조되었다. 또한 남베트남 통역 요원들이 북베트남 방공망에서 서로 주고받는 통신 내용을 감청하는 감청실 네 개도 탑재하고 있었다. QRC-248이 장착되어 있었지만, 다른 두 가지 응답기에 신호를 보낼 수 있는 장비도 갖추고 있었다. 리벳탑은 매우 성공적이어서 EC-121D에 감청실을 추가한 리벳짐Rivet Gym 개발 사업으로 이어졌다.[21]

1972년 7월, 미국은 태국 나콘파놈에 북베트남의 미그기 활동을 감시하는 융합 센터를 설립하는데, 여기에 티볼Teaball이란 암호명을 붙였다. 이 센터는 통신정보를 통해 얻은 민감한 정보들을 포함한 다양한 출처들을 종합했다. 미국의 조종사들에게 유용한 정보를 많이 수집하기는 했지만 센터가 수집한 정보들을 출처를 보호하면서 사용하는 것은 성가신 일이었다. 티볼에서 제공하는 정보는 출처를 밝힐 수 없었기 때문에 조종사들은 그 신뢰성을 의심스러워했다. 또한 공습기와 직접 통신할 수 없다는 사실 때문에 골머리를 앓았다.[22] 그러나 시간이 지나면서 조종사들은 티볼의 정보에 의존했다.

⊙ 공대공 전투

베트남의 공중에서도 전투가 벌어지자 초기에 많은 이들은 공대공미사일이 미국에게 큰 우위를 안길 것이라고 예측했다. AIM-7 스패로Sparrow와 AIM-9 사이드와인더Sidewinder 같은 공대공미사일이 대단히 효과적일 것이라고 여긴 나머지 F-4 팬텀 2는 아예 주포 없이 개발되었을 정도였다. 그러나 미국의 공대공미사일은 베트남전쟁에서 기술적으로 가장 실망스러운 무기로 판명되었다.

미국의 공대공미사일들이 전투에서 형편없었던 데에는 몇 가지 이유가 있다. 첫째, 소련의 대륙간 폭격기와 같이 고고도를 날면서 기동 비행을 하지 않는 기체의 항적을 포착하기 위해 개발된 것이었지 저고도에서 기동하는 항공기의 항적을 포착하기 위해 개발된 것이 아니었다. 둘째, 미국 본토 또는 유럽 기지에서 작전하기 위해 개발된 것이었지 동남아시아에서 작전하기 위해 개발된 것이 아니었다. 셋째, 전투 중에 거칠게 다루어지고 거친 이착륙을 반복하자 미사일들의 민감한 전자 장비가 손상되었다.

중거리 레이더 유도 미사일 AIM-7 스패로는 베트남전쟁에서 가장 많이 사용된 공대공미사일이었다. 전쟁 발발 전, 국방부는 스패로가 70퍼센트의 명중률을 보일 것으로 기대했다. 그러나 롤링선더 작전에서 스패로 미사일은 56회 격추를 기록하면서 단 8퍼센트의 명중률을 보여주었다. 스패로는 복잡할 뿐 아니라 민감한 장비가 많았기 때문에 제대로 작동하지 않는 일이 잦았다.[23] 게다가 조종사들은 충분한 훈련을 받지 못했고, 종종 제원의 한계 너머에서 미사일을 발사했다. 1965년부터 1973년까지 발사된 600여 기의 미사일 중 단 10퍼센트만이 목표물을 어떻게든 맞힐 수 있었다.[24] 목표물을 눈으로 확실히 식별해야 한다는 점은 장거리 교전의 가능성을 심각하게 제한했다. 미 공군 조종사들은 베트남전쟁에서 단 2회의 시계외beyond-visual-range 격추를 기록한 것으로 보인다.[25]

AIM-9 사이드와인더는 베트남전쟁에서 미국이 사용한 공대공미사일 중 가장 저렴하고 간단하면서도 가장 효과적인 미사일이었다. 다른 공대공미사일에 비해 두 배 정도 높은 격추율을 보였지만 사이드와인더는 완전 성공과는 거리가 멀었다. 발사된 사이드와인더들 중 단 15퍼센트만이 명중해 81대를 격추시켰다.[26] 실전 결과와는 대조적으로 전쟁 전의 시험 결과를 통해서는 사이드와인더가 60퍼센트의 격추율을 보일 것이라고 예측되었다.[27] 사이드와인더는 기만되기 쉬웠으며, 교전 범위 바깥에서 발사되기 일쑤였다.

AIM-9B를 공군이 업그레이드한 AIM-9E는 효과성 측면에서 오히려 퇴보했다. AIM-9E는 12퍼센트의 격추율을 보였는데, AIM-9B의 격추율은 15퍼센트였다. 반면에 AIM-9B를 해군이 업그레이드한 AIM-9G는 확실히 AIM-9B보다 우월해서 공군도 AIM-9G를 요청했을 정도였다. 그러나 공군의 발사 레일과 전자 장비와 호환이 되지 않았다. 1972년 1월, 공군은 AIM-9J 사업을 다시 시작했다. 그러나 1972년 7월까지 전투 현장에 투입하지 못했다.[28]

1967년 초반 몇 개월간, 미 공군과 해군은 북베트남 공군에 일방적인 우세를 점했다. 1월에서 3월까지 미국의 전투기는 한 대의 손실도 없이 12대의 북베트남 전투기를 격추했다. 4월과 5월, 미군은 MiG기 38대를 격추하고 8대를 잃었다. 그러자 북베트남은 공중전에서 물러선 후 전열을 재정비했다.

북베트남은 8월부터 전면적으로 개편한 전술로 공중전을 재개했다. MiG-21을 사용한 지상관제요격에 보다 초점을 맞춘 전술이었다. 그후 미국의 운은 악화되었다. 1968년의 처음 3개월 동안 미국 전투기의 22퍼센트가 공대공 전투에서 격추당했다.[29]

공군과 해군은 공중전 효과를 개선하기 위해 각기 다른 접근법을 취했다. 공군은 기술적 해결책에 초점을 맞추었다. 내부에 장착된 M-61 기총과 이 기총의 명중률을 획기적으로 높여준 개선된 레이더 장치를 장비한 F-4E를 배치했다. 1972년 말, 공군은 리벳 헤이스트Rivet Haste라는 암호명으로 F-4E의 개조형을 배치하기 시작했다. 이 개조형은 기체의 기동력을 개선하기 위한 앞전 슬랫leading edge slats, 컴뱃트리, 그리고 전자광학표적식별체계TISEO: Target Identification System, Electro-Optical라고 하는, 조종사가 먼 거리에서도 눈으로 적기를 식별할 수 있게 하는 장거리 망원경을 장착하고 있었다. 리벳 헤이스트 조종사들은 공대공 전투에 대한 특수교육도 받았다.[30] 그러나 이러한 교육을 받은 조종사들은 전쟁에 영향을 미치기에는 전장에 너무 늦게 도착했다.

해군은 더욱 근본적으로 공중전 전술을 재검토했으며 기술보다는 전술에 더 초점을 두고 있었다. 해군은 캘리포니아주 샌디에이고에 있는 미라마 해군항공기지에 해군전투기무기학교를 설립해 조종사들의 전술 능력을 향상시키는 데 주력했다. 이 학교는 '탑건Top Gun'이란 이름으로 잘 알려져 있다.[31] 탑건의 커리큘럼은 해군의 최정예 조종사들의 근접전 능력을 향상시키기 위해 짜였다. 해군은 A-4를 MiG-17로 가장하

여 사용했고, T-38기를 MiG-21로 가장하여 사용했다. 향상된 근접전
능력은 베트남 상공에서 입증되었다. 1972년 5월부터 해군의 격추 비
율은 8.33:1까지 상승했다. 게다가 대부분 탑건 출신의 조종사들이 이
런 성과를 올렸다.

반면, 공군의 훈련은 달라지지 않았고, 격추 비율은 전쟁이 흘러가면
서 약간만 향상되었다. 1975년이 되어서야 공군은 레드플래그Red Flag라
는 이름으로 공군만의 근접전 훈련을 시작한다.

새로운 전술을 개발하면서 미국의 조종사들은 몇몇 경우, 미국 정
보기관들이 획득한 실제 소련의 전투용 항공기에 대항하여 비행할 수
있게 되었다. 1967년, 국방정보부DIA: Defense Intelligence Agency는 외국을 통해
MiG-21을 입수했다. 해군과 공군은 해브도넛Have Doughnut이라고 알려진
비밀 비행 시험 사업을 위해 이 MiG-21을 사용했다. 1969년에 미국은
이스라엘로부터 다른 MiG-21 한 대와 두 대의 MiG-17을 받기로 합의
했다. 후자는 해브드릴Have Drill이란 이름의 프로젝트에서 시험용으로 쓰
였다.[32] 이 사업들로 소련 전투기들의 약점들을 파악했고, 조종사들은
이를 이용한 전술을 개발할 수 있었다.

⊙ 전략폭격

전략공군사령부의 폭격기들 또한 베트남전쟁에서 활약했다. 그러나 이
들 폭격기 조종사들은 훈련받았던 바와는 매우 다른 임무를 수행했다.
냉전기에 전략공군사령부의 조종사들은 핵무기를 운반하는 도중에 출
현할 소련의 지대공미사일과 요격기를 피하기 위해 단독으로 저고도
고속 공격을 실시하는 훈련을 받았다. 반면에 재래식 폭격은 고고도에
서 작전하기 위해 대규모 폭격기 편대가 필요했다. 전략공군사령부의

폭격기 조종사들은 편대비행과 동시 폭격에 익숙하지 않았고, 사령부에도 재래식 탄약과 운반 체계가 없었다.[33]

또한 핵폭격기를 재래식 임무에 사용하는 것은 전략공군사령부의 문화와도 배치되는 일이었다. 전략공군사령부 지도부는 B-52를 동남아시아에 배치하는 데 반대했다. 단일통합작전계획[SIOP]이 약화될 수 있으며, 기체의 구조 변경이 필요하고, 민감한 기술이 유출될 수 있다는 이유를 들었다. 전략공군사령관 토머스 파워 대장은 이렇게 말했다. "내게 그 이야기는 하지 마라. 그건 우리 삶의 방식이 아니다. 우리 일이 아니다. 우린 재래식 폭탄을 투하하는 일에 관여하고 싶지 않다. 우리는 핵과 관련된 일을 하고 있으며, 이 자리에 그대로 있기를 원한다."[34] 전략공군사령부는 동남아시아에 급유기와 전자전기를 배치하는 데도 반발했다.[35]

그럼에도 불구하고 1965년 2월, 30대의 B-52가 괌에 배치되었다. 재래식 전투 능력을 향상시키기 위해 공군은 외부 폭탄 선반을 달아 각 폭격기가 1회 출격 시 거의 26톤의 폭탄을 운반할 수 있게 만들었다. 1965년 12월, 공군은 몇몇 B-52의 폭탄 투하실을 개조하여 230킬로그램짜리 폭탄 84개 또는 340킬로그램짜리 폭탄 42개까지 적재하도록 했다. 이 '배불뚝이' B-52들은 1회 출격 시에 30톤의 폭탄을 나를 수 있었다.[36]

공군은 공습기를 유도하기 위해 동남아시아 전역에 전술항공항법[TACAN: Tactical Air Navigation] 기지들을 설치했다. 폭격의 정확도를 높여 효과를 높이기 위해 전략공군사령부는 1965년 초 레이더 기반 공습지령체계의 실현 가능성을 연구하기 시작했다. 그 결과 MSQ-77 지상 기반 레이더 체계가 만들어졌다. 1965년 말과 1966년 초에 이루어진 시험에서

MSQ-77을 사용한 폭격기들은 148미터의 공산오차^{CEP}*를 달성했다.[37] 컴뱃 스카이스팟$^{Combat\ Skypot}$이라는 암호명 아래 전략공군사령부는 남베트남 전역과 라오스 남부, 그리고 북베트남 남부의 폭격을 관할하도록 남베트남에 다섯 개소, 태국에 한 개소, 총 여섯 개의 기지를 설치했다. 라오스와 북베트남에 대한 레이더 지령 폭격을 실시하기 위해 공군은 헤비 그린$^{Heavy\ Green}$이란 암호명으로 1967년 10월부터 1968년 3월까지 라오스 북동쪽에 컴뱃 스카이팟 기지를 운영했다.[38] 비밀리에 설치된 이 기지 덕택에 미군은 1968년 3월 11일, 특수 훈련을 받은 북베트남의 공병부대가 면밀히 계획된 공격으로 기지를 파괴하기 전까지 하노이 내부와 주변에 전천후 폭격을 가할 수 있었다.

미국의 공습은 북베트남의 공산주의자들에게 제한된 영향을 끼쳤을 뿐이었다. 한 CIA의 분석가는 이렇게 표현했다. "지속적인 공중 감시와 공습에도 불구하고 북베트남은 네 개 국가에서 반란전을 지원했으며, 자국 내의 보급 물자와 시설에 대한 일상적인 폭격을 버텨냈다."[39] 북베트남과 베트콩은 거부** 및 기만의 달인이었으며, 항공기와 항공기지, 해군 전투원과 상선, 레이더와 통신 시설, 그리고 군사기지들을 위장하는 데 매우 뛰어났다.

---

* 탄착 중심으로부터 형성되는 사탄산포 지역의 측정값으로서 포탄이 100퍼센트 떨어질 수 있는 최소 거리.
** 거부^{denial}란 상대의 군사적 목표를 달성하기 매우 어렵게 만드는 전략을 이르는 군사 용어로 억제^{deterrence}와 대비된다. 거부와 억제 모두 상대의 어떠한 행동을 막기 위한 전략이지만 억제는 상대의 심리에 영향을 끼쳐 특정 행동을 막도록 하는 데 비해 거부는 물리적으로 상대의 군사적 목표를 달성하기 어렵게 만든다.

⊙ 기관포 무장 항공기

북베트남에 배치된 항공 전력 대부분이 소련과의 핵전쟁을 상정하여 만들어졌지만, 미 공군은 베트남전쟁을 수행하기 위해 혁신적인 항공기를 개발하기도 했다. 가장 두드러진 사례는 바로 기관포 무장 항공기 gunship였다. 그러나 이 아이디어는 공군의 연구 개발 기구가 아닌 공군 예비역 소령인 랠프 플렉스먼이 제안했다. 플렉스먼은 항공기 측면에 기관포를 달아 저속으로 선회비행을 하면서 지상의 표적에 화력을 집중시킬 수 있게 하자고 제안했다. 1963년 중반 공군은 제안을 받아들여 소규모 시험 사업을 실시했고, C-47 수송기 측면에 3정의 7.62밀리 개틀링건을 장착한 무장 항공기의 필요성을 발표했다. 처음에 '마술용 퍼프'라는 별명이 붙었다가 나중에는 '섬뜩한Spooky'이란 호출부호가 붙은 AC-47 무장 항공기는 저고도로 느리게 비행했으며 비상시 화력지원과 공산군의 보급을 차단하는 임무를 수행했다. 총 53대의 수송기가 기관포 무장 항공기로 변형되었다. 17대는 전투 중 손실되었으며, 2대는 비전투 상황에서 손실되었다.[40]

기관포 무장 항공기는 국방부 장관의 열광적인 지지를 받았다. 보병들과 해병대원들에게도 인기가 높았다. 공군성 장관 또한 기관포 무장 항공기를 지지했지만 공군 일각에서는 기관포 무장 항공기를 인정하지 않았다. 전술공군사령부가 기관포 무장 항공기를 반대했는데, 이들은 저고도로 느리게 비행하는 항공기의 생존성에 의문을 표했다. 게다가 기관포 무장 항공기의 조종사들은 공군의 주류가 아니었다. 폭격기 조종사들이 (그리고 점차 전투기 조종사들이) 지도부를 장악하고 있는 군에서 기관포 무장 항공기 조종사들의 영향력은 미미했다. 기관포 무장 항공기는 주변적인 전쟁의 틈새 전력이었다.

1966년 11월, 공군은 AC-47을 대체할 기체로 AC-130 스펙터^{Spectre}를 선택했다. AC-130은 4정의 7.62밀리 개틀링건과 4정의 20밀리 개틀링건을 비롯, AC-47보다 더 많은 화력을 토해내는 장비를 장착할 수 있었다. 또한 야시경, 전방 및 측방 주시 레이더, 전방 주시 적외선 센서도 갖추고 있었다. AC-130은 컴퓨터 화력통제체계와 20KW 가동식 조명, 반자동플레어발사기 그리고 보호장갑을 장비했다. 이 기체는 전장을 선회하면서 몇 시간씩 대기할 수 있었다.⁴¹

AC-130은 이후에도 여러 차례 기능을 향상시켰다. '서프라이즈 패키지^{Surprise Package}'라는 암호명이 붙었던 첫 업그레이드에서 20밀리 기관포 2문과 40밀리 기관포 2문의 기본 무장을 갖추고, 저조도 텔레비전과 개선된 적외선 센서, 새로운 디지털 컴퓨터, 그리고 레이저 지시기를 장착했다. 이 업그레이드를 거친 기체는 1969년 12월 처음으로 전장에 투입되었다. 프로젝트 페이브 이지스^{Pave Aegis}는 AC-130에 20밀리 기관

AC-130U가 열추적미사일 교란용 플레어를 뿌리는 모습. © U.S Air Force photo by Senior Airman Julianne Showalter

포 2문과 40밀리 기관포 1문, 그리고 105밀리 곡사포 1문을 장착할 수 있도록 개조했다.[42]

⊙ 기술과 문화

기술은 분명 베트남의 공중전에서 중요한 역할을 했다. 통신정보, 전자전 대응책, 그리고 대방사미사일은 모두 미 해군과 공군이 북베트남에서 작전을 수행하는 데 도움을 주었다. 하지만 이러한 기술은 전략적 성공은 물론이고 전술적 성공을 끌어내기에도 부족했다. 근본적으로 인민들의 지지를 얻기 위한 투쟁이었던 전쟁에서 공군력이 결정적인 역할을 해내기란 어려운 일이었다.

기술은 베트남전쟁 중에 공군의 조직 문화 프리즘을 거쳐 굴절되었다. 폭격기 조종사들, 그리고 전투기 조종사들이 점차 공군을 장악하면서 공중 우세와 공습용 항공기에 가장 역점을 두었다. 이는 공군의 우발사태대비계획이 중부 유럽에서 소련과 대결하는 상황을 중심으로 세워졌기 때문에 더욱 강화되었다. 베트남에서 더 중요했던 무장 항공기 등은 빈틈을 메우는 전력 정도로 치부되었다. 실제로 의회가 1986년에 특수전사령부를 만들었을 때, 공군의 무장 항공기들은 신설 사령부의 공군 구성군으로 옮겨졌다.

베트남전쟁은 공군의 구조에 심대한 영향을 끼쳤다. 베트남에서 조종사 수요는 공급을 훨씬 초과했기 때문에 공군 내의 몇몇 장벽들을 무너뜨렸다. 일례로 많은 수의 전략공군사령부 조종사들이 탈중심적이고 혁신적인 문화가 자리 잡은 전술공군사령부로 전속되었다. 더 중요한 것은 베트남에서 공습 작전을 지원하기 위해 많은 전투기가 필요했다는 점이다. 이는 전투기 조종사들에게 무공을 뽐낼 기회를 주었으며,

이들은 결국 진급에서도 이점을 얻었다. 전쟁이 진행되면서 전투기 조종사들이 공군의 최상부에 진입하여 폭격기 조종사들을 밀어내기 시작했다.[43] 실제로 1978년부터 1982년까지 공군 참모총장으로 재임했던 루 앨런 주니어 대장 이후에는 공군 참모총장들이 모두 전투기 조종사 출신이었다.

육군과 공중 기동성

지상전이 공중이나 해상에서 벌어지는 전투에 비해 기술적으로 덜 집약적이기는 하지만, 기술은 미 육군이 베트남에서 전쟁을 수행하는 데 중요한 역할을 했다. 앤드루 크레피네비치가 '육군 개념Army Concept'이라고 일컬은 베트남전쟁에 대한 육군의 접근법은 공산군을 찾아내고, 봉쇄하고, 파괴하기 위해 화력을 낭비한다 싶을 정도로 사용하는 것을 강조했다.[44] 이러한 소모전 전략은 미국의 물질적 풍요와 기술적 우위, 그리고 사상자 발생을 극도로 꺼리는 성향에 잘 어울렸다. 그러나 화력은 무고한 사람들도 살해했으며 베트남 인민들의 충성을 얻기 위한 노력에 찬물을 끼얹었다.

전반적으로 육군은 유럽 중부 전선을 위해 설계된 기존의 목표 지향적 육군 사단제ROAD하의 부대들로 베트남전쟁을 수행했다. 육군의 주요한 혁신은 공중기동부대의 도입이었다. 육군의 한 연구는 이렇게 표현했다. "헬리콥터의 광범위한 사용은 베트남전쟁에서 가장 중요한 발전이었다."[45] 당시 육군 참모총장이었으며 나중에 합동참모본부 의장이 된 얼 휠러 대장은 이렇게 말했다. "헬리콥터와 공격용 항공력은 대게릴라전을 수행하는 전력이 가질 수 있는, 역사상 가장 우월한 기동성과 화력을 제공한다. 그리고 (……) 기동성과 화력은 전쟁 승리의 근본 열쇠이다."[46]

공중기동부대는 동남아시아에서 데뷔전을 치렀지만 원래 핵 전장에서 전력을 신속하게 집중시킬 필요성 때문에 생겨났다. 『하퍼스』에 실은 글(1954년 4월호)에서 개빈 소장은 무엇보다 헬리콥터를 폭넓게 도입해야만 미 육군이 현대적 전장에서 효과적으로 임무를 수행할 수 있다고 주장했다. 이탈리아의 시칠리아와 살레르노, 프랑스의 노르망디, 네덜란드에서 작전을 수행한 개빈의 말에는 상당한 권위가 있었다. 그의 관점에서 볼 때, 육군의 기계화는 전통적인 기병의 기능을 수행할 수 있는 능력을 감소시켰다.

> 기병이란 말이나 검, 노란 스카프가 아니라 미 육군의 용맹하고 위대한 군대가 갖고 있던 장식물의 흔적이다. 하지만 기병은 새로운 육신을 얻는 대가로 영혼을 잃어버렸다. 기병은 젭 스튜어트와 커스터, 셰리던, 그리고 포레스트의 군대였다. 기병은 2차 대전이 발발하기 전까지만 해도 (포레스트의 말을 빌리면) '가장 빠르고 가장 훌륭한' 군대였지만 이제는 화력과 기동성 측면에서 가장 느리고 가장 부실한 군대가 되고 있다. (……) 지상군의 동력화로 기동성에 차이가 나지 않게 되어 기병은 이제 이름만 남았다.[47]

그는 현대의 전장에서 기병의 기능이 지금보다 훨씬 신속하면서도 훨씬 먼 거리에서 수행돼야 한다고 주장했다. 오직 헬리콥터를 광범위하게 사용함으로써 육군은 차단, 정찰, 개발 그리고 추격과 같은 전통적인 기병의 역할을 추구할 수 있을 터였다. 개빈은 전차가 말을 대신했듯이 이제는 전차가 전차를 넘어서야 한다고 주장했다. 그리하여 개빈은 전통적인 육군의 임무에 호소함으로써 급진적인 변화(공중기동부대의 개발)의 정당성을 주장했다.

1956년 6월, 육군항공학교 교장이었던 칼 I. 휴턴 준장은 무장 헬리콥터를 시험할 준비를 했다. 그는 제이 T. 밴더풀 대령에게 '전투 헬리콥터'를 개발하라는 지시를 내렸다. 2주 후, 밴더풀의 팀원 5명은 당시 사용 가능했던 헬리콥터 중 가장 작은 벨 H-13에 2차 대전 때 사용되었던 항공기의 50구경 기총과 80밀리 로켓용 발사대를 장착했다. 그리고 군과 민간에서 자원한 사람들로 구성된 실험적인 중대 규모의 '공중기병' 조직을 만들었다. 이 부대는 다양한 형태의 무기를 시험하고 공중기병 전술들을 개발하여 1957년에 첫 선을 보였다. 밴더풀의 팀은 육군 최초의 공중기병 교범을 만들었다. 이 교범은 새로운 조직을 고위급 장교들이 이해할 수 있는 어휘로 설명하기 위해 1936년 발간된 기병 교범을 많이 따랐다.[48]

육군 지도부는 미국이 수적으로 우세한 적들과 싸우는 데 기동성이 필수라고 보았다. 육군성 장관 윌버 브루커는 1956년 이렇게 썼다. "전술적 승리는 기복이 있는 전장에서 기동성의 우위를 점한 군에 돌아갈 것이다. 미래의 전쟁이 규정하는 의미에서, 항공술은 기동성의 가장 중요한 형태이다."[49]

이러한 표현에도 불구하고 맥나마라 국방부 장관은 육군에 공중 기동성이 결여돼 있다고 생각하여 실망했다. 1962년 4월 19일 육군 참모들에게 보낸 문서에서 맥나마라는 이렇게 썼다.

저는 전술 기동성을 위한 육군의 사업 보고에 만족하지 못했습니다. 저는 육군이 전통적인 지상 기동 장비로부터 혁명적으로 벗어나기 위해 항공 기술이 선사한 혁명적인 기회를 완전히 탐색했다고 생각지 않습니다. 항공기들은 그런 단계에 가까운 듯하지만 제가 볼 때 지상에서는 효율성이 비약적으로 증가할 수 있는 가능성이 여전히 있습니다. (······) 그래서 저는 육군의 항공 필요에 대한 재검토는 지상전 기동성에 대한 대담한 재검토가 되어야 한다고 생각합니다. 이는 전통적인 관점과 과거의 정책에서 단절된 분위기에서 실시되어야 합니다. (······) 또한 태스크 포스가 보수적인 참모들의 개입으로 희석되거나 거부당하지 않도록 대담하고 새로운 생각들을 요구합니다.[50]

이에 따라 육군은 육군전술기동성필요위원회(위원장이었던 해밀턴 하우스의 이름을 따서 하우스위원회라고도 일컫는다)를 설립한다. 4개월도 안 돼 위원회는 헬리콥터와 고정익 항공기가 다수의 지상 차량들을 대체하는 공중기동부대의 창설을 추천하는 3,500페이지짜리 보고서를 발표했다.[51] 보고서는 적어도 5개의 공중강습사단 신설을 추천했다. 공중강습사단은 보병사단과 유사하지만 포병 전력과 차량을 대신한 공격용 및 수송용 항공기를 갖추고 있었다. 또한 보고서는 육군에 각각 144대의 대전차 헬리콥터를 갖춘 공중기병수색 전투여단 3개를 배치하고, 각각 고정익 항공기 80대, 회전익 항공기 50대를 갖춘 공중 수송여단 5개를 갖출 것을 요청했다.[52]

하우스위원회의 추천 사항은 대담했다. 최근에 배치되었거나 현재 개발 중인 OH-6A 카유즈Cayuse, OH-58A 카이오와Kiowa 헬리콥터와 AO-1 모호크Mohawk, AC-1 카리부Caribou 항공기에 상당 부분 의존하는 군을 만들 것을 권고했다. 또한 조종사와 항공기의 수를 1968년까지 거의 두 배로 늘릴 것을 제안했다.[53]

차기 육군성 장관 사이러스 밴스와 육군 참모총장 휠러는 보고서를 강력히 지지했다. 맥나마라 국방부 장관은 병력 증강과 추가 시험 평가를 위해 공중강습사단과 공중수송여단을 임시로 신설하는 안을 승인했다.[54] 1963년 2월 15일, 육군은 제11공중강습사단(시범)과 제10공중수송여단을 조지아주 포트베닝에 신설한다. 해리 키너드 준장이 지휘관을 맡아 "육군이 공중 기동성을 받아들임으로써 얼마나 멀리, 얼마나 빠르게 갈 수 있는지를 확인하라"는 명령을 받았다.[55]

1965년 봄, 육군은 한 부대를 베트남의 중부 산악지대에 투입하는 임무를 맡았다. 기존의 전력은 이를 수행하기에 적합하지 않았다. 공수부대는 기동성에 제약이 있었고, 기갑 및 보병 전력은 너무 육중한 데다 차량에 의존하고 있었다. 그 결과 1965년 6월 1일 해럴드 존슨 장군은 제11공중강습사단(시범)과 제2보병사단의 자원으로 제1공중기동사단을 창설했고, 베트남에 배치할 때까지 90일의 시간을 주었다.[56] 10월 3일, 전 사단은 베트남의 안케에 배치되었다. 10월 중순, 북베트남군은 안케 지역에 세 개 연대를 집결시키면서 전력을 강화했다.

11월 14일, 제7기병연대 제1대대 병력 450명이 헬리콥터를 타고 이아드랑 계곡의 작은 공터에 착륙한다. 2,000명의 북베트남군이 그들을 포위했고, 베트남전쟁 최초의 대규모 전투가 벌어졌다. 사흘에 걸쳐 미군 병력은 계속되는 공산군의 공격을 견디며 결국 전장을 차지했다. 전투 내내 헬리콥터는 화력을 지원하고, 병력에 물자를 보급하고, 부상자들을 후송했다.

베트남전쟁에서 헬리콥터는 총 3,600만 회 이상 출격했다. 공격 임무를 띤 출격은 750만 회였으며, 5,000대가량의 헬리콥터를 적의 공격 또는 사고로 잃었다.[57] 베트남전쟁에서 헬리콥터는 다양한 역할을 수행했다. 예를 들어 몇몇 휴이 헬리콥터들은 각종 통신 장비를 장착하여 전투지휘부CP 역할을 수행할 수 있었다. 이 헬리콥터 전투지휘부에서 지휘관들은 전장의 공중에서 전력을 통제할 수 있었다.[58] 베트남의 합동연구시험국Joint Research and Testing Agency 국장은 헬리콥터 전투지휘부를 두고 "베트남에서 전쟁 수행을 개선하는 데 가장 큰 영향력을 행사한 단일 군수 시설"이라 말했다.[59] 1967년, 육군은 공중기동 전력에 화력을 지원하기 위해 UH-1B 휴이 무장 헬리콥터를 도입했다. 기관총과 7.62 밀리 미니건, 그리고 2.75인치 로켓으로 무장한 UH-1B는 베트남전쟁에서 육군의 주력 공격 헬리콥터로 활약했다.

헬리콥터는 미군에게 특별한 기동성 우위를 제공했다. 미군은 헬리콥터를 활용하여 공산군을 한곳에 몰아넣고 격퇴할 수 있었다. 그러나 공산군은 종종 헬리콥터와 맞닥뜨렸을 때 도망칠 수 있었다. 공산군은 나무에 파수꾼들을 세워놓고 헬리콥터가 접근하면 경고하도록 했다. 전투를 원하지 않을 경우 공산군은 간단히 미군을 따돌린 다음 미군이 떠난 지역을 다시 점령했다.

헬리콥터 기동부대의 개발은 베트남 시절의 조직 혁신 중 가장 오래도록 유지되었다. 공중기동부대와 공중강습부대는 베트남전쟁이 끝난 이후 30년이 지났을 때에도 육군 전력 구조의 일부로 남았다. 헬리콥터의 유용성도 거들었지만, 헬리콥터가 육군의 전투 분과에 접목되었다는 사실도 한몫했다. 헬리콥터는 전통적인 임무를 새로운 방법으로 수행하는 도구였지 뭔가 새로운 임무를 수행하기 위한 도구가 아니었기 때문이다.

해군과 하천 전투

육군이 베트남전쟁의 요구 사항에 응답해 원래 핵 전장을 염두에 두고 개발된 공중기동사단을 도입했을 때, 해군은 전쟁 수행을 위해 하천 전투riverine warfare라는 틈새 전력을 개척했다. 하천 전투는 베트남전쟁의 특정한 면모에 적응하기 위한 성격을 띠었기 때문에 오래 살아남지는 못했다. '연안brown water' 해군은 베트남전쟁 이후의 해군 운용에서 기껏해야 미미한 부분을 담당했다.

해군은 베트남에서 뚜렷이 구별되는 세 가지 군사 활동을 벌였다. 북베트남 공중전, 남중국해 해상 작전, 그리고 남베트남의 하천들을 따라 펼친 연안 정찰이었다. 주베트남 미 해군 사령관을 지냈으며 나중에 해군 참모총장이 된 엘모 줌월트는 해군의 작전을 조종사들이(당시 참모총장이던 토머스 무어러 제독을 포함하여) 주도하면서 연안 정찰과 하천 전투 같은 덜 화려하지만 더 중요한 임무를 무시하게 되었다고 믿었다. 그는 "공중폭격은 해군의 영광을 의미했다. 그(무어러 제독)는 해군의 자원을 베트남 내부에서 전쟁을 수행하면서 낭비하고 싶어하지 않았다"고 말했다.[60]

해군이 항공모함 전력과 대양 수상 작전을 강력하게 선호했음에도 불구하고 베트남에서 전투를 치르면서 발생한 요구 사항들로 인해 해군은 하천 작전을 위한 틈새 전력을 개발했다. 앤서니 해리건은 이렇게 말했다. "해군에서 정통은 중요한 위치를 차지하고 있다. 특별한 상황을 위한 부차적인 무기를 지나치게 강조할 수 있다. 하지만 비정통 또한 때로는 필수이며, 지금이 바로 비정통을 받아들여야 할 때로 보인다."[61]

해군은 각기 새로운 기술과 교리가 필요한 세 개의 연안 및 하천 작전을 실시했다. 1965년 미 제7함대는 남베트남의 1,930킬로미터 연안을 따라 적의 보급선을 수색하고 압수하는 마켓타임Market Time 작전을 개시했다. 작전에는 공중 정찰, 대형 선박을 사용한 해상 차단, 그리고 작은 함선을 사용한 해안 정찰 등이 포함되었다. 해군은 외곽의 해상 차단에 사용할 선박은 다양하게 보유했으나 해안 작전에 필요한 함선은 부족해서 이 틈새를 메우기 위해 고속 초계정PCF을 배치했다. 알루미늄으로 만들어진 15미터 길이의 고속 초계정은 본래 멕시코만의 석유 굴착 플랫폼에서 인부들을 수송하기 위해 만들어졌다. 속도가 빨랐고, 매우 얕은 물에서도 이동할 수 있었다. 군용으로 전환하기 위해 여러 가지를 개조해야 했지만 최초의 초계정 네 척은 주문 후 40일 후에 해군에 인도되었다.[62]

해군은 마켓타임 작전에서 정찰을 위해 포함砲艦, patrol gunboat, 수중익초계정PGH, 호버크래프트air-cushioned vehicle 같은 함선들도 사용하는 방안을 모색했다. 1966년 가을, 해군은 정찰 호버크래프트PACV 세 척을 평가하기 위해 베트남에 보낸다. 영국에서 상업용으로 사용되던 것을 개조한 이 호버크래프트는 70노트의 속력에 흘수*가 단 30센티미터밖에 되지 않았다. 그러나 이 선박들은 정작 정찰에는 적합하지 않았다. 정찰은 그렇게 빠른 속도나 얕은 흘수가 요구되지 않았던 반면, 호버크래프트의 짧은 활동 반경과 운행 시간은 중대한 문제점이었다.[63]

1966년 2월부터 해군은 베트콩의 침투와 통행을 차단하고, 수상 물류에 대한 베트콩의 징세를 막기 위해 두 번째 하천 작전인 게임워든

---

* 배가 떠 있을 때 선체가 물속에 잠겨 있는 깊이.

Game Warden을 개시했다. 처음에는 대폭 개조한 상륙함을 정찰에 사용했다. 조원들은 배에 임시방편으로 조명등을 달았고, 받침대가 달린 50구경, 30구경 총기를 장착했다. 그리고 자체 제작한 머플러를 달아 소음을 줄였다.[64] 이러한 임시방편을 활용하면서 해군은 얕은 물에서도 운용할 수 있는 보다 조용한 함선을 찾았고, 결국 하천 초계정[PBR]이 등장했다. 자쿠지 제트로 추진 및 조타를 하며 220마력 엔진 두 개를 장착한 이 초계정은 최고 28노트의 속도를 낼 수 있었다. 선체는 가벼웠으며 깊이가 30센티미터도 안 되는 물에서도 움직일 수 있었다. 또한 2정의 50구경 기관총과 후미의 기관총, 그리고 좌우 양측에 마크 18 유탄발사기 또는 M60 기관총을 놓을 수 있는 받침대를 갖추어 중무장을 했다.[65] 최초의 제품은 1966년 3월 베트남에 도착했다.

해군은 하천 정찰을 지원하기 위해 특화된 항공기도 배치했다. 육군은 해군에 기관총, 2.75인치 로켓, 유탄발사기로 무장한 UH-1B 휴이 헬리콥터 여러 대를 빌려주었다. 시울프Seawolf라는 이름이 붙은 이 헬리콥터는 하천 초계함들에 화력을 지원했다. 1969년부터 해군은 기관총과 로켓, 플레어로 무장한 쌍발 엔진 프로펠러 추진형 OV-10A 블랙포니Black Pony 항공기도 이 정찰 지원 편대에 추가했다.[66]

북베트남군은 주변에 미군이 없을 때 작전을 실시하고 더 폭넓은 은폐 및 기만술을 사용하는 식으로 대응했다. 그럼에도 불구하고 게임워든 작전은 베트콩의 수금꾼들을 강에서 쫓아냈고, 움직임을 교란하였으며, 몇몇 지역에서는 상업 항로를 열 수 있었다.[67]

셋째 혁신은 바로 기동 하천 전력Mobile Riverine Force이었는데, 이는 수색 섬멸 작전 중인 육군 병력들을 해군이 수송하는 육해군 합동 부대였다.[68] 이 전력은 메콩강 삼각주에서 기동 전력이 필요함에 따라 생겨났는데, 메콩강 삼각주 지역은 높은 인구밀도와 대규모 농경 때문에 지상 주둔에 적합하지 않았기 때문이다. 기동 하천 전력은 이 임무를 위해 특별히 구성된 제9보병사단 제2여단을 실은 해군 공격 함대로 이루어져 있었다. 기동 하천 전력은 육군 병력의 숙영 시설과 해군 선박의 계류장 용도로 이동식 하천 기지를 사용했다. 이 이동식 기지에는 USS 베네워Benewah(APB-35)와 USS 콜레턴Colleton(APB-36), 그리고 밀림용 녹색 페인트, 헬리콥터 착륙장, 에어컨, 발달된 통신 장비가 있는 통제소 등을 갖춘, 개조된 2차 대전 시절의 상륙수송함LST 두 척이 포함되어 있었다. USS 아스카리Askari(ARL-30)는 수리 및 정비 능력을 제공하기 위해 배치되었다. 막사함 APL-26은 650명의 선원과 병사들을 수용할 수 있었다.[69]

기동 하천 전력은 다양하게 개조된 LCM-6 상륙주정을 사용했다. 전력의 핵심은 소대 병력을 상륙시키고 화력지원을 할 수 있는 기갑 병력 수송선ATC들로 구성돼 있었다. 이 수송선은 20밀리 기관포 1문, 50구경 기관총 2정, 유탄발사기 2정으로 무장하고 있었으며, 로켓추진식 유탄RPG을 막을 수 있게 장갑판과 철봉으로 보호되었다. 다른 함선들은 기동 하천 전력의 전함들로 개조되었다. 전함들은 81밀리 박격포와 회전 포탑에 실린 40밀리 기관포로 무장했다. 몇몇 전함에는 화염방사기가 장착되어 식물을 태워 없애거나 벙커를 공격할 수 있었다. 다른 함선은 각종 통신 장치를 달고 지휘통제선CCB으로 개조되어 육군 연대 전투지휘소로 사용되었다.[70] 그 밖의 함선들은 헬리콥터 착륙을 위한 갑판이나 연료 주머니*를 갖춘 병원선으로 개조되었다.

---

* 고무로 만든 커다란 건빵 모양의 주머니로, 연료를 저장한다.

줌월트가 1968년 10월 베트남에 도착하면서 하천 작전은 추진력을 받았다. 그는 11월에 마켓타임, 게임워든, 그리고 기동 하천 전력의 자산을 합쳐 동남아시아 호수, 해양, 하천 및 삼각주 전략SEA LORDS이라고 명명한 삼각주 전반에 대한 차단 작전을 실시한다. 그는 하천 정찰 전력으로 하여금 산개하여 더욱 공격적으로 베트콩 지역을 치고 빠지는 공격을 구사할 것을 명령했다. 그러한 접근법은 실질적인 효과를 낳았다. 무엇보다 미군은 룽삿Rung Sat 특별 구역을 점령할 수 있었으며, 사이공으로 향하는 72킬로미터 길이의 롱타우 운하의 통제권을 확보했다.[71]

1970년부터 1974년까지 해군 참모총장으로 재직하는 동안에도 소형 함선에 대한 줌월트의 열의는 식지 않았다. 그가 진단한 대로 해군은 세 개의 강력한 '연합'들로 나뉘어 있었다. 항공 특기, 잠수함 특기, 그리고 수상 특기 세력의 연합이었다. 그가 볼 때, 세 전임자가 조종사였다는 사실은 해군의 항공기 수요는 이미 충분한 관심을 받았다는 것을 의미했다. 또 잠수함 세력에게는 하이먼 릭오버 제독이라는 영향력 있는 지지자가 있었다. 반면 해군의 수상 세력은 줄곧 무시되었다. 줌월트는 또한 다른 특기들, 이를 테면 기뢰전, 정찰, 통신 등은 아예 발언권이 없다고 느꼈다.[72]

줌월트의 관점에서 볼 때, 해군은 과도하게 복잡한 (그리고 값비싼) 무기들을 배치했다.[73] 그는 해군 참모총장으로서 수상 함선들에 대한 '하이-로 믹스'를 제안했다. 상대적으로 소수의 복잡하고 큰 규모의 함선들과 다양한 임무를 수행할 수 있는 다수의 작고 저렴한 함선들을 배치하자는 것이었다. 줌월트의 '프로젝트 60'은 대잠수함전을 위한 헬리콥터와 하푼 대함미사일로 무장한, 크기와 가격은 구축함의 절반 정도인 정찰호위함patrol frigate급을 염두에 두고 있었다. 또한 배수량 1만 7,000

톤에 25노트 속력의 해상통제함^{SCS} 개발을 촉구했다. 핵무장 항공모함의 보다 작고 저렴한 경쟁자인 해상통제함은 14대의 헬리콥터와 3대의 수직 또는 단거리 이착륙 항공기를 탑재할 터였다. 프로젝트 60은 또한 하푼 미사일로 무장한 60노트 속력의 수중익선과 해수면 바로 위를 80~100노트의 속도로 스치듯 이동하는 호버크래프트를 포함한 보다 작은 규모의 전투부대를 구상했다.⁷⁴

줌월트는 해군이 그러한 함선을 도입하게 하는 데 실패했다. 부분적으로는 줌월트 자신이 속한 수상 특기 장교들을 비롯한 해군 '연합'들의 저항 때문이었다. 하지만 문제는 줌월트의 하이−로 믹스가 미국의 전략에 어떻게 부합할지가 불분명했다는 점이었다. 덜 복잡한 함선들에 대한 주요 반대 논리는 이 함선들의 크기와 내구성이 제한돼 있으며, 전시에 소련 해군과 경쟁할 수 없으리라는 것이었다. 이러한 논리는 설득력이 있었다. 제안된 함선들 중 정찰호위함만 올리버해저드페리급 Oliver Hazard Perry-class 호위함 형태로 만들어졌다.

세 가지 혁신 사례

미국은 베트남에서 주로 다른 형태의 전투를 위해 만들어진 전력으로 싸웠는데 몇몇 중요한 영역에서 혁신을 이루었다. 공산군의 남베트남 침투를 차단하기 위해 미국은 지휘통제소에 연결된 레이더와 공격기의 네트워크를 배치했는데, 이는 이후에 전문가들이 일컬은 '정찰−타격 복합체'의 효시가 되었다. 무인기^{UAV}와 정밀유도무기 또한 베트남에서 처음으로 대규모 사용되었지만, 잠재 효과만 귀띔하는 수준이었다. 이들 무기 체계의 진정한 가치는 1990년대와 이후의 전장에서 비로소 드러났다.

⊙ 맥나마라라인

베트남에서 미국 전력이 맡은 중심 임무 중 하나는 북베트남에서 인원과 물자가 소위 호치민루트를 따라 남베트남으로 흘러들어가는 것을 차단하는 것이었다. 호치민루트란 실상 1만 6,000킬로미터가 넘는 수백 개의 도로로 이루어진 네트워크였다.[75] 호치민루트를 차단하기 위한 주된 시도였던 맥나마라라인 구축은 전쟁 지원을 위해 미국의 기술을 최고로 집중한 시도였다. 또한 근본적으로 정치적인 문제를 해결하기 위해 기술을 사용한 사례이기도 했다. 베트남의 공산 세력은 중립적인 라오스와 캄보디아를 이용하여 남베트남의 공산군을 지원할 수 있었다. 맥나마라라인 구축은 궁극적으로는 실패한 전략이었지만 이 과정에서 미국은 여러 방면에서 당대의 수준을 뛰어넘는 기술과 조직, 개념을 개발하고 도입했다.

이 차단 전략은 맥나마라 국방부 장관이 전략폭격에 환멸을 느끼면서 시작되었다. 그는 전략폭격이 효과적이지도 못할뿐더러 심지어 역효과를 내고 있다고 보았다. 1966년 3월, 맥나마라는 합동참모본부에 "남베트남 북부와 라오스를 가로질러 남중국해에서 태국까지를 잇는 '철의 장막iron-curtain'식 침투 차단 장벽"의 유효성과 실현 가능성 평가를 요청했다.[76] 군에서 제시한 것은 450미터 정도를 밀어버리고 철조망과 전기 울타리를 치고 지뢰를 매설한 다음 벙커와 감시탑을 두어 감시하는 장벽의 개념이었다. 합동참모본부는 한 개 대대가 271개월의 건설 공사를 해야 하고, 건축자재 20만 6,000톤과 2~4년의 시간이 소요된다고 추산했다. 충분히 이해할 수 있다시피 군은 그러한 전략에 냉담했다. 휠러 장군, 웨스트모어랜드 장군, 그리고 태평양 사령관 U. S. G. 샤프 제독 모두 계획에 반대했다. 병력을 공세 작전에 투입하지 못하게 될까 우려했기 때문이다.[77]

인력 집약적인 반̄침투 장벽이 호응을 얻지 못하자 맥나마라는 곧 대안을 마련했다. 첨단 기술을 활용한 장벽이었다. 1966년 여름, 민간 과학자 47명이 소집되어 미 국방연구원[IDA] 제이슨분과[Jason Division]의 지원 하에 그러한 전략을 구상하게 되었다. 8월, 과학자들은 맥나마라를 위한 몇몇 보고서를 준비했다. 이들은 비무장지대 남쪽 끝을 따라 남중국 해에서 안남산맥까지 이어지는 30킬로미터의 유인 울타리로 이루어진 장벽을 제안했다. 장벽은 지뢰와 센서들로 이루어진 넓은 '거부 구역[denial field]'으로 구성될 터였다. '공중 지원 반침투 장벽'이라는 제목의 보고서는 작지만 치명적인 '자갈지뢰'들을 매설하고, 단순한 센서들을 대량 매설하며, 공중폭격을 이용하여 남베트남을 지키는 방어 체계의 배치를 구상했다. 이들은 해군의 음향부표[sonobuoy]를 개조하여 장벽을 위한 센서로 사용하는 방안도 제안했다.[78] 과학자들은 이러한 장벽이 1년 안으로 설치 완료될 것이며, 한 해에 8억 달러의 유지 비용이 들 거라고 추산했다.[79]

군의 반대에도 결코 움츠러들지 않았던 맥나마라는 해당 프로젝트를 즉각 개시하라고 지시했다.[80] 1966년 9월 15일, 맥나마라는 앨프리드 D. 스타버드 중장을 필두로 한 극비에 부친 합동 태스크포스 728을 출범시켰고, 장벽을 1년 내로 완성할 것을 지시했다.[81] 1967년 1월 13일, 월트 로스토가 서명한 국가안보활동공문[National Security Action Memorandum] 358은 장벽에 가장 높은 예산 배정 우선순위를 부여했다.[82]

역사에는 선례가 있다. 1950년대에 프랑스는 반군들이 튀니지에서 알제리로 침투하는 것을 막기 위해 모리스라인Morice Line을 구축했다. 장벽은 가시 철조망과 전기 울타리, 대인지뢰들로 구성돼 있었다. 탐조등, 이동 순찰조, 그리고 전자 센서들이 장벽을 보강했다. 이로써 반군의 침입을 90퍼센트까지 줄여 전술적으로 성공을 거두었지만 전략적 승리를 얻지는 못했다. 프랑스는 1962년 알제리 통치를 포기한다.

미국의 반침투 장벽은 센서와 중계 항공기, 종합센터(태국 나콘파놈에 자리 잡은 침투감시센터ISC)로 구성돼 있었다. 장벽은 줄곧 다양한 암호명으로 운용되던 극비 사업이었다. 예를 들어, 본래 이 프로젝트의 암호명은 프로젝트 나인Project Nine이었다. 그러나 이 암호명이 드러나자 다이마커Dye Marker라는 새 암호명이 붙었다. 장벽의 항공 부문은 머슬숄Muscle Shoals이라는 이름이 붙었고, 연관 기술은 이글루 화이트Igloo White란 이름이 붙었다.

가장 지난한 도전은 바로 북베트남군의 침투를 감지하는 센서를 개발하는 것이었다. 국방부는 해당 지역의 굵은 초목들 속에 숨겨둘 수 있는 센서들을 대량으로 배치하는 데 6억 7,000만 달러를 썼다.[83] 몇몇 센서들은 엔진이나 신체의 열, 전기 또는 자기장 파동, 기계적 소음, 심지어 냄새까지 탐지하기 위해 열, 전자기, 화학 센서들을 사용했다.[84] 어떤 센서들은 흙에 박혀 있도록 스파이크가 있었으며, 다른 센서들은 정글의 나뭇가지들에 매달려 작동하도록 설계되었다. 미 해군은 수중 청음기 대신 마이크와 지진계 센서를 장착한 무선 음향부표를 공중에서 투하했고, 대잠수함 항공기를 지상용으로 개조하여 사용했다. 사실 맥나마라라인은 여러 면에서 해군의 대잠수함 전투 방식을 지상에 적용한 것이었다.

가장 널리 배치된 센서는 지진계였다. 대량으로 도입된 최초의 센서는 1967년 10월 베트남에 도착한 진도침입감지기Seismic Intrusion Detector였다. 다양한 포병 진지나 특전대, 그리고 제1항공기병사단에 의해 유용하게 쓰였는데, 높은 오경보율이 문제였다. 가장 흔한 변종은 공중수송진도침입감지기ADSID로 제조업체 하나가 3만 6,000개를 생산했다. 또다른 변종인 지상진도침입감지기GSID는 무게가 3킬로그램이었고, 벽돌하나 크기의 상자에 포장되어 있었다. 공중수송진도침입감지기와는 달리 지상진도침입감지기는 수작업으로 설치되었다.[85] 정찰진도침입감지기PSID는 네 개의 센서와 한 개의 수신기로 이루어져 있었고, 크기가 작아 분대 규모의 정찰대가 운반하여 사용할 수 있었다.[86] 이러한 센서들은 베트남에서 사용된 변종들 가운데 가장 믿을 만했지만, 진짜 침입을 감지해냈는지는 불확실했다. 센서들은 땅의 진동이나 바람, 천둥, 강우, 근처의 폭탄이나 포탄의 폭발, 그리고 지나가는 비행기의 소리에도 수많은 오경보를 냈다.[87]

호치민루트를 따라 이루어지는 활동들을 포착하기 위해서는 설치된 센서들의 위치를 정확히 기록해두는 것이 중요했다. 이 또한 중대한 도전이었다. 처음에 해군은 개조된 OP-2E 넵튠Neptune 대잠전 항공기 4대를 이용해 느린 속도로 150미터 저공에서 센서들을 투하했다. 이 비행기에는 야시경을 갖춘 후방 사수와 20밀리 포, 그리고 AN/APQ-29 탐색 레이더, 전방 감시 적외선 레이더FLIR, 측방 공중 감시 레이더, 그리고 저조도 텔레비전LLLTV이 추가되었다. 그러나 저고도로 느리게 나는 비행기는 북베트남 포화의 손쉬운 목표물이 되었으며, 센서를 설치하는 데 정확도도 부족했다. 이후 공군의 특수전 전력이 수작업으로 CH-3 졸리그린자이언트Jolly Green Giant 헬리콥터에서 센서들을 투하했다.

이로 인해 정확도는 높아졌지만 여전히 지상 포화에 취약했다. 결국 공군은 장거리 항법 장비LORAN: long-range navigation가 설치된 F-4D를 사용하여 센서들을 투하하기 시작했다.[88] 이 외에는 남베트남의 특전대팀들이 손으로 센서들을 설치했다.

설치된 센서들은 공중을 선회하는 중계 항공기에 데이터를 전송했고, 이는 침투감시센터로 보내졌다. 록히드 EC-121R 무선 중계 항공기는 동남아시아의 4개 궤도를 지속적으로 선회했다. 13개의 다채널 통신 송수신기들이 장착된 이 기체들은 배트캣Batcat이라는 호출부호를 달고 운행되었다. 무선 중계 항공기는 초기에 센서 신호를 수신하는 데 어려움을 겪었다. 1968년에는 전체 신호의 40~60퍼센트만을 수신할 수 있었으나(추정치) 1969년이 되자 80퍼센트 이상을 수신했다.[89]

배트캣 항공기는 공군과 국방고등연구계획국DARPA의 합동 사업인 페이브 이글Pave Eagle로 인해 더 보강되었다. 이 사업은 비치 A-36 드보네어Debonaire 항공기 6대를 개조하여 QU-22B로 재명명하고 무선 중계 항공기로 활용했다. QU-22B는 무인 항공기로 계획되었지만 작전 비행 당시에는 신뢰성에 대한 우려 때문에 조종사가 탑승했다. 이 사업은 1972년 몇몇 항공기를 잃은 후 취소되었다.

이 장벽 체계의 중심에는 태국 동북부 나콘파놈에 위치한 침투감시센터가 있었다. 단일 건물로는 동남아시아에서 가장 거대했던 침투감시센터에는 윌리엄 맥브라이드 장군의 지휘 아래 400여 명의 미국인들이 근무하고 있었다. 침투감시센터에서 제7공군의 분석가들은 센서가 보내온 자료들을 분석하고, 포착된 활동이 무엇인지를 파악하여 목표물을 공습하기 위해 항공기를 급파했다.[90] 이들은 7미터 높이에 2.7미터 너비의 아크릴수지로 만든 지도를 놓고 호치민루트의 상황을 감시했다. 그리고 거대한 IBM 360/모델 65 컴퓨터 두 대로 센서 정보를 분석하고 이를 목표 정보로 변환했다. 한 공군 장교의 말따마나 이들은 "호치민루트를 핀볼게임 기계처럼 컴퓨터를 이용해 연결해놓았다".[91]

센서의 정보를 수신하고 처리하는 것만으로는 충분치 않았다. 전방 항공통제사들은 목표물을 식별하고 공습용 항공기에 목표물의 위치를 지시해야 했다. 공군은 호치민루트를 따라 목표물을 타격하는 데 혁신적인 기술들을 창안했다. 야간이나 악천후에도 항공기가 작전을 수행할 수 있도록 F-4와 RF-4 항공기에 장거리 항법 장치를 달았다. 제7공군은 또한 컴뱃스카이스팟Combat Skyspot 레이더 기지들을 개조하여 전방 항공통제사들이 기체들을 호치민루트 내의 목표물에 인도할 수 있게 했다. 또한 공군은 B-57G 캔버라Canberra 폭격기 11대를 (호치민루트에서 펼치는 작전을 위해) 전방 감시 레이더, 적외선 센서, 저조도 텔레비전과 레이저 거리계를 달아 업그레이드했다.[92] 마침내 공군은 C-123 수송기에 제논 탐조등과 하방 적외선 센서 및 전방 레이더를 장착한 공중전장조명체계BIAS: Battlefield Illumination Airborne System를 배치했다. 3,600미터 상공에서 이 기체는 지름 3킬로미터의 영역을 보름달 네 배 밝기로 비출 수 있었다.[93]

미 정부는 혁신적인 기술들만 탐색한 것이 아니었다. 정말 괴상한 기술들도 있었다. 1972년에 국방고등연구계획국DARPA: Defense Advanced Research Projects Agency으로 이름을 바꾼 고등연구계획국ARPA은 이른바 프로젝트 애자일Project Agile을 실시했는데, 여기에는 지프로 진입하기에는 너무 울창한 정글을 가로지르기 위해 자동제어장치로 된 '다리'를 사용하는 기계 코끼리를 만들려는 시도도 포함되어 있었다.[94] 과학자들은 요오드화은을 사용하여 비구름을 만들어 호치민루트를 홍수에 잠기게 하는 방안도 모색했다. 1967년 5월, 미군은 호치민루트를 진흙탕으로 만들기 위한 작전을 시작한다. 코만도라바Commando Lava라는 암호명이 붙은 이 작전은 항공 요원들이 C-130 항공기에서 진흙을 만드는 합성물질 포대를 떨어뜨리는 일 등을 포함하고 있었다. 그러나 이러한 노력은 별다른 성과를 거두지 못했다. 베트남군은 진흙밭을 통나무와 거적들로 덮고 그 위로 이동했기 때문이다.[95]

맥나마라라인의 건설은 1967년 5월, 미국의 엔지니어들이 장벽 구역을 처음으로 정리하면서 시작되었다. 이후 맥나마라는 베트남을 두 번 방문했다. 그는 장벽 작업 진행에 감명받았고, 1967년 9월 8일 미국으로 복귀하면서 장벽의 존재를 공개한다.[96] 합동 태스크포스 728은 500만 개 이상의 울타리 막대와 8만 킬로미터가량의 가시 철조망을 주문했다. 장벽 건설에 총 30~50억 달러가 들 예정이었고, 93제곱킬로미터의 대지를 사용해야 했으며, 1만 3,000~1만 8,000명의 주민들이 이주해야 했다. 1967년 12월, 비무장지대와 세폰에 설치된 암호명 덤프트럭Dump Truck의 대인지뢰망이 가동되었다. 1968년 1월에는 암호명 머드 리버Mud River의 대차량 지뢰망도 가동되었다.[97]

이 장벽은 미국의 전쟁 방식에 대한 하나의 연구 사례였다. 장벽은 방대한 산업적·지적 자원을 보유한 국가의 대규모 작업물이었음에도 처음에는 기대에 미치지 못했다. 침투감시센터의 분석가들이 가동 첫 주에 38개의 목표물을 식별했음에도 불구하고 단 4대의 항공기만이 목표물을 발견했고, 그중 단 2대만이 목표물을 폭격했다.[98] 다른 우선순위 목표물들도 공격할 수 있었고, 공격하기 전에 목표물을 육안으로 식별할 필요가 있었다는 사실로 인해 부실한 결과라는 평가가 내려졌다.

1968년부터 1972년까지 코만도헌트Commando Hunt라는 이름이 붙은 대차량 장벽 작전을 통해 미군은 대형 폭격기, 전폭기 그리고 무장 헬리콥터들을 매년 수백 회씩 출격시켰다. 그러나 이 작전들의 효과를 평가하기란 어려웠다. 1971년의 코만도헌트5 작전으로 2만 1,000여 대의 트럭들이 파괴되거나 손상됐다는 보고가 들어왔다.[99] 그러나 공군 지휘부가 받은 폭격 성과는 오직 조종사들의 보고에 따른 것이었고, 조종사들은 하나같이 성과를 과대평가하는 경향이 있었다.

북베트남군은 미국의 센서에 대한 대응책을 개발했다. 공중 감시로부터 숨을 수 있도록 은폐된 도로를 건설했다. 운전자들은 항공기 활동이 가장 뜸할 때 운행할 수 있도록 각자의 운행을 조율했다.[100] 북베트남군은 물자를 남베트남으로 운반하는 다른 길도(이를 테면 캄보디아를 통해 바다로) 찾았다. 남베트남 반군 활동은 최소한의 병참 지원만 필요했으므로 지원을 계속하기란 어렵지 않았다. 게다가 차단 작전은 북베트남군이 1972년 춘계 공세Easter Offensive 때 그러했듯이 무력 개입까지 막을 수는 없었다.

지상 센서의 가장 성공적인 사용 사례는 장벽 전력을 구상한 이들도 예상하지 못했을 것이다. 케산에 있는 해병대 기지가 1968년 1월 공격받았을 때 미군은 장벽과 함께 센서를 설치하고 있었다. 웨스트모어랜드 장군은 센서를 장벽에서 옮겨 기지 주변에 경보용으로 설치했다. 일선 지휘관들은 나중에 만일 기지 주변에 센서가 설치되지 않았더라면 이후 포위 공격을 당했을 때 두 배나 많은 사망자가 발생했을 것이라고 술회했다.[101] 센서가 적의 움직임을 경고하고 목표물을 식별하는 능력이 너무나 훌륭하여 웨스트모어랜드는 맥나라마라인의 완공을 늦추고 센서들을 전술작전에 활용할 수 있도록 허가를 구했다.

1968년 4월, 미군은 작전명 더플백Duffel Bag을 개시했다. 여기에는 무인 지상 센서를 기습이나 기지 방어, 착륙 지역 감시용 등으로 활용하는 것도 포함되어 있었다. 더플백 작전에는 맥나마라라인에 투입된 것보다 아홉 배나 많은 센서들이 공급됐으며, 맥나마라라인에 사용된 것들에 비해 4분의 1 정도 작동했지만 세 배 정도 더 많은 공습을 요청했다.[102] 1969년까지 베트남군사원조사령부[MACV]는 군사시설 주변과 주요 수송 루트, 그리고 적 주요 출몰 지역에 센서를 설치했다.[103]

1971년, 미군은 맥나마라라인의 유럽판인 미스틱 미션[Mystic Mission]을 실행했다. 미군은 1971년 플로리다 에글린 공군기지에서 무인 센서 기술을 시연했고, 이를 1972년 독일에서도 시연했다.[104] 1974년 3월, 국방 연구 및 엔지니어링과 과장이었던 맬컴 R. 커리는 "인상적인 기술 발전이 제가 재래식 전쟁의 진정한 혁명으로 여기는 길로 우리를 인도했습니다"라고 증언한다.[105]

어떤 이들이 보기에 맥나마라라인은 훗날 전문가들이 '정찰−타격 복합체'라고 말한 것의 효시였다. 웨스트모어랜드는 1969년 10월, 미 육군협회 연설에서 다음과 같이 예견했다. "곧 전장 또는 전투 구역에서 24시간 실시간 감시 또는 거의 실시간에 가까운 모든 종류의 감시가 가능해질 것입니다. 곧 전장에서 즉각 통신을 통해 위치를 파악해 치명적인 화력을 거의 즉시 쏟아부어 적을 파괴할 수 있게 될 것입니다."[106]

하지만 이런 현란한 표현에도 불구하고 근원적인 기술들은 대부분 베트남에 급하게 동원되어 성숙되지 못한 채로 남았다. 이는 1990년대에 센서, 통신, 데이터 처리 기술이 더욱 발달한 이후에야 진가를 발휘할 수 있었다.

⊙ 원격조종 기체

베트남에서는 처음으로 무인 항공기의 초기 세대가 전폭적으로 이용되었다. 공군은 베트남전쟁에서 무인기를 3,500회 출격시켰지만 베트남전쟁 이후에도 무인 체계에서 성공을 거두지 못했다. 무인기는 1990년대 이전까지 인정을 받지 못했다.[107]

가장 흔했던 무인기는 텔레다인라이언^{Teledyne Ryan} BQM-34 파이어비^{Firebee}였다. 이 기체는 라이트닝버그^{Lightning Bug}라는 이름으로 알려지기도 했는데, 제트 엔진을 장착한 BQM-24A 표적기를 발전시킨 것이었다. 파이어비는 1964년 8월 베트남과 중국에서 첫 임무를 수행했다. 베트남전쟁 동안 미 공군은 파이어비 2,350대를 출격시켰다. 전투기에 비해 크기는 3분의 1이었고, 무게는 20분의 1이었던 파이어비는 아음속에서 고속으로 비행할 수 있었다. 일반 정찰 임무에서는 고해상도 카메라를 장착했지만, 다용도 설계 덕택에 다양하게 변형 가능했고, 각종 수화물을 실을 수 있었다. 450미터 고도에서 210킬로미터 길이에 5.5킬로미터 폭의 행군 흔적을 30센티미터 해상도로 촬영할 수 있었다.[108]

유인 항공기에 비해 매우 저렴했음에도 불구하고 무인기의 운용은 공이 많이 드는 일이었다. 무인기는 DC-130 모선에서 출격하여 미리 계획된 항로를 비행했다. 사진 촬영이 끝나면 무인기는 상승 비행 후에 엔진을 끄고 낙하산을 펼쳤다. 지원 인력은 헬리콥터를 타고 무인기를 수거해야 했다. 그렇게 해서도 수거를 하지 못하면 지상에서 수거해야 했다.[109] 하나의 임무에 30명 가까운 인원들이 동원되었으며, 무인기 한 대는 하루에 1회 이상의 비행을 하기가 어려웠다.[110] 또 다른 중대한 제약 사항은 무인기 항법 체계가 상대적으로 부정확하다는 점이었다. 무인기들은 애초 계획의 절반에도 못 미치는 정찰 목표물을 찍었

BQM-34는 표적기로 개발된 것이었으나 베트남전에서는 카메라를 달아 무인 정찰기로 활용했다.
© U.S. Air Force

는데, 이는 대부분 항법 장비의 오류 때문이었다.[111]

무인기는 정찰 사진과 폭격 후의 결과를 평가하는 데 중요한 원천이 되었고, 베트남전쟁에서 여러 가지 혁신적인 역할을 수행했다. 1966년 2월, 공군은 프로젝트 유나이티드에포트Project United Effort를 실시했는데, 특별히 준비된 무인기를 북베트남의 지대공미사일들을 낚는 미끼로 삼는 작전이었다. CIA는 파이어비에 특수 전자 장비를 장착하여 발사된 미사일이 목표물을 추적할 때, 그리고 기폭이 시작되었을 때와 폭발할 때 내는 신호를 기록하게 했다. 해당 데이터는 주변을 선회하는 항공기로 전해져 미국의 전자 전문가들이 미사일에 대한 대응책을 개발할 수 있게 했다. 얼마 후에는 또 다른 특수 개조 무인기가 해군의 교란 장치를 달고 효과를 시험하기 위해 비행했다. 무인기는 파괴되기까지 10대 이상의 북베트남 지대공미사일들을 유인하여 미국의 전자전 대응책의

효과를 입증해 보였다.[112]

베트남전쟁 시기에 무인기는 상당히 여러모로 사용되었음에도 수십 년이 지나서야 공군에서 온전한 입지를 구축한다. 공군은 1970년대에 세 가지 무인기 사업을 추진했다. 컴패스드웰Compass Dwell, 컴패스코프Compass Cope 그리고 라이트닝버그의 개조판이었는데, 이 중 어느 사업도 완료하지 못했다. 비용, 대용품으로 사용 가능한 유인 항공기의 존재, 군축 조약의 제약 그리고 공역 제한 등의 이유로 무인기 체계는 별로 매력적이지 않았다. 폭격기 조종사나 전투기 조종사들에게 호응을 얻지 못한 무인기 체계는 조직적인 지지를 받지 못했고, 1990년대에야 제 위치를 찾을 수 있었다.[113]

⊙ 정밀유도무기

레이저 유도 폭탄 또한 베트남전쟁에서 처음으로 널리 쓰였다. 이를 비롯한 정밀유도무기PGM들은 중요한 전술적 영향력을 행사했지만 너무 늦게 도입되어 제대로 효과를 발휘하지는 못했다.

해군과 공군이 베트남전쟁 초기에 주로 사용하던 공대지 유도미사일은 무선으로 조종되며 자이로 안정기를 사용하는 불펍Bullpup 미사일이었다. 불펍 미사일은 두 가지 버전으로 제작 배치되었다. 탄두 무게가 110킬로그램인 '작은' 불펍과 450킬로그램인 '큰' 불펍이었다. 무유도 미사일에 비해 명중률이 개선됐음에도 불구하고 불펍은 여러 가지 단점으로 인해 골칫거리였다. 미사일이 비과하는 내내 운용자가 유도를 해야 했기 때문에 1회에 단 하나의 미사일만 유도할 수 있었다. 따라서 항공기는 적재한 미사일들을 사용하기 위해 여러 번 선회해야 했으며 이로 인해 취약성이 높아졌다. 또한 불펍 미사일은 신뢰도도 낮았다.

더욱 골치 아프게도 탄두가 너무 작았다. 목표물에 명중했을 때도 목표물이었던 교각에서 튕겨져 나가기도 했다.[114]

이러한 단점들로 인해 해군과 공군은 탄두 무게가 375킬로그램이고, 전자광학센서로 유도되는 자유낙하탄 월아이Walleye를 개발한다. 운용자가 목표물을 포착한 다음 미사일을 발사하면 자체 유도를 시작했다. 월아이는 날씨가 좋을 때 가시성이 높고, 방어가 허술한 목표물 타격에는 성공적이었으나, 악조건에서는 제 기능을 하지 못했다.[115] 게다가 저고도 투하만이 가능해 기체가 적의 포화에 노출되었다.

레이저 유도 폭탄은 베트남전쟁에서 등장한 가장 중요한 혁신 중 하나였다. 레이저를 군사적으로 적용하는 데 처음에 가장 열띤 관심을 보인 군종은 육군이었다. 육군의 미사일사령부는 간접 조준사격과 대전차무기에 레이저 유도를 사용했다. 육군의 엔지니어들은 레이저로 목표물을 지정하고 탐색 체계를 사용해 미사일을 지정된 목표물로 유도하는 연구를 했다. 1963년 6월, 미사일사령부는 노스아메리칸오토네틱스NA-A: North American-Autonetics 및 RCA-벌링턴과 레이저 탐색기seeker를 개발하는 계약을 체결한다. 이듬해 말, 양사는 모두 실험실에서 레이저 유도 체계를 시연했다.[116]

레이저 유도 무기에 대한 육군의 관심은 베트남의 상황이 격화되면서 줄어들었다. 레이저 유도 대전차무기는 육군이 동남아시아에서 맞닥뜨린 문제들과는 별다른 연관이 없어 보였다. 1965년, 육군은 레이저 연구에 대한 예산을 삭감한다. 그런데 미사일사령부가 레이저 연구 결과를 다른 군종에 제공하기로 결정하자 공군이 적극적으로 나서서 연구를 이어나갔다.[117]

공군의 지원을 받으며 노스아메리칸오토네틱스와 텍사스인스트루먼츠[기]는 레이저 유도에 대해 각기 다른 두 가지 접근법을 취했다. 노스아메리칸오토네틱스의 접근법은 더 복잡했지만 현실성이 있었으며, 텍사스인스트루먼츠의 접근법은 덜 복잡했지만 아직 입증되지 않았다. 그리고 텍사스인스트루먼츠의 시제품 가격은 노스아메리칸오토네틱스의 시제품 가격의 3분의 1이었다.[118] 결국 공군은 텍사스인스트루먼츠에 사업을 맡겼다.

1967년 3월, 공군은 정밀 폭격에 대한 작전 요구 사항을 발표한다. 폭격 효과를 높여야 할 필요성이 있었기 때문이다. 프로젝트 페이브웨이Project Paveway라고 명명된 레이저 유도 폭탄 개발 사업에는 예산 배정에서 가장 높은 우선순위가 부여되었다. 6개월 후, 공군은 폭탄에 대한 요구 사항을 공산오차 7.62미터 이내에 유도 신뢰도 80퍼센트 이상으로 공식 결정했다.

최초의 레이저 유도 폭탄의 개발은 놀랄 만한 속도로 진행되었다. 레이저 유도 폭탄에 대한 요구 사항은 레이저 유도가 현실적으로 가능하다는 점이 입증된 지 9개월 만에 제시되었다. 시제품 계약이 체결된 지 2년이 지난 시점이었고, 미사일사령부가 공군에 레이저 유도 가능성을 브리핑한 지 2년 반밖에 안 된 시점이었다.[119]

1968년 1월 15일, 공군은 대당 1만 6,000달러에 달하는 탐색기 293개의 구매를 승인한다. 이 탐색기들은 900킬로그램짜리 마크 84 폭탄에 장착되었다. 이 폭탄들 중 소량을 플로리다의 에글린 공군기지에서 시험했으며, 1968년 5~6월에 동남아시아로 보냈다. 고무적인 시험 결과를 얻은 공군은 레이저 유도 탐색기를 추가로 1,000개 더 구매했다.[120]

레이저 유도 폭탄은 베트남에서 폭넓게 활용되었다. 해군과 공군은

1968~1973년에 동남아시아에서 2만 8,000발 이상의 레이저 유도 폭탄을 사용했다. 주로 교량과 수송 관문에 투하했다.[121] 페이브웨이 1은 특히 성공적이었다. 1969년 900킬로그램짜리 페이브웨이 1,601발을 투하했으며, 61퍼센트가 목표물에 명중했다.[122] 레이저 유도 폭탄은 가격도 저렴했다. 1968년에 탐색기가 달린 340킬로그램짜리 폭탄의 추정 가격은 7,149달러였으며, 900킬로그램짜리 폭탄은 7,930달러였다. 게다가 대량생산과 공학적 개선을 통해 탐색기 가격이 더욱 크게 떨어졌다. 1968~1971년 탐색기 가격은 1만 1,800달러에서 4,100달러로 떨어졌다.[123]

레이저 유도 폭탄의 도입으로 북베트남 폭격 작전은 극적인 효과를 거두었다. 1972년 2월과 1973년 2월 사이에 공군은 1만 500발 이상의 레이저 유도 폭탄을 투하했다. 이 폭탄들 대부분은 900킬로그램짜리였다. 50퍼센트가량이 명중으로 평가되었고, 나머지 40퍼센트도 공산오차 7.62미터 이내를 달성했다.[124] 이 명중률은 롤링선더 작전에서 F-105가 무유도무기를 투하했을 때에 비해 33~50배 높은 수치다. 롤링선더 작전에서 F-105의 평균 공산오차는 150미터 정도였다. 이 작전은 목표물에 3~6미터 오차로 안정적으로 투하되는 유도무기들이 활약하는 미래 전쟁을 예고했다.

레이저 유도 폭탄과 레이저 지시기로 무장한 기체의 배치는 공습 편대 구성에 영향을 끼쳤다. 롤링선더 작전 당시 일반적인 공습 편대는 동일한 기체 36대로 구성돼 있었다. 7년 후에 실시된 라인배커Linebacker 작전에서는 가치가 더 높은 기체 8~12대로 구성됐다. 레이저 유도 폭탄의 표적을 지시하는 페이브나이프Pave Knife가 베트남 전구에서는 상대적으로 많지 않았기 때문에 공군은 이 기체들을 보호하기 위해 많은 노력을 기울였고, 공습 편대의 규모는 더욱 크고 복잡해졌다. 레이저 유도 폭탄의 유효성은 청명한 날씨에 달려 있었기 때문에 기상항공기가 라인배커 작전에 앞서 비행했다. 이어 2~4대의 MiG 전투항공정찰기 Combat Air Patrol가 표적 위를 지났는데, 이상적인 경우에는 컴뱃트리를 장비한 F-4 2대가 포함되었다. 그리고 Mk-129 채프chaff*를 장착한 F-4 8~12대가 뒤를 따랐다. 이들은 지대공미사일과 대공포 레이더의 성능을 떨어뜨리기 위해 주변에 채프를 뿌렸다. 전자전 장비를 장착한 F-4 8대가 레이저 유도 폭탄을 장착한 공습 편대를 근접 호위했다. 여기에 더해 공습 편대는 장거리 교란을 위해 EB-66이나 와일드 위즐을 사용하여 지대공미사일들을 제압할 수도 있었다.[125]

레이저 유도 폭탄은 1972년 춘계 공세 때 널리 사용되었다. 공군은 당시 북베트남 전력 그리고 북베트남군이 강을 건널 때 필요한 교량을 비롯한 지원 기반 시설들에 레이저 유도 폭탄을 사용했다. 가장 널리 알려진 사례는 아마도 탄호아 철교 공격일 것이다. 1972년 5월까지 해군과 공군은 철교를 파괴하기 위해 항공기를 871회 출격시켰다. C-130 허큘리스 수송기를 띄워 부유 기뢰를 대량 투하하는 방법까지 동원했다. 하지만 모든 시도가 실패했으며, 항공기 11대가 임무 수행 도중 격추되었다. 1972년 4월 27일, 전자광학유도 장비가 달린 900킬로그램짜리 폭탄 몇 개를 실은 항공기가 철교를 공격했다. 철교는 손상을 입었지만 무너지지는 않았다. 5월 13일, 900킬로그램짜리와 1.5톤짜리 레이저 유도 폭탄들이 철교의 주 기둥들을 무너뜨려 더는 철교를 사용할 수 없게 만들었다. 이러한 공격은 계속 성공했다. 북베트남 폭격이

---

* 전파 방해용 금속 물질.

재개되고 한 달이 지나지 않아 북베트남과 중국을 잇는 철도선의 주요 교량 13개를 무너뜨렸다. 4월 6일부터 6월 말까지 제8전술전투비행단은 홀로 106개의 교량을 파괴했다.[126]

레이저 유도 폭탄으로 미국은 주거지, 문화 유적지, 그리고 여타 민감한 지역 인근의 목표물 또한 공격할 수 있게 됐다. 하지만 레이저 유도 폭탄의 명중률이 개선되긴 했어도 결코 완벽하진 않았다. 몇몇 폭탄들은 빗나가 민간인 사상자를 낳았으며, 북베트남군은 이를 선전에 이용했다. 하노이는 그러한 사고들을 교묘하게 조작하여 미국이 의도적으로 민간인들을 폭격하고 있다고 선전했다.[127]

베트남전쟁은 냉전 중 발생한 지엽적인 전쟁이었다. 그래서 미국이 소련과 싸우기 위해 조직하고 훈련하고 무장한 군대를 동남아시아 전쟁에 투입한 것도 놀랄 일은 아니었다. 하지만 베트남전쟁에서도 중요한 혁신이 발생했다는 사실을 무시해서는 안 된다. 공중기동 전력의 개발과 공중기동 전력에 대한 높은 의존, 하천 부대의 형성, 고정익 무장 항공기의 개발, 그리고 전략폭격기들의 전술적 배치는 모두 베트남전쟁의 독특한 성격에 대한 대응책이었다. 게다가 미국은 무인 지상 센서, 무인 항공기, 그리고 레이저 유도 폭탄 같은 다양한 신무기들을 최초로 도입했다. 특히 레이저 유도 폭탄은 전쟁 후에도 효과가 지속되었다. 예를 들어 1991년부터 2003년까지 미국이 구매한 정밀유도무기의 절반이 레이저 유도 폭탄이었다.[128]

각 군의 구조와 문화는 전쟁의 새로운 방식들이 수용되는 양상에 영향을 미쳤다. 전쟁에 대한 이러한 새로운 접근법들은 각 군의 기성 조직에 어필하기도 했다. 기병 운용의 새로운 형태인 공중기동 작전이 그러한 경우였다. 군의 정체성을 보완하는 접근법도 마찬가지로 활발히 나타났다. 예를 들어 레이저 유도 폭탄은 공군이나 해군 조종사들을 위협하지 않았다. 단지 기존 임무를 보다 효과적으로 수행할 수 있게 했기 때문이다.

반면에 군의 기존 문화와 어울리지 않았던 전쟁에 대한 접근법들은 계속 주변부에 머물러야 했다. 공군의 기관포 무장 항공기 조종사들은 결코 폭격기나 공격기, 전투기 조종사들이 얻었던 권력이나 위신을 얻지 못했다. 하천 작전 특기도 해군의 수상 특기들 문화에 잘 맞지 않았다. 두 특기 모두 자군의 특수전 부대로 옮아갔으며 나중에는 미국 특수전사령부에 소속되었다.

미국의 기술 의존은 베트남전쟁에서 패배한 원인이라고 볼 수 없다. 기술 의존이 승리의 원천이 될 수도 없었다. 미국은 자유롭고 독립적이며 공산화되지 않은 남베트남 건설이라는 목표를 달성하는 전략을 개발할 능력이 없었기 때문에 패배한 것이다.

4장

냉전의 승리,
1976~1990년

베트남전쟁 이후 15년 동안, 미군은 패배한 군대에서 냉전에서 승리를 거둔 군대로 변모했다. 이러한 성공에는 여러 요인이 있었다. 소련이라는 강력한 적수의 존재와 베트남전쟁에서 저지른 실수를 반복하지 않겠다고 결심한, 전쟁으로 단련된 장교단도 그중 하나였다. 신세대 무기, 그리고 이들을 효과적으로 사용하기 위해 필요한 교리의 개발과 도입은 소비에트연합과 경쟁하고 종국에는 소련을 물리친 미국의 전략에 중요한(어떤 이들은 가장 중요했다고 주장할 것이다) 요소였다. 카터와 레이건 행정부 시기에 기술 부문은 초강대국들의 경쟁에서 주요한 격전지로 여겨졌다. 중부 유럽에서 소련의 전차부대와 해상 폭격기 전력, 그리고 핵미사일 전력에 맞서기 위해 미국의 기술적 우위는 지극히 중요했다.

후기 냉전 시대 미국의 기술

1970년대를 살아보지 않은 사람이 당시의 시대정신을 이해하기란 어렵다. 전 합동참모본부 의장이었던 토머스 H. 무어러 제독은 1977년 다음과 같은 표현으로 당대의 분위기를 정확히 묘사했다. "미국은 불안과 혼란의 분위기 속에 20세기의 마지막 사반세기의 문턱을 넘고 있다. 이는 빠르게 변하고 있는 세계에서 미국의 위치에 대한 혼란, 그리고 흐릿해 보이는 미래를 향한 올바른 길이 무엇인가에 대한 혼란이었다."[1] 베트남전쟁은 미군의 힘과 사기를 떨어뜨렸다. 전쟁이 끝나고 국방부는 적은 예산과 군에 대한 대중의 낮은 지지와 씨름해야 했다.

반면 소련의 세력은 특히 중앙아메리카와 카리브해 연안 국가, 아프리카, 중동에서 상승세를 타고 있는 것처럼 보였다. 1970년대 소련군은 규모가 커지고 복잡해졌다. 소련의 군사 개발에 대한 CIA의 1981년 평가는 다음과 같다. 지난 15년간 소련은 대륙간 핵 투발 능력을 여섯 배 가까이 증대시켰고, 세계 최대의 전략 방위 및 민간 방위 사업을 유지했으며, 전장 핵전력의 규모를 세 배 이상 증대시켰다. 사단들의 포병 화력을 두 배 이상 증대시켰으며, 소련의 전술공군이 NATO 영토 깊숙이 투하할 수 있는 무기의 중량을 아홉 배 늘렸다. 새로운 수상함, 잠수함, 해상항공기들을 도입했으며 제3세계에서 군사 활동을 확대했다. 실질적인 국방비 지출을 두 배 가까이 늘렸고, 군사 연구 개발에 대한 투자를 두 배 이상 늘렸다.[2] 2년 후에 발표된 다른 평가 보고서는 소련이 지난 20년 동안 새롭게 개발하거나 개조한 무기보다 더 많은 무기를 1980년대에 새로 개발하거나 개조할 것이라고 예측했다. "그리하여 (……) 소련 지도자들은 1990년 초쯤이면 군사력과 함께 전례 없는 수

효의 무기 체계들을 갖추게 될 것이다."[3]

소련 군수품들의 하드웨어가 점차 정교해지고 있다는 것이 특히 우려되는 일이었다. 국방부에서 간행하는 『소련 군사력』 1984년판은 이렇게 결론을 내렸다. "대부분의 기본 기술 부문에서 미국이 소비에트연방을 앞서고 있지만, 이러한 기술들의 군사적 적용에서는 격차가 계속 좁혀지고 있다. 중요한 서구 기술들을 결합함으로써 소비에트연방은 값비싼 연구 개발 노력을 회피하고, 실전 배치된 미국의 무기들과 비등하거나 우월한 소련제 무기들을 이전보다 더욱 빠른 시일 내에 생산할 수 있게 된다."[4]

카터와 레이건 대통령 시기에 국방부는 소련의 수적 우위를 상쇄하기 위해 고등 기술 부문에서 미국의 이점을 최대한 활용하려 했다. 본질적으로 국방부의 전략은 정보 기술의 우위로 소련의 중공업 우위에 대응하는 것이었다.

지미 카터 행정부의 해럴드 브라운이 국방부 장관으로 재임하는 동안 국방부는 바르샤바조약기구 군대의 수적 우위를 상쇄하기 위해 고등 기술을 활용하려 한 이른바 상쇄 전략offset strategy를 개발했다. 이 전략은 전후 미국의 국방 계획 수립에서 핵심이 되는 생각을 뚜렷이 드러낸다. 바로 미국의 앞선 기술이 전쟁에서 중대한 우세 요인이 될 수 있다는 것이다. 브라운 장관 아래에서 국방부는 현대의 전자 장비와 컴퓨터를 사용하여 미군의 효율성을 증대시키려 했다. 또한 스텔스 전투기나 전자전 장비와 같이 소련의 대규모 장비들을 무력화하리라 기대되는 무기 체계들에 투자했다.[5] 예를 들어 국방 계획 입안자들은 소련의 전차부대에 맞대응하기 위해 다양한 육군과 공군의 무기 체계들을 살펴보았는데, 여기에는 코퍼헤드Copperhead 포탄과 헬파이어Hellfire 대전차미사

일 같은 정밀유도무기도 포함되어 있었다.[6]

소련과 경쟁하는 가운데 미국의 기술 우위를 활용하는 것은 레이건 행정부에서는 공공연한 정책이 되었다. 국가안보 정책 결정 지시National Security Decision Directive 75호 '소비에트연방과 미국의 관계'에는 이렇게 적혀 있다.

> 미국은 반드시 자국의 군사 전력—핵전력과 재래식 전력 모두—을 현대화하여 소비에트의 지도자들이 미국은 결코 2등 지위를 수용하지 않고 군사태세가 악화되는 사태를 방관하지도 않을 것임을 알게 해야 한다. 어떠한 우발 상황에서 벌어지는 전쟁일지라도 소비에트연방에 비관적인 결과가 예상됨으로써 소련 지도자들이 공격을 개시할 유인이 전혀 없어야 한다. 미군이 미래에도 강력한 힘을 발휘할 수 있음이 확증되어야 한다. 미국의 군사기술 우위는 반드시 활용되어야 하며, 군용/민군民軍 겸용의 기술과 제품, 용역의 이동을 더욱 엄격히 통제해야 한다.[7]

이렇게 하여 미국 정부는 기술적으로 미국에 뒤처지는 현실에 직면한 소련의 공포를 활용할 수 있을 것이라고 CIA는 보고했다.[8]

소련은 미국의 기술을 획득하기 위해 음으로 양으로 많은 노력을 기울였다. KGB와 군의 정보원들은 미국의 산업, 특히 전자, 컴퓨터 그리고 제조업 기술 분야를 노렸다.[9] 예를 들어 소련은 F/A-18 호넷Hornet 항공기에 대한 문서를 획득하여 1,000명이 1년간 해야 할 연구 역량을 아낄 수 있었다. 호넷의 사격통제 레이더는 소련의 MiG-29 펄크럼Fulcrum과 Su-27 플랭커Flanker의 하방 탐색/공격look-down/shoot-down 레이더의 기반이 되었다. 미국에서 훔쳐온 정보는 소련이 새로운 레이더 유도 공대공

미사일을 설계하고 미국의 레이더 체계에 대한 발전된 대응책을 개발하는 데 원동력이 되었다.[10]

기술 스파이 활동은 소련의 기술적 취약성을 드러내는 것이기도 했다. 그래서 미국은 기술 경쟁에 대한 소련의 인식을 파악하기 위해 몇 가지 노력을 기울였다. 하나는 미국의 군사기술 현황에 대한 허위 정보를 흘리는 것이었다. 1981년, 프랑스 정보기관은 KGB 장교로 서구의 과학기술에 대한 정보 수집을 담당하던 블라디미르 I. 페트로프를 포섭한다. '페어웰Farewell'이란 이름이 붙은 페트로프는 소련이 물색하고 있는 기술의 목록을 프랑스에 주었고, 프랑스는 이 정보를 미국에 전달했다.[11] 1984년 초, CIA와 펜타곤은 소련의 기술 수집 목록에 대한 지식을 활용하여 모스크바에 불완전하고 잘못된 정보들을 흘리기 시작했다. 이 역정보 작전은 스텔스, 탄도미사일 방어, 그리고 고등전술항공기 등을 포함한 대여섯 가지 민감한 군사기술에 관한 것이었다. 미국은 개발 일정, 시제품 성능, 시험 결과, 제조 일정 그리고 실전 성능에 대한 잘못된 정보를 심었다.[12] 국방부는 또한 전략방위구상SDI에 관한 기만 작전을 실시하여 소련으로 하여금 미국의 탄도미사일 방어 능력이 실제보다 더 가공할 수준이라고 믿게 하려 했다.[13]

국방 개혁 운동

미국의 앞선 고등 기술이 영원히 우위를 점할 수 있다는 데 모두가 동의하지는 않았다. 1980년대에 미국에서는 소위 국방 개혁military reform 운동이 벌어졌는데, 이들 운동가들은 군 장성들이 가격은 너무 비싼데 효용은 의문스러운 무기들을 선호한다고 비난했다. 이 운동의 대변인 중 하나인 윌리엄 S. 린드는 이렇게 썼다. "안보 기득권층은 품질에 대한 높은 기준을 설정해 최첨단 무기를 만들지만 이러한 무기들은 실제 전투와는 별다른 연관이 없을 때가 종종 있다. 이 무기들은 또한 견고하지 않고 전장에서 운용하고 유지하기가 매우 어렵다. 그리고 시험장의 환경과는 매우 다른 전장 환경에서 제 기능을 발휘하지 못할 때도 있다. 이 무기들은 개발하는 데 수십 년이 걸리고, 구입하고 운영하는 데 엄청나게 많은 돈이 든다."[14] 국방 전문 기자 제임스 팔로우즈는 이를 두고 다음과 같이 보다 분명하게 서술했다. "현대 미국의 국가 방위는 마술 무기를 추구해왔다는 독특한 성격을 갖고 있다."[15]

개혁론자들은 미국의 무기 사업들을 많이 비판했다. 예를 들어 팔로우즈는 F-15 이글Eagle 전투기를 두고 "값비싸고 유지가 불가능한 체계"라고 말했으며, M1 에이브럼스 전차를 두고 "절름발이"라고 비웃었다.[16] 개혁론자들은 저렴하고 단순한 무기들이 종종 더욱 효과적이라고 주장했다. 예를 들어 피에르 스프리는 F-16 팰컨Falcon이 당시의 F-15보다 "분명히 더 효과적"이며, M60A1 MBT가 이를 대체한 M1보다 "분명히 우월하다"고 주장했다.[17]

보다 저렴하고 단순한 무기들을 옹호하면서 개혁론자들은 때때로 소련의 개발 사례를 들면서 이를 본받아야 한다고 주장했다. 에드워드 루트웍은 소련이 "날것 그대로의 성능"과 "신소재의 대담한 사용"을 강조하였으며, 한편으로는 "장식물"을 찾아볼 수 없다고 주장했다. 루트웍은 소련의 AK-47 돌격소총을 두고 "많은 실용적인 군인들이 AK-47이 단연코 훨씬 나은 무기라고 주장한다. AK-47은 총열이 막히는 일도 적고, 조잡한 M-16에 비해 사격감도 더 좋다"고 찬양했다. 루트웍은

F-15 이글. © U.S. Air Force photo/Staff Sgt. Samuel Rogers

M-16을 두고 "거대한 칫솔 같다"고 표현했다.[18]

국방 분야의 전통주의자들은 고등 기술이 미국의 경쟁 우위이며 이를 포기하는 것은 말도 안 된다고 반박했다. 훗날 국방부 장관이 되는 윌리엄 J. 페리는 이를 이렇게 표현했다. "군 개혁 운동의 효율성 개념은 이 나라가 소련과의 경쟁에서 갖고 있는 커다란 이점 하나, 바로 기술적 우위를 향유하지 못하는 약점이 있다."[19]

국방 전통주의자들은 기술과 복잡성을 동일시하는 것을 지나친 단순화라고 여겼다. 반대로 이들은 무기의 신뢰성을 높이고 운용 및 유지에 용이하도록 기술을 적용할 수 있다고 주장했다. 예를 들어 타이콘데로가Ticonderoga급 순양함은 기존 모델에 비해 스무 배의 수송 능력을 갖고 있었으며 인력 면에서도 기존의 3분의 1가량의 요원들이 운용했다. 성능은 더 뛰어난데 구매하고 운용하는 데 드는 비용은 더 적었다.[20]

1991년에 걸프전이 발발하면서 양쪽의 주장이 마침내 시험대에 올랐다. 결과는 분명 전통주의자들에게 더 유리했다. M1 에이브럼스,

M2/M3 브래들리^{Bradley}, F-15 이글, 그리고 발전형중거리공대공미사일 AMRAAM: Advanced Medium-Range Air to Air Missile을 비롯한 국방 개혁론자들이 오랫동안 비판한 많은 신무기들이 전장에서 훌륭한 성능을 보여주었다. 반면, 국방 개혁 운동가들이 가장 적극적으로 옹호했던 무기 체계인 F-16 팰컨은 짧은 작전 반경과 정밀유도무기 투하 능력이 없어 가치가 별로 높지 않은 것으로 밝혀졌다. 이라크는 국방 개혁을 외치는 이들이 오랫동안 찬양하던 소련제 무기들을 사용했는데 개혁론자들이 비웃었던 미국제 무기의 상대가 되지 못했다.

냉전 후반기에 미국이 배치한 주요한 무기들이 오늘날 미군의 근간을 형성했다. 육군의 M1 에이브럼스 전차와 M2/M3 브래들리 전투차량, 해군의 이지스 순양함 및 구축함, 토마호크 순항미사일, 그리고 공군의 F-15와 F-16 전투기는 모두 소련의 위협에 맞서 개발되었으나 21세기 초까지도 제일선 무기 체계로 남았다.

육군: 능동적 방어에서 공지전까지

베트남전쟁 이후의 경험을 통해 미 육군이 앞으로도 베트남전쟁과 같은 전쟁을 치러야 할 운명에 처했다는 주장은 사실과 다름이 판명되었다. 미국이 베트남에서 철수하고 나서 육군 지도부는 대對반란전^{counter insurgency}을 접고 다시 중부 유럽에서 벌어질 소련과의 대결에 집중했다. 이는 부분적으로는 동남아시아에서 겪은 고통스러운 기억이 작용한 결과였다. 심지어 베트남전쟁 중에도 감추지 못했던, 고강도 재래식 작전을 준비하려는 욕망의 산물이기도 했다. 소련의 군사력 현대화도 이러한 추세에 한몫했다. 소련이 신세대 무기를 배치하고 작전 개념을 수정 개발하자 많은 지도자들은 과연 NATO가 유럽에서 벌어질 재래식 전쟁에서 승리하기는커녕 제대로 싸울 수나 있을지 의문을 품었다. NATO의 몇몇 군사 지도자들은 1970년대에 연합군이 핵을 사용하기 전에는 열흘 이상을 버티지 못할 것이라고 예측했다.[21]

그로 인해 신세대 육군 장교들이 미래에 베트남전쟁을 반복하는 일이 없도록 신체적·지적 측면에서 육군을 재구축하기 시작했다. 이들은 전략을 재발견하고, 육군대학에 클라우제비츠에 대한 연구를 되살렸다. 또한 전쟁의 작전 단계와 교리에 대한 관심을 환기시켰고, 이는 육군의 사고방식에서 일대 변혁을 초래했다. 그리하여 공지전AirLand Battle 교리가 개발되었는데, 이 교리로 인해 M1 에이브럼스 전차와 M2/M3 브래들리 전투차량을 비롯한 새로운 기술과 무기를 얻었다.

군인들은 경력의 대부분을 무기 사용법 연마보다 연구에서 쌓았다. 이는 특히 핵 억제와 초강대국 간의 대립으로 인해 대전쟁의 발발 가능성이 약화된 냉전 시대에 더욱 그러했다. 그래서 냉전기에 발발한 전쟁들은 더욱 면밀하게 검토되었다. 1973년 아랍-이스라엘 전쟁은 육군 장교들에게 특히 관심거리였다. 대부분 미국제 장비로 무장했던 이스라엘 대 소련제 무기들을 보유하고 있던 이집트와 시리아가 격돌한 이 전쟁은 NATO와 바르샤바조약 동맹국의 대결과 가장 유사할 것으로 여겨졌다. 게다가 지대공미사일SAM, 대전차유도미사일ATGM: Antitank Guided Missile, 그리고 대함 순항미사일Antiship Cruise Missile을 비롯한 신무기들이 폭넓게 사용되었다. 전 세계 전문가들은 이 아랍-이스라엘 전쟁을 통해 미래의 전쟁 양상을 파악하려 했다.

미 육군 교육사령부TRADOC: Training and Doctrine Command 장교들은 아랍-이스

라엘 전쟁을 면밀하게 연구했다. 이들은 현대 무기, 특히 현대의 전차 화포와 대전차유도미사일, 그리고 지대공미사일의 살상력에 충격을 받았다.[22] 한 연구는 다음과 같이 끝맺고 있다. "최근 수십 년 동안 전쟁의 본질은 중대한 변화를 겪었다. 크고 작은 국가들의 군대에서 증대된 살상력을 가진 무기들을 다수 찾을 수 있다. 1973년에 중동에서 발생한 전쟁은 미래전의 본질을 대변할지도 모른다. 아랍과 이스라엘은 모두 최신 무기로 무장했고, 해당 전쟁은 한때 핵무기만 보일 수 있으리라 여겨졌던 파괴력을 선보였다. (……) 세계가 지난 30년간 보지 못했던 대규모 기갑 전력의 충돌로 인해 양측은 모두 엄청난 손실을 입었다. 단 2주도 안 돼 전력의 50퍼센트가 손실된 것이다."[23]

1973년 아랍−이스라엘 전쟁이 끝나고 나서 육군 참모총장 크레이턴 에이브럼스는 포트녹스에 있던* 육군기갑학교의 지휘관 돈 스태리와 XM1 전차 사업의 책임자인 보브 베어 준장을 이스라엘로 파견하여 해당 전쟁을 연구하게 했다. 스태리가 연구를 통해 익힌 교훈 중 하나는, 현대의 전장은 더욱 강력한 살상력과 긴 사정거리, 그리고 치명적인 방공으로 인해 극도로 위험할 뿐 아니라 짧은 시간에 막대한 장비의 손실이 발생한다는 것이었다. 승리하기 위해서는 모든 전력의 긴밀한 협조가 필요할 터였다. 아마도 가장 중대한 교훈일 텐데, 파견된 장교들은 주도권을 잡고 유지하는 것이 얼마나 중요한지를 통감하고 깊은 인상을 받았다.[24]

육군의 야전교범 100-5 『작전』의 1976년판은 육군이 아랍−이스라엘 전쟁에서 얻은 교훈들을 반영하고 있다. 교범은 현대전에 냉혹한 관점

---

* 현재는 포트베닝에 있다.

을 취하면서 미래 무력 충돌의 특징은 강한 화력과 소모전일 것이라고 주장한다.[25] 교범은 '능동적 방어'라는 미래전에 대한(특히 중부 유럽에서 바르샤바조약 동맹국들과 벌일 미래 전쟁에 대한) 새로운 교리를 설명한다. 이 교리는 NATO와 바르샤바조약 동맹국의 전쟁에 대한 통념을 체계화했다. 전쟁 초기 단계에 NATO 전력은 수세에 놓일 것이며, 이후 역공을 개시하기 위해서는 전열을 정비할 수 있을 만큼 버텨야 한다는 것이다.

교범의 내용은 활발하고 열띤 토론을 촉발시켰다. 비판자들은 이를 방어적 작전과 화력에 대한 강조로 보고, 자신들이 선호하던 '기동전' 모델에 대비해 능동적 방어를 '소모전'이라고 매도했다. 실제로는 NATO 회원국의 어느 영토든 절대 바르샤바조약 동맹군에 넘겨줘서는 안 된다는 정치적 과제가 이 교리를 형성하는 데 많은 역할을 했다. 보다 옹호를 받았던 비판은 능동적 방어가 미래전의 초기 전투에만 집중하고 차후 작전은 전혀 언급하지 않는다는 것이었다.[26]

능동적 방어에 대한 불만은 보다 공세적인 교리인 '공지전'의 개발로 이어졌다. 이 교리는 야전교범 100-5의 1982년판에서 체계화되었다. 이 교범에서는 능동적 방어 교리가 중시했던 직접 사격 교전을 버리고 적진 후방 깊숙한 곳을 공습하는 것을 선호했다. 또한 공세 행동, 기동, 그리고 기습의 역할을 강조했다.

공지전 교리는 대체로 1977년부터 1981년까지 육군 교육사령관을 맡았던 스태리의 작품으로, 소련군의 중부 유럽 진입을 차단할 뿐 아니라 전투를 적 영토 깊숙한 곳까지 이끌고자 했다. 소련은 자군을 사다리꼴로 배치하려 했는데, 이는 NATO 지휘관들로 하여금 전술항공력과 장거리 포병 전력으로 소련의 전투부대들을 NATO 전력과 접촉하

기 전에 파괴할 가능성을 열어주었다.[27]

스태리는 소련군 후속 제대의 위치를 파악하고, 소련의 초기 공격이 NATO의 방어를 뚫기 전에 이를 공격하고, 후속 제대가 NATO 전력에 닿기 전에 패퇴시키기 위해서는 지휘관들이 바르샤바조약 동맹국 영토를 깊숙이 보는 시야가 필수라고 생각했다.[28] 그리하여 각기 다른 제대에 거리가 아닌 시간에 따라 책무를 부여하려 했다. 여단에는 전방 우군 배치선 내에 있는 모든 적 전력을 12시간 내에 공격하는 책무가 주어졌는데, 사단의 경우 24시간, 군단의 경우는 72시간 이내였다.[29]

능동적 방어에서 공지전으로 이동하는 것은 전략적 사고 변화의 축소판과 같았다. 1980년대에는 억제에 대한 더욱 적극적인 개념이 등장했는데, 이는 처음부터 전장을 소련의 영토 안으로 확대하는 방안을 구상하고 있었다. 해군의 '해상 전략'은 이러한 변화를 보여주는 또 다른 사례였다. 향후의 전쟁에서 초기부터 소련 영토 근방에서 벌이는 작전을 상정한 것이다. 전략가들은 다른 선택지들도 고려했는데, NATO와 바르샤바조약기구 간에 전쟁이 벌어져 새로운 전선이 열리는, 이른바 '수평적 확전horizontal escalation'이라는 것도 있었다.[30]

공지전 교리가 등장하자 미군은 새로운 세대의 무기를 개발하고 획득하는 길로 나아갔다. 교리가 제 기능을 할 수 있기 위해서는, 바르샤바조약기구 동맹국 영토 깊숙한 지역에서부터 소련군의 공격 조짐을 경고하고, 이를 식별할 수 있는 센서와 감시체계, 장거리 타격이 가능한 무기, 그리고 이들을 연결할 수 있는 지휘통제체계가 필요했다. 그 결과 육군은 동부 유럽을 깊숙이 들여다보기 위해 합동감시 및 표적공격용 레이더 체계JSTARS: Joint Surveillance Target Attack Radar System 항공기를 개발했으며, 적 전력을 타격하기 위해 AH-64 아파치 공격 헬리콥터, 퍼싱-2

탄도미사일, 다연장로켓체계MLRS: Multiple-Launch Rocket System, 육군전술미사일
체계ATACMS: Army Tactical Missile System, 그리고 코퍼헤드 야포 발사형 정밀유도
무기artillery-launched PGM를 개발했다. 또한 이 체계들을 서로 연결하기 위해
전술사격지휘TACFIRE: Tactical Fire Direction망을 개발했다.

공지전은 군사력 균형에 대한 소련의 인식에 큰 영향을 미쳤다. 공지
전 교리가 잉태한 기술들은 소련은 엄두를 못 낼 미국 경제(그리고 사회)
의 무기 생산 능력을 보여주었다. 순수하게 군사적인 차원에서 소련 전
문가들은 이 무기들을 유효성 측면에서 핵무기와 비슷하다고 보았다.
실제로 소련의 몇몇 지도자들은 이처럼 발달한 재래식 무기들의 개발
을 전쟁 혁명의 전조라고 보았다. 니콜라이 오가르코프 원수는 1984년
에 이렇게 썼다.

재래식 파괴 수단의 개발이 급격히 변화하고, 선진국에서 자동 정찰 및
타격 복합체, 장거리 고정밀 종말유도 전투 체계, 무인 비행 기계, 그리
고 질적으로 새로운 전자통제체계가 등장하면서 많은 종류의 무기가 전
지구적 타격 능력을 갖게 됐다. 그리고 재래식 무기의 파괴 잠재력을 급
격히(최소한 자릿수가 하나 더 늘어날 정도로) 증대시키고, 효능 면에서 이
무기들을 대량살상무기에 가깝게 만들었다.[31]

미국의 행보에 소련은 대응책을 마련해야 했으나 경제력이 따라가지
못했다.

⊙ 공격 저지 계획
소련 기갑 전력의 제1제대와 제2제대를 낮이나 밤, 또는 어떤 기상 상

태에서든 격파해야 할 필요성은 혁신의 원동력으로 작용했다. 1977년 국방고등연구계획국은 '공격 저지^{Assault Breaker}' 계획 수립에 착수하는데, NATO 영공 높은 곳에서 동유럽 깊숙한 곳에서 이동하는 차량을 감지하고 추적할 수 있는 레이더를 장착한 항공기를 구상했다. 항공기는 이 목표물에 대한 정보를 장거리 공중 발사 무기를 사용하여 적 전력을 섬멸하는 부대로 전달할 것이었다. 공격 저지 계획의 목표는 10시간 안에 최전선 후방 20~100킬로미터 내에서 운행 중인 2,000대의 차량을 파괴할 수 있는 체계를 실전 배치하는 것이었다.[32]

이러한 작전이 성공하려면 적 지상 전선 너머 깊숙이에서 운행하는 차량들을 식별하고 추적할 수 있는 능력이 관건이었다. 1978년 8월 공군은 그루먼과 휴즈에 지상이동표적 지시기^{GMTI: Ground Moving Target Indicator} 레이더를 제작하는 계약을 발주하는데, 이 레이더는 나중에 페이브무버^{Pave Mover}라는 이름으로 알려진다. 같은 시기에 육군은 원거리표적획득체계^{SOTAS: Standoff Target Acquisition System}로 알려진 유사한 체계를 개발하고 있었다. 1982년 5월, 국방연구기술국장은 두 사업을 합동감시 및 표적공격용 레이더 체계 사업으로 통합하도록 지시했다.[33]

이 체계의 기체는 논쟁을 불러일으켰다. 육군은 작고 느린 OV-1D 모호크^{Mohawk}를 사용하길 원했지만 공군은 높이 나는 U-2를 원했다. 결국 양군은 보잉의 707 기체를 사용하기로 합의했다.[34] 체계의 소프트웨어 개발은 더 복잡한 작업이었다. 소프트웨어를 제작하는 데 60만 줄의 코드가 필요했는데, 이는 E-3A 센트리^{Sentry} 공중조기경보관제체계^{AWACS: Airborne Warning and Control System} 항공기에 들어간 코드보다 세 배 가까이 많았다. 이렇게 탄생한 체계는 320~400킬로미터 밖에서 움직이는 차량의 위치를 파악하고 추적할 수 있었다.[35] 이 항공기는 1988년 12월에 처음으로 비행했다. 2년 후, 두 대의 시험기가 걸프전에서 활약했다. 최초의 생산품은 1996년에 인도되었으며, 1997년 12월에 실전 배치되었다.[36]

빅 파이브

냉전 후반기 육군의 무기 도입 사업은 훗날 '빅 파이브'로 알려진 다섯 가지 무기 체계에 집중되었다. 최신 기술이 적용된 전차, 보병 전투차량IFV: Infantry Fighting Vehicle, 고등 공격 헬리콥터, 병력 수송 헬리콥터 그리고 방공 체계였다. 이 사업들은 육군의 특기별 분과 구조와 일치했다. 전차는 기갑 특기를, 보병 전투차량은 보병과 기갑 특기를, 공격 헬리콥터는 항공 특기를, 수송 헬리콥터는 공중기동보병 특기를, 방공 체계는 방공포병 특기를 위한 것이었다.

⊙ M1 에이브럼스

미 육군 교육사령부의 1977년 보고서는 육군에서 통용되는 관점의 일면을 보여준다. "세계의 모든 강군은 지상 전투력을 전차에 의지했다. 험지 기동 능력, 보호장갑, 가공할 만한 화력으로 전차는 지금까지 전투를 수행하는 데 가장 중요한 무기였으며 앞으로도 그럴 것이다."[37] 그러므로 육군 현대화의 핵심 사업이 새로운 전차였다는 사실은 놀랄 일이 아니다.

M1 에이브럼스는 M-60 계열 전차를 대체하기 위한 두 가지 실패한 시도에서 탄생했다. 2장에서 언급했듯이 하나는 미국과 독일 합작의

MBT-70으로, 양국 간의 사업 관리 문제, 상이한 요구 사항, 비용 초과, 그리고 기술적 어려움으로 곤경에 빠졌다. 1970년 1월, 사업은 무산되었다. 대신 의회는 XM803으로 명명된 보다 소박한 버전의 전차 사업을 승인했다. 그러나 이 사업은 오래가지 못했다. 이듬해 사업에 대한 반대가 일어났고, 육군 참모총장 웨스트모어랜드는 1971년 이 사업을 취소시켰다.[38]

후속 사업인 XM1은 이전 디자인에서 이탈한 것이었다. 육군은 조원 4명이 탑승하고, 105밀리 주포로 무장하고, 최고 시속 70킬로미터를 낼 수 있는 50톤짜리 전차를 요구 사항으로 내걸었다.[39] M1은 가스터빈 엔진을 장착한 최초의 미국 전차였으며, 승조원을 보호하기 위해 화재 진압 기능을 갖추고 있었다. 또한 발달된 디지털 사격통제체계, 사수용 적외선 센서, 그리고 먼 거리에서도 안정적으로 목표물을 맞힐 수 있도록 안정화된 주포를 장착하고 있었다.[40]

M1은 세라믹, 강철 그리고 방탄 나일론 막으로 코팅된 티타늄 판으로 만들어진 혁명적인 장갑을 장착했다. 이 장갑은 다양한 대전차탄에 피격될 경우에도 견딜 수 있었고, 철저히 비밀에 부쳐졌다. 이 장갑에 대해서나 이 장갑의 방호력에 대해서 알고 있는 사람은 거의 없었다. 이 장갑의 가장 큰 단점은 무게였다. XM1의 장갑은 전차에 8톤의 무게를 더했다. 그러나 전차의 터빈엔진과 새로운 서스펜션 체계로 중량이 늘어난 상태에서도 기동성을 유지할 수 있었다. '특수 장갑'이라고 완곡하게 표현된 이 장갑을 제조하기란 상당히 어려운 일이었다. 구성 요소들이 비밀에 부쳐져 있기 때문에 보안이 확보된 건물에서 제조해야 했는데, 독특한 구성 성분 때문에 특수한 공정과 기계가 필요했다.[41]

육군은 XM1을 위한 제안 요청서를 1973년 1월 23일에 공지했다. 크라이슬러와 제너럴모터스가 제안서를 제출했다. 광범위한 논의와 협상 끝에 1976년 11월 크라이슬러가 낙점을 받았다.[42] 1976년 5월 7일, 국방부 장관 도널드 럼스펠드는 XM1 전차 110대의 초도 소량 생산을 승인한다. 이후 총 2,374대가 생산되었다.[43]

1985년, 육군은 보다 강력한 120밀리 활강포, 화생방 방호 능력, 기타 생존성 및 거주성 개선 사항이 추가된 M1A1을 배치하기 시작했다.[44] 육군은 전차의 보호장갑을 개선하는 연구를 극비리에 진행했다. 한 연구 사업은 고밀도의 열화우라늄으로 제조한 장갑을 연구하기도 했다. 장갑이 방호 능력을 크게 개선한다는 시험 결과가 나오자 이를 M1의 합성 장갑에 추가할 수 있는 합금으로 만들기로 결정했다.[45] 그러나 이러한 특수한 합금을 높은 보안 상태에서 제조하는 일은 중대한 난관이었다. 그 결과 초기의 M1A1은 열화우라늄 장갑 없이 생산되었다. 열화우라늄 장갑이 장착된 전차는 M1A1 헤비Heavy라는 이름으로 1988년 5월 도입되었다. 이후 2,329대의 M1A1과 2,140대의 M1A1 헤비가 생산되었다.[46]

소련의 전차 포탄과 대전차미사일로부터 미국의 전차 방호를 강화하는 것은 과제의 일부였다. 미국의 전차 포탄이 소련 전차의 장갑을 관통할 수 있도록 개선하는 것은 또 다른 과제였다. 미국의 국방 관계자들 사이에서는 소련의 장갑 개발이 미국의 화포와 탄약 기술을 능가한다는 우려가 팽배했다. 예를 들어 1982년에 CIA는 T-72의 장갑이 미국의 운동에너지 전차탄이나 대전차유도미사일을 모두 막아낼 수 있다고 평가했다.[47]

걸프전은 그러한 우려가 과장되었음을 보여주었다. 걸프전이 발발하기 전에 평론가들은 미군이 사막에서 전투하는 데 어려움을 겪을 것이라고 주장했으나, 북부 쿠웨이트와 남부 이라크의 평평한 개활지와 창의성이 부족한 이라크의 전술 덕택에 미국의 기술이 큰 효율을 보이며 성능을 발휘할 수 있었다. 미국의 M1A1 전차는 이라크 공화국수비대가 채택한 T-72에 비해 사정거리에서 이점을 보였다. M1A1의 적외선 조준경 덕에 사수는 야간이나 모래 바람이 몰아치는 때에도 이라크 전차를 조준할 수 있었다.

반면 이라크 전차의 승조원들은 밤이나 모래 바람이 몰아칠 때 눈이 먼 상태나 다름없었다. 이라크의 승조원들이 미국 전차를 발견할 수 있었을 때에도 전차의 주포는 상대를 타격하기엔 사정거리가 짧았다. '73 이스팅' 전투에서 미 육군의 제2기갑수색연대는 이라크의 타와칼나 공화국수비대 사단 제18기계화여단의 T-72M1 전차를 2,400미터 밖에서 타격했다. 이는 이라크 공화국수비대의 T-72 전투가늠자의 사정거리인 1,800미터보다 먼 거리였다. 여기에 이동하면서 사격할 수 있었기에 이라크군이 전차포 섬광을 따라 추적해봐야 소용이 없었다.[48] 미군의 M1 전차는 단 한 대도 파괴되거나 관통되지 않았다. 이라크의 T-72 125밀리 활강포의 타격을 받고도 사소한 정면 손상을 입었을 뿐이라는 몇몇 보고만 들어왔다.[49] 제24보병사단에 소속된 M1A1 헤비 한 대가 진창에 빠져 고립된 채로 이라크의 T-72 세 대의 공격을 받은 사례가 있었다. 기동할 수가 없었음에도 M1은 모래턱 뒤에 숨어 있었던 한 대를 포함하여 T-72 세 대를 모두 격파했다. M1에겐 단지 T-72가 발사한 포탄 한 발로 인해 긁힌 자국이 남았을 뿐이다.

걸프전 이후 M1은 추가로 기능을 향상시켰다. M1A2는 1992년 12월 1일에 첫선을 보였는데, 전차장을 위한 열상 센서 등을 포함한 개선 사항이 추가되었다. 더욱 중요한 것은 디지털 통신, 개선된 네비게이션 능력, 차량간정보체계Inter-Vehicle Information System를 통해 전차들끼리 네트워크를 구축할 수 있는 능력이 추가되었다는 점이다.[50] 이를 통해 전장에서 전차들은 우군과 적군의 위치를 더 잘 알 수 있게 되었다.

⊙ M2/M3 브래들리 전투차량

냉전 후반기에 보병 전투차량 또한 M2/M3 브래들리 전투차량의 등장으로 현대화되었다. 고속으로 이동하는 기갑부대가 등장하면서 보병 또한 기계화되기에 이르렀다. 보병부대들은 본래 전장에서 트럭을 타고 이동하고 전투할 때는 하차했다. 군은 똑같은 목적을 위해 병력 수송 장갑차APC: Armored Personnel Carrier를 개발했다. 하지만 핵무기의 출현으로 이러한 접근법에 의문이 제기되었다. 병력은 차량에 탑승한 상태에서도 전투를 치를 능력이 있어야 했다. 그러나 기계화 보병부대가 점차 기갑 전력과 비슷해지자 보병들은 본질적인 질문에 맞닥뜨렸다. 기계화 부대에 복무하는 이들은 장갑차에 탑승하여 전장으로 향하는 보병인가, 아니면 전투할 때는 차량에서 하차하는 기갑부대의 일원인가?[51]

1967년 11월, 소련은 처음으로 BMP-1 기계화 보병 전투차량MICV: Mechanized Infantry Combat Vehicle을 선보였다. 73밀리 활강포, AT-3 새거Sagger 대전차유도미사일 발사대, 그리고 동축 7.62밀리 기관총으로 무장한 BMP는 기존의 병력 수송 장갑차보다 훨씬 강력한 화력을 보유했다. 또한 보병들이 차량 장갑의 보호를 받으면서 자신들의 무기로 사격할 수 있도록 총안銃眼이 달려 있었다. BMP에 대한 대응으로 미 육군은 XM723 기계화 보병 전투차량 사업을 개시했다. 1977년 3월, 육군은 이 사업을 XM2 보병 전투차량과 XM3 기갑 전투차량으로 나누었다.[52]

브래들리 전투차량은 1981년 생산에 들어가 1983년 실전에 투입되었다. M2는 육군의 표준 기계화 보병 차량이 되었고, M3은 기갑수색부대에서 M113을 대신하여 정찰 및 경계 임무를 수행했다. 브래들리는 무게가 24톤이 넘었으며, 도로에서 시속 60킬로미터까지 속력을 낼 수 있었다. 알루미늄으로 만들어졌지만 측면 박판 장갑은 M113보다 강력한 방호를 제공했다. 또한 25밀리 기관총과 튜브발사 광학추적 유선지령유도TOW: Tube-launched, Optically tracked, Wire command-link guided 대전차유도미사일과 광학 및 적외선 조준경 등으로 기존 전투차량보다 더 강력하게 무장했다.

브래들리는 국방 개혁론자들로부터 인기가 없었다. 상원의원 샘 넌과 개리 하트는 전차탄과 대전차미사일에 대한 방호력이 제한돼 있다는 점을 들면서 브래들리의 필요성에 의문을 제기했다. 대신 개혁론자들은 보다 육중하고 전차 같은 기계화 보병 전투차량을 선호했다.[53] 사업을 폐기할 수는 없었지만 개혁론자들의 우려에 더 두꺼운 장갑을 비롯한 생존성 개선 사항이 추가된 M2A2가 더욱 빨리 등장하게 되었다.[54]

데저트스톰Desert Storm 작전*을 통해 브래들리가 비방자들의 예상보다 덜 취약하다는 사실이 밝혀졌다. 지상전 첫날, 제3기갑수색연대 소속의 브래들리 한 대가 중대형 기관총 탄환과 경대전차무기로 15회 관통당했다. 탑승하고 있던 수색대원 두 명이 부상을 입었지만 차량은 여전히 작전 가능했다. 브래들리의 신뢰성은 기대를 뛰어넘었고 예상보다 더 강력했다.[55]

M1과 M2/M3의 목표는 AH-64 아파치 공격 헬리콥터와 육군전술미

---

* 우리에게도 '사막의 폭풍' 작전으로 잘 알려져 있다.

사일체계ATACMS의 획득, 그리고 미 육군 부대의 살상력을 대폭 증대시키는 것이었다. 1983년의 한 개 기계화 사단은 2차 대전 당시 사단에 비해 6배의 화력을 보유했다. 또한 포병이나 공중 지원의 형태로 도움을 요청할 수 있는 범위도 훨씬 넓어졌다. 겉보기에는 미국의 중장비 사단들이 1960년대의 목표 지향적 사단제의 사단들을 연상시켰지만, 항공을 훨씬 많이 활용했으며, 적 장갑차량에 대해 대전차유도미사일을 사용할 수 있었고, 다연장로켓체계를 포함한 훨씬 치명적인 포병 전력을 보유했다.[56] 중부 유럽에서 바르샤바조약 동맹국과 싸우기에 최적화된 이 부대들은 1991년과 2003년 이라크군과 전투를 치른다.

해군: 네트워크와 전쟁

다른 군과 마찬가지로 해군도 베트남전쟁 직후 예산이 대폭 감축되었다. 특히 조선 사업에서 가장 두드러졌다. 1968년과 1975년 사이, 신규 함선 건조량은 3분의 2 이상으로 떨어졌다. 이로 인해 1975년, 해군은 매년 현역 함대의 4퍼센트를 퇴역시켜야 할 것이라는 예측이 나왔다. 예산 감축으로 인해 기존 계획된 함대의 규모도 축소했다.

1975년 국방부 장관 제임스 슐레진저는 한 함대를 함선 575척으로 구성하는 목표를 세웠다. 이듬해 후임 국방부 장관 도널드 럼스펠드는 600척으로 잡았다. 둘 다 소련과의 대전을 염두에 두고 계획한 것이었다. 그러나 카터 행정부는 해군의 1차 용도는 평화 유지 임무와 소규모 우발 사태 대응이라고 주장하면서 대함대의 필요성에 의문을 제기했다. 이러한 임무에는 단 425~500척 정도로 구성된 함대가 필요할 터

였다.[57]

해군은 더 커다란 도전에 직면했다. 소련 해군, 특히 해군 항공력이 성장해 미 해군이 소련 연안에서 작전할 수 있는 능력을 위협했다. 이러한 도전으로 인해 네트워크와 이지스^AEGIS 전투 체계 같은 고도로 발달된 방어 체계를 탐색해야만 했다. 이러한 혁신들은 근본적으로 보수적이었다. 다시 말해 새로운 전쟁 방식을 탐색하기보다는 증강하는 소련의 위협에 맞서 기존 해전 방식을 보존하기 위한 조치였다.

⊙ 네트워크

1960년대에 소련은 점차 전력이 강화된 함선과 잠수함들을 배치했다. Tu-16 같은 소련 해군 항공 전력의 폭격기들도 우려의 대상이었다. SS-N-3 섀독^Shaddock 같은 장거리 공중발사순항미사일과 함께 이 폭격기들은 미 해군의 중핵을 형성하고 있던 항모전단들을 위협할 터였다.

해군은 소련 해군의 위협에서 함선들을 보호하기 위해 네트워크의 가능성을 최대한 이용했다. 1960년대에 해군은 해양 감시 정보를 처리하는 포괄적인 체계를 개발하기 위한 한 가지 방안으로 해양감시정보체계^OSIS: Ocean Surveillance Information System를 개발하기 시작했다. 해양감시정보체계는 소련의 해군 작전에 대한 이질적인 정보의 편린들을 맞추어 일관성 있는 그림으로 만들었다. 이 체계는 소련의 잠수함을 추적하고, 폭격기와 함선이 미국 항모전단에 접근하여 미사일을 발사하기 전에 미리 항모전단에 알려줄 수 있도록 정보를 제공했다.

이러한 노력은 1976년 가을에 등장한, 미국의 새로운 전자정보^ELINT: Electronic Intelligence 수집 체계의 도움을 받았다. 한 사료에 따르면 이 새로운 정보원은 소련의 해군 활동에 대해 '데이터를 홍수처럼' 제공했다.

거의 비슷한 시기에 미 해군은 개별 소련 함선과 잠수함의 음향 특성을 연관 짓는 사업을 시작했다. 이는 나중에 선체−방사체 상관HULTEC: Hull-To-Emitter Correlation이라는 이름으로 알려진다.[58] 이러한 발전들로 미 해군은 소련 해군 함선들의 위치와 운용 패턴을 더 잘 이해하게 되었다.

이를 비롯한 각종 정보를 최대한 활용하기 위해 해군은 매릴랜드주 수트랜드에 해양감시정보체계센터를 설립하고, 버지니아주 노포크, 영국 런던, 하와이의 진주만에 부속 함대해양감시정보센터Fleet Ocean Surveillance Information Center들을 설립했다. 또한 관련 시설들을 스페인의 로타, 일본의 카미세야에 설치했다.[59] 이 장소들에서 해군 요원들은 해군전술정보체계Navy Tactical Data System라는 컴퓨터 네트워크에 소련 해군의 움직임에 대한 자료들을 입력했다. 이 자료는 관련 정보들과 종합되어 함대에 전송되었다.[60] 항공모함의 전술함대지휘본부TFCC: Tactical Flag Communication Center는 이 자료들을 전단의 센서들이 수집한 실시간 정보에 더해 분석하는 작업을 했다.[61]

해군의 네트워크 구축 노력은 정보혁명의 가속화와 맞물렸다. 전통적인 해군의 정보 체계는 군의 특정한 요구 사항에 맞추어 주문 생산되었다. 그러나 상업적 시장의 급성장으로 더욱 강력한 컴퓨터들이 더 저렴한 가격에 공급될 수 있었다. 민간의 정보 기술을 활용한 최초의 고위 장교는 제리 O. 투틀 소장이었다. 1981년 항모전단 지휘관으로 재직하던 투틀은 민간 데스크탑 컴퓨터에서 작동하는 소프트웨어들을 사용하여 전술적 의사 결정을 돕는 도구를 개발했다. 그렇게 탄생한 합동작전전술체계JOTS: Joint Operational Tactical System는 본질적으로는 상용 컴퓨터에 설치된 전술함대지휘본부와 다를 바 없었다. 같은 기능을 제공하면서도 비싼 돈을 들여 함선을 개조하고 설치할 필요가 없게 되었다.[62]

1989~1993년 해군의 우주 및 전자전 국장으로 재직하는 동안 투틀은 '상용 규격품COTS: Commercial Off-The-Shelf' 기술을 열정적으로 지지했다. 그의 관점에서 볼 때, 민간 업체에서 더 저렴하면서도 성능이 뛰어난 컴퓨터를 만들 수 있는데 많은 돈을 들여 군의 사양에 맞추어 컴퓨터를 따로 개발할 이유가 없었다. 그는 해군이 하드웨어가 아닌 소프트웨어를 만드는 데 자원을 투입해야 한다고 생각했다.

1990년대 초, 거의 모든 미국의 수상 전투 요원들은 합동작전전술체계와 관련 단말기들을 지급받았고, 이리하여 해군해상전술지휘체계NTCS-A: Naval Tactical Command System—Afloat로 알려진 전 함대 지휘통제체계가 탄생했다. 상용 규격품의 도입으로 해군이 정보 체계를 구입하는 방식뿐만 아니라 해군 전력 내에서 정보가 유통되는 방식에도 중대한 변화가 초래되었다. 네트워크에 대한 해군의 전통적인 접근법은 계층적이고 수동적이었다. 해양감시정보체계는 이러한 예로서 해상 환경에 대한 그림을 만들어 전단에 배포했다. 합동작전전술체계와 이것의 후신인 합동해상지휘정보체계Joint Maritime Command Information System는 분산된 컴퓨터들로 이루어진 네트워크로서, 협동하여 해상 환경에 대한 전체 그림을 그려 냈다. 해군의 네트워크 구축 노력은 미군 전반에 걸친 네트워크 구축의 효시가 되었다. 네트워크와 '네트워크 중심전network-centric warfare'의 가장 중요한 옹호론자였던 윌리엄 오언스 제독과 아서 세브로스키 중장이 모두 해군 장교였다는 사실은 결코 우연이 아니었다.

⊙ 이지스
장거리 폭격기와 대함 순항미사일의 조합은 또 다른 혁신을 이끌었다. 1976년, 소련은 기존의 뱃저 폭격기에 비해 작전 반경이 두 배나 넓고 훨씬 무거운 중량을 적재할 수 있는 Tu-22M 백파이어^{Backfire} 폭격기를 배치하기 시작했다. 해군의 기획가들은 미국의 항모전단이 감시 및 전자전 항공기의 지원을 받는 18~24대의 폭격기로 이루어진 연대를 하나 이상 맞닥뜨릴 것이라고 가정했다. 이상적으로는 소련 폭격기가 미사일을 발사하기 전에 미국의 함선이 전투기를 출격시켜 적을 파괴할 수 있을 정도로 조기에 상대 폭격기들의 접근을 감지할 터였다. AN/AWG-9 사격통제체계와 AIM-54 피닉스^{Phoenix} 공대공미사일을 갖춘 F-14 톰캣^{Tomcat}은 적의 폭격기가 미사일을 발사하기 이전에 요격하여 격파할 수 있도록 설계되었다. 그러나 사정거리 500킬로미터의 Kh-22(AS-4 키친^{Kitchen}) 대함 순항미사일을 탑재한 소련 폭격기는 미국의 방공 범위 너머에서 미사일을 발사할 수 있었다.[63]

1963년, 해군은 소련 폭격기의 위협으로부터 항모전단을 보호할 수 있는 방공함을 개발하기 위한 연구 사업을 개시했고, 결국 이지스 전투체계가 탄생했다. 그리스 신화에 나오는 제우스의 방패에서 이름을 딴 이지스는 전투기 활동 범위 바깥에서 날아올 수 있는 대함 미사일로부터 항모전단을 보호하기 위해 만들어졌다. 이 체계의 핵심은 바로 AN/SPY-1 자동다기능위상배열 레이더^{automatic multifunction phased-array radar}였다. 기계적으로 회전하는 레이더와 달리 위상배열 레이더는 전자적으로 회전한다. 따라서 탐색, 추적 및 미사일 유도를 동시에 수행할 수 있다. 예를 들어 SPY-1은 100개 이상의 항적을 동시에 추적할 수 있다. 이지스의 컴퓨터 기반 지휘결심반은 공중, 수상 그리고 수중 잠수함의 위협에 대항하여 작전을 할 수 있게 되었다.

이지스 체계의 첫 해상 시험은 1973년 실시되었는데, 시험선 USS 노턴사운드^{Norton Sound}(AVM-1)에 탑재되었다. 해군의 첫 이지스함인 타이콘

이지스 체계의 주요 구성품인 AN/SPY-1 레이더를 장착한 순양함 USS 레이크 에리. © U.S. Navy photo by Photographer's Mate 2nd Class Bradley J. Sapp

데로가급 순양함은 스프루안스Spruance급 구축함의 선체와 기계 디자인에 이지스 전투 체계를 합친 것이었다. 수직 발사 체계VLS: Vertical Launching System를 탑재한 최초의 이지스함인 USS 벙커힐Bunker Hill(CG-52)이 도입되면서 화력은 더욱 강화되었다. USS 프린스턴Princeton(CG-59)은 개선된 AN/SPY-1B 레이더를 장착하고 출항했다.

1980년, 해군은 보다 우수한 내항성*과 축소된 레이더 및 적외선 정보, 그리고 기능이 향상된 이지스 전투 체계를 갖춘 더 작은 이지스함을 개발하기 시작했다. 그렇게 첫선을 보인 구축함이 1991년에 취역한

---

* 해상에서 배의 정상 기능을 유지할 수 있는 능력.

8,400톤 USS 알레이버크Arleigh Burke였다. 이후 해군은 50척 이상을 더 구매했다.

다른 냉전 시기 무기와 마찬가지로 이지스 또한 소련의 패망 이후에도 건재했다. 소련의 폭격기와 장거리 순항미사일로부터 항모전단을 보호하기 위해 개발된 이지스 레이더와 수직 발사 체계는 해군의 탄도미사일 방어 노력의 중축이 되었다. 일례로 2003년 이라크전쟁에서 이지스 구축함 커티스윌버Curtis Wilbur는 쿠웨이트를 겨냥한 미사일 공격에 대한 조기경보를 제공했다.

⊙ 토마호크

해군은 토마호크 계열 순항미사일을 개발하여 타격 능력을 강화했다. 장거리 타격에 선호되는 토마호크는 대함 순항미사일과 핵 공격 체계에 기원을 두고 있다. 토마호크는 어떤 무기가 처음 구상과는 매우 다른 임무에 사용될 수도 있다는 연구 사례를 제공한다.

1장에서 언급했듯이 초기의 순항미사일은 덩치가 크고, 비과 중에는 취약하며, 명중률이 낮아 문제가 많았다. 그러나 1960년대와 1970년대에 엔진 디자인, 소재, 연료, 그리고 유도 방식을 개선함으로써 순항미사일은 강력한 무기로 변모했다. 이러한 개선 사항들 중 가장 중요한 것은 정밀한 관성항법체계INS: Inertial Navigation System와 지형윤곽대조TERCOM: Terrain Contour Matching를 사용한 정확한 유도 체계의 등장이었다. 첫째로, 관성항법체계로 미사일을 보다 정확하게 유도할 수 있었다. 1958~1970년, 관성항법체계의 정확도는 여섯 배 상승했다. 둘째로, 미국 업계는 미사일 항법에 지형의 특성을 활용하는 기술을 개발했다. 레이더와 지형을 대조하여 메이스Mace 순항미사일을 유도하려 했던 초기의 시도들은 실패로 끝났다.[64] 그러나 1958년, 링-템코-보트Ling-Temco-Vought는 미사일이 주기적으로 비과 상태를 확인하여 제 경로로 가고 있는지 확인할 수 있는 지형윤곽대조 기술에 대한 특허를 출원했다. 이 체계는 레이더 고도계와 컴퓨터로 구성돼 있었다. 컴퓨터에는 미사일의 비과 경로를 따라 선택된 위치의 지형에 대한 고도 정보가 디지털로 저장되어 있었다. 미사일이 인근 지점에 다다르면 레이더 고도계가 실시간으로 해당 지점의 고도 정보를 생산했고, 컴퓨터는 이를 저장된 자료와 비교하여 미사일이 방금 어느 지형을 지났는지 판단했다.[65]

지형윤곽대조는 큰 규모의 지도 제작과 임무 계획 인프라를 필요로 했다. 예를 들어 1,000개의 목표물을 위한 지형윤곽대조 지도를 만들기 위해 분석가들은 100만 개가 넘는 측정점을 모으고 평가한 다음 디지털화하여 전자 지도로 집성해야 했다.[66] 게다가 이러한 지도들은 극비에 부쳐진 위성 체계를 통한 사진에 의존했다. 지형윤곽대조를 사용하는 토마호크 미사일은 각 임무에 대한 광범위하고도 노동 집약적인 계획이 필요했다. 전체 비과 경로가 상당히 상세하게 계획된 다음 컴퓨터에 저장되어야 미사일이 발사될 수 있었다.[67] 미사일의 비과 경로는 장애물이나 방공망을 피하고 기존 지형윤곽대조 지도를 활용할 수 있도록 설계해야 했다.[68]

옹호자들이 보기에 순항미사일은 여러모로 매력적이었다. 비용이 저렴하고, 다양한 플랫폼에서 발사할 수 있으며, 효과도 높았다. 하지만 각 군에서는 반대했다. 로버트 J. 아트와 스티븐 E. 오켄덴은 이렇게 썼다. "각 군의 주도 세력, 즉 공군의 전략폭격기 조종사들, 해군의 항모 제독들, 그리고 육군의 NATO-재래식 무기 압력단체들은 자군의 중심 임무를 위협하는 어떠한 순항미사일 도입에도 반대했다."[69] 국방부의 민간 지도부와 백악관, 그리고 국무부 고위급 인사가 지지하지 않았다면 순항미사일의 개발은 빨리 진행되지 못했을 것이다. 미국의 정치 지도부는 순항미사일을 군축 협상에서 소련의 양보를 끌어내는 협상 카드이자 의회와 NATO로 하여금 제2차 전략무기제한협정SALT II과 군사적 옵션들을 받아들이게 하는 감미료로 보았다.[70]

전체 미군에 들어맞는 진실은 특히 해군의 경우 더했다. 전 해군성 장관 존 레먼은 이렇게 썼다.

직업 잠수함 승조원들은 불편함을 느꼈다. 순항미사일의 주요 배치 수단은 함대의 고속 공격 잠수함이었기 때문이다. 오늘날 잠수함 승조원들의 집중 전문 분야는 당연히 소련의 잠수함이지 수상 함선들이 아니며, 지상전은 더더욱 아니다. 그래서 토마호크는 그들의 주된 임무를 방해하는 것이었다. 게다가 잠수함에 장착한 토마호크가 한 발 늘어날 때마다 주요 업무 수행을 위한 어뢰는 한 발 줄어들 테고, 핵 토마호크가 장착되면 핵 경보가 발령될 때 특정한 발사 위치에 발이 묶여 먼 바다에 머물려는 자신들의 본능이 좌절될까 두려워했다. 조종사들은 당연히 조종사가 필요하지 않으면서도 함재기가 할 수 있는 일을 하는 체계에는 아무런 애정도 없었다. 구축함에 승선하는 수상전 장교들은 토마호크가 자신들의 주요 임무인 대잠전과 대공전에 별 도움이 안 되리라고 보았다.[71]

해군의 순항미사일 사업은 소련의 해상 함대에 대응할 필요성이 있었기에 생겨났다. 해군 참모총장이 되고 얼마 지나지 않아 줌월트는 로버트 카우프만 제독을 필두로 하는 위원회를 만들어 잠수함에서 발사되는 대함 순항미사일의 개발 가능성을 탐색하도록 지시했다. 위원회는 새 잠수함에서 발사될 전술 대함 순항미사일 배치를 해군에 추천했다.[72] 국방부 장관 멜빈 레어드는 한편으로 해군이 핵탄두를 장착한 잠수함발사순항미사일을 개발해주길 바랐다. 제1차 전략무기제한협정 SALT I 불이행에 대한 대비책이었다.

1972년 5월에 서명된 제1차 전략무기제한협정은 순항미사일에는 제약을 두지 않았다. 그래서 레어드는 제1차 전략무기제한협정으로 인한 1973년 국방 예산 개정안의 일부로 순항미사일 사업에 2,000만 달러를 책정할 것을 요청했다. 국방부는 잠수함발사순항미사일에 대해 여러 선택지를 탐색했다. 핵탄도미사일 잠수함을 개조하여 수직 또는 수평으로 발사하는 방식, 핵잠수함의 어뢰 발사관을 사용하는 방식 또는 새로운 순항미사일 잠수함에서 수직 발사를 하는 방식 등을 고려했다. 정말로 대함 순항미사일이 필요했던 해군은 또 다른 선택지를 강구했다. 바로 기존의 잠수함들에서도 발사할 수 있는 전술 및 전략급 순항미사일들이었다. 결국에는 이것이 관철되었다. 그러나 1974년 11월까지 해군은 새로운 무기에 대한 기초 요구 사항을 확정하지 못했다.[73]

공군은 독자적인 순항미사일 사업을 추진하고 있었다. 핵탄두를 장착한, 공중에서 발사되는 순항미사일 ALCM 의 실전 배치가 목표였다. 1973년 12월 국방부는 양군이 서로 협력할 것을 지시했다. 공군에는 터보팬 엔진과 고에너지 연료를 해군과 공유하게 했고, 해군에는 지형 윤곽대조를 공군과 공유하게 했다.[74]

1976년 3월, 국방부는 잠수함발사순항미사일의 생산자로 제너럴다이내믹스를 선정했다. 해군은 1980년 7월까지 토마호크의 비핵무장 지상 공격 및 대함 버전의 최초 운용 능력을 확보하고, 1981년 1월까지 지상 발사 비핵무장 버전의 최초 운용 능력을 확보한다는 계획을 세웠

다.[75]

수평선 너머에서 소련 전함들을 식별하고 파괴하기 위해 만든 비핵무장 BGM-109B 토마호크 대함미사일[TASM]은 해군이 원하던 바로 그 미사일이었다. 탄두 무게 450킬로그램에 사정거리 460킬로미터인 이 미사일은 관성항법체계를 사용했으며, 목표물을 추적하기 위한 능동형 및 수동형 종말 추적기를 장착하고 있었다. 목표물을 겨냥해 적당한 방향으로 발사하면 목표물을 탐색하여 식별한 후 도달하여 파괴했다. 그러나 미사일이 목표물에 닿기까지 30분이 걸릴 수 있기 때문에 비과 중에도 표적 정보를 업데이트할 필요가 있었다. 해군은 토마호크 대함미사일을 위해 광범위한 표적화 기반 장비를 개발했지만 수평선 너머의 표적은 토마호크의 아킬레스건으로 남았고 결코 함대의 승인을 받지 못했다.[76]

해군이 비핵무장 대함 순항미사일을 선호한 반면, 국방부 장관실과 의회는 토마호크의 핵무장 지상 공격형 버전인 BGM-109A를 선호했다. W-80 핵탄두를 장착한 사거리 2,500킬로미터의 이 미사일은 잠수함이나 함선에서 육지의 목표물을 향해 발사할 수 있었다.

이 미사일의 타격 정확도가 분명히 확인되자, 해군은 이 미사일의 비핵무장 버전인 BGM-109C를 배치하기로 결심했다. 또 다른 버전인 BGM-109D는 비행장을 타격하기 위한 자탄[bomblet]들을 싣고 있었다. 비핵무장 토마호크 지상공격미사일[TLAM]은 핵무장 토마호크 지상공격미사일과 크기와 모양, 무게가 똑같았다. 그러나 탄두가 더 무거웠기 때문에 비핵무장 버전은 핵무장 버전보다 사정거리가 짧았다.

비핵무장 토마호크 미사일들은 미사일 비과 중에 관성항법장치가 초래할 부정확성을 교정하기 위해 종말유도가 필요했다. 초기 모델들은 디지털사진연관대조DSMAC: Digital Scene Matching Correlation라는 체계를 사용했다. 이것은 목표물 근방의 지형 사진들을 기억장치에 보관된 디지털 사진들과 비교했다.[77] 1993년, 해군은 개선된 엔진과 탄두를 보유한 토마호크 블록 3을 도입했다. 가장 중요한 것은 토마호크 블록 3이 GPS 유도 체계를 장착했다는 사실이다. 관성항법장치와 달리 GPS는 미사일 비과 중에 정확한 항법 정보를 제공했다. 더욱 중요한 것은 이전에 토마호크 발사를 준비할 때 필요했던 방대한 지도화 작업과 임무 계획 인프라의 많은 부분이 쓸모없어졌다는 것이다. 임무 수행에 더는 지형윤곽대조 사진들이 필요하지 않게 되었다. 이로써 임무를 계획하는 데 필요한 시간이 현저히 단축됐으며 미사일을 보다 유연하게 사용할 수 있었다. GPS 유도의 도입은 기술 발전이 무기 체계들을 복잡하지 않고 단순하게 만들 수 있음을 보여준다.

토마호크의 지상 공격 버전과 비핵무장 공중 발사형 버전 모두 1990년대와 그 후의 전쟁에서 폭넓게 쓰였으며 매우 효과적이었다. 그러나 이 미사일들의 개발 착수와 최종 도입에 이르는 과정은 곧은 직선이 아닌 구불구불한 샛길이었다. 첫째, 해군이나 공군 누구도 이 무기들이 개발 중일 때는 원하지 않았다. 둘째로, 이 미사일들은 개발되었을 당시의 용도로 사용되지 않았다. 토마호크는 원래 대함 미사일과 지상 공격용 핵무기로 개발되었지 비핵무장 무기로 개발되지 않았다. 마지막으로 이 무기들의 최종 효능은 처음에는 이 무기들에 탑재되지 않았던 기술인 GPS 유도에 힘입었다. 이러한 사례는 무기의 유용성이란 심지어 무기가 실전 배치된 이후에도 예상하기가 너무나 어렵다는 사실을 보여준다.

공군: 양과 질의 균형

공군 또한 베트남에서 얻은 교훈을 자군의 현대화 사업에 적용하려 했다. 예산 제약과 오르기만 하는 사업 비용 때문에 공군은 하이—로 믹스를 채택했다. 하이—로 믹스란 상대적으로 소수의 고성능(그리고 값비싼) 항공기와 다수의 성능이 떨어지는(그리고 저렴한) 항공기를 조달하는 방식을 말한다. 전투기의 경우에는 F-15 이글과 F-16 팰컨이 이에 해당한다. 장거리 전투기와 지상 공격 항공기에 비해 단거리 전투기를 강조한 공군의 입장은 국방 계획에서 중부 전선^{Central Front} 시나리오의 우세를 반영할 뿐 아니라, 공군 내에서 전투기 조종사들의 주도권을 반영하고 있었다.

⊙ F-15 이글

F-15 이글은 1962년에 시작된 F-X 사업에서 자라났다. F-X 사업은 본래 대량 조달할 수 있는 상대적으로 단순한 다목적 해공군 항공기 제작이 목표였다. 그러나 시간이 지나면서 공군이 요구 사항을 추가하면서 크기는 커지고, 값이 비싸졌으며, 더 복잡해졌다. 해군과 공군의 요구 사항 또한 상이했다. 양군의 어느 쪽도 F-111의 대실패를 반복하고 싶지 않았기 때문에 1968년, F-X 사업은 공군을 위한 단일 목적 공중 우세 지향 전투기로 변하게 되었다. F-X 항공기의 임무는 공군 내에서 전투기 조종사들의 우세와 맞물렸다. F-X 기체의 디자인에 숨어 있는 철학은 "공대지 전투를 위해서는 단 1그램도 쓰지 않는다"였다.[78]

1968년 9월, 공군은 이후 F-15 프로젝트가 되는 사업에 입찰할 수 있는 자격을 여덟 개 업체에 부여했다. 공군은 기동성과 비행 성능, 그리고 조종사의 가시성을 강조한, 단좌형에 쌍발 엔진을 장착한 공대공 전투기를 원했다. 최고 속도 마하 2.3에, 작전 반경이 F-4보다 3분의 1 더 넓어야 했다. 베트남전쟁의 경험에 기초하여, 공대공미사일뿐만 아니라 기관포도 장착할 터였다.[79] 1969년 12월, 맥도널더글러스가 사업 대상 업체로 낙점되었다.

F-15는 1972년 7월 첫 비행을 실시했다. 초기 시험에서 기존의 전투기보다 더 빠르게 선회하며 훌륭한 가속 성능, 가시성, 조작성을 갖추고 있음을 입증했다. 또한 매우 효과적인 공대공 전투 능력을 보여주었다. APG-63 레이더는 멀리 185킬로미터까지 떨어진 항적까지도 탐지할 수 있었으며, 지상의 잡신호clutter로부터 항공기를 가려낼 수 있는 '하방 탐색/공격' 기능을 갖추고 있었다. F-15의 주요 결함은 엔진이었는데, 특정 상황에서 시동이 꺼지는 경우가 있었다.[80]

공군은 F-15의 첫 업그레이드판인 단좌형 F-15C와 복좌형 F-15D를 1979년 중반에 배치했다. 중대한 변화 중 하나는 동체 양쪽에 달아 연료를 5톤까지 실을 수 있는 컨포멀 연료 탱크Conformal Fuel Tank였다.[81] 이 업그레이드는 소련의 항공우주 사업에 대한 기밀 정보의 도움을 받았다. 1977년부터 1985년까지 소련의 항공우주 엔지니어 아돌프 톨카체프는 미국에 MiG-23 플로거Flogger의 항공 전자 기술, 레이더, 미사일, 그리고 여타 무기 체계에 대한 설계와 MiG-25 폭스뱃Foxbat의 미사일 및 레이더 성능 정보를 제공했으며, Su-27 플랭커와 MiG-29 펄크럼의 존재를 공개했다. 이를 비롯한 다른 정보들 덕택에 1979년 12월, 공군은 F-15의 항전 장비에 상당한 변경을 가했으며, 이로 인해 수십억 달러의 비용과 최대 5년의 연구 개발 기간을 절약할 수 있었다.[82]

맥도널더글러스는 F-15의 능력을 공대지 임무에도 활용하려 했으며,

스스로 돈을 들여 스트라이크이글Strike Eagle이라는 지상 공격형 모델을 시연했다. 이 기체는 APG-63 레이더를 개조하여 지상에 대한 고해상도 사진을 제공할 수 있었다. 또한 목표물 포착 및 레이저 지시를 위해 페이브택Pave Tack과 전방 감시 적외선FLIR: Forward-Looking Infrared 센서를 장착했다.[83]

공군은 스트라이트이글을 F-16의 개조판인 F-16XL과 경쟁시켰다. 1984년 2월, 공군은 F-15E를 선택했다. 4년 후 공군은 첫 F-15E를 인수했다. F-15C보다 5.5톤 더 무거웠으며 적재 중량은 약 10톤이었다. 새로운 조종석과 새로운 지상영상 레이더APG-70, 확장된 전자전 장비, 더 커진 휠과 타이어, 그리고 디지털 비행제어체계를 갖추고 있었다.[84]

⊙ F-16 팰컨

많은 국방 개혁론자들은 F-15에 불만이었다. 공군이 불필요하게 기체를 복잡하게 만들고, 무게를 늘리고, 가격도 비싸게 만들었다고 여겼기 때문이다. 그래서 자신들의 이상에 부합하는, 작고 단순하면서 신뢰도가 높고 저렴한 항공기의 개발을 계속 추구했다. 이러한 항공기는 근거리 공대공 전투에 최적화될 터였다. 공군도 본질적으로 같은 것을 원하고 있었다. F-15를 보완하기 위해 대량 조달될 수 있는 경량급 전투기를 원했던 것이다.[85] 유럽의 NATO 회원국들도 F-104 스타파이터Starfighter를 대체할 수 있는 기체의 조달에 관심을 보였다.

1972년 1월, 공군은 뛰어난 기동력을 갖추고 대당 300만 달러 정도에 구매할 수 있는 10톤짜리 전투기에 대한 제안 요청서를 공시했다. 공군은 기관포와 저렴한 공대공미사일로 무장할 수 있으며, 조종사의 가시성이 훌륭한 항공기를 원했다.[86] 이에 대한 응답으로 제너럴다이내믹스는 둥글납작한 모양의 캐노피와 큰 엔진 흡입량이 특징인 단발형 엔진이 장착된 전투기 YF-16을 제작했다. YF-16은 전방표시장치HUD: Heads-Up Display를 장착한 최초의 항공기였다. 전방표시장치로 조종사는 표적에 대한 정보를 아래를 내려다볼 필요 없이 볼 수 있었다. 그러나 가장 중요한 혁신은 바로 전자식비행통제체계fly-by-wire control system였다. 일반적인 비행 통제 장치는 조종사의 스틱과 방향타 페달에서 오는 신호를 선과 케이블을 통해 기체의 통제 장치에 전달했다. F-16의 전자식 비행 통제 장치는 신호를 전자적으로 전달했다.[87]

YF-16과 노스롭의 보다 크고 무거운 쌍발형 기체 YF-17 간의 성능 비교 비행의 결과 1975년 1월 F-16을 도입하는 결정이 내려졌다. YF-17은 나중에 해군과 해병대가 구입한 F/A-18 호넷이 되었다. 6개월 후, NATO는 경량급 전투기 사업 기종으로 F-16을 선정한다고 발표한다. 초기 계획은 공군이 650대를 구매하고 NATO 회원국들이 348대를 구입하는 것이었지만 실제로는 4,000대 이상의 F-16이 100가지가 넘는 버전으로 생산되었고, 20여 개국에서 임무를 수행했다.

핵 현대화 : '취약의 여지' 좁히기

냉전 후반기에 계속되는 소련의 핵 현대화에 직면하여 미국은 새로운 전략 및 중거리 핵전력을 배치했다. 그러나 이러한 체계들, 특히 피스키퍼Peacekeeper 대륙간탄도미사일과 중거리 핵전력의 도입은 논란으로 점철되었다. 1970~1980년대 소련은 강화된 사일로에 배치된 미국의 대륙간탄도미사일을 파괴하기 위한 폭발력과 정확도를 갖춘 새로운 세대의 대륙간탄도미사일을 배치했다. 1972년 12월에서 1974년 12월 사이, 소련은 4개의 다탄두각개목표재돌입체를 탑재한 2단 액체연료 미사일 MR-UR-100(SS-17 스팽커Spanker)을 시험했다.[88] 그리하여 최종적으로 150기가 배치되었다. 1972년 4월~1975년 10월, 모스크바는 UR-100N(SS-19 스틸레토Stiletto)을 시험했다. 초기 모델(모드 1)은 550킬로톤 탄두 6개를 탑재하고 있었는데, 후속작인 모드 2는 탄두가 하나였다. 1980년, 소련은 이 미사일의 개선판인 UR-100NUTTH(SS-19 스틸레토 모드 3)를 배치하는데, 이 미사일은 6개의 다탄두각개목표재돌입체를 탑재하고 있었다.[89] 이것은 총 360기가 배치되었다.

미국의 국방 정책을 입안하는 이들이 가장 우려했던 것은 R-36M(SS-18 사탄Satan)으로, 이 미사일의 적재 가능 중량은 대형 탄두를 다량 운반하기에 충분한 수준이었다. 이 미사일은 1973년 2월~1975년 10월 시험을 거쳐 1975년 12월에 도입되었다. SS-18 모드 1과 모드 3은 단일 탄두를 탑재한 버전이었고, 모드 2는 8개의 다탄두각개목표재돌입체를 탑재하고 있었다. 이것은 총 308기가 배치되었다. 1980~1983년, 소련은 SS-18을 R-36MUTTH(SS-18 모드 4)로 교체하였는데, 이 미사일은 10개의 다탄두각개목표재돌입체를 장착했다. 소련은 같은 시기에 단일 탄두 또는 10개의 다탄두각개목표재돌입체를 장착한 R-36M2(SS-18 모드 5/6)를 개발하기 시작했다.[90]

소련은 또한 3세대 탄도미사일 핵잠수함을 배치하기 시작했다. 북극의 빙하 밑을 돌아다닐 수 있도록 적응을 거쳤고, 소음이 더 줄었으며, 다탄두각개목표재돌입체가 탑재된 탄도미사일로 무장한 것이었다. 1976~1982년, 소련은 16기의 R-29R(SS-N-18) 탄도미사일로 무장한, 프로젝트 667BDR(델타 3)에 따른 탄도미사일 핵잠수함 14척을 진수했다. 1985~1990년, 소련은 최대 8개의 탄두를 탑재할 수 있는 R-29RM(SS-N-23) 탄도미사일 16기로 무장한, 프로젝트 667BDRM(델타 4)에 따른 탄도미사일 핵잠수함 7척을 진수했다. 그리고 1981~1989년에는 프로젝트 941(타이푼Typhoon)에 따라 탄도미사일 핵잠수함 6척을 진수했다. 프로젝트 941의 결실은 세계 최대 크기의 탄도미사일 핵잠수함으로, 최대 사정거리 1만 킬로미터에 최대 10개의 다탄두각개목표재돌입체를 탑재할 수 있는 고체연료 미사일인 R-39RM(SS-N-23) 20기를 싣고 다녔다.[91]

소련의 중요 목표 파괴 능력이 성장하자 미국도 중요 목표 파괴 능력을 얻기 위해 노력하고, 능동적·수동적 방어를 통해 미국 핵전력의 생존성을 보장하기 위한 노력에 박차를 가했지만, 이런 노력들은 심각한 논란을 불러일으켰다.

⊙ 핵 현대화

소련의 대륙간탄도미사일을 파괴할 수 있는 역량을 계속 유지하려는 미국의 노력은 핵전력 현대화의 필수 요소였다. 1965년, 공군은 '미닛맨 성능 개선'을 위한 ICBM-X 사업을 고려하기 시작했다. 6년 후, 전략공군사령부는 증대된 적재 중량과 높은 정확도를 명시한 요구 사항을 공시했다. 선행 개발은 1973년에 시작되었다. 1978년 8월, 브라운 국방부 장관은 소련의 대륙간탄도미사일의 정확도 개선에 대응하기 위해 10개의 탄두를 탑재한 MX* 미사일 200기를 배치해야 할 필요성이 있다며 지미 카터 대통령을 설득했다.

미사일 설계 자체도 쉽지 않은 일이었지만 이 미사일을 배치할 생존성 있는 기지를 만드는 것 또한 지난한 일이었다. 사실 이를 해결하는 데는 세 명의 대통령 임기에 해당하는 세월이 필요했다. 핵무기 감축에 대한 검증도 필요했고, 생존성을 은폐할 필요도 있었다. 이 두 가지 요소를 고려하여 배치 기지 설립 계획을 보다 정교하게 세워야 했다. 1979년 9월 7일, 카터는 MX 미사일이 다중보호격납고 MPS: Multiple Protective Shelter 체계를 사용할 것이라고 발표했다. 23개의 격납고에 200기의 미사일들을 순환 배치할 계획이었다. 각 격납고는 소련의 위성들이 배치된 미사일들의 총수를 검증할 수 있도록 주기적으로 개방하는 창구가 있을 것이었다. 이 격납고 단지 전체는 네바다와 유타의 외딴 사막에 약 6,500만 제곱킬로미터를 차지할 계획이었다.[92] 이 격납고 단지는 남서부 지역 주민들의 정치적인 반대를 불러일으켰는데 이해할 수 있는 일이다.

대통령직 인수 두 달 후, 로널드 레이건은 이 배치 결정을 재검토하는 위원회를 발족했다. 그러나 위원회는 미사일을 지하 깊숙이 배치하는 것을 선호하는 집단과 항공기에 장착하여 지속적으로 공중에 떠 있게 하는 방식을 지지하는 집단으로 갈라져 합의점을 찾지 못했다. 위원회는 임시 대책으로 최초의 미사일 100기를 강화된 사일로에 배치하는 방안을 추천했다. 1981년 10월, 레이건은 다중보호격납고 계획을 취소하고, 제한된 숫자의 MX 미사일을 중서부 지역의 보강된 타이탄용 혹은 미닛맨용 사일로에 배치할 것을 요청했다.[93]

1982년 5월, 대륙간탄도미사일들을 가까이 모아 배치하는 '밀집 배치 dense pack' 계획이 등장했다. 소련의 재돌입체에 의해 발생하는 폭발과 잔해들이 뒤따르는 다른 소련 무기들을 파괴하여 오히려 미국의 미사

---

* ICBM-X의 약자.

일들을 보호할 것이라는 분석에 기반을 둔 개념이었다. 11월, 레이건은 이제 LGB-118A 피스키퍼Peacekeeper라는 이름이 붙은 MX 미사일을 와이오밍주 F. E. 워런 공군기지에 밀집 대형으로 배치한다는 결정을 발표했다.[94] 이 밀집 배치 계획은 다중보호격납고 계획보다 정치적으로 문제의 소지가 훨씬 덜했다. 소련의 공격에 직면했을 경우 미국 핵전력의 취약점에 대한 해결책을 제시하면서 약 25~40제곱킬로미터 지역에만 영향을 미칠 것이기 때문이었다. 반면에 전문가들은 밀집 배치로 취약점을 해소할 수 있을 것이라고 보지 않았다. 몇몇 전문가들은 밀집 배치가 단지 미사일들을 파괴하기 쉽게 만들 뿐이라고 생각했다.

취약점 딜레마에서 빠져나올 방법으로 몇몇 의원들은 이른바 소형대륙간탄도미사일 '미젯맨Midgetman'*을 배치해야 한다고 주장했다. 이 개념의 지지자들은 탄두가 10개인 피스키퍼를 소량 배치하는 것보다 탄두가 하나인 대륙간탄도미사일을 대량 배치하는 쪽이 더 낫다고 주장했다. 탄두가 하나인 대륙간탄도미사일은 덜 수지맞는 표적이며, 소련은 미국의 단일 탄두 탄도미사일을 확실히 파괴하기 위해서 다탄두 탄도미사일을 더 획득해야 한다는 것이었다.[95] 그러나 미젯맨은 공군 내에서 지지자가 없었기 때문에 개발되지 못했다.

레이건 행정부는 미국의 잠수함발사탄도미사일 전력 또한 현대화했다. 미국의 대륙간탄도미사일 전력의 취약성을 두고 상당한 우려가 있었지만 미국의 탄도미사일 발사 핵잠수함에 대해서는 우려가 많지 않았다. 1976년 미국의 정보기관들은 이렇게 결론지었다. "우리는 현재

---

* 미국의 대표적인 대륙간탄도미사일인 미닛맨에 난쟁이라는 뜻의 '미젯'을 조합하며 만든 신조어.

소련이 공격에 필요한 수준의 정확도로 서구의 탄도미사일 발사 핵잠수함의 위치를 파악할 수 있는 능력 또는 장기간에 걸쳐 이를 추적할 수 있는 능력을 보유하지 못했음을 확신한다."[96]

1981년 11월, 해군은 오하이오Ohio급 탄도미사일 발사 핵잠수함을 배치하기 시작했다. 최초의 8척은 트라이던트Trident C4 미사일을 장착하고 있었지만 1990년 3월, 미 해군은 역사상 가장 정확도가 높은 잠수함발사탄도미사일인 트라이던트 D5를 배치했다. 이 정확도는 미사일이 천체관성유도stellar-inertial guidance를 사용한 덕분에 얻었다. 결코 실전 배치된 적이 없는 스카이볼트Skybolt 공중발사탄도미사일에 처음으로 사용되었던 이 유도 방식은 특히 잠수함발사탄도미사일과 같은 이동식 미사일에 잘 부합했다. 탄도미사일은 덕택에 최초 발사 위치를 확인할 수 있었다. 천체관성유도는 트라이던트 C4 잠수함발사탄도미사일에 처음 적용되었다. 트라이던트 D5는 여기에 보다 정확한 마크 6 유도 체계와 보다 큰 W88 핵탄두를 결합했다.[97] 미국은 트라이던트로 중요 표적을 바다에서 타격할 수 있는 능력을 처음으로 얻게 되었다.

⊙ 중거리 핵전력

1970년대 중반, 소련은 미국과 전략적인 동등함을 얼추 달성했다. 때문에 유럽 핵 균형은 어느 때보다 중요해졌다. 1970년대 말, 소련은 구형 중거리 미사일 SS-4와 SS-5를 새로운 RSD-10 파이어니어Pioneer 중거리 미사일(SS-20 세이버Saber)로 교체하면서 유럽의 안보 상황에서 눈에 띄는 양적·질적 변화를 가져왔다.

SS-20은 이동식이었으며 정확했고, 은폐 이후 빠르게 재배치될 수 있었다. 기존의 중거리 미사일들이 단일 탄두인 데 비해 SS-20은 3개의 다탄두각개목표재돌입체를 장착했다. SS-20은 사정거리가 5,000킬로미터에 달해 서부 유럽, 북아프리카, 중동의 목표물을 공격할 수 있었으며, 소련 동부 기지에 배치하면 아시아의 대부분 지역과 동남아시아, 알래스카를 타격할 수도 있었다. 1978~1986년, 소련은 441기의 SS-20을 배치했다.[98]

1979년 11월 12일, NATO의 외무장관들은 만장일치로 소련의 SS-20 배치에 대응하기 위한 '양면dual track' 전략을 채택했다. 하나는 가능한 한 중거리 핵전력INF: Intermediate-range Nuclear Force을 감축하기 위한 미국과 소련의 군축 협상이고, 다른 하나는 1983년 12월부터 시작된 단일 탄두를 장착한 미국의 지상 발사 순항미사일GLCM 464기와 퍼싱-2 탄도미사일 108기를 서부 유럽에 배치하는 것이었다.

MGM-31C 퍼싱-2는 퍼싱-1 중거리탄도미사일IRBM을 상당 부분 개조한 것으로, 1960년대부터 유럽에 배치되어 있었다. 이 미사일은 고에너지 연료를 사용하는 새로운 로켓 모터와 경량 케이스를 채용해 사정거리를 1,800킬로미터까지 늘렸다. 이 미사일의 재돌입체는 5~50킬로톤의 폭발력을 가진 W85 열핵탄두 하나를 장착하고 있었다. 또한 고도로 정확한 기동재돌입체MARV가 있어 다른 무엇보다도 동유럽과 서부 러시아에 위치한 소련의 지휘통제 시설을 파괴할 수 있었다.

사정거리가 1,500킬로미터인 BGM-109G 지상발사순항미사일은 토마호크 잠수함발사순항미사일SLCM의 파생물이었다. 지상발사순항미사일 개발 사업은 군의 요구 사항보다는 소련의 중거리 핵전력 배치에 대한 대응 필요성 때문에 진행되었다. 이 사업의 옹호자들은 지상발사순항미사일이 퍼싱-2보다 생존성이 높고, 정확하며, 더 저렴하다고 보았다. 소련은 이와 비견할 만한 체계를 갖추지 못하고 있어 지상발사순항미사일은 미국의 우위 또한 보여줄 것이었다.[99] 그러나 지상발사순항미사일은 공군의 필요 우선순위에서 낮은 위치를 점하고 있었다. 게다가 많은 장교들은 이 무기 체계까지 운용하면 공군의 인력난을 악화시킬까 우려했다.[100]

소련은 중거리 핵전력의 출현과 특히 퍼싱-2를 두고 미국이 새로운 전략적 선택지를 손에 쥐었다고 보았다. 소련의 영토를 타격할 수 있는 퍼싱-2의 능력과 극적으로 개선된 정확도, 그리고 폭발력이 감소한 핵탄두를 검토한 소련의 군사 정책가들은 이 미사일이 소련 내부의 중요 목표들을 파괴하기 위해 개발되었다는 결론을 내렸다. 퍼싱-2의 비과 시간(8~10분)은 소련의 방공 체계를 무력화했으며, 정책가들은 이제 전략방어체계를 대대적으로 업그레이드하는 방안을 고려했다.[101]

정치적인 차원에서 볼 때, 소련의 위협에 맞서 중거리 핵전력 미사일들을 배치한 것은 미국과 NATO의 연대에 대한 구체적인 증거라 할 수 있었다. 미사일 배치는 미사일들을 폐기하기 위한 협상과 동시에 실행되었다. 협상은 논쟁으로 점철되었고, 1983년 11월 23일, 소련이 협상장을 박차고 나가는 원인이 되었다. 4년 후 협상 테이블에 돌아온 소련은 결국 사정거리 500~5,500킬로미터의 모든 지상 기반 탄도미사일 및 순항미사일들을 폐기하는 데 동의했다.[102] 이 합의는 초강대국들이 특정 종류의 무기 전체를 폐기하는 데 합의한 최초의 사례로서 획기적인 일이었다.

전략방위구상

전략방위구상^{Strategic Defense Initiative}의 등장은 냉전 후반기에서 가장 혁명적인 사건이었다. 이는 소련의 산업적 능력을 미국의 기술로 상쇄하려는 시도의 완벽한 사례이다.

세이프가드 체계가 사망한 이후, 미국은 비록 탄도미사일요격미사일조약^{ABM Treaty}에 의해 제한된 차원에서였지만 탄도미사일 방어 연구를 계속했다. 특히 미사일 방어가 미국의 핵전력에 대한 소련의 위협을 감쇄할 수 있느냐가 관심의 대상이었다. 육군이 탐색했던 한 가지 개념은 탄도미사일 방어를 MX 미사일의 생존성 증대를 위해 사용하는 것이었다. 여기에는 다중보호격납고에 이동식 탄도미사일 방어 체계인 저고도방공체계^{LoADS: Low Altitude Defense System}를 도입하여 미사일 기지를 보호하는 방안이 포함되어 있었다. 그러나 이러한 방어 체계는 이동식 탄도미사일 방어 체계를 금지하는 탄도미사일요격미사일조약을 위반할 테고, 비용도 상당히 많이 들 터였다. 1980년 10월, 육군의 한 연구는 MX 미사일 배치 기지의 격납고 4,600개를 방어하기 위해서는 10년 이상에 걸쳐 86억 달러가 필요할 것이라고 추정했다.[103]

세이프가드는 핵으로 무장된 요격체 사업에 기반을 두었다. 그러나 이후 미국의 연구는 다른 가능성을 제시하는 것처럼 보였다. 미 육군은 핵으로 무장되지 않은 요격체를 만드는 기술을 발전시켰고, 레이저와 입자빔^{particle beam}처럼 에너지를 전송하여 표적을 파괴하는 고에너지빔무기^{DEW: Directed Energy Weapon} 연구도 실시했다. 공군도 자체 레이저 무기 사업을 하고 있었다.[104]

1980년대 초, 소수의 전문가들은 고에너지빔무기, 특히 우주에 설치되는 고에너지빔무기가 효과적인 탄도미사일 방어 체계의 전망을 제시한다고 여겼다. 맬컴 월롭 상원의원(민주당, 와이오밍주)은 특히 이를 강력히 지지했다. 월롭을 비롯한 지지자들은 방어적 기술의 발달로 전략방위체계를 실제로 구현할 수 있게 되었다고 믿었다. 게다가 우주 기반 고에너지빔무기는 소련의 대륙간탄도미사일과 잠수함발사탄도미사일을 비과 초기에 파괴할 것이었는데, 이는 단지 무기에 탄두를 추가하는 방식으로는 극복할 수 없는 것이었다.[105]

전략방위구상의 옹호자들은 미국 전략의 근본적인 방향 재설정을 주장했다. 이러한 방향 재설정은 "우리가 우위에 있는 기술 분야로 경쟁의 축을 이동시킬 것이다. 지금 바로 우주로 간다는 발표를 하고 사업을 시작하면 세계가 보는 앞에서 소련을 따돌리고, 우리의 기술 우위를 활용할 수 있는 무대로 경쟁의 장을 이동시킬 것이다".[106] 레이건 대통령의 국가안보보좌관 로버트 맥팔레인은 전략방위 사업을 지지했는데, 이것이 미국의 기술 우위에 부합하며 소련과의 경쟁을 미국이 우위에 있는 분야로 몰아갈 수 있기 때문이었다.[107]

또 다른 요인은 소련이 전략방위를 추진하고 있다는 믿음이었다. 미국의 전문가들은 소련의 탄도미사일 방어 노력의 의도와 정도를 두고 논쟁을 벌였다. 일부 전문가들은 소련이 조약을 파기하고 전 국가적인 미사일 방어 체제를 구축할 수 있다고 보았다. 다른 전문가들은 소련이 조약의 제약들을 광범위하게 위반함으로써 조약에서 몰래 빠져나올지도 모른다고 우려했다.

1983년 3월 23일, 로널드 레이건의 전략방위구상 발표는 미국의 국방 전략에서 일대 전환점이었다. 레이건은 억제에서 방위로 사고를 전환할 것을 촉구했다.

저는 희망을 주는 미래의 비전을 여러분과 나누고 싶습니다. 가공할 만한 소련의 미사일 위협을 방어적인 조치로 대응하는 사업을 시작하는 것입니다. 우리의 위대한 산업적 기반을 낳고, 우리가 오늘날 누리고 있는 삶의 질을 선사한 기술의 강점 그 자체에 눈을 돌립시다.

자유로운 국민의 안보가 소련의 공격을 억제하기 위한 미국의 즉각 보복 위협에 달려 있는 게 아니라, 전략 탄도미사일들이 우리의 영토와 동맹국의 영토에 떨어지기 전에 이것을 요격해 파괴할 수 있다는 데 달려 있다면 어떻겠습니까?

저는 이것이 어마어마하고 기술적으로 복잡한 과업이라는 것을 압니다. 이번 세기가 끝나기 전까지 달성할 수 없을지도 모릅니다. 그러나 현재의 기술은 이러한 노력을 시작하는 것이 합리적일 정도로 발달했습니다. 많은 분야들에서 아마도 수십 년이 걸릴 것입니다. 실패와 차질이 있겠지만 성공을 맛보고 돌파구 또한 열 수 있을 것입니다. 과업을 진행하면서, 우리는 핵 억제를 고수하고 신축적인 대응을 위한 견고한 능력을 유지해야 할 것입니다. 그러나 세계를 핵전쟁의 위협에서 자유롭게 하는 데 필요한 모든 투자는 가치 있지 않습니까? 우리는 그렇다는 것을 압니다.

저는 우리에게 핵무기를 준 우리나라의 과학자들에게 그들의 위대한 재능을 이제 인류와 세계 평화라는 대의를 위해 사용하여 이 핵무기를 불필요하고 무력한 것으로 만들어버릴 수단을 줄 것을 요청합니다.[108]

적어도 레이건에게 전략방위는 절대적 안보의 가능성을 제공했다.

전략방위구상은 논란거리였다. 공군과 해군 내부의 분파들(특히 핵폭격과 관련된)은 전략방위로 전환하는 데 반대했다. 과학계에서도 폭넓은 반대가 제기되었다. 미국 20대 대학의 물리학과 교수들 대부분과 노벨상 수상자 15명을 포함한 7,000여 명의 과학자들이 전략방위구상으로 인한 재정 지원을 받지 않겠다고 맹세했다.[109]

10년 전 세이프가드의 반대론자들과 마찬가지로, 전략방위구상의 반대자들은 두 가지 모순된 주장을 했다. 첫째로, 이러한 체계를 건설하는 데에는 많은 돈이 들며, 기술 면에서도 궁극적으로 실현성이 없다고 주장했다. 또 이러한 체계는 단지 부분적으로만 작동 가능하다 할지라도 소련을 위협할 테고, 모스크바는 이에 대응해 공격 무기를 확충하고 군비 통제를 풀기 시작할 거라고 주장했다.

전략방위구상 지지자들은 소련의 탄도미사일 위협에 대응하여 다층형 방어 체계를 구상했다. 그들이 볼 때, 지상 또는 우주에 설치된 레이저 같은 지향성 에너지 무기들은 재돌입체 투하 이전의 상승 단계에서 소련의 대륙간탄도미사일이나 잠수함발사탄도미사일을 파괴할 것이다. 우주에 배치된 지향성 에너지 무기나 운동에너지를 사용한 파괴 무기는 중간 단계에서 탄두를 파괴할 것이다. 마지막으로 고가속 지상 배치 요격체는 탄도미사일이 대기권에 진입하면 파괴할 것이다.

초기의 시험 결과, 탄도미사일 방어가 정말로 실현 가능한 것으로 보였다. 1983년 2월~1984년 6월, 미 공군은 반덴버그 공군기지에서 '유도 오버레이 실험Homing Overlay Experiment'을 네 차례 실시했다. 기계적인 문제들로 처음 세 차례 실험은 실패했다. 그러나 네 번째 실험에서 관계자들은 요격체가 접근하는 표적 미사일을 성공적으로 추적하여 파괴했다고 보고했다. 이는 대륙간탄도미사일에 대한 방어가 곧 가능하리라는 증거로 여겨졌다.

사실 이 일련의 실험은 미국의 전략방위 개발 사업의 진척도를 속이기 위한 노력의 일환이었다. 국방부는 요격체가 충분히 접근하면 미사일을 파괴할 계획이었다. 그러나 처음 세 차례 실험에서는 요격체가 너무 멀리 벗어나 그렇게 하지 않았다. 성공적이었던 네 번째 실험에서는 미사일의 자폭장치를 제거했지만, 요격체의 적외선 센서의 탐지 확률을 높이기 위해 목표물에 조명을 비추었다.[110]

이 기만 사업은 본래 소련이 미국의 전략방위 사업에 대한 정확한 정보 수집을 막기 위해 계획되었다. 사업이 진행되면서, 소련으로 하여금 미국의 전략방위체계와 유사한 체계를 개발하고, 미국의 체계에 대응하는 체계를 개발하는 데 예산을 소모하게 만들고자 했다.[111]

기만 사업은 몇 가지 이유로 중단되었다. 첫째, 처음 2회의 미사일 발사 이후로 전략방위구상이 상정한 무기 체계의 신뢰성이 높다고 말하기가 어려워졌다. 둘째, 소련이 이를 알아챘을 때의 위험이 잠재 이익보다 더 컸다. 셋째, 전략방위구상 사업의 규모와 복잡도가 확장되고 있어서 기만 사업은 점차로 어려워지고 있었다. 넷째, 기만 사업은 관리하기가 어려웠다. 마지막으로 기만 사업은 많은 인력을 소모했다.[112]

미국 첨단 기술의 도전은 소련 지도자들에게 상당한 충격을 안긴 듯하다. 소련 대사인 아나톨리 도브리닌은 이렇게 말했다. "우리 지도부는 미국의 엄청난 기술적 잠재력이 또다시 성과를 낳았다고 확신했다." 소련의 지도자들은 "레이건의 성명을 실제 위협으로 받아들였다."[113] 모스크바의 정책 입안자들의 회고록들을 살펴보면 그들이 레이건의 선언을 진지하게 받아들였음을 알 수 있다. 자국의 경제난을 알고 있었던 소련 지도자들은 값비싼 탄도미사일 방어 경쟁을 탐탁지 않게 여겼다. 전략방위구상은 또한 소련이 컴퓨터와 극소전자 부문에서 뒤처져 있다는 점을 부각시켰다.[114]

냉전 종식에 기술이 수행했던 역할을 과대평가할 수는 없다. 소련 공산주의에 대항한 미국의 이념 공격이나 전 세계에 걸친 반소 항쟁 지원, 그리고 소련 체제의 경직화를 비롯한 다른 요인들도 분명 중요했다. 그러나 미국의 기술적 우위와 카터 그리고 특히 레이건이 이를 전략적으로 활용한 것은 쉽게 무시할 수 없다. 소련군은 점차 벌어지고 있는 미국과 소련의 군사기술 격차를 우려했으며, 이는 소련의 외교정책 방향을 재설정할 필요가 있다는 점에 공감한 소련의 정치 엘리트와 방위산업계의 유착을 강화했다.[115]

냉전은 45년간 미국의 군사기술 발전을 이끌었다. 이 기술은 결국 중부 유럽에서 소련과 벌이는 전투가 아닌 서남아시아 사막에서 이라크와 벌인 전투에서 빛을 보았다. 냉전 말기의 무기들은 기획되고, 개발되고, 도입된 지 수십 년 후에도 계속 미군의 근간을 형성했다.

5장

걸프전쟁과 탈냉전 시대,
1991~2001년

1991년 걸프전쟁은 미군이 마지막으로 치렀던 이전 대규모 전쟁과 상당히 달랐고, 미군이 앞으로 치를 것으로 예상했던 전쟁과도 사뭇 달랐다. 동남아시아 정글에서 벌어진 전쟁도 아니고 중부 유럽의 평원에서 벌어진 전쟁도 아닌, 서남아시아 사막에서 벌어진 전쟁이었다. 미국은 베트콩의 비정규 전투원도 아니고 바르샤바조약 동맹국의 기갑군단도 아닌, 이라크군과 맞닥뜨렸다.

걸프전쟁은 2차 대전 이후 미국이 치른 전쟁들 중 가장 제약이 덜했다. 이라크는 화학무기와 (나중에 발견된) 생물학무기를 보유하고 있었지만 미국과 동맹국들은 초강대국 핵전력의 그림자 밖에서 이라크와 전쟁을 수행했다. 적대적이지 않았던 (그리고 앞으로 수명이 1년도 남지 않았던) 소련은 수동적으로 미국이 이끄는 다국적군을 지지했다. 그 결과 미국은 재래식 전력의 우위를 완벽하게 사용할 수 있었다.

베트남에서 미국식 전쟁 방법의 한계가 드러났다면 걸프전쟁에서는 미국식 전쟁 방법의 정당성이 입증되는 것처럼 보였다. 걸프전쟁은 정밀유도무기 같은 수십 년 동안 존재하던 기술들뿐만 아니라 스텔스 같은 상대적으로 새로운 기술들의 시연장 역할을 했다. 걸프전쟁의 일방적인 전과에 많은 사람들은 '군사 혁명RMA, revolution in military affairs'을 논의했다. 걸프전쟁 후 수년간 미국의 기술 경쟁력은 이라크에 대한 징벌적 공습과 발칸반도에 대한 개입에서 매우 효과적이었다. 공군력과 정밀유도무기에 더 많이 의존하게 되었고, 많은 이들은 "새로운 미국식 전쟁 방법"을 논했다. 하지만 다음 장에서 보여주겠지만, 이러한 예측은 섣부른 것이었다.

전쟁의 새로운 방식

1990년대 전쟁은 무기와 항법 체계에 모두 적용된 정밀 유도 기술, 그리고 스텔스 기술의 시연회 같았다. 이러한 능력은 수적으로 우세한 바르샤바조약 동맹국에 맞서 기술적인 경쟁력을 확보할 필요성이 있었기에 냉전기 수십 년에 걸쳐 수행한 연구의 결과였다.

⊙ 정밀유도무기

3장에서 다루었듯이, 레이저 유도 폭탄은 베트남전쟁 때 처음 대규모로 사용되었다. 미국은 1968~1973년에 2만 8,000발 이상의 레이저 유도 폭탄을 사용했으며, 주로 교량과 수송 관문에 투하했다.[1] 특히 페이브웨이 1은 매우 성공적이었다. 1969년 공군은 1,601발의 페이브웨

이를 투하했고, 당시 투하된 이 900킬로그램짜리 폭탄 중 61퍼센트가 목표물을 직격했다.[2]

후속작인 페이브웨이 2는 개선된 전자 장비와 새로운 소재를 사용했다. 집적회로와 전자 장비 소형화 덕택에 개발자들은 폭탄에 더욱 복잡한 체계를 설치할 수 있었다. 이로써 정확도와 기동성이 개선됐을 뿐만 아니라 유도할 수 있는 폭탄의 숫자도 늘어났다.[3] 이 폭탄은 230킬로그램짜리 GBU-12, 450킬로그램짜리 GBU-16, 그리고 900킬로그램짜리 GBU-10을 포함한 다양한 변종을 낳았다. 1973~1976년 수행된 공군 시험에서 3~18미터의 오차를 보여주었다.[4]

바르샤바조약 동맹국의 방공 능력이 계속 발전했기 때문에 공군은 보다 먼 거리에서 발사 가능한 무기를 모색했다. 페이브웨이 3은 이전 두 세대의 레이저 유도 폭탄들보다 훨씬 더 진보한 무기로 개발되었다. 초기 모델들은 투하 전에 목표물을 추적해야 했으나 페이브웨이 3은 기체로부터 분리된 이후에도 레이저 지시기를 통해 목표물을 추적할 수 있었다. 덕분에 기체는 목표물에서 더 멀리 떨어져서 폭탄을 투하할 수 있었지만 여기에는 대가가 따랐다. 폭탄은 기존 모델들보다 훨씬 복잡했고, 개발 사업은 치솟는 가격과 미뤄지는 일정에 시달렸다. 사업이 시작된 지 꼬박 10년을 넘겨서야 페이브웨이 3 시리즈를 작전에 투입할 수 있었다.[5]

레이저 유도 폭탄은 널리 사용되었는데, 단순하고 저렴한 기술을 사용했기 때문이다. 이미 미군이 대량으로 보유하고 있던 재래식 폭탄에 유도 키트를 장착한 것이었다. 사업비가 저렴해서 대규모 사업들이 겪는 철저한 검토를 피하고 무기 시험을 여러 차례 실시할 수 있었다. 그럼에도 이 무기가 실전에서 얼마나 잘 작동할지는 알 수 없었다. 커다란 불확실성이 있었다.

몇몇 전문가들은 정밀무기가 더 많은 것들을 약속한다고 주장했다. 공산오차가 영에 가까운 비핵무기가 핵무기의 대안이 될 수 있다는 생각은 1975년 앨버트 월스테터로 거슬러 올라간다.[6] 10여 년 후, 월스테터가 프레드 이클레 국방부 정책차관보와 함께 의장을 맡았던 통합장기전략위원회Commission on Intergrated Long-Term Strategy는 정밀무기가 몇몇 경우에는 핵무기를 대체하리라고 거듭 말했다. 또한 정밀무기를 폭넓게 도입하면 전쟁의 성질과 수행 방식을 극적으로 바꿀 거라고 주장했다. 이 위원회의 마지막 보고서는 이렇게 주장했다. "정확도, 사정거리, 파괴력이 훨씬 발달한 무기는 전쟁을 보다 넓은 지역으로 확장할뿐더러 전쟁을 훨씬 빠르고 격렬하게 만들 수 있어 작전에 대한 완전히 새로운 모델을 세워야 한다."[7]

이처럼 상당히 먼 미래에 대한 예상을 논외로 치면, 1990년까지 레이저 유도 폭탄은 교량이나 강화된 목표물을 파괴하는 등의 특수 임무를 위한 틈새 무기로만 남아 있었다.

⊙ 정밀 항법

정밀 전쟁의 등장은 실탄을 정확히 운반하는 능력뿐만 아니라 전력을 지상, 해상, 공중으로 이동시키는 능력에서도 확인되었다. 일찍이 1960년대 초, 국방부는 위성에서 전송되는 라디오 신호를 항로 설정과 위치 확인에 사용하는 개념을 연구하기 시작했다. 1964년에 처음 가동된 해군의 위성항법체계는 미국의 첫 위성 기반 항법 네트워크가 되었다. 존스홉킨스대학교 응용물리학연구소에서 개발한 위성항법체계는 일곱 개의 저고도 극궤도 위성들로 구성되어 있었다. 이 체계는 본래 핵추진 탄도미사일잠수함과 다른 군함들이 자신의 위치를 확인할 수 있도록 개발되었다. 선박에 잘 어울리기는 했지만 속도가 느려 관측 시간이 길었으며 단순히 2차원 위치 정보만 제공했으므로[8] 제한된 용도로만 사용되었다.

1960년대 말, 각 군은 독립적으로 전파항법체계 연구를 실시했다. 1973년 4월, 미 국방부 차관은 다양한 위성 기반 항법 개념들을 단일 체계로 합치는 작업을 공군에 맡겼고, 이 체계는 처음에 국방항법위성체계Defense Navigation Satellite System로 명명되었다가 나중에 NAVSTAR GPSGlobal Positioning System가 되었다.[9]

GPS를 이용하면 사용자는 자신과 GPS 위성의 거리를 측정하여 3차원적 위치를 확인할 수 있다. 4개의 GPS 위성과 자신의 거리를 측정하면 10~20미터의 오차 범위 내로 사용자의 3차원적 위치를 측정할 수 있었다. 1978~1985년 공군은 록웰인터내셔널이 만든 총 11개의 GPS 위성을 아틀라스 F 부스터에 달아 발사했다. 한 대는 발사 실패로 잃었고, 몇몇은 궤도에서 문제를 일으키기는 했지만, 많은 위성들이 처음 계획한 대로 3년 넘게(몇몇 경우에는 10년 넘게도) 가동되었다.[10]

GPS는 저렴하지 않았다. 한 추정에 따르면 위성과 사용자 장비의 생애 비용이 140억 달러가 넘었다. 게다가 사업을 추진하는 데에도 어려움이 있었다. GPS는 지원 체계이지 분명한 임무와 성취의 역사를 가진 무기 체계가 아니었기 때문에 많은 사람들에게 가치를 이해시키기가 어려웠다. 또한 GPS는 합동 사업이었기 때문에 이 사업의 지지자들은 각 군에 필요성을 설명해야 했다.[11]

1983년, 소련 전투기가 대한항공 007기를 격추했을 때 로널드 레이건 대통령은 GPS를 운영하면 국제 민간항공에도 GPS 신호를 개방하겠다고 발표했다. 8년 후, 미국 정부는 GPS 신호를 전 세계에서 계속 무료로 사용할 수 있을 거라고 공표했다.[12] 초기에 민간용 신호는 의도적으로 정확도를 오차 범위 100미터 정도까지 떨어뜨렸다. 그러나 1996년, 빌 클린턴 대통령은 비군사용 GPS 신호에 대한 의도적인 품질 저하 조치를 폐기하는 대통령령에 서명하였고, 민간 사용자들도 보다 정확한 신호를 사용할 수 있게 되었다.

GPS는 여러모로 비전통적인 무기 체계였다. 무기도 센서도 아니었으나 특정한 능력을 제공하는 네트워크였다. 그래서 개별 무기에서 벗어나 네트워크를 지향하던 당시의 추세를 전형적으로 보여주는 체계였다. 또 GPS 자체는 값이 비쌌으나 이 신호를 사용하여 항로를 설정하는 수신기는 저렴해서 군과 민간 사용자들 모두가 GPS를 널리 사용하게 되었다.

⊙ 스텔스

보통 스텔스라고 알려진 레이더 흔적 감소signature reduction 기술의 개발은 최근 수십 년의 군사항공 기술 부문에서 가장 중요한 발전이다. 이는 적의 방공망을 뚫고 침투할 수 있는 유인 항공기의 능력을 비약적으로 증대시켰다. 스텔스를 이용해 항공기는 적외선 유도 지대공미사일과 대공포의 치명적인 사정권 위에서 비행할 수 있었으며, 몇몇 환경에서는 적 영공에서 탐지되지 않은 채로 공격 임무를 수행할 수 있었다. 통합장기전략위원회의 1988년 보고서는 "저탐지성low-observable 기술은 혁명적"이라고 간명하게 쓰고 있다.[13]

스텔스 항공기의 존재는 1980년대 후반에 이르러 공개됐지만, 적 방공망에 맞서 기체의 생존성을 증대시키기 위해 기체의 레이더 흔적을 줄여야 할 필요성이 있다는 점은 오래전부터 고민거리였다. U-2와 SR-71 정찰기의 디자인에는 모두 적외선 및 레이더 신호를 줄이기 위한 기술들이 적용되었다. 그러나 1970년대 중반, 점차 정교해지는 소련의 방공망을 뚫기가 극도로 어려울 거라는 사실이 분명해졌다. 소련의 방공망을 뚫어야 할 필요성 때문에 미국은 레이더 단면적을 최소화한 기체 디자인을 탐색하게 됐다.

항공기는 여러 방식으로 스텔스를 이루어낼 수 있다. 기체의 레이더 단면적RCS: radar cross-section을 줄이거나, 적외선 신호를 줄이고, 소음을 줄이고, 눈에 잘 띄지 않게 만들 수도 있다. 이러한 사항들을 염두에 두고 개발된 최초의 항공기는 F-117A 나이트호크Nighthawk로, 1970년 초 공군이 항공기에 적용 가능한 스텔스를 탐색하기 위해 착수한 사업에서 비롯되었다. 1974년 여름 국방과학위원회Defense Science Board는 미래 전쟁에서 NATO의 항공기가 바르샤바조약 동맹국의 방공망에 맞닥뜨렸을 때 나타날 문제점들을 조사했다. 베트남전쟁과 1973년 아랍-이스라엘 전쟁에서 지상 방공망이 공격을 시도하는 항공기들에게 큰 손실을 입힐 수 있다는 점이 드러났다.[14] 그래서 국방고등연구기획국은 저탐지성 항공기 제조 가능성을 두고 개념 연구를 실시한다. 1975년 여름, 국방고등연구기획국은 이른바 '실험용 생존성 시험대XST: Experimental Survivable Testbed'에 관한 제안서를 요청했다. 1975년 11월, 록히드와 노스롭이 레이더 단면적 시험을 위한 저탐지성 항공기의 실물 모형을 디자인하고 생산하는 약 150만 달러짜리 계약을 수주했다.[15]

F-117A의 디자인을 제출한 것은 록히드의 유명한 고등개발기획부 '스컹크웍스Skunk Works'였다. 록히드의 기체는 레이더 전파를 반사하는 각진 구조와 레이더 전파를 흡수하는 특수 도료와 코팅을 통해 스텔스성

최초의 스텔스 전투기 F-117A 나이트호크. © U.S. Air Force photo by Staff Sgt. Aaron Allmon II

을 이끌어냈다. 기체의 납작한 표면 또한 레이더 단면적을 측정하는 복잡한 작업을 단순하게 만들었다.[16]

1976년 4월 록히드는 자사가 개발한 디자인으로 사업을 계속하도록 허가를 받아, 해브블루Have Blue라는 이름의 기밀 사업의 일부로 두 대의 시제기를 생산하고 비행 시험을 했다.[17] 이후 수년간 해브블루 항공기는 실제 소련 장비를 비롯한 다양한 레이더들을 상대로 비행했고, 거의 탐지가 불가능하다는 점을 입증했다.[18]

1977년 국방부 연구기술차관보로 임명되고 얼마 지나지 않아 윌리엄 J. 페리는 국방고등기술기획국이 개발하고 있던 가장 전도유망한 기술들을 검토했다. 그는 즉시 스텔스에 매달렸고, 도입 일정을 현저히 줄여 스텔스를 빠르게 실전에 배치하기 위해 노력했다. 공군은 스텔스를 환영했지만 해군은 훨씬 조심스러워했다.[19]

1978년 11월 공군은 시니어 트렌드^{Senior Trend}라는 암호명으로 나중에 F-117이 되는 기체의 개발에 착수했다.[20] 이 항공기는 두텁게 방어되고 있는 공역에 침투하여 지휘본부나 방공 시설, 그리고 비행장과 같은 가치가 높은 목표물을 타격하는 특수한 틈새 임무를 수행하기 위해 만들어졌다. F-117의 스텔스는 완전히 새로운 능력이었다. 하지만 스텔스를 벗겨내면 상대적으로 재래식 항공기에 가까웠다. 조종석 화면과 엔진은 F/A-18의 장비였고, 전자 제어 체계는 F-16에서 왔으며, 그루먼 걸프스트림 2의 브레이크 체계와 F-15의 착륙 장치를 장착하고 있었다.[21]

F-117은 스텔스를 목적으로 만들어졌기 때문에 적들이 자신의 존재를 감지할 수 없도록 레이더를 장착하지 않았다. 대신 적외선포착탐지체계IRADS: Infrared Acquisition and Detection System의 적외선 센서와 두 개의 레이저 지시기를 사용하여 목표물을 식별했다. 조종사는 적외선 체계로 목표물을 식별한 후 이를 하방 적외선 센서로 전달했고, 이 적외선 센서는 레이저 지시와 폭탄 피해 평가를 위해 추적을 계속했다.[22]

1977년 봄, 페리의 지원 아래 공군은 스텔스 폭격기를 도입하기 전에 스텔스 전투기 몇 대를 구매하기로 결정했다.[23] 록히드는 1978년 11월 F-117에 대한 계약을 체결했고, F-117은 단 31개월 만에 첫 비행을 실시했다. 본래의 계획은 대당 3,300만 달러(추정가)에 20기를 생산하는 것이었다. 사업의 성공으로 사업 규모가 세 배로 늘었고, 1982년 8월부터 1990년 7월까지 록히드는 공군에 59대의 F-117을 인도했다.[24]

F-117은 기밀 사업이었지만 기체에 대한 추측은 난무했다. 미 정부가 작은 스텔스 전투기를 개발하고 있다는 보도는 1975년 여름에 처음 나왔다. 대선 운동이 한창이던 1980년 8월 22일에는 해럴드 브라

운 국방부 장관이 미국이 "군사력 균형을 심대하게 바꾸어놓을" 신기술을 개발하고 있다고 발표했다. 사업 담당자들이 깜짝 놀랐는데, 여기에는 B-1 랜서Lancer 폭격기 사업을 취소한 카터 정부의 결정에 대한 비판을 무마하려는 의도도 있었다.[25] F-117에 대한 소문은 1980년 초를 거치면서 자라났다.[26] F-117의 디자인이라고 하는 그림들이 신문과 전문지들에 등장했다. 심지어 한 회사는 'F-19 스텔스 전투기'의 모델을 내놓기도 했지만 F-117과는 닮은 점이 거의 없었다. F-117의 존재에 대한 소문들은 사실이었지만, 특유의 각진 디자인은 알아내지 못했다.[27] 1988년 11월, 국방부가 개발 사업의 존재를 공표하고 1990년 4월 F-117을 공식으로 선보이자 소문은 잦아들었다.

F-117은 스텔스 항공기의 실현 가능성을 입증했다. 다음 차례는 이 레이더 흔적 감소 기술을 폭격기에 적용하는 것이었다. B-2 스피릿Spirit은 소련의 탄탄한 방공망을 뚫을 수 있는 B-52의 대체품을 찾기 위해 노력하는 과정에서 태어났다. 1980년 9월, 공군은 노스롭과 록히드에 그러한 폭격기 생산에 대한 공식 제안서를 요청했다. 록히드의 제안서인 암호명 시니어 페그Senior Peg는 각진 F-117의 대형 버전과 유사했다. 노스롭의 제안서인 암호명 시니어 아이스Senior Ice(이후에는 시니어 C. J.가 되었다)는 1940년대 말의 노스롭 YB-49를 연상시키는, 조심스럽게 주조된 곡선과 둥근 표면, 날개 디자인에 기반을 두었다.[28]

록히드가 F-117 개발을 통해 스텔스 경험을 얻은 반면, 노스롭은 택시트 블루Tacit Blue라는 암호명으로 시행되었던 차기 전장 감시기BSAX: Battlefield Surveillance Aircraft, Experimental 사업을 통해 전문성을 쌓았다. 1978년 노스롭은 곡면을 채택하여 좁은 레이더 단면적을 얻는 항공기의 개발 사업을 수주했다. 이 기체는 감청 확률이 낮은 레이더와 데이터링크가 장착될 예정이었다. 기체는 1982~1985년 135회의 임무를 수행했으며, 스텔스 항공기가 적 레이더에 발견되지 않고 전방 가까이서 안전하게 임무를 수행할 수 있음을 입증했다. 이 디자인은 두 대의 기체가 생산되었지만 본격 생산에 들어가지는 못했다. 그러나 이 항공기는 스텔스에 대한 혁신적인 접근법을 보여주었고, 소중한 공학적 자료들을 제공했으며, 이는 나중에 B-2에 사용되었다.[29]

스텔스의 개발은 소련과 벌이는 경쟁 전략의 일환이었다. B-1 랜서와 이후 B-2를 꾸준히 개발한 주요 논거 중 하나는 소련이 영내 방공망을 현대화하는 데 큰 비용을 쏟아붓게 한다는 것이었다. 1988년 통합장기전략위원회는 이렇게 언급하고 있다. "스텔스는 소련의 주요 취약점을 공략한다. 레이더 기반 방공망의 중심 임무인 소련뿐만 아니라 바르샤바조약 동맹국들의 전구 전력의 보호를 무력화하는 역할을 수행한다."[30] 국방부 분석가들은 역사적으로 소련이 자국의 방위를 최우선 과제로 삼았다는 점을 특기했다. 소련은 자국 영토를 방어하기 위해 조기경보와 사격통제 레이더, 대공포, 지대공미사일, 그리고 요격기들로 구성된 탄탄한 방공망을 구축했다. 소련 정부는 또한 수동적 방어와 민간 방어 조치에도 상당한 자원을 투입했다.

이러한 가공할 만한 방공망에 직면하여 소련 영공에 침투할 수 있는 능력의 획득은 미국에게 상당한 이점이 되었다. 국방부 장관 캐스퍼 와인버거는 1987년에 이렇게 말했다. "저탐지성 기술로 우리의 폭격기 전력은 소련의 방공 기간시설의 많은 부분을 무력화할 정도의 경쟁 우위를 획득할 수 있다." 그의 관점에서 볼 때, 소련 영공을 침투할 수 있는 미국의 능력은 이미 소련으로 하여금 전략 방공에 1,200억 달러에 상당하는 자원을 투입하게 만들었다.[31] 스텔스를 지속적으로 개발하면 소련은 결국 취약해지고, 소련 지도부는 공격 무기에 투입할 예산을 방어 무기에 할애할 것이다. 따라서 허약한 소련 경제에 더 많은 부담을 얹어 미국을 위협할 수 있는 능력을 감소시킬 터였다.

스텔스가 소련과 경쟁하는 데 유효한 전략이 된 요인 중 하나는 소련의 스텔스 및 대스텔스 기술 연구 수준이 높지 않다는 점을 정보기관이 파악했다는 것이다. 미국은 1977년부터 1985년까지 미국의 스파이로 암약한 항공 엔지니어 아돌프 톨카체프를 비롯한 다양한 소식통들을 통해 소련의 스텔스 연구에 관한 정보를 수집했다. CIA는 소련이 미국의 스텔스 연구 사업을 잘 이해하고 있으나 미국에 뒤처지고 있다고 믿었다. 1984년 한 보고서는 이렇게 결론지었다. "그들이 현재 스텔스 사업을 진행하고 있다면 아마도 매우 초보적인 단계에 머물러 있을 것이며, 새로운 체계의 개발은 보통 10여 년이 걸리기 때문에 1990년대까지 실전에 배치하지는 못할 것이다."[32] 게다가 CIA는 소련이 대스텔스 연구를 추진하고 있다는 어떠한 증거도 찾지 못했다.[33] 모든 정보가 스텔스 부문에서 미국이 분명하고 활용 가능한 기술적 우위를 점하고 있음을 암시하고 있었다.

F-117과 같이 B-2 사업은 매우 높은 등급의 기밀로 분류되어 극소수만이 알고 있었다. 이 사업은 넓은 작전 반경, 증대된 적재 중량, 그리고 낮은 피탐지성을 비롯한 매우 야심찬 개발 요구 사항에 기반을 두고 있었다. 본래 B-2는 고고도에서 고정된 목표물에 핵무기를 투하하기 위해 개발되었다. 그러나 스텔스의 실현 가능성에 대한 공군의 우려로 개발 과정에서 60~90미터 저고도에서 지형 숙지 모드로 비행할 수 있는 능력이 요구 사항에 추가되었다. 이러한 변화로 B-2의 첫 비행이 대략 2년 늦추어졌으며, 개발 비용이 10억 달러 정도 추가되었다.[34] 공군

은 또한 SS-24와 SS-25 대륙간탄도미사일 같은 '재배치 가능한 전략 목표물'에 대한 공격 같은 더욱 어려운 기능을 추가했다. 이러한 목표물을 식별하려면 기체에 커다란 레이더를 장착해야 했다.

스텔스 폭격기 사업은 기술적으로 매우 야심찬 것이었다. 날개 디자인은 항공 역학상 효율적이면서 스텔스 능력을 갖추었지만 비행 통제에 심각한 어려움이 있었다. 잭 노스롭의 날개 디자인은 수십 년 전 YB-49에 사용되었을 때 통제하기가 어렵다는 점이 입증된 바 있다. B-2에서 노스롭은 인간보다 훨씬 빠르게 반응하여 비행 통제 조정을 할 수 있도록 컴퓨터 전자조종제어체계를 사용했다. 폭격기 디자인 또한 신소재에 상당히 의존했다. 기체의 중심 프레임은 티타늄으로 만들었고, 날개는 레이더 전파를 흡수하는 흑연을 에폭시 수지로 겹겹이 접착하여 만들었다. 기체 일부는 견고성을 강화하기 위해 벌집 모양으로 만들었고, 다양한 레이더 전파를 분산시키는 아철산염 물질로 코팅했다.[35] 폭격기의 개발 과정에서 노스롭과 하청업체들은 약 900개의 새로운 제조 공정을 개발해야 했다.[36] 이 모든 과정은 엄청난 계산 능력을 요구했다. 캘리포니아주 피코리베라에 있는 노스롭의 비밀 공장에서 노스롭은 미시시피강 서쪽에서 가장 거대한 컴퓨터 시설을 건설했다.[37] 그 결과 B-2 사업은 총 447억 달러가 들었다.

1987년 공군은 전략 핵 공격 임무용 스텔스 폭격기 132대를 조달하기 위해 노스롭에 사업 승인을 내주었다. 최초의 B-2는 1988년 11월 22일 일반에 공개되었다. F-117A를 공개한 지 단 12일이 지난 때였다. 1989년 7월 17일에 첫 비행을 실시했으며, 운행 시험은 1997년 6월까지 계속되었다. 시험 과정에서 많은 문제점이 드러났는데, 특히 폭격기의 저탐지성 코팅의 신뢰도와 유지도 문제가 두드러졌다. B-2의 저탐지성 물질은 세심하고 꾸준히 주의를 기울여야 하고, 유지 보수에 돈이 많이 들었으며, 정비 과정도 상당한 시간이 필요했다.[38] 이 때문에 다음 임무 수행을 위해 준비하는 시간이 늘어났고, 정해진 기간 안에 수행할 수 있는 비행 횟수가 감소했다. 게다가 배치되었을 때 정비를 위한 특수 격납고가 필요했다.

이런 고려 사항들은 논란을 낳았다. B-2 폭격기 지지자들은 방공망을 뚫을 수 있는 능력과 소련이 이에 대항하기 위해 퍼부어야 할 예산의 규모를 가리켰다. 또한 이들은 B-2가 미국의 핵전력을 보완하면서도 대륙간탄도미사일과 잠수함발사탄도미사일과는 달리 목표물을 재설정할 수 있다는 점을 지적했다. 폭격기의 비판자들은 사업의 비용과 스텔스 기술과 연관된 리스크, 그리고 냉전의 종결로 인한 새로운 핵폭격기의 필요성 저하를 들었다.

냉전의 종결과 소련의 붕괴는 B-2 사업의 축소로 이어졌다. 본래 필요로 했던 132대는 레이건 행정부 때 정해진 것이었다. 1989년, 의회에서는 레스 아스핀 하원 국방위원장을 필두로 B-2 폭격기 사업을 완전히 취소시키려는 진지한 노력이 있었다. 예산 제약 때문에 부시 행정부는 베를린 장벽 붕괴 6개월이 지나지 않아 B-2 폭격기 사업 규모를 75대로 축소했다. 그러나 의회는 이 수준조차도 받아들이길 꺼렸으며, 1992년 부시 행정부는 B-2 사업의 규모를 20대로 제한했다. 이후 클린턴 행정부는 초기 비행 시험용 기체를 폭격기로 업그레이드하는 것을 허용하여 B-2의 총 보유 대수는 21대가 되었다.[39] 기체를 개발하는 데 들었던 높은 연구 개발 및 시험 평가 비용은 132대가 아닌 20대에 반영되어 대당 가격은 21억 달러까지 기하급수적으로 증가했다. B-2는 너무 적었기 때문에 공군은 개별 기체에 이름도 붙였다. 과거에 주력함에

하던 것처럼 주^州 이름을 붙였다.

B-2의 임무 또한 핵 작전에서 재래식 작전으로 옮아갔다. B-2의 독특한 GPS 지원표적체계GATS: GPS-Aided Target System는 기체의 레이더로 유도 무기를 겨냥하고 외부에서 제공받은 표적 좌표를 보정할 수 있는 능력을 제공했다. 노스롭은 GPS 지원표적체계와 함께 쓸 수 있는 GPS 지원탄GAM: GPS-Aided Munition을 개발했다. GPS 지원탄은 본질적으로는 합동직격탄JDAM의 선구자이며 동일한 기술을 사용했다. 하지만 GPS 지원표적체계와 GPS 지원탄의 조합이 1996년 성공적으로 시연을 마치고 이듬해 초기 작전 능력을 확보했음에도 실전에서 사용된 적은 없다.

스텔스를 공군만 탐색한 것은 아니었다. 해군의 A-12 어벤저Avenger 2 고등기술기ATA: Advanced Technology Aircraft 또한 스텔스를 사용했다. 이 항공기는 A-6E 인트루더Intruder보다 빠르고 멀리 날며 내부 무장창에 많은 폭탄을 실을 수 있도록 제작되었다. 해군은 620대를, 해병대는 238대를, 공군은 400대를 한꺼번에 구입하려 했다.

A-12는 가장 문제가 많았던 스텔스 사업이었다. 기체 디자인에 합성물을 대량으로 사용하면서 기체의 무게는 30톤을 초과했다. 이는 애초 개발 사양을 30퍼센트 초과한 수준이었으며, 항공모함 함재기의 제한 중량에 가까웠다. 게다가 복잡한 역합성 개구 레이더Inverse Synthetic Aperture Radar에도 문제가 생겨 비용이 치솟았다. 한 추산에 따르면 A-12는 해군 항공기 예산의 70퍼센트를 소모할 것이었다.[40] 1991년 1월 7일, 계약 대금으로 20억 달러 이상을 지불했지만 기체를 한 대도 받지 못했던 시점에 체니 국방부 장관은 사업을 취소하여 국방부 역사상 가장 큰 규모의 계약 종결을 기록한다. 이러한 결정은 계약 대금에 관한 기나긴 법정 공방을 촉발했다.

해군은 바다에서 사용할 스텔스 기술도 탐색했다. 1980년대 중반부터 해군과 고등연구기획국ARPA, 그리고 록히드는 함선 통제, 자동화, 내항성, 그리고 레이더 흔적 통제 등을 포함한, 수상함을 위한 다양한 신기술들을 연구했고, 10명의 조원으로 10노트로 운항할 수 있는 560톤짜리 스텔스함 시섀도Sea Shadow가 탄생했다. 각기 다른 제조사에서 만든 부품들이 캘리포니아주 레드우드시티로 모여 완전히 밀폐된 잠수 부두 HMB-1에서 조립되었다. 한 제안자는 시섀도에 지대공미사일을 달아 소련 폭격기로부터 항모전단을 보호하는 데 쓸 것을 촉구했다. 하지만 해군은 자군 문화와 잘 어울리지 않았던 시섀도와 지대공미사일 장착안 모두에 냉담했다. 해군 내에서 시섀도에 가장 큰 관심을 보인 것은 네이비실SEAL이었는데, 네이비실은 당시 변두리 조직에 불과했다. 결국 시섀도는 시험 사업으로만 남았다.[41]

1991년 걸프전쟁

1991년의 걸프전쟁으로 현대전에서 정밀 기술과 스텔스의 효과가 강조된다. 또한 1970년대 후반과 1980년대를 거치면서 성숙한 무기 체계들이 실전 데뷔한 무대였다. 예를 들어 베트남전쟁 이후의 육군 무기 '빅 파이브'인 M1 에이브럼스 주력 전차, M-2/M-3 브래들리 전투차량, AH-64 아파치 공격 헬리콥터, UH-60 블랙호크 헬리콥터, 그리고 패트리어트 지대공미사일 등이다.[42] 미군은 E-8 합동감시 및 표적공격 레이더 체계를 포함한, 아직 개발 중이던 무기들도 실전에 투입했다. 걸프전쟁은 일방적인 승리로 끝났기 때문에(최소한 전술적, 작전적 수준에

선 그랬다) 1990년대의 미국 국방 관련 논쟁에 영향을 미쳤다.

이라크는 1990년 8월 2일 동이 트기 전에 쿠웨이트를 침공해 단 몇 시간 만에 대부분의 쿠웨이트군을 격파했고, 쿠웨이트 왕가는 사우디아라비아로 도망쳐야 했다. 쿠웨이트 공군은 계속 싸웠지만 이튿날 기지를 점령당했다. 그러자 이라크 정부는 뻔뻔스럽게도 쿠웨이트 왕가가 내부 봉기로 인해 축출되었으며 이라크군은 새 정부의 요청에 따라 쿠웨이트 국내로 진입했다고 발표했다.

이후 5개월 반 동안, 미국과 연합군은 이라크가 사우디아라비아를 침공하는 것을 막기 위해 해당 전구에 진입했고, 이라크를 쿠웨이트에서 몰아내기 위해 공격 작전의 기반을 닦았다. 1월 중순이 되자 연합군은 12개국에서 파견한 약 1,800대의 항공기와 거대한 해군, 그리고 약 31개국에서 보낸 약 54만 명의 지상군이 되었다. 연합군은 42개 혹은 43개 사단으로 편성된 33만 6,000여 명의 이라크군을 상대했다.[43]

미군은 걸프전쟁을 기존 무기를 업그레이드할 기회로 활용했다. 예를 들어 육군은 오래된 M1 에이브럼스 전차를 120밀리 주포와 화학무기 방어 체계를 갖춘 새로운 M1A1로 교체했다. 또한 다수의 브래들리 전투차량들을 케블러Kevlar* 내장재를 부착해 승조원 보호 능력을 높인 A2 모델로 업그레이드했다. 국방부 또한 걸프전쟁을 당시 개발 중에 있던 합동감시 및 표적공격 레이더 체계를 전구에 투입할 기회로 삼았다. 이 체계는 지상의 움직임을 포착하는 데 최적화된 합성 개구 레이더를 장착한 크게 개조된 보잉 707기였는데, 지상군 지휘관이 전천후로 전방 150킬로미터까지 배치된 적 전력을 식별하고 겨냥하는 것을

---

* 고무 제품의 강도를 높이는 데 쓰는 인조 물질.

돕기 위해 만들어졌다. 국방부는 육군 제7군단장이었던 프레드 프랭크스 중장의 요청에 따라 2대의 시험기를 파견하고 8개의 지상 수신소를 전구에 설치했다. 전구에서 첫 비행은 1월 14일 실시되었는데, 걸프전쟁이 발발하기까지 72시간이 채 남지 않았던 때였다.[44]

평론가들은 미군이 이라크군에 맞서 얼마나 효과적으로 싸울지를 두고 의견이 갈렸다. 많은 전문가들은 전쟁이 시간을 끌 테고 미국에게 많은 재정적 부담을 안길 것이라고 예측했다. 브루킹스연구소의 조슈아 엡스타인은 컴퓨터 모델링을 사용하여 미국의 사망자 수가 3,000~1만 6,000명이 될 것이라고 계산했다. 전 국가안보보좌관 즈비그뉴 브레진스키는 덜 과학적인 방식을 통해 2만 명으로 내다보았고, 패트릭 부캐넌은 3만 명으로 예측했다. 에드워드 케네디 상원의원은 매주 3만 명가량의 사망자가 나올 것으로 추산했고, 전 해군성 장관 제임스 웹은 미 육군이 3주 만에 예산이 다 말라버릴 것이라고 경고했다.[45] 심지어 이보다 더 심각한 경고도 있었다. 걸프전쟁 전날에 발간된 보고서에서 미 육군대학의 후원을 받은 전문가 그룹은 이라크군에 대해 다음과 같이 예측했다. "이라크군은 무기 기술의 최신 혁신과 어깨를 나란히 할 수 있는 능력을 완전히 갖추었다. 장교단은 화학무기를 사용하기 위한 합동작전 수행을 이해하고 있으며, 이에 전념하고 있다. 상대적으로 높은 교육 수준 덕택에 병사들은 그러한 작전을 수행할 수 있는 능력을 갖추었다. (……) 우리는 이라크와 전쟁을 벌일 준비가 되어 있는지를 스스로에게 물어야 한다. 우리의 관점에서 볼 때 우리는 준비가 되지 않았다. (……) 적절히 전쟁을 수행하기 위해 우리 군은 재설정되어야 하고, 재훈련을 받아야 하며, 재무장해야 한다."[46]

이라크와 미국이 이끄는 연합국의 전쟁에 대한 전망은 현대전에서 기술의 중요성에 대한 관찰자의 생각에 따라 갈릴 수밖에 없었다. 1980년대에 그랬듯이 군 개혁론자들은 신기술은 값비싸고, 실질 효과가 미미하며, 고급 무기 체계들은 너무 복잡하여 신뢰도가 낮고, 실험실에서 잘 작동했던 체계일지라도 혼돈스러운 전장에서는 그렇지 못할 것이라고 주장했다. 예를 들어 에드워드 N. 루트웍은 미군이 "전투 상황에서 시험되지 않은 공상의 전술, 화려한 무기, 기대감을 불러일으키는 도구들"로 거추장스럽게 되었다고 주장했다.[47] 반면, 국방 전통주의자들은 고등기술을 이용해 전장에서 우위를 점할 것이라고 주장했다.

작전명 데저트스톰은 1월 17일, 미국의 기술력을 최대한 활용하기 위해 기획한 항공 작전으로 시작되었다. 1991년 이라크는 소련, 프랑스, 중국 등지에서 들여온 지대공미사일, 대공포, 레이더, 전투기들을 결합해 세계에서 가장 강력한 방공망을 보유하고 있었다.[48] 실제로 바그다드는 모스크바에 이어 세계에서 둘째로 촘촘히 방어되던 도시였다.[49] 공군 전술가들은 스텔스와 정밀 기술을 이용해 미국이 공중 우세를 달성하거나 이라크의 방공망을 궤멸시키지 않고서도 이라크 내부 깊숙이 위치한 목표물을 공격함으로써 '병행 작전parallel operation'을 수행할 수 있다고 보았다. 미국은 F-117 스텔스기를 사용하여 이라크의 방공망을 제압하지 않고서도 이라크의 심장부를 타격할 수 있었다. 실제로 F-117은 전략 항공 작전의 중심이었다. F-117은 완벽하게 기습했고, 이라크의 방공망에 거의 아무런 영향도 받지 않았다. 걸프전쟁 동안 36대의 F-117이 GBU-27 레이더 유도 폭탄 2,000개로 이라크에서 철저히 방어되는 목표물들을 공격했다. 바그다드에서 목표물 타격이 허용된 연합군의 유일한 항공기였다.[50] 전쟁을 통틀어 F-117은 전체 비행 횟수의 불과 2퍼센트를 비행했으나 지휘부와 지휘통제 시설과 같은 전

략 목표물의 40퍼센트가량을 공습했다.[51]

스텔스와 정밀유도무기의 조합은 미군에게 극도로 강력한 효과를 선사했다. 걸프전쟁에서 스텔스기가 없는 통상의 공습 편대는 전자전용 기체와 방어 제압용 기체 등을 포함하여 38대의 항공기가 필요했다. 이 편대 내에서 8대의 폭격기가 3개의 목표 지점에 폭탄을 투하할 수 있었다. 그에 비해 단지 20대의 F-117A로는 보다 강력한 위협 속에서도 37개의 목표물을 동시에 공격할 수 있었고, 결국 기존의 절반이 조금 넘는 항공기로 12배 넘게 많은 표적을 공격할 수 있었다.[52]

효과적이기는 했지만 F-117에도 제약은 있었다. 속도는 음속 이하였으며, 스텔스 능력을 극대화하기 위해 밤에만 작전을 해야 했다. 날씨 또한 제약으로 작용해, 전체 비행 횟수의 약 5분의 1에 영향을 미쳤다.[53] 또한 이라크군이 F-117을 추적하기가 어렵기는 했지만 불가능하진 않았기 때문에 공군 지휘관은 EF-111 전자전기로 F-117을 지원해야 했다.[54]

미국은 가공할 만한 이라크의 방공망을 제압하기 위해 보다 전통적인 수단도 사용했다. 연합군은 지대공미사일의 레이더를 쫓아가는 고속 대방사미사일HARM: High-speed Anti-Radiation Missile과 같은 대방사미사일들을 폭넓게 사용했다. 연합군은 2,000기 이상의 고속 대방사미사일을 발사했으며, 전쟁 개시 첫날에만 200기를 사용했다. 또 미군은 이라크의 레이더망을 자극하여 고속 대방사미사일 공격에 더 취약하게 만들기 위해 두 종류의 유인용 무인기를 사용했다. 이라크의 지대공미사일들이 무력화되면 연합군의 항공기는 이라크의 대공포 사정권 너머로 자유롭게 날아다니면서 폭탄을 투하할 수 있었다. 그 결과 연합 공군의 사상자 수는 1972년 12월 18~29일의 라인배커Linebacker 2 폭격 작전 때의

10분의 1도 안 됐다.[55]

정밀유도무기는 항공 작전에서 주요한 역할을 수행했다. 걸프전쟁에 관한 주된 이미지는 레이저 유도 폭탄이 이라크의 건물과 교량들을 지독한 수준의 정확도로 폭격하는 모습이 담긴 영상이다. 정밀유도무기는 과거 전쟁에 비해 극적인 효력을 보여주었고, 민간인 사상자들은 훨씬 적게 발생했다. 그러나 정밀유도무기의 효과는 사용한 숫자와 부합하지 않았다는 사실을 기억할 필요가 있다. 걸프전쟁 당시 사용된 1만 7,000발 이상의 정밀유도무기는 투하된 폭탄의 단 8퍼센트에 지나지 않았다. 실제로 미국은 걸프전쟁에서보다 세 배나 많은 레이저 유도 폭탄들을 베트남에서 소모했다. 새로웠던 것은 정밀유도무기의 사용 강도였다. 연합군은 북베트남에 9개월 동안 투하한 양의 두 배가 넘는 레이저 유도 폭탄들을 6주 동안 투하했다.[56]

레이저 유도 폭탄에도 한계는 있었다. 가장 중대했던 문제는 폭탄이 낙하하는 내내 목표물을 조명해야 했다는 것이다. 게다가 GBU-24 같은 폭탄은 목표를 발견하여 폭발하기까지 3~8분이 걸렸다.[57] 구름이나 먼지가 작전을 방해할 수 있었고, 실제로도 방해가 되었다. 전쟁 개시 둘째 날 밤, F-117이 투하한 레이저 유도 폭탄 42발 중 22발은 날씨 때문에 빗맞았다. 당시의 날씨는 F-117이 다른 27개 목표물에 무기를 투하하는 것을 방해했다. 게다가 소수의 항공기만이 목표물에 레이저 조준을 할 수 있었기 때문에 항시 투하 가능한 정밀유도무기의 개수에는 제한이 따랐다.[58] 미국은 20년 이상 레이저 유도 폭탄을 보유하고 있었음에도 불구하고 공군은 레이저 유도 폭탄을 발사하고 유도할 수 있는 포드를 장착한 기체를 단 118대만 보유하고 있었다.[59] F-117A와 F-111F 단 두 종류의 기체만이 I-2000 또는 BLU-109 탄두를 탑재한 GBU-27 또는 GBU-24A/B 같은, 강화된 목표물을 관통할 수 있는 정밀유도무기를 운반할 수 있었다.[60] 그리하여 지휘 벙커나 강화 격납고 같은 강화된 목표물에 대한 폭격 작전은 느리고 소모적으로 진행되었다.

걸프전쟁은 F-111과 F-15와 같은 첨단 기술 항공기가 넓은 작전 반경과 증대된 적재량, 정밀유도무기 기능에 힘입어 공중전에서 중대한 기여를 할 수 있다는 지지자들의 주장을 입증했다. 반면 군 개혁론자들에게 가장 큰 호응을 얻었던 F-16은 좁은 작전 반경과 정밀유도무기 운반 능력의 제약으로 제 실력을 발휘하지 못했다. 걸프전쟁에 대한 공군본부의 공식 분석 자료는 F-16에 무장된, 유도 기능이 없는 폭탄들이 "쿠웨이트 사막의 모래를 움직이는 역할을 했을 따름이다"라고 주장했다.[61]

걸프전쟁에서는 유도무기들이 혁신적으로 사용되었다. 고정된 전략적 목표물이나 강화된 항공기 격납고 외에도 방벽에 숨어 있는 기갑부대에도 사용되었다. 1990년 12월, 공군은 처음으로 '전차 사격' 아이디어를 내놓았다. F-111이 226킬로그램짜리 GBU-12 레이저 유도 폭탄을 투하하여 흙 방벽의 보호를 받는 이라크의 전차들을 파괴하는 것이었다. 이러한 발상은 F-111F의 작전 개념에 부합하지 않고 미리 계획된 것도 아니었다. 작전에 나선 대원들은 땅거미가 질 무렵, F-111의 적외선 센서로 차가운 모래 너머에서 뜨겁게 달아오른 이라크의 전차들을 볼 수 있었다. 최초의 '전차 사격' 비행은 2월 5일 실시되었다. 그때부터 전쟁이 끝날 때까지 F-111F의 전체 비행 횟수의 4분의 3은 적 지상 전력에 집중되어 23일 동안 664회 비행이 실시되었다. 2월 13~14일 밤 하루에만 F-111F 46대가 GBU-12 184발을 투하했고,

132대의 이라크 장갑차량들을 격파했다. F-111F는 총 920대의 이라크 차량들을 파괴했다.[62]

전쟁은 짧게 지속되었지만 2.2톤짜리 GBU-28 레이저 유도 폭탄의 배치와 같은 기술 혁신을 가져왔다. GBU-28은 땅속 깊이 숨어 있는 이라크의 지휘본부 등을 공격할 때 사용한 관통 탄두를 달고 있었다. GBU-28은 이라크가 쿠웨이트를 침공할 당시에는 초기 개발 단계에도 이르지 못했다. 록히드와 텍사스인스트루먼츠의 직원들이 플로리다의 에글린 공군기지에서 이를 개발했다. 이 개발팀은 육군의 잉여 8인치 탄체에 GBU-27 레이저 유도 폭탄 키트를 사용하여 1991년 2월 1일부터 GBU-28을 제작했다. 탄체는 강화된 철제 노즈콘과 꼬리 플러그를 끼우고 300킬로그램의 폭약으로 채워졌다. 공군은 2월 14일 사업을 승인했고, 최초의 폭탄은 이틀 후 공군에 인도되었다. 그중 두 발이 전구에 투입되어 걸프전쟁 마지막 밤, 지하 깊이 숨어 있던 이라크군 지휘소에 투하되었다.[63]

걸프전쟁에서는 토마호크 지상공격미사일 282기를 포함한 순항미사일도 폭넓게 사용되었다.[64] 토마호크 지상공격미사일 C와 D는 바그다드 공습에 처음 사용된 무기였으며, 전쟁 내내 주간 공격에 사용된 유일한 무기였다. 이 중 몇몇은 이라크의 발전소 송전선을 합선시키기 위해 개발된 탄소 필라멘트 뭉치들을 장착하고 있었다.[65]

이 순항미사일들은 매우 유용했지만 1기에 대략 150만 달러가 나가는 비용이 문제였다.

비핵 공중발사순항미사일CALCM: Conventional Air Launched Cruise Missile 또한 걸프전쟁에서 실전 데뷔를 했다. 핵으로 무장된 AGM-86B 공중발사순항미사일의 비핵무장 버전이라고 할 수 있는 이 미사일은, 제한된 수량의

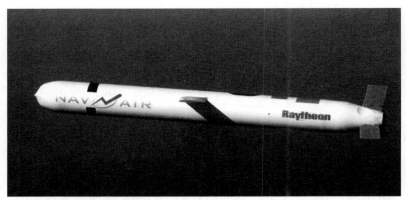

토마호크 순항미사일. © U.S. Navy

공중발사순항미사일의 W80 핵탄두를 450킬로그램짜리 폭풍 파편형 탄두로 교체하고, 미사일의 지형윤곽대조유도체계를 GPS로 교체하기 위해 공군이 1986년 6월 비밀리에 시작한 시니어 서프라이즈^{Senior Surprise} 사업으로 탄생했다. 그리하여 등장한 AGM-86C 미사일은 1988년 1월 운용을 개시했다.[66]

공군은 비핵 공중발사순항미사일을 걸프전쟁 개전 첫날 밤에 사용했다. 39기의 순항미사일을 탑재한 7대의 B-52H가 루이지애나의 박스데일 공군기지에서 출발하여 이라크 국경의 투하점까지 논스톱으로 비행하고 돌아왔다. 3시간 30분 동안 폭격기들은 35기의 미사일을 이라크의 발전소와 수송 및 통신 시설에 발사했다. 이는 2만 2,000킬로미터를 35시간 동안 비행한, 당시로서는 역사상 가장 긴 전투 비행이었다.[67]

걸프전쟁에서 실시한 미국의 항공 작전은 이라크에 대한 공중 우세를 여실히 보여주었다. 걸프전쟁이 끝날 무렵, 연합군의 항공기는 이라크의 고정익 항공기 33대와 헬리콥터 5대를 격추한 반면, 연합군 측 피해는 겨우 한 대의 공대공 전투 손실뿐이었다. 더욱 특기할 만한 점은,

걸프전쟁에서의 격추 기록 중 40퍼센트 이상이 시계외視界外 교전에 의한 것이었다는 사실이다. 이는 오직 공중 조기경보 지휘통제체계 항공기의 사용으로 가능했으며, 이 덕택에 연합군은 우군을 공격할 위험 없이 가시거리 바깥에서 항공기와 교전할 수 있었다.

연합군은 이라크의 가공할 만한 카리KARI 통합방공체계를 대부분 궤멸시켰다. 연합군의 공중 공격은 이라크 육군에도 상당한 피해를 입혔다. 전쟁이 끝날 무렵, 이라크 육군은 전차 76퍼센트, 병력 수송 장갑차APC 55퍼센트, 그리고 포병 전력 90퍼센트의 손실을 입었다. 비록 전방의 공화국수비대는 다른 부대에 비해 적은 피해를 입었으나 이들도 50퍼센트가량의 손실을 입었다.[68]

그러나 항공 작전에 결점이 없는 것은 아니었다. 걸프전쟁 당시 이라크는 46기의 개조된 스커드 미사일을 사우디아라비아에 발사했으며, 40기는 미국인을 살상하고 연합에 균열을 일으키기 위해 이스라엘에 발사했다.[69] 게다가 연합군 항공기는 미사일 발사대와 같은 이동 가능한 표적들을 파괴할 수 없었다. 이라크의 미사일 기간시설을 파괴하기 위한 1,500회의 공습에서 고정익 항공기가 스커드 발사대를 파괴했다는 증거는 전혀 없다. 이라크는 미사일을 88회 발사했다. 항공 조원들은 이 가운데 절반 가까이를 목격했지만 겨우 8회에 대해서만 보유하고 있던 폭탄을 투하했고, 하나도 성공하지 못했다.[70] 또한 연합군은 이라크의 화생방 기간시설을 파괴하는 데 실패했다.[71]

항법용 GPS의 사용은 정밀유도무기만큼의 관심을 받지는 못했지만 전체 전쟁 과정에서는 오히려 더 중요했다고 말할 수 있다. GPS가 바로 승리를 안겨준 기술이었다는 마이클 러셀 립과 제임스 M. 하식의 평가에 이의를 제기하기란 어려운 게 사실이다.[72] 이라크와 쿠웨이트의 도로망은 이라크군의 방어 전략을 제한했다. 이라크군은 비포장도로로 운행하기가 어려웠다.[73] 반면에 GPS를 사용한 연합군은 모래폭풍이 잦고, 포장도로가 거의 없으며, 주요 지형지물도 별 특색이 없는 쿠웨이트와 이라크의 사막에서도 전례 없는 수준의 정확도로 길을 찾고, 기동하며 공격할 수 있었다.[74] GPS는 또한 정밀 폭격, 포병 화력지원, 그리고 전투 수색 및 구조에도 도움을 주었다.

당시 GPS 위성망은 완전한 상태가 아니었고, 단 16개의 위성으로 구성돼 있었다. 지구 전체를 커버하기에는 5개가 부족했고, 완벽한 위성망 구축에는 8개가 모자랐다. 게다가 위성 가운데 하나는 고장이 나서 위성망의 군사작전 지원 능력 전체를 위기에 빠뜨렸다. 공군 우주사령부의 통제사들이 이를 고칠 수 있는 소프트웨어를 개발할 때까지 위성은 계속 연결이 두절되어 있었다. 16개 위성 전체가 가동 중일 때도 수신기가 위치를 확인하는 데 필요한 최소한도의 위성 개수인 4개가 동시에 보이지 않는 때가 하루에 일곱 차례 있었는데, 최대 40분 동안 그런 상태에서 벗어나지 못했다.[75]

미군은 걸프전쟁 이전까지 GPS의 유용성을 마음껏 누리지 못했다. 데저트실드Desert Shield 작전 전까지 육군은 겨우 수백 대의 GPS 수신기를 갖고 있었다. 그러나 1990년 8월 20일 육군 작전참모부장은 가능한 한 빨리 GPS 수신기를 전구에 투입하라는 지시를 내렸다. 그리하여 1991년 1월 중순, 육군은 1만 대가량의 상업용 수신기를 구매해 절반이 못되는 개수를 전구에 투입했다.[76] 상용 GPS 수신기에 의존해야 했으므로 정부는 상용 수신기도 군용 수신기와 같은 정확도를 가질 수 있도록 군용과 상용 장비를 차별하는 기능을 꺼야 했다.

지상군만 GPS 수신기를 가지고 다닌 것은 아니었다. 차량과 헬리콥터에도 장착했고(때로는 테이프로 붙여놓기도 했다) F-16, KC-135, 그리고 B-52 항공기에도 설치했다.[77]

GPS만이 걸프전쟁에서 사용된 우주 체계는 아니었다. 미국은 이때 처음으로 보유하고 있던 모든 우주 체계들을 군사작전 지원용으로 활용했다. 정찰위성으로 미군은 이라크군이 밀집된 지역을 식별하고, 항공 작전의 효과를 평가할 수 있었다. 국방기상지원사업의 위성들은 항공 및 지상 작전을 위해 필요한 자료를 제공했다. 그리고 통신위성들은 전구 내의 전력을 사우디아라비아와 미국에 있는 본부들과 연결했다.

또한 걸프전쟁에서는 처음으로 탄도미사일과 미사일 방어 체계의 실전 대결이 벌어졌다. 미국의 패트리어트 전구탄도미사일방어TBMD: Theater Ballistic Missile Defense 포대는 이라크의 탄도미사일로부터 사우디아라비아와 이스라엘을 보호하려 했다. 위성은 이라크 스커드 미사일의 로켓 배기가스 기둥을 발사 직후 30초 내에 감지하여 미사일 공격 경보를 제공할 수 있었다. 그러나 대략 7분밖에 안 되는 이라크 탄도미사일의 짧은 비과 시간은 중대한 제약 사항이었다.[78]

국방지원사업DSP: Defense Support Program*의 주요 수혜자 중 하나는 바로 패트리어트 전구탄도미사일방어체계였다. 패트리어트는 처음에 대항공기 체계로 1983년 배치되었다. 1984년 육군은 군 기지와 비행장 같은 점표적들을 단거리탄도미사일로부터 방어할 수 있도록 패트리어트 포대를 개조하기로 했다. 육군은 1988년부터 PAC-1* 레이더와 개조된 소프트웨어를 배치했고, 1990년부터는 PAC-2 탄두와 개조된 신관을 장착한 미사일을 배치했다. 하지만 이라크가 쿠웨이트를 침공했을 때

---

* 위성을 통한 탄도미사일 조기경보 지원 사업을 뜻한다.

실존하는 PAC-2 미사일은 단 3기밖에 없었고, 모두 실험용이었다.[79] PAC-2 미사일은 막 생산에 나선 참이었으며, 유일하게 가동되는 탄두 생산 라인은 독일에 있었다.

PAC-2 미사일의 생산자인 레이시온은 PAC-2를 대량 생산하기 위한 비상 계획을 세워 실행했다. 생산 라인은 24시간 쉬지 않고 가동되어, 생산량은 8월경 9기에서 다음 해 1월경 146기로 늘어났다.[80]

걸프전쟁이 진행된 43일 동안, 미군은 53기의 개조된 스커드 미사일에 대응하여 158기의 패트리어트 미사일을 발사했다.[81] 그러나 사우디 아라비아에 대한 최초의 공격 때 이미 이라크의 미사일을 요격하기가 얼마나 어려운 일인지가 분명해졌다. 이라크는 5기의 미사일을 발사했다. 그러나 6분 후 미사일이 시속 6,400킬로미터의 속도로 대기권으로 재돌입했을 때, 미사일은 5개의 탄두를 포함하여 14개로 쪼개졌다. 패트리어트 포대들은 표적 하나당 2기씩, 28기의 요격 미사일을 발사하여 1,680만 달러의 비용을 소모했다.[82] 이라크의 개조된 스커드 미사일은 비과 중에 제어력을 잃고 빙글빙글 도는 경향이 있어 요격이 더욱 어려웠다.

2월 25일, 패트리어트 방어권을 뚫고 들어온 스커드 미사일 하나가 다란 근처의 막사를 타격하여 28명이 사망하고 98명이 부상을 입어 걸프전쟁 중 단일 사건으로는 가장 많은 인명 피해가 발생했다. 이라크의 스커드 미사일 하나가 155밀리 포탄 5,000톤이 적재돼 있던 사우디 아라비아의 주바일 항구 부두를 맞힐 뻔한 일도 있었다. 당시 8척의 함선이 부두에 정박하고 있었는데, 2척은 미 해병대 항공대용 군수품을

---

* PAC는 패트리어트 성능 개량형(Patriot Advanced Capability)의 약자이다.

신고 있었고, 탄약을 싣고 있던 함선 수척과 강습상륙함 USS 타라와 Tarawa, 그리고 폴란드의 병원선 1척이 있었다.[83]

걸프전쟁 이후 수년간 패트리어트의 효과를 두고 활발한 논쟁이 일었다. 당시 전투 기록을 폭넓게 분석한 결과 많은 경우 패트리어트 탄두의 폭풍 파편이 접근해오는 미사일을 맞히기는 했지만 이를 파괴하지는 못했음을 보여주었다. 육군은 결국 패트리어트 미사일의 효과에 대한 본래의 추정치를 하향 조정했다. 하지만 이러한 논쟁에서는 전구 미사일 방어TMD: Theater Missile Defense의 전략적 영향을 놓치곤 했다. 패트리어트가 높은 전술적 효과성을 보여주지는 못했더라도 패트리어트는 이스라엘 정부와 국민을 안심시켰고, 이스라엘이 이라크에 보복할 유인을 줄였다. 또한 사우디아라비아의 미군 전력을 보호했다.

모든 것을 종합해볼 때, 이라크에 대한 승리는 놀라울 정도로 쉬웠다. 37일간의 공중전과 100여 시간의 지상전을 치른 후 이라크는 쿠웨이트에서 철수해야 했다. 쿠웨이트 정부는 복원되었고, 후세인이 지역 내에 가할 수 있는 위협의 능력은 크게 감소했다. 걸프전쟁의 대가는 상당히 가벼웠다. 146명의 미국인이 전쟁 중 사망했고, 467명이 부상을 입었다.[84]

미국이 이끄는 연합군이 이라크를 패퇴시킬 수 있었던 데에는 여러 이유가 있다. 어떤 이들은 미국과 이라크의 기술 격차에 주목했다. 그들의 시각에서 볼 때, 1970년대와 1980년대의 구식 소련 장비를 갖춘 이라크군은 최신 무기로 무장한 미군에 전혀 상대가 되지 못했다. 다른 이들은 숙련도skill가 더 중요한 결정 요인이었다고 보았다. 이 시각에서 볼 때, 이라크의 실수들로 미국의 기술이 효과적으로 작용할 수 있는 기회들이 생겨났다. 이러한 착오들이 없었더라면 전쟁의 결과는 확연히 달랐을 것이다. 그랬을 경우 연합군의 사상자 규모는 이라크와 미국의 기술 격차에도 불구하고 "전쟁 전의 예상대로 사망자가 수천 명에 달했거나 이를 초과했을 것"이라고 이들은 분석했다.[85]

군사 혁명?

걸프전쟁에서 미국이 이끄는 연합군이 이라크를 손쉽게 패퇴시킨 것으로 보이자 미국과 다른 나라의 전문가들은 정보혁명이 '군사 혁명'을 낳고 있다는 결론을 내리게 되었다.[86] 쿠웨이트와 남부 이라크의 사막에서 벌어진 일방적인 전투들은 많은 이들로 하여금 전쟁이 분명 변했음을 보여주었다. 유혈이 낭자하는 싸움이 될 것이라는 예상과 달리 막상 전투에 돌입하자 무너지는 이라크군의 실제 모습은 많은 전문가들에게 충격을 주었고, 전쟁에서 근본적인 것이 변화했다는 사실을 보여주는 듯했다.

군사 혁명에 대한 보다 열렬한 옹호자들은 정보혁명이 과거와 완전한 단절을 초래했다고 주장했다. 1993년의 한 보고서는 이렇게 예측했다. "군사 기술 혁명은 근본적으로 전쟁의 본질을 바꾸어놓을 가능성을 갖고 있다. 마키아벨리 때부터 내려오는 전략의 기본 원리는 (……) 새롭게 등장하는 기술과 교리로 인해 타당성을 잃을 수도 있다."[87] 다른 이들은 보다 조심스러웠다. 걸프전쟁에 대한 미국의 공식 연구 저자들은 이렇게 결론지었다. "전쟁의 변화를 초래하는 요소들은 걸프전쟁에서 가시화되었을지도 모르지만, 혁명은 누군가 직접 일으켜야 가능할 것이다."[88]

걸프전쟁이 일반이 인식하는 스텔스, 우주 체계, 그리고 정밀유도무기의 지위를 높이긴 했지만 소련과 미국의 전문가들은 이미 10여 년이 넘게 정보혁명이 전쟁 수행에 미치는 영향을 연구하고 있었다. 4장에서 논의했던 바와 같이, 신기술의 등장이 혁신적인 작전 개념 및 조직과 결합하면 전쟁 수행 방식을 바꾸어놓을 거라는 생각은 소련군 참모총장 니콜라이 오가르코프 원수가 이끄는 소련 장교단이 컴퓨터와 우주 감시, 장거리 미사일이 전쟁의 성격을 바꾸고 있다고 주장하던 1970년대 말에 처음으로 등장했다.[89] 이들은 미국이 소련보다 이러한 기술을 훨씬 활발히 이용하고 있는 현실을 우려했다. 그리고 신기술의 개발이 소련에서 언급했던 '정찰−타격 복합체'로 이어질 경우 미국이 소련에 비해 전장에서 중대한 우위를 점할까 두려워했다.

대부분은 이들의 저작을 무시하거나 일축해버렸으나, 앤드루 W. 마셜이 이끄는 펜타곤의 총괄평가국Office of Net Assessment은 여기에 매우 진지한 관심을 보였다. 마셜은 소련이 일컬은 '군사 기술 혁명MTR: military technical revolution'의 도래를 그들의 행동에 영향을 끼칠 수 있는 기회로 보았다. 그는 회고하기를, 소련은 '정찰−타격 복합체' 배치를 우려하는 듯했기 때문에 국방부가 이 체계에 대한 투자를 응당 늘려야 한다고 느꼈다. 1991년 초 그는 정보혁명이 전쟁에 어떻게 영향을 미칠지를 두고 평가를 의뢰했고, 1992년 「군사−기술 혁명: 예비 평가」라는 보고서가 간행되어 국방부 지도부 내에서 회람되었는데, 대체로 호의적인 평가를 받았다.[90]

1993년부터 국방 전문가들은 군사 기술 혁명이라는 표현보다 군사 혁명이란 표현을 더 많이 사용하기 시작했다. 마셜은, 전자의 경우 기술을 강조하는데, 기술이 혁명적인 변화를 일으키지만 오직 군이 새로운 작전 개념을 개발하고 새로운 조직을 만들 때에만 혁명이 일어난다고 보았다. 마셜의 관점에서 볼 때, 군이 해결해야 하는 핵심 과업은 당장 새로운 장비를 사는 것이 아니라 가장 적합한 개념 혁신과 조직 변화를 모색하는 것이었다. 그는 또한 정보혁명은 향후 수십 년에 걸쳐 일어날 것이라고 보았다. 그래서 '다가오는 군사 혁명emerging military revolution'을 논하는 것이 가장 적합하다고 보았다.[91]

마셜의 관점에서 볼 때, 정보혁명이 전쟁에서 어떠한 결과를 낳을지를 두고는 두 가지 설득력 있는 견해가 있었다.

첫째는 매우 효과적인 센서와 지휘통제체계와 결합된 장거리 정밀 타격 무기가 전쟁의 많은 몫을 차지하게 될 것이라는 견해이다. 작전의 주요한 형태는, 적에게 접근하는 대신 적을 원거리에서 파괴하는 것이다. (……) 둘째는 이를테면 정보전쟁의 등장이다. 전쟁에서 정보가 점차 전투와 작전의 성과에서 중점 영역이 될 수 있다. 그러므로 우군 정보 체계의 효과적이고 지속적인 운용을 보호하고, 적 정보 체계의 기능을 약화, 파괴 또는 교란하는 것이 작전의 초점이 될 것이다.[92]

하지만 마셜은 미군의 빠른 작전 속도, 모든 분야에 폭넓게 영향을 미치는 정보혁명의 특성, 정보혁명 이해에 관련된 개념적인 난관들이 군사 혁명을 제대로 활용하는 데 장벽이 될 것이라고 경고했다.

정보혁명이 군사 혁명을 낳고 있다는 가설은 1994년 페리가 국방부 장관으로 임명되고, 오언스 제독이 합동참모본부 의장으로 임명되면서 고위층의 지지를 얻었다. 앞서 언급했듯, 페리는 1977~1981년 국방부 연구기술차관보로 재직하면서 군사 혁명과 연관된 많은 기술들을 지원하는 데 중요한 역할을 했다. 오언스는 미군이 기존의 무기, 센서, 그리고 지휘통제체계를 네트워크로 연결하여 '체계들의 체계'를 만들어 효과를 크게 높일 수 있다고 주장한 인사였다. 그의 관점에서 볼 때, 이러한 체계들을 연결하면 정보 우세(또는 '우세한 전장 지식')를 얻고, 군사적 효율성을 극적으로 높일 터였다.[93] 이 둘은 군으로 하여금 작전의 새로운 개념들을 수용하도록 압박했다.

1996년, 합동참모본부는 미군 현대화에 대한 견본으로 삼기 위해 「합동 비전Joint Vision 2010」을 발간한다. 이 문서는 기술 변화가 군사작전의 모든 영역에서 새로운 수준의 수행 능력을 낳을 수 있다고 주장했다. 미래의 군사 효율성의 핵심은 정보 우위에 있다고 보았고, 우세 기동, 정밀 교전, 전 차원의 방호, 그리고 집중 병참이라는 네 가지 작전 개념을 구현할 수 있다고 주장했다.

의회에서 의뢰한 1997년 4년 주기 「국방 검토 보고서QDR: Quadrennial Defense Review」는 군사 혁명의 가치를 인정했으며, 국방부에 미군을 변화시킬 것을 주문했다. 윌리엄 코언 국방부 장관은 이렇게 말했다. "정보혁명은 미군이 싸우는 방법을 근본적으로 변화시킬 군사 혁명을 낳고 있습니다. 우리는 전투에서 우위를 차지하기 위해 정보 기술과 다른 기술들을 활용해야만 합니다. 이러한 기술들을 이용하고, 군사적 우세를 보장하기 위한 우리의 교본이 바로 미래의 군사작전을 위해 합참의장이 세운 「합동 비전 2010」입니다."[94]

의회의 위임을 받은 국방자문위원회NDP: National Defense Panel는 미군을 변화시켜야 할 필요성을 두고 훨씬 더 강력한 주장을 펼쳤다. 위원회의 보고서는 군사 혁명이 진행 중이며, 국방부 지도부에게 "국방과 안보의 구조, 작전 개념과 장비 (……) 주요 사업 절차를 폭넓게 변화시키는 작업에 착수"하도록 촉구했다. 보고서는 다음과 같이 주장했다.

우리는 정보와 관련된 기술의 급속한 발달에 의해 촉발된 군사 혁명의
시작점에 있다. 이는 어느 때보다도 오랜 시간에 걸쳐 더 넓은 영역의
더 많은 수의 표적들을 탐지, 식별, 추적할 수 있으며, 어느 때보다 빠르
고 효과적으로 이 정보를 제공할 수 있는 잠재력을 개발할 수 있음을 시
사한다. 이러한 우위를 활용하여 전쟁에 드리운 안개를 깨끗이 걷어낼
수 있는 이들은 중대한 이점을 얻을 것이다. (……) 국방부는 바로 지금
미군을 변화시키는 것을 최우선 과제로 삼아야 한다.[95]

보고서는 다른 무엇보다 국방부에 미국이 21세기의 새롭고 색다른
위협에 대응할 수 있도록 변화 전략을 수립할 것을 권고했다. 또한 국
방부가 다양한 체계와 작전 개념, 그리고 전력 구조를 실험하는 데 주
안점을 두어야 한다고 주장했다.

각 군이 수사학적으로 변화를 수용하긴 했지만 정보화 시대에 적응
하기 위해 실제 한 일은 별로 없었다. 사실 많은 부분에서 1990년대
는 변화의 지지자들에게 잃어버린 10년과 같았다. 입으로는 변화를 외
치면서 어려운 선택은 결코 하지 않는 경향이 만연해 있었다. 주요 획
득 사업 중 종결된 것은 하나도 없었다. 대신 이들은 '변화'라는 명찰이
붙은 새 부대에 오래된 술을 담았다. 핵 혁명의 상징이었던 전략공군
사령부SAC는 미 전략사령부Strategic Command가 되고, 미 대서양사령부Atlantic
Command는 합동군사령부Joint Forces Command가 되었음에도 불구하고 대규모
조직 변화는 없었다. 군과 장교 직제의 구조에는 소소한 변화만 있었을
뿐이다.

정보혁명에 대한 군의 접근법은 1950년대 핵 혁명에 대한 접근법과 선명히 대조되었다. 핵 혁명은 핵무기와 장거리 운반체처럼 쉽게 알아볼 수 있는 실물로 드러났다. 게다가 소련과 경쟁에 나선 시점과 맞물려 새로운 전쟁 방식을 최대한 활용하는 것이 긴급한 과제가 되었다. 핵 혁명은 또한 미군 내에서 중대한 변화가 일어나고 있던 시기와도 맞물렸다. 각 군은 역할과 임무를 두고 경쟁해야 했다.

반면 정보혁명을 위한 변화의 엔진은 하나의 무기처럼 구체적이지 않았고, 정보 기술처럼 전반적인 것이었다. 게다가 정보혁명은 소련과 경쟁하던 시절이 지나고 미래 안보 환경의 형태에 대한 의문들이 잦아든 다음에 일어났다. 또 각 군의 역할과 임무가 대부분 정해진 시기에 일어났다. 그 결과 1990년대에 미군은 1950년대와는 달리 급진적인 변화를 훨씬 덜 겪었다.

원거리전의 발흥

걸프전쟁 이후 10년 동안 미국은 아프리카 북동부, 발칸반도, 그리고 서남아시아와 중앙아시아에서 무력을 행사했다. 1990년대를 거치면서 스텔스와 정밀유도무기의 조합은 공군력에 거의 아무런 피해도 입지 않고 공중에서 적을 타격할 수 있는 능력을 부여했다. 당시 미국이 연루되었던 분쟁들은 제한된 목적과 미미한 이득을 위해 불완전한 수단으로 수행된다는 특징이 있었는데, 이는 공군력과 독특하게 잘 어울리는 것으로 보였다. 엘리엇 A. 코언은 "공군력은 유달리 매혹적인 군사력의 한 형태인데, 부분적인 이유 하나는 오늘날의 연애와 마찬가지로 헌신 없는 만족을 제공하는 것처럼 여겨지기 때문이다"라고 말한 바 있다.[96] 정밀유도무기와 결합된 공군력은 지속적인 지상군 투입으로 야기되는 어려운 결정을 피하면서도 이라크를 굴복시키고, 발칸반도에 개입하고, 테러리스트를 집단 보복할 수 있는 능력을 제공하는 것처럼 보였다.

⊙ 이라크

공군력은 걸프전쟁이 빚어낸 여러 문제를 해결하는 데 선호되었다. 연합군 병력은 이라크군을 쿠웨이트에서 내쫓는 데 능란한 기량을 보여주었다. 하지만 걸프전쟁이 끝나고도 후세인은 여전히 살아서 권좌에 앉아 있었고, 전혀 반성하지 않고 있었다. 전쟁이 발발하자 후세인은 북쪽의 쿠르드족과 남쪽의 시아파 무슬림들에 대한 잔혹한 탄압을 시작했다. 1991년 4월, 미국은 바그다드의 억압을 받는 쿠르드족을 보호하기 위해 위도 39도선 이북의 이라크 지역에 대해 비행금지구역을 설정(노던워치Northern Watch 작전)한다. 1992년 8월, 미국은 32도선 이남에 대해서 두 번째 비행금지구역을 설정(서던워치 작전)한다. 결국 오랫동안 실랑이가 이어졌다. 미국과 영국, 프랑스 군대는 후세인의 운신의 폭을 좁히기 위해 노력했고, 이라크는 연합군의 항공기를 격추시키려고 노력했다. 이 작전들에는 대규모 전력을 투입해야 했다. 1년 동안 터키의 인지를릭 공군기지의 조원들은 5,000회 이상 비행하면서 약 225개의 표적을 공격했다. 사우디아라비아와 쿠웨이트에서 서던워치 작전을 수행하는 전력과 페르시아만에서 활동하던 항공모함은 훨씬 더 빠른 템포로 임무를 수행했다. 보고에 따르면 1998년 12월~2001년 1월, 서던워치 임무를 수행하던 항공기들은 이라크의 미사일과 항공기로부터

670회 정도의 공격을 받았다.[97] 이 작전은 미국 공중 우세의 또 다른 면모를 보여주었다. 이 두 작전들이 종료된 2003년 3월까지 미국은 이라크 북부에서 4,365일 동안, 남부 이라크에서 3,857일 동안 단 한 대의 손실도 없이 비행을 했다.[98]

이라크에 대한 징벌적 타격을 가하는 데에도 항공력이 선호되었다. 1991년 4월 3일에 채택된 유엔 안전보장이사회 결의안 687호는 후세인 정권에게 국제사회 감시 아래 화생방 무기들을 파괴하고, 모든 대량살상무기 개발 사업을 공개하며, 사정거리 150킬로미터 이상의 모든 탄도미사일을 파괴하고, 테러를 가하거나 지원하지 말며, 실종 또는 사망한 쿠웨이트인들을 찾는 데 협조하고, 쿠웨이트 점령기에 훔쳐간 재산들을 반납할 것을 촉구했다. 그러나 애초부터 후세인 정권이 이를 제대로 따르지 않을 거라는 점은 분명했다. 미국의 의사 결정권자들에게 공중폭격은 상대적으로 저렴하면서 위험 부담이 적어 방해를 일삼는 이라크를 다룰 때 매력적인 선택지였다. 1993년 1월 초, 이라크가 유엔 무기 감독관들의 활동을 방해한 후 미국, 영국 그리고 프랑스의 항공기는 남부 이라크의 방공망에 폭격을 가했다. 이라크가 비협조적인 태도를 유지하자 미국은 이라크의 핵무기 사업에 연관되어 있는 바그다드 외곽의 자파라니야 제조 단지에 토마호크 미사일 45기를 발사했다. 이튿날, 연합군이 목표물들을 75회 추가 타격했다.[99]

1992년 4월 이라크 정부는 조지 H. W. 부시 전 대통령이 쿠웨이트를 방문하는 동안 그를 암살하려고 했다. 음모가 발각되자 클린턴 정부는 바그다드의 이라크 정보부 본부에 토마호크 미사일 공격을 지시했다. 미국의 강력함과 결의를 보여주기 위한 공격이었다면 실패했다는 평가를 내릴 만했다. 한밤중에 신중하게 실시된 이 공격은 장비들은 파

괴했지만 수위 한 명만 죽였다.[100]

1996년 9월, 후세인이 쿠르드인의 도시 이르빌을 침략하기 위해 공화국수비대와 정규군을 보냈을 때, 클린턴 정부는 남부의 비행금지구역을 33도선까지 올리고 B-52 폭격기와 해군 군함으로 하여금 남부 이라크의 방공 기지들과 지휘통제 시설들에 44기의 순항미사일을 발사하도록 지시했다. 순항미사일들이 목표물을 명중시켰음에도 불구하고 궁지에 몰린 북쪽의 쿠르드족들을 돕지는 못했다. 후세인은 쿠르드족에게 타격을 가할 수 있었고, 중대한 대가를 치르지 않고서도 미국에 굴욕을 안길 수 있었다.[101]

1998년 12월, 이라크 정부가 자국의 화생방무기 능력의 파괴를 검증하고 있던 유엔 감독관들을 추방하자 미국은 작전명 데저트폭스Desert Fox라는 이름으로 사흘간 공중폭격을 가했다. 12월 16~19일, 미국과 영국의 항공기는 지휘통제 시설, 비행장, 무기 연구 시설, 공화국수비대 막사, 정유소, 그리고 사담 후세인의 궁전 7개를 포함한 97개의 표적들을 공격했다. 미국 항공기는 600회 이상 비행했으며, 미국 군함들은 330기 이상의 순항미사일들을 발사했으며, B-52 폭격기들은 90여 발을 발사했다. 작전의 표면적인 목표는 이라크의 대량살상무기 제조 능력과 '이웃들을 위협하는 능력'을 '저하'시키는 것이었으나, 이라크 정부로 하여금 유엔 감독관들을 다시 자국으로 불러들이게 하는 데는 실패했다.[102]

요컨대, 미국은 공중 우세를 통해 무고한 사람들에게 해를 입히는 것을 피하면서도 매우 높은 정확도로 목표를 타격할 수 있는 능력을 갖추었으며 후세인의 악행에 대응할 도구를 얻었다. 그러나 이러한 공중폭격들은 이라크에 별다른 전략적 영향을 미치지 못했다. 후세인에게 별

다른 영향을 끼치지 못했기 때문에 이라크가 서구에 대립하는 근본 원인은 해소되지 않았다. 조지 W. 부시의 다음 정권이 후세인 정권의 운명을 결판 짓게 된다.

발칸반도

1990년대에 미국의 의사 결정권자들이 맞닥뜨린 두 번째 도전은 유고슬라비아의 해체에 어떻게 대응할 것인가였다. 항공력은 골치 아픈 지상군 투입을 피하면서도 보스니아에 개입할 수 있는 수단을 제공하는 것처럼 보였다. 1993년 4월부터 미국과 다른 NATO 소속 항공기는 이후 작전명 디나이플라이트Deny Flight로 알려지게 되는 작전에서 보스니아에 비행금지구역을 강제로 적용했다. 8월, NATO는 사라예보를 포위하는 보스니아의 세르비아인들을 응징하기 위해 공중폭격을 실시하겠다고 위협했다. 1994년 4월, NATO 항공기는 세르비아의 목표물들에 산발적인 타격을 가했으나 효과는 오래가지 못했다. 7월, 세르비아는 소위 유엔 '피난처'였던 스레브레니차를 침공했고, 수천 명의 시민들을 무참하게 살육했다.[103]

  1995년 8월 28일, 사라예보의 시장을 강타하여 37명을 죽이고 85명에게 부상을 입힌 박격포 공격에 클린턴 행정부는 결국 세르비아를 협상장으로 끌어내 내전을 종식시키기 위해 딜리버럿포스Deliberate Force 작전에 나서게 되었다. 17일에 걸친 이 작전에서, 400대 이상의 항공기가 항시 대기하면서 5개국 18개 비행장과 최대 3척의 항공모함에서 3,500회 이상의 비행이 이루어졌다. 작전이 진행되는 동안 NATO 항공기는

1,026발의 폭탄과 미사일을 48개의 표적에 발사했는데, 이는 걸프전쟁의 항공 작전에서 하루에 퍼부은 양과 거의 비슷했다.[104]

부수적 피해collateral damage를 우려한 NATO 지도부는 무유도 폭탄 대신 정밀유도무기의 사용을 강조했고, 딜리버릿포스 작전 중에 소모된 폭탄의 69퍼센트는 정밀유도무기였다. 대부분은 레이저 유도 폭탄이었으나 토마호크 순항미사일도 13기 포함되어 있었다.[105] 그러나 걸프전쟁에서 미국이 그러했듯이 NATO 또한 야간과 전천후에 작전을 수행할 수 있는 항공기는 제한되어 있었다.

보스니아에 개입하면서 RQ-1 프레데터Predator 무인 항공기UAV도 실전 데뷔를 했다. 이 무인기는 지상 운용자의 통제를 받아 전자광학, 적외선, 그리고 합성 개구 레이더 이미지를 위성을 통해 미국 또는 작전 전구의 지상 통제소에 전송했다. 알바니아의 자데르에 있는 부대가 보스니아로 날아가는 프레데터를 조종했다. 이 부대는 프레데터를 15회 출격시켰고, 이 중 12회는 효과적으로 150시간 이상 보스니아를 감시했다. 작전 중 프레데터가 입수한 이미지는 세르비아가 사라예보에서 퇴각하고 있지 않다는 사실을 입증했고, 결국 공습을 지속한다는 결정이 내려졌다.[106]

어떤 이들이 보기에 작전은 소기의 목적을 달성한 것으로 보였다. 11월, 모든 교전국이 오하이오주 데이턴에서 만나 평화협정에 합의했다. 그러나 세르비아를 협상 테이블로 끌어낸 것은 NATO의 공습 말고도 몇 가지가 더 있었다. 딜리버릿포스 작전이 개시되기 몇 주 전, 크로아티아군은 크라이나 지역을 세르비아로부터 빼앗기 위한 지상군 공격 작전인 스톰Storm 작전을 개시했다. 이 작전으로 보스니아에서 전쟁이 시작된 이래 보스니아 세르비아군은 처음으로 대패를 당했고, 전황은 보스니아 세르비아에게 불리하게 돌아갔다. 이 또한 세르비아의 의사 결정에 영향을 미쳤다.

세르비아가 협상 테이블로 나오는 데 크로아티아의 지상 진격(NATO의 공중폭격이 아닌)이 얼마나 영향을 미쳤는지에 관계없이, 딜리버럿포스 작전의 성과는 항공력으로 승리할 수 있다는 공군 장교들의 견해를 입증하는 것으로 여겨졌다. 미국은 1999년 코소보에서 이 명제에 대한 또 다른 시험을 치르게 된다. 세르비아에 대한 NATO의 공중전이었던 작전명 얼라이드포스Allied Force는 알바니아계 코소보 주민들에 대한 세르비아의 조직적인 억압을 근절하기 위한 협상안을 1년 이상 모색하다가 실패한 이후 시작되었다. 1999년 3월 24일부터 6월 10일까지 이어진 이 항공 작전은 세르비아 내부의 최우선 목표물과 코소보의 세르비아 전력을 공격하여 세르비아 지도부가 코소보를 포기하게 만들기 위해 실행되었다. 78일의 작전 동안 NATO는 유럽과 미국의 47개 지역에서 829대의 항공기를 동원하여 3만 8,000회 이상의 비행을 실시했다. 코소보 전쟁 동안 NATO 항공기는 세르비아의 목표물에 2만 3,600발 이상의 폭탄을 사용했다.[107] 슬로보단 밀로셰비치가 마침내 NATO의 요구를 수용하고 코소보에서 철수를 시작하자 작전은 종료되었다.

코소보전쟁은 NATO의 결의를 보여주기 위해 시작되었다. NATO 지도부의 많은 이들은 연합군이 진지하다는 사실을 알면 밀로셰비치가 물러날 거라고 여겼다. 첫 공격에 미국 수상함 4척과 미국 잠수함 2척, 영국 잠수함 1척이 나섰고, 유고슬라비아 영공 바깥에서 비행하는 B-52 6대에서 발사된 순항미사일이 공격 개시를 알렸다.[108] 그리고 214대의 미국 항공기와 연합군 항공기 130대가 100여 발의 레이저 유도 폭탄을 투하했다.[109]

전쟁 개시 후 나흘이 지나자 NATO 지도부는 공중 공격에도 불구하고 밀로셰비치가 코소보를 포기하지 않았음을 깨닫고 공격 지역을 확장하여 세르비아의 목표물과 코소보에 주둔한 세르비아군에 대한 폭격을 강화했다. 세르비아가 코소보에서 자행하는 잔혹 행위들에 대한 보도가 나오자 상황은 더욱 긴박해졌다.[110]

공중폭격으로 밀로셰비치를 굴복시킬 수 있을까를 두고 회의론이 만연해 있었다. 퇴역 육군 장교이자 평론가인 랠프 피터스는 세르비아군을 코소보에서 몰아내는 데에는 10만 명의 병력이 필요하고, 코소보 지역 전체 마을과 도시에서 치열한 전투가 벌어질 것이라고 주장했다.[111] 그러나 클린턴 행정부는 지상군 투입을 고려하지 않은 듯했다.

얼라이드포스 작전을 연합군이 수행했다는 사실은 코소보전쟁을 수행하는 데 제약 요인이 되었다. 특히 합의에 의해 운영되는 조직이라는 점이 진정한 제약이었다. NATO 회원국 누구라도 정해진 목표물에 대한 공습에 거부권을 행사할 수 있었다. 게다가 코소보전쟁 내내 연합국은 부수적 피해를 최소화하고, 아군의 손실을 피하고, 유고슬라비아의 기간시설을 보존하기 위해 이런 방식의 작전을 수행했다.

표적 선정에 제약이 있었고, 세르비아의 전술로 방해를 받아 연합군은 세르비아의 방공망을 완전히 제압할 수 없었다. 세르비아는 NATO를 직접 노리는 대신, 고고도 지대공미사일들을 아끼고 레이더의 가동을 줄였다. 사상자 발생을 피하기 위해 NATO의 조종사들은 4,500미터 이상의 상공에 머물러야 했고, 전자전기 및 방공제압기와 편대를 이루어 비행해야 했다. 이러한 전술은 세르비아 방공망의 효과를 크게 저하시켰다. 세르비아의 지대공미사일은 단 2대의 유인 항공기를 격추시켰고, 3대에 손상을 입힐 수 있었다.[112] 그러나 걸프전쟁과는 달리

NATO군은 결코 세르비아의 방공망을 완전히 제압할 수 없었다.

4월 21일, NATO는 확전을 개시하여 정치기구, 매체, 치안 병력, 그리고 경제체제를 비롯한 밀로셰비치 정권의 기둥을 무너뜨리는 데 항공 작전을 집중시켰다. 치열한 폭격 작전을 통해 NATO 지도부는 밀로셰비치 정권과 지지자들, 그리고 일반 국민들이 전쟁의 대가를 깨달을 수 있기를 바랐다. 미국의 순항미사일들이 밀로셰비치의 정치적 본거지와 그의 아내 거처를 강타했다. 얼마 지나지 않아 B-2가 2.1톤짜리 GBU-37 벙커버스터bunker buster를 지하 30미터가 넘는 곳에 숨어 있는 다층 시설인 국가지휘본부에 투하했다.[113] 걸프전쟁의 재현과 다름없는 상황에서 미국은 세르비아의 전력 체계를 목표로 삼기로 결정했다. 5월 3일 새벽, F-117은 유고슬라비아 전력망의 변압기 설치 지역 다섯 곳에 흑연선 뭉치가 들어 있는 CBU-104(V)2/B 집속탄을 투하했다. 흑연선은 조각조각 공중에 흩어져 마치 장식용 반짝이처럼 전력선에 내려앉았고, 합선이 발생하여 유고슬라비아 국토 70퍼센트에 전기가 끊기게 만들었다.[114]

걸프전쟁 때와 마찬가지로 스텔스는 중요한 역할을 했다. F-117이 바그다드 상공 비행이 허용된 유일한 항공기였던 것처럼, 오직 스텔스 기능을 살릴 수 있는 F-117과 B-2 항공기만이 코소보전쟁 초기 58일 동안 베오그라드에서 비행할 수 있었다. B-2는 코소보에서 실전 데뷔를 했다. 미주리주 화이트맨 공군기지에서 B-2 6대가 한 번도 착륙하지 않고 날아가 최대 16발의 GBU-31 합동직격탄JDAM: Joint Direct Attack Munition을 목표물 약 1만 2,000미터 바깥에서 투하했다. B-2의 비행 횟수는 45회로, 전체 폭격 비행의 절반도 채 되지 않았다. 하지만 고정 목표물에 투하된 총 폭탄 수에서는 B-2가 11퍼센트를 차지했다. 그러나 걸프전쟁 때와 마찬가지로 스텔스기가 혼자서 임무를 수행하는 경우는 거의 없었다. 대부분의 야간 작전에서 B-2는 해군과 해병대의 EA-6B 프롤러Prowler의 원거리 교란 지원을 받았다. 공군의 F-16CJ 방공제압기 또한 해당 지역 내에서 작동 중인 세르비아 레이더들을 공격하기 위해 공중에서 대기 중이었다.[115]

코소보전쟁은 스텔스기가 결코 무적이 아니라는 점 또한 보여주었다. 코소보전쟁 나흘째 밤, SA-3 지대공미사일의 일제 발사로 F-117 나이트호크가 베오그라드 서북부에서 격추되었다. 저급 기술에 의존한 전술과 미국 전술에 대한 적응, 그리고 임기응변을 통해 세르비아 방공망이 운 좋게 F-117을 격추한 것으로 보인다.[116] 요행이었든 아니었든, F-117의 격추는 이 기체를 둘러싸고 있던 무적의 분위기를 불식시켰다. 게다가 알려지기로 세르비아는 격추된 항공기의 잔해를 회수하여 러시아에 제공하였고, 러시아 과학자들은 이를 자국 방공 체계의 역량을 개선하고, 스텔스기를 탐지하고 격추하는 능력을 발달시키는 데 사용했다.[117]

코소보전쟁에서 정밀유도무기의 사용은 증가했다. 작전에 사용된 2만 3,315발의 폭탄 중 약 29퍼센트가 정밀유도무기였다.[118] 작전 초기에는 90퍼센트 이상이 유도형이었다.[119] 그리고 걸프전쟁과는 달리 세르비아에 배치된 항공기들 중 열에 아홉은 정밀유도무기를 투하할 수 있었다.[120]

그러나 정밀유도무기(특히 레이저 지시와 광학유도를 사용하는 종류들)도 만병통치약은 아니었다. 세르비아의 날씨 상황은 연합군의 공중폭격을 자주 방해했다. 연합군의 교전 수칙 때문에 폭탄을 투하하지 못하는 경우도 있었다.

연합군은 GBU-31 합동직격탄을 포함한, GPS로 유도되는 신세대 정밀유도무기를 처음으로 실전에 사용했다. 합동직격탄은 표준 900킬로그램짜리 Mk 84 BLU-109 폭탄 또는 450킬로그램짜리 Mk-83 폭탄에 장착 가능한 GPS 수신기와 센서, 수직안정판 등으로 이루어진 2만 1,000달러짜리 키트로 구성돼 있었다.[121] 처음에는 관성항법장치로 유도되지만 정밀도를 높이기 위해 GPS를 사용했다. 이러한 조합으로 합동직격탄은 오차 범위 10~15미터의 정확도를 기록했다.[122] 레이저 유도 폭탄과는 달리 GPS 유도 폭탄은 구름이나 연기를 뚫고 투하할 수 있었고, 야간에도 사용 가능했으며, 표적 지시가 필요하지 않았다. 합동직격탄을 떨어뜨릴 수 있는 당시의 유일한 항공기였던 B-2는 코소보 전쟁의 항공 작전에서 총 652발의 합동직격탄을 투하했다.[123]

B-2와 합동직격탄 같은 GPS 유도 폭탄의 조합은 강력했다. 많은 경우 B-2는 합성 개구 레이더를 사용하여 지상 목표물들을 발견했는데, 덕분에 합동직격탄의 정확도는 더욱 높아져서 합성 개구 레이더의 도움을 받지 않을 때의 오차 범위 13미터를 절반으로 줄일 수 있었다.[124]

정밀유도무기는 대체로 극히 정확하게 목표물을 타격했지만 빗나가기도 했다. 잘못 조준되어 엉뚱한 목표물에 떨어지기도 했다. 5월 7일, 베오그라드의 유고군 관련 기관을 겨냥했던 합동직격탄 3발이 중국 대사관에 투하되어 정보 요원들이 있던 곳을 직격, 4명이 사망했다. 목표물을 지명한 CIA 분석관이 베오그라드의 지도에서 대사관을 잘못 식별한 것이었다. 이 사건은 전술적 오류로 발생했지만 전략에 영향을 미쳤다. 워싱턴과 베이징 사이에 외교 위기를 촉발시켰으며 코소보전쟁을 끝내기 위한 협상이 교란되었다. 이후 2주간 베오그라드에서 폭격이 중단되었다.[125]

토마호크는 코소보전쟁에서도 줄곧 많이 사용되었다. NATO는 코소보에서 총 218기의 토마호크를 사용했다. GPS로 유도되는 토마호크 지상공격미사일은 모든 정부 및 군사 본부, 방공 목표물, 그리고 전력망의 절반 가까이를 타격했다. 자탄두submunition warhead를 장착한 10기를 포함하여 26기의 토마호크가 이동식 목표물을 타격했다.[126]

정찰 및 감시용 무인 항공기도 코소보전쟁에서 더 많이 사용되었다. 육군의 RQ-5A 헌터Hunter, 해군 RQ-2Q 파이어니어, 공군 RQ-1A 프레데터를 포함한 무인기들은 전쟁 내내 496회 비행하면서 지휘관들에게 전장의 실시간 현황을 제공했다. RQ-1A 프레데터는 산개한 세르비아군과 무장 세력들을 식별했다. 프레데터는 합성 개구 레이더를 사용하여 구름과 연기를 뚫고 병력 대형을 식별할 수 있었다.[127] 코소보전쟁이 단 며칠만이라도 계속되었더라면 공군은 무인기에 레이저 지시기를 달아 공격할 목표물을 식별했을 것이었다.

정보 작전도 코소보전쟁에서 구사되었다. 보도에 따르면 미 정부는 팩스와 전화를 통해 밀로셰비치의 측근들을 괴롭히고 압박하기 위한 비밀 작전을 실시했다.[128] 또한 최초로 컴퓨터 네트워크 공격을 실전에서 사용하기도 했다. 코소보전쟁 동안 미국의 정보 작전 조직이 유고슬라비아의 방공지휘통제체계를 공격했다는 보도가 있었다.[129]

왜 밀로셰비치가 코소보에서 철수하기로 했는가는 여전히 논쟁거리다. 코소보에서 세르비아군이 입은 피해 때문이라는 주장은, 특히 NATO가 공습으로 파괴한 세르비아의 장갑차 수가 상대적으로 적다는 사실에 비추어 가장 신빙성이 떨어진다.[130] 몇몇은 공중폭격 자체(특히 폭격이 밀로셰비치의 측근들을 노리게 된 이후에)가 이유였다고 말한다. 다른 이들은 NATO의 폭격과 코소보해방군Kosovo Liberation Army의 지상 작전 성공으로 밀로셰비치가 단념했다고 주장한다. 밀로셰비치 정권에 대한 러시아의 지원이 끊기자 물러나게 되었다는 주장도 있다. 한편으로는 지상전이 일어날 조짐이 보이자 양보했다는 주장도 있다. 앞으로도 정확한 이유는 알지 못할 것이나, 가장 설득력 있는 이론은 NATO의 폭격이 세르비아에 중대한 피해를 끼쳤을 뿐만이 아니라, 앞으로 전쟁이 계속되면 자신의 상황이 더 악화될 것이라고 계산했기 때문이라는 것이다.[131]

코소보전쟁의 결과는 항공력 이론가들의 주장을 입증하는 것처럼 보였다. 존 키건은 전쟁이 끝나고 얼마 지나지 않아 이렇게 말했다.

3주 전에 처음으로 이러한 생각을 했다. 항공력이 실제로 발칸전쟁을 승리로 이끌고 있을지도 모른다는 것이었다. 나는 이 생각을 두고 한참을 고민하면서, 마치 창조론을 믿는 기독교인이 처음으로 공룡의 뼈를 보게 되었을 때처럼 이를 여러 각도에서 바라보았다. 내 믿음을 바꾸고 싶지는 않았지만 신념에 계속 매달리기에는 너무나 많은 증거들이 축적되고 있었다. 소외된 사관학교의 항공력 연구 부서 몇몇을 제외한 모든 군사 전문가들의 신념이란 항공 전력만으로는 전쟁에서 이길 수 없다는 것이었다. (……) 발칸반도에서 항공력은 승리했으며, 이제 전쟁에서 승리를 어떻게 얻는지를 다시 정의할 때가 온 듯하다.[132]

공군 지도부에게 코소보전쟁은 공군이 옳았음을 보여주는 증거로 여겨졌다. 코소보전쟁에 대한 공군의 공식 보고서는 이렇게 적고 있다.

세르비아 항공전은 공군이 군사 혁명을 수용했음을 보여준다. 단지 신기술의 습득 전략뿐만 아니라 이 전쟁에서 그 신기술들을 사용하는 방법에서까지 (……) 미합중국 공군은 (……) 새로운 개념들을 미래의 합동 및 연합 작전의 지원에 사용하여 군사 혁명의 선두 주자임을 보여주었다. (……) 세르비아 항공전은 공군에게 짧게나마 미래를 보여주었다. 정치 지도자들이 더 많은 인력과 물자를 전쟁의 참화에 노출시켰을 값비싸고 위험한 대안에 기대지 않고 동맹의 안보 이익을 지키기 위해 빠르게 항공 우주력을 선택했을 때 다가올 미래였다.[133]

반대로 코소보전쟁으로 인해 육군에 빠르게 움직이고, 가벼우면서도 강력하게 타격을 가할 수 있을 만큼 중무장을 한 부대가 없다는 사실이 부각되었다. 코소보에서의 경험으로 육군 참모총장 에릭 신세키 대장은 더욱 기동성을 갖춘 치명적인 군으로 육군을 재편하려 했다. 그는 1999년 10월, 지구 어느 곳이든 5,000명 규모의 여단을 96시간 내에 배치할 수 있는 역량을 갖춘 중량급 군으로 육군을 변화시키겠다고 발표하면서 이렇게 말했다. "우리는 고정된 전진기지 없이도 합동하여 작전을 펼칠 수 있는 선봉군을 제공해야만 한다. 그러니 여전히 강력한 타격을 입히고 결정적인 승리를 얻을 수 있는 힘이 필요하다."[134] 그는 워싱턴 포트루이스에 주둔한 두 개 여단을 새로운 개념과 조직을 탐색하는 시험대로 삼았다. 이 부대들은 무한궤도가 달린 M1A1 에이브럼스 전차와 M2 브래들리 전투차량을 캐나다에서 임대해온 바퀴가 달린 LAV III 보병 전투차량으로 교체했다. 그들은 또한 새로운 전술과 조직을 개발했다.

1990년대의 경험으로 더 많은 군 장교들과 국방 전문가들은 이러한 패턴이 '새로운 미국식 전쟁법'을 이루고 있다고 결론지었다. 그들의 표현에 따르면, 이제 미국은 적을 전복시키기 위해 압도적인 전력을 사용하기보다는 부차적인 이익을 추구하면서 점차 강화하는 방식으로 무력을 사용한다.[135] 이는 미국의 무력 사용에 있어서 새로운 시대를 보여주는 듯했다. 공군 참모총장 로널드 R. 포겔먼은 1996년에 이렇게 말했다. "미국은 수천 명의 젊은 미국인들의 목숨을 야만적 무력 충돌의 위험에 노출시키는 섬멸전과 소모전 개념에서 벗어나 새로운 개념으로 이행할 수 있는 기회이자 의무를 안고 있습니다. 미국의 목표를 달성하기 위해 우리의 고도화된 군사적 능력을 제가 일컫는 '비대칭 전력'을 적용하는 개념으로 옮아가야 합니다."[136]

어떤 이들이 미국이 무력을 사용하는 양상이 현저히 변화했음을 증거한다고 보았던 것은 실상 1990년대 전략 환경의 산물이었다. 다음 장에서 볼 수 있듯이 2001년 9월 11일의 테러리스트 공격은, 비록 사용하는 무기는 이전 세대와 확연히 다르지만 자국의 적을 전복시키기 위해 압도적인 무력을 사용하는 전통적인 미국식 전쟁 방식으로 회귀하는 움직임을 촉발시켰다. 9·11 테러 후 2년 동안 미국과 동맹국들은 아프가니스탄과 이라크의 적대적인 정권을 전복시키기 위해 전쟁을 치렀다. 이 과정에서 미국은 자국의 군사 능력의 모든 면모를 사용했다. 당시 작전들에 대한 주된 비판은 너무 포괄적인 목표를 위해 과도한 무력을 사용했다는 게 아니라 2003년 이라크에 더 많은 병력을 투입했어야 했다는 것이었다.

작전명 인피니트리치

항공력과 정밀유도무기의 조합은 클린턴 행정부에 타국을 강압할 능력뿐만이 아니라 테러리즘에 대응할 수 있는 방법도 제시했다. 1998년 알카에다는 케냐와 탄자니아 미국 대사관에 폭탄 테러를 가해 12명의 미국인과 수백 명의 아프리카인들을 죽이고 많은 이들에게 부상을 입혔다. 이에 대한 대응으로, 미국은 아프가니스탄의 테러리스트 훈련소 6개소와 수단의 제약 공장 하나에 순항미사일 몇 발을 발사했다.

아프가니스탄 공격은 보복이었지만 수단 공격은 테러리스트들이 화학무기에 손을 대지 못하게 만들려는 예방preemptive 공격이었다. 수단 정부는 물론이고 민간 소유의 알시파 제약 공장 또한 대사관 테러에 직접 연관돼 있진 않았다. 다만 미국 정보기관들은 해당 공장이 VX 신경가스의 원료를 만드는 데 사용되었다는 의심을 품었다.[137]

돌이켜볼 때, 아프가니스탄과 수단에 대한 폭격은 탈냉전 시대를 넘어 완전히 새로운 시대로 나아가는 교두보였다. 이는 이라크와 세르비아를 굴복시키기 위해 실시했던 폭격과 대단히 유사한 모양새였다. 적을 섬멸하기보다는 무언가를 강제하기 위해 제한된 무력을 사용하는 것이었다. 하지만 목표물인 오사마 빈 라덴의 알카에다 테러리스트 네트워크는 매우 다른 전쟁이 다가오고 있다는 사실을 귀띔하고 있었다.

6장

테러와의 전쟁,
2001~2005년

2001년 9월 11일의 테러 공격과 이에 대한 대응은 탈냉전 시대에 종지
부를 찍고 새로운 시대의 문을 열었다. 4대의 여객기를 납치하여 세계
무역센터와 펜타곤을 공격하는 유인 미사일로 활용한 알카에다의 행위
는 뉴욕 시, 워싱턴, 펜실베이니아 생스빌의 무고한 시민 3,000명 이상
을 죽였을 뿐만 아니라 미국 국가안보 정책의 방향을 전면 재설정하게
했다. 모호한 위협에 대응하는 제한된 타격의 시대는 갔다. 대신 미국
은 알카에다와 그들을 보호했던 탈레반 정권을 전멸시키기 위한 원정
을 시작했다.

9·11 테러 1주일 뒤에 열린 의회의 양원 합동회의에서 대통령 조지
W. 부시는 과거와의 단절을 강조했다.

미국인들은 많은 전쟁들을 겪어왔습니다. 그러나 1941년의 한 일요일*

을 제외하고는 지난 136년간 치른 전쟁들은 외국 땅에서 벌인 전쟁이었습니다. 미국인은 전쟁의 사상자를 보아왔습니다. 그러나 평화로운 아침의 대도시 한가운데에서 발생한 사상자는 아니었습니다. 미국인은 기습을 겪어왔습니다. 그러나 수천 명의 민간인에 대한 기습은 아니었습니다. 이 모든 것이 단 하루 만에 우리에게 벌어졌습니다. 그리고 밤이 되자 전혀 다른 세계가 펼쳐졌습니다. 자유 자체가 공격받고 있는 세계였습니다.[1]

대통령은 앞으로 치르게 될 전쟁의 전반적인 윤곽을 그려 보였다.

이 전쟁은 10년 전의 이라크전쟁과 같이 지역의 결정적인 해방과 신속한 결말을 가져오지는 않을 것입니다. 지상군은 투입되지 않았고 단 한 명의 미국인도 전투에서 목숨을 잃지 않았던 2년 전 코소보 공중전과도 다를 것입니다. 우리의 대응책은 즉각 보복과 고립된 타격보다 더 많은 것을 수반합니다. 미국인들은 전투가 아닌, 우리가 지금껏 보아온 것들과는 다른 긴 원정을 예상해야 합니다. 텔레비전에서 볼 수 있는 극적인 폭격과 성공해도 비밀로 남는 비밀 작전을 포함할 수도 있습니다.[2]

9·11 테러는 또 다른 변화를 초래했다. 바로 미국의 전쟁 방식이었다. 냉전기에는 미국과 소련의 핵 교착상태로 인해 양측 모두 사용 가능한 무력의 종류와 목적에 제약을 받았다. 1990년대 미국은 적을 굴복시키기 위해 (주로 공중에서 가해지는) 제한된 타격에 거듭 의존했다.

---

* 일본의 진주만 공습을 의미한다.

5장에서 특기했듯이, 몇몇 전문가들은 이를 두고 "새로운 미국식 전쟁 방식"의 전조라고 주장하기까지 했다. 9·11 테러 이후에 벌어진 일들은 그러한 예측이 섣부른 주장임을 보여주었다. 사실 9·11 이후에 벌어진 일들은 많은 부분에서 미국이 전통적인 전쟁 방식으로 회귀했음을 알리는 사례이다. 비록 과거 세대들이 사용할 수 있었던 수단과는 현저히 다르기는 했지만, 미국은 적을 전복시키기 위해 압도적인 전력을 사용했다.

이 장에서는 이슬람 테러리스트들에 맞선 긴 전쟁의 서두를 장식한 두 원정을 살펴볼 것이다. 긴 전쟁의 시작을 알린, 아프가니스탄의 인듀어링프리덤Enduring Freedom 작전에서, 미국과 동맹국들은 아프가니스탄의 억압적인 탈레반 정권과 알카에다가 아프가니스탄에서 활동하지 못하도록 지역 세력과 협력하고, 항공력의 지원을 받는 특수전 부대SOF: Special Operations Forces와 CIA 준군사 요원들을 동원했다. 그리고 2003년 이라크전쟁, 이라키프리덤Iraqi Freedom 작전을 살펴볼 것이다. 이라크전쟁의 주요 전투 단계를 통해 우리는 미군이 1991년의 걸프전쟁 이후 어디까지 왔는지를 알 수 있었다. 그러나 전쟁의 결과 반란군이 발흥했으며, 이는 비정규군으로 이루어진 적과 전투를 벌일 때 군사기술의 유용성과 한계를 모두 보여주었다.

아프가니스탄

이슬람 극단주의자들과 벌인 전쟁에서 첫 작전은 아프가니스탄에서 펼쳐졌다. 아프가니스탄은 수년 동안 알카에다의 피난처나 다름없었다.

2001년 9월 11일의 테러 공격으로, 대통령 조지 W. 부시는 국가안전보장회의에 탈레반 정권을 전복시키고 알카에다를 아프가니스탄에서 쫓아낼 계획의 수립을 요구했다. 합동참모본부는 순항미사일 공습에서 수개월 동안의 육군 사단 배치에 이르기까지 다양한 선택지를 제시했다. CIA는 매우 다른 계획을 제시했다. CIA의 준군사 전력과 반(反)탈레반 유격대들을 이용하여 탈레반에 대한 은밀한 전쟁을 벌이는 것이었다.[3] 후자가 미국의 작전 기반이 되었다.

9월 25일, 국방부 장관 도널드 럼스펠드는 작전명 인듀어링프리덤이 개시됐음을 선언했다. 이튿날 암호명 조브레이커Jawbreaker를 실행하기 위해 CIA팀이 아프가니스탄에 진입했다.[4] 10월 7일, 미국은 알카에다와 탈레반에 대한 첫 공중폭격을 실시했다. 최초로 파견된 특전대 전력 두 팀이 10월 19일 아프가니스탄으로 날아가 북부동맹사령관 파힘 장군과 결합했다.[5] 이틀 후, 이들은 북부동맹의 마자르이샤리프로의 진격을 지원하는 첫 공습을 요청했다.[6] 특전대의 지시를 통해 정밀 항공력이 추가되어 지역 전력의 효율성이 크게 높아졌고, 연이어 성공을 거두었다. 북부동맹은 마자르이샤리프를 11월 10일에 점령했고, 11월 13일에는 카불을, 11월 26일에는 쿤두즈를 점령했다. 전쟁 개시 후 2개월째인 12월 6일에는 탈레반 지도부가 패배를 인정하며 칸다하르를 탈출했다.

과거 10여 년의 분쟁들과 마찬가지로, 아프가니스탄전쟁에서도 전문가들의 의견은 틀릴 때가 더 많았다. 하버드의 스티븐 M. 월트는 "지금까지 탈레반 행정 기구가 흐트러지고 있다는 증거는 없으며, 현재 북부동맹이나 다른 누군가가 근시일 내로 탈레반을 군사적으로 패퇴시킬 것이라는 조짐은 보이지 않는다"는 의견을 밝힌 바 있다. 하지만 채 2

주도 지나지 않아 마자르이샤리프가 함락되었다.[7]

전문가들은 특히 경보병과 항공력의 조합이 탈레반에게 효과적일 수 있다는 주장을 미심쩍어했다. 시카고대학교 존 미어샤이머는 이렇게 주장했다. "미국은 항공력을 마음껏 이용할 수가 없다. 아프가니스탄처럼 빈곤한 국가에는 폭격할 가치가 있는 목표물들이 별로 없기 때문이다. 탈레반의 지상군은 공중에서 위치를 찾아내 파괴하기가 어려운데, 가공할 만한 적 지상군이 없어서 쉽게 산개할 수 있기 때문이다. 게다가 공중폭격으로 발생할 수밖에 없는 민간인의 피해는 아프가니스탄에서 탈레반에 대한 지지를 강화시키고 미국의 대의에 대한 지지를 약화시키고 있다."[8]

미어샤이머는 대신 미국이 탈레반과 알카에다를 격파하기 위해 최소 50만 명의 병력을 배치해야 한다고 주장했다.[9] 매커빈 토머스 오언스는 경보병 두 개 사단과 군단 본부의 배치를 추천했는데, 탈레반 정권을 이와 같은 병력으로 전복하기는 벅찬 일이며, 한겨울에 작전을 실시하거나 공격을 2002년 봄까지 연기해야 할 것이라고 보았다.[10] 로렌스 카플란은 아프가니스탄전쟁을 "부시 국가안보팀의 일원 몇몇이 당시에는 바늘로 찌르는 수준이라고 비웃었던, 적당히 강도를 높이고 정교하게 조정한, 클린턴 시절의 보스니아와 이라크에 대한 폭격 작전"에 비견했다.[11]

이러한 예상들은 많이 빗나갔다. 2개월 동안 현지의 반란군과 연합하면서 대규모 항공력의 지원을 받는 316명의 특수전 전력과 110명의 CIA 준군사 요원들은 탈레반 정권을 무너뜨리고, 알카에다가 아프가니스탄을 은신처로 사용하지 못하게 만들었다.[12] 실상 미국의 소규모 개입이야말로 전략의 핵심 요소였다. 정책 입안자들은 1980년대 소련의 침공이 아프가니스탄의 반란을 촉발시켰던 것을 교훈 삼아, 외세가 자국을 강점하고 있다는 느낌을 주지 않으려고 신경을 썼다.[13]

학자들의 예측을 비웃기란 참으로 쉽다. 미어샤이머의 예측은 정밀 유도무기가 희소하고 값비쌌던 시절의 전쟁에는 잘 들어맞았을 것이다. 또한 미국에게 특수전 부대와 북부동맹의 연합을 통해 알카에다와 탈레반을 한곳에 집중시킬 수 있는 능력이 없더라면 그의 예측은 옳았을 것이다.

사실 이를 통해 전쟁의 성격이 어떻게 변하고 있는지 이해할 수 있다는 점에서 이런 예측은 유용하다. 작전이 끝나갈 때쯤, 존 키건은 다음과 같이 솔직하게 인정했다. "전쟁은 뭔가 이상한 변화를 겪고 있다. 결과는 점점 예측하기 어려워지고 있다." 또한 다음과 같이 적었다. "지난 20년간 나는 포클랜드와 걸프, 구유고슬라비아 내전, 코소보와 오늘날 아프가니스탄전쟁의 결과를 예측하고 논평을 해야 했다. 이 일은 점차 더 어려워졌다."[14]

⊙ 아프가니스탄전쟁 방식

많은 이들에게 인듀어링프리덤 작전은 새로운 전쟁 모델을 소개했다. 산개된 소규모 특전대 전력과 토착 세력, 그리고 정밀 항공력의 네트워킹으로 이루어진 모델이다.[15] 특전대와 토착 세력, 그리고 정밀 항공력의 조합은 탈레반과 알카에다를 진퇴양난에 몰아넣었다. 지상 공격을 물리치기 위해 집결하면 공중폭격에 취약해지고, 공중폭격에 노출되지 않으려고 산개하면 지상 공격에 쉽게 노출되었다.[16]

⊙ 특수전 전력

특수전 부대는 아프가니스탄전쟁 방식의 중심 요소를 구성했다. 대개 특수전 부대는 토착 전력을 훈련시키고 장비시키고 이끌고, 토착 전력이 대부분의 전투를 수행하게 하면서 그들의 전통적인 비정규전 역할을 수행했다. 이들은 또한 목표물을 식별하고 공중폭격을 지시하는 지각 센서sentient sensor 역할(이것은 덜 전통적인 것이었다)을 하기도 했다. 덕분에 정밀유도무기의 살상력은 크게 증대되었다. 거의 모든 육군 특전대 분견대 또는 네이비실 소대가 레이저 거리 측정기, 레이저 목표물 지시기, 랩탑 컴퓨터, 그리고 극초단파 라디오를 장비한 공군특전사령부의 공정통제사combat controller들을 포함하고 있었다.[17] 공군 공정통제사들은 레이저 거리 측정기 겸 지시기인 AN/PEQ-1 특전대레이저포착표시기SOFLAM: Special Operations Forces Laser Acquisition Marker를 사용했다. 작은 삼각대에 올려놓은, 길게 늘어진 커다란 쌍안경같이 생긴 이 기기는 레이저빔을 발사하여 군인들이 탈레반 또는 알카에다의 좌표를 계산하고 공중폭격을 요청할 수 있게 해주었다.[18] 몇몇 공정통제사들은 하루에 10~13회의 폭격을 요청하면서 25일 내내 임무를 수행하기도 했다.[19] 이리하여 종종 극적인 결과를 얻었다. 한 예로, 특전대 세 팀이 작전명 아나콘다Anaconda를 실행하면서, 샤이콧 계곡의 알카에다 요새를 제10산악사단이 공격하던 중이었는데, 탈레반과 알카에다 은거지에 공중폭격을 지시했다. 한 추산에 따르면, 이 팀들의 특수부대원 13명이 샤이콧 계곡에 있던 미군 2,000명이 해낸 것보다 더 많은 적 전투원들을 살상했다.[20] 토라보라 전투에서는 3명의 특전대원과 2명의 CIA 요원으로 이루어진 팀이 알카에다 전투원들이 은신해 있는 산속으로 침투하여 레이저 지시기로 나흘 동안 목표물을 지시하여 폭격을 요청했다.[21]

국방부 일각에서는 수년간 소규모로 산개하여 정밀 무기를 유도하는 지상군 전력의 사용을 검토했다. 1996년 미 국방과학위원회는 신속 배치가 가능한 부대의 효율성을 높이는 방법에 대한 연구를 지원했다. 연구의 최종 보고서는 아프가니스탄에서 미국이 마주하게 될 문제점들을 예시했고 해법도 구체적으로 제시했다. 급변 사태가 벌어졌을 때 현재의 미군은 현지에 도착하기까지 너무 느리고, 배치 중에는 취약할 것이라고 주장하면서 미군 일부를 급진적으로 재구성할 것을 촉구했다.[22] 여기에는 풍부한 정보망으로 연결돼 있고, 원격 센서와 무기에 의존하는 가볍고 민첩한 지상 전력의 배치가 포함되어 있었다.

미 해병대의 1996년 헌터 워리어Hunter Warrior 실험도 이와 유사한 개념을 탐색했다. 이는 전장에서 이동하거나 운집하는 전력을 정밀 장거리 타격으로 파괴할 수 있다는 가설을 검증하기 위한 훈련이었다. 해병대는 훈련 중에 적을 발견하고 타격을 지시하는 소총병 분대들을 산개시켜 배치했다.[23] 그로부터 5년 후 아프가니스탄에서 활약하는 특전대원들처럼 이 분대들도 공격 부대는 아니었다. 산개되어 있을 때 사실상 지각 센서의 역할을 했다.

헌터 워리어 실험은 해병대의 전통인 근접 전투와 기동전에 반한다는 이유로 해병대 내부의 날카로운 비판을 받았다. 한 장교는 이렇게 말했다. "헌터 워리어 개념은 기본적으로 화력지원의 효율적인 진행과 협조를 위한 기술적 개념이다. 본질적으로는 하나의 절차이다. 작전 개념으로 볼 때, 이는 모든 전쟁 기술과 과학을 목표물의 처리 방법으로 격하시킨다. (……) 관련 기술은 최첨단일지 모르나 작전 개념은 종종 '조직전methodical battle'이라고 일컬어지던 프랑스의 실패한 1차 대전 교리의 직계 후손이다."[24]

몇몇 비판자들은 산개된 분대들이 원격 발사를 요청한다는 개념이 해병을 고도의 기술 기기들을 보조하는 인간 센서로 격하시켰다고 주장했다. 다른 비판자들은 이 개념이 해병대의 전통인 상륙전과 맞지 않다고 주장했다.[25]

해병대는 헌터 워리어 실험에서 탐색했던 개념들에 대해 후속 조치를 취하지 못했고 대신 시가전에 주의를 돌렸다. 인듀어링프리덤 작전에서 해병대는 자신들의 역할이 지원으로 격하되었음을 발견했다. 아프가니스탄에서 특전대가 성공하자 몇몇은 당시 해병대의 결정을 비판했다. 오언 웨스트는 해병대는 헌터 워리어에서 검토했던 개념을 포기하면서 혁신적인 전술 개발의 주도권을 타군에 넘겼다고 주장했다.[26]

특수 작전의 문화 한복판에는 기술이 아닌 인간이 자리 잡고 있었다. 특수 작전 임무는 궁극적으로 지역 전력에 동기를 부여하고 협력하는 것이었다. 여기에 여러 기술이 더해질 때 작은 특전대팀은 매우 효과적일 수 있었다. 야간투시경[NVG: Night Vision Goggle]은 미군에게 적을 능가하는 이점을 주었다. 이 투시경들은 존재하는 빛을 증폭시켜서 사수로 하여금 야간에도 목표물을 식별할 수 있게 한 베트남 시절의 스타라이트[Starlight] 스코프의 후신이었다.[27] 아프가니스탄에서 일반 군인들은 쌍안경 형태의 AN/PVS-7 야시경을 썼고, 특전대는 보다 가볍고 발달한 단안경형 AN/PVS-14를 사용했다.[28] 미군은 어둠 속에서 볼 수 있는 능력이 없어 야간에 공세를 취할 수 없는 적들을 야간투시경을 이용해 압도할 수 있었다. 실제로 최근의 전쟁에서 미군은 야시경을 폭넓게 사용해 역사의 패턴을 뒤집어놓았다. 전통적으로는 강한 쪽의 우위를 무력하게 만들기 위해 약한 쪽이 야간 전투를 선호했다. 그러나 이제는 기술적으로 우월한 쪽이 밤을 지배한다.

⊙ 정밀유도무기

'아프가니스탄전쟁 방식'의 또 다른 요소는 정밀유도무기의 광범위한 사용이었다. 심지어 정례적이기까지 했다. 이는 미군과 아프가니스탄 군이 사용할 수 있는 화력을 배가시켰다. 미군은 단지 탈레반 전차나 장갑차뿐만 아니라 요새와 심지어 집결된 병력을 타격할 때도 정밀유도무기를 요청할 수 있었다. 다시 말해 정밀유도무기는 단지 무유도 폭탄뿐만 아니라 포병을 비롯한 기타 형태의 화력지원까지 대체하기 시작했다. 미국의 항공력은 사기를 높였고, 아프가니스탄 유격대들의 결의를 강화했다. 반대로, 아나콘다 작전 초기와 같이 공중폭격을 실행하지 못한 경우 아프가니스탄 전투원들은 사기를 잃었다.[29]

아프가니스탄전쟁으로 인해 정밀유도무기의 사용은 계속 증가 추세를 보였다. 1991년 걸프전쟁에서 소모된 폭탄의 단 9퍼센트만이 정밀유도 기능을 갖추었고, 1999년 코소보전쟁에서 사용된 폭탄의 29퍼센트가 유도 기능을 갖춘 데 비해, 코소보전쟁 2년 후에 펼쳐진 인듀어링 프리덤 작전에서는 60퍼센트 가까이가 유도 기능을 갖추었다.[30]

인듀어링프리덤 작전에서는 GPS로 유도되는 합동직격탄Joint Direct Attack Munition도 폭넓게 사용되었다. 코소보에서 처음 사용되었던 합동직격탄은 아프가니스탄에서 미군의 무기로 선택되었다. 2001년 10월에서 2002년 2월까지 미군은 6,600발의 합동직격탄을 투하했고, 2001년 10월 18일 미 공군은 10분 동안 합동직격탄 100여 발을 투하했다.[31]

전쟁에서 폭격기는 아프가니스탄의 고립된 지리적 특성 때문에 큰 역할을 했다. 공습 작전 초기에는 소규모의 탈레반 공군과 방공망을 파괴하고 지휘통제체계를 교란시키는 통상적인 역할을 했다. 그러나 10월 21일부터 폭격기들은 북부동맹을 지원하는 임무를 수행했다. 전장

상공에 수시간 동안 머물면서 폭격기들은 지상의 최종공격통제사^{terminal} attack controller의 유도를 받아 전장 목표물에 정밀유도무기를 투하했다. 종종 폭격기들은 요청이 들어온 지 수분 만에 폭탄을 투하했다. 2001년 10월과 2002년 3월 사이, 인도양의 디에고가르시아섬에서 날아온 10대의 B-52와 8대의 B-1, 그리고 미주리주 화이트맨 공군기지에서 날아온 B-2가 아프가니스탄에서 수행하는 전투 임무의 48퍼센트 이상을 담당했고, 7,000톤가량의 폭탄을 투하했다. 이는 전체 항공 작전에서 사용된 폭탄의 약 75퍼센트에 해당하는 양이었다.[32]

합동직격탄과 같은 GPS 유도 폭탄이 폭넓게 배치됨으로써 전장에서 항공 조원의 역할이 바뀌었다. 1991년 걸프전쟁에서 쓰던 레이저 유도 폭탄을 투하하는 항공 조원들은 목표물을 식별하고 이를 레이저로 지시한 다음 폭탄이 비과하는 동안 레이저 지시기로 계속 목표물을 조준하고 있어야 했다. 그에 비해 합동직격탄을 투하하는 항공 조원들은 그저 폭탄의 사정거리 내로 접근한 다음 폭탄을 투하만 하면 되었다. 조종사들은 여전히 목표물로 향하는 도중 마주칠 방공망을 회피할 수 있는 능력이 필요했지만 폭격 자체에서 수행하는 역할은 전보다 능동적이지 않았다.

정밀유도무기의 식별성이 뛰어나기는 했지만 절대 실패하지 않는 것은 아니었다. 12월 5일, 한 공정통제사가 자기 팀의 GPS 좌표와 목표물의 좌표를 혼동하여 자기 위치에 900킬로그램짜리 폭탄을 투하할 것을 요청하는 사건이 있었다. 미군은 당시 아프가니스탄전쟁 최악의 오폭 사건을 겪었다. 3명의 미군과 5명의 아프가니스탄 무장대원들이 사망했다. 나중에 아프가니스탄 대통령이 되는 하미드 카르자이를 비롯한 12명가량이 부상을 당했다.[33]

최종공격통제사팀이 A-10기의 근접 항공 지원을 요청하는 훈련을 실시하는 모습. © U.S. Air Force photo by Tech. Sgt. Michael R. Holzworth

　모든 화력지원 항공기가 다 최신 제품은 아니었다. 특전대 지휘관들이 선호하던 기체 중 하나가 명망 높은 AC-130U 스펙터였다. 이 기종은 광학 및 적외선 센서와 25밀리, 40밀리, 105밀리 포를 갖추었다. 본래 베트남전쟁에서 사용되던 기체이지만 스펙터는 여러 해 동안 꾸준히 현대화되었고, 발달된 센서와 대량의 정밀 화력을 지상 전력에 선사했다. 스펙터는 상공에서 수시간 동안 궤도 비행을 하며 적 부대를 식별하고 파괴할 수 있었다. 공군은 또한 프레데터 무인기와 AC-130 스펙터 무장 항공기 사이에 실시간 통신망을 구축했다. 그 결과 무인기가 적 전투원들의 집결을 포착하면 AC-130이 종종 수분 만에 도착했다.

　AC-130은 가공할 만한 화력을 운영자의 손에 쥐여주었다. 하지만 모든 무기들이 그러하듯 AC-130 또한 인간의 오류에 노출되었다. 샤이콧 계곡에서 아나콘다 작전 초기에 AC-130 한 대가 미국이 이끄는 아프가니스탄 전투원 집단을 적으로 오인한 바 있었다.[34] 2002년 7월에는, AC-130 한 대가 결혼 잔치에서 울린 총성을 공격으로 오인하여 포문을 열었고, 보도에 따르면 48명이 죽고 117명이 부상당했다.[35]

⊙ 무인 항공기

아프가니스탄전쟁에서는 무인 항공기가 대대적으로 사용되었으며, 무인 공격 항공기UCAV: Unmanned Combat Air Vehicle도 아프가니스탄에서 실전 데뷔를 했다. RQ-1 프레데터와 RQ-4 글로벌호크Global Hawk 같은 무인기들 덕에 연합군은 한 번에 수시간씩 전장을 '응시'할 수 있는, 위성이나 고고도 고속 비행 정찰기로는 불가능한 능력을 얻었다. 아프가니스탄에서 실전 데뷔를 한 글로벌호크는 고고도로 오래 비행할 수 있어 대부분의 방공망의 방어 고도를 뛰어넘는 1만 8,000미터 상공에서 18시간 동안 머물 수 있었다.

프레데터는 인듀어링프리덤 작전이 시작되기 1년도 전에 아프가니스탄에서 첫 비행을 했다. CIA는 2000년부터 오사마 빈 라덴의 행적을 확인하기 위해 프레데터를 아프가니스탄에 열 차례 날려보냈다. 분석가들은 그중에서 두 차례 빈 라덴을 발견했다고 믿었으나 그를 타격할 수 있는 능력이 없었다.[36]

다행히도 국방부는 이미 프레데터를 무장시키려는 노력을 기울이고 있었다. 공군은 프레데터에 레이저로 유도되는 두 발의 AGM-114C 헬파이어 공대지미사일을 무장하여 배치하는 사업을 2000년에 시작했다. 사업은 놀라운 속도로 진행되었다. 그러나 9월 11일 이전에는 무장형 프레데터의 배치가 논란의 대상이었다. 공군과 CIA는 누가 사업의 비용을 부담하고, 누가 프레데터를 통제하는지, 그리고 누가 무기를 발

사할 권한을 갖는지를 두고 논쟁을 벌였다.[37]

9·11 이전에는 누구도 무장된 프레데터의 통제권(그리고 그에 따르는 책임)을 원하지 않았지만, 테러 공격이 일어나고 나서는 모두가 무장된 프레데터를 원했다. 인듀어링프리덤 작전에서 프레데터는 115기의 헬파이어 미사일을 발사했고, 레이저를 사용하여 525개의 목표물을 유인 항공기가 공격할 수 있도록 조준해주었다.[38] 몇몇 경우에는 극도로 어려운 상황에서 폭탄을 날려보내는 데 사용되기도 했다. 이를테면 아나콘다 작전에서 적 화력에 노출된 특전대팀을 지원하기 위해 프레데터 한 대가 헬파이어 미사일 한 발을 발사한 적이 있었다.[39] 수백 수천 킬로미터 떨어진 곳에서 조종되는 무인 항공기가 폭탄을 날려보낸다는 것은 과거에는 상상도 할 수 없던 일이었다. 물론 이러한 접근법의 위험성 또한 분명했다. 프레데터 조종사가 CIA팀을 탈레반으로 오인하여 폭탄을 투하할 뻔한 사건도 있었다.[40]

무인기 사용을 제약하는 주된 요인은 사용 가능한 통신망의 대역폭이었다. 2001~2002년 공군은 아프가니스탄에서 프레데터 2대와 글로벌호크 1대만을 동시에 운용할 수 있었다. 글로벌호크 1대가 1991년 걸프전쟁 당시 미군 전체가 쓰던 통신 대역폭의 다섯 배를 사용했기 때문이다.[41]

무장된 프레데터는 테러리스트들을 추적하여 살해하는 임무에 계속 사용되었다. 2002년 11월, CIA가 조종하는 프레데터가 발사한 헬파이어 미사일 한 발이 6명의 테러리스트가 타고 있던 차량을 파괴했다. 여기에는 알카에다의 예멘 지부장이자 2000년 10월에 자행한 미국 구축함 USS 콜Cole 폭탄 테러의 용의자였던 살림 시난 알하레티도 포함되어 있었다. 2005년 5월, 프레데터에서 발사된 미사일로 파키스탄에서 또

MQ-1B 프레데터 무인 항공기. © U.S. Air Force photo by Tech. Sgt. Sabrina Johnson

다른 알카에다 지도자인 하이탐 알예메니가 죽었다.[42] 그리고 2006년 1월, 프레데터 한 대가 알카에다의 2인자인 아이만 알자와히리를 잡기 위한 작전에서 여러 명의 알카에다 대원들을 살해했다.[43]

감시 정보를 빠르게 수집하고 배포할 수 있는 능력을 폭넓게 갖추자 의도하지 않았던 결과들도 발생했다. 첫째로 정찰 및 감시 정보에 대한 의존(어떤 이들은 중독이라고도 말할 것이다)이 생겨났다. 한 운용자는 이렇게 말했다. "특전대는 이젠 무인기나 AC-130이 감시하고 있지 않으면 들어가지 못한다고 말한다."[44]

둘째로 네트워크와 실시간 정보 제공의 결합으로, 미 중부사령부의 지도부가 어떤 부분에는 무심하면서 어떤 부분에는 사소한 사항까지 관여하는 이상한 지휘 방식이 생겨났다. 토미 프랭크스 대장은 아프가니스탄과 8시간 이상 시차가 나는 플로리다주 탬파에 있는 본부에서 전쟁을 지휘했다. 한편으로 많은 장교들은 사령부의 '화상회의로 지휘하기' 마인드를 비판했다.[45]

세계 어디에서나 통신이 가능해지면서 군사작전의 중앙집권화 경향이 가속화되었다. 모든 단계의 전장 현황을 공유할 수 있었고, '원거리 지휘'가 가능해졌다. 보다 시기적절한 작전들을 펼칠 수도 있었으나 고참 지휘관들이 작전 계획과 실행의 세세한 부분까지 관여할 수도 있게 되었다.

프레데터에서 보내오는 영상을 본부에서도 볼 수 있다는 사실 때문에 지휘가 산만해지기도 했으며, 심지어 작전의 사소한 부분에까지 관여하고 싶은 저항할 수 없는 유혹을 느끼기도 했다.[46] 인듀어링프리덤 작전 당시 미 중부사령부의 사령관이었던 프랭크스 대장은 자서전에서, 아프가니스탄 연합군 사령관으로서 프레데터에서 보내오는 영상, 즉 탈레반 지도자인 물라 오마르가 탑승한 것으로 여겨지는 수송 차량의 영상을 몇 시간째 보던 중에 일어났던 사건을 아무런 역설도 느끼지 않고 회고한다.[47] 고위 지휘관인 프랭크스는 신뢰하는 변호사를 옆에 두고 초급 장교가 내릴 만한 지시를 한다. 그는 이렇게 회고했다.

"무인기의 정확한 연료 상태를 알려주게." 나는 운용자에게 명령했다.
"사령관님, 2시간 동안 비행이 가능하고, 기지로 귀환할 연료를 남기는 데는 10분 정도 남았……."
"대기하라." 나는 지시했다.
수송 차량에서 내린 몇 사람이 도로 오른편에 있는 건물로 달려갔다.
"프레데터의 방향을 전환해서 헬파이어를 발사하는 데 얼마나 걸리나?" 나는 물었다.
"헬파이어로 공격하기에 정당한 목표물입니다." (프랭크스의) 변호사가 대답을 기다리는 동안 말했다.

"발사 준비 중." 랭글리의 운용자가 말했다. "발사까지 약 5분 남았습니다."

프랭크스는 결국 적 지도자들이 있는 것으로 보이는 건물에 대한 폭격을 인가했으나 그들은 안에 없었다.

사건을 더 역설적으로 보여주고 싶은지 프랭크스는 당시 합참의장이었던 리처드 마이어스 공군 대장의 전화를 받았던 일을 회상한다. 합참의장은 프랭크스에게 공군 참모총장인 존 점퍼 대장 또한 동일한 프레데터에서 보내온 영상을 보고 있었으며, 헬파이어가 건물을 타격하기전에 탈레반 지도자들이 건물을 빠져나갔다는 것을 발견했다고 말했다.[48] 다시 말해, 프레데터에서 보낸 영상이 한 명이 아닌 세 명의 사성장군을 사로잡고 있었다는 것이다.

36년 군 경력에 빛나는 장군이 항공기 조종사에게 건물에 폭탄을 투하하라고 직접 지시하는 것은 상상조차 할 수 없는 일이었다. 유인 항공기의 경우 초급 장교가 그런 역할을 수행했을 것이다. 하지만 실시간으로 영상이 전송되면서 참견이 장려되었다.

⊙ 아프가니스탄의 유산
2001년 9월 11일 테러가 발생하고 석 달이 지난 후 탈레반이 패퇴하면서, 아프가니스탄전쟁은 유혈이 낭자하는 수렁이 될 것이라고 경고했던 전쟁 전의 예상들이 빗나갔음이 확인되었다. 막상 전쟁을 개시하니 미국과 동맹국들이 탈레반을 무너뜨리고, 알카에다가 아프가니스탄에서 활동하지 못하게 만드는 데 단 39명의 사망자(전투 중 사망자는 16명)밖에 발생하지 않았다.[49]

'아프가니스탄전쟁 방식'의 영향력은 상당했다. 제프리 레코드 같은 이들은 아프가니스탄 방식이 미국의 전략 문화와 공명했다고 주장했다. 그는 이렇게 적었다. "지상군은 주로 목표물을 물색하고 토착 세력과 연락하는 부수적인 역할을 수행하고 항공력이 주도하는 미국의 전쟁 방식은 원래 아주 매력적이다. 미국과 같이 개인의 가치를 높이 사는 사회에서는 특히 그러하다. 사상자 발생을 두려워하는 정부와 군 지도부로 하여금 효과적으로 전쟁을 치를 수 있게 해준다. 과거에는 결정적인 전략 효과를 얻기 위해 상당한 출혈을 감내해야 했는데 이제는 피를 흘리지 않고도 동일한 효과를 얻을 수 있게 되었다."[50]

국방부의 전력전환실Office of Force Transformation 수장 아서 K. 세브로스키 해군 중장 같은 이들은 아프가니스탄 방식이 "새로운 미국식 전쟁 방식"이라고 주장했다.[51] 그는 2002년 10월경 이렇게 말했다.

우리는 군사작전과 군사 능력의 새로운 시기를 맞이하고 있다. 전쟁의 성격 자체가 정보화 시대라는 말에 담긴 엄청난 의미에 따라 변하고 있다. 이제 전쟁에는 우리가 점차 익숙해지고 편안하게 느끼고 있는 특질들과 함께 새로운 결정의 논리가 담기게 되었다. 이미 오늘날의 작전들 속에서 이런 효과를 볼 수 있다. 이 정도 규모의 변화는 산업 시대와 국민개병제의 등장 때 마지막으로 목격됐다. (……) 두 사건 모두 빠르게 옛일이 되고 있다. 새로운 미국식 전쟁 방법은 네트워크 중심 작전으로 등장했다.[52]

부시 대통령은 아프가니스탄에서 미군이 성공하자 이를 국방 개혁 추진력을 얻는 데 사용했다. 그는 2001년 12월 11일, 시타델 군사학교

생도단에게 이렇게 말했다. "아프가니스탄전쟁은 우리 군의 미래에 대해 최고의 전문가들을 모아놓은 위원회나 연구기관 심포지엄을 10년 한 것보다도 더 많은 것을 가르쳐주었습니다." 그는 아프가니스탄에서 경험한 것들이 미래와 직접 연관되어 있다고 보았다. 부시는 이렇게 말했다. "우리는 우주에서, 땅에서, 공중에서 그리고 바다에서 온갖 종류의 무인 기체가 더욱더 중요해지는 시대에 접어들고 있습니다. 정밀유도무기 또한 많은 것을 약속하고 있습니다."[53]

대통령은 이슬람 테러리스트 네트워크를 격파해야 할 필요성이 미군의 혁신을 촉진할 거라고 주장했다. 그는 이렇게 말했다. "우리의 군은 새로운 생각과 혁신 그리고 실험을 장려해야 합니다. (……) 그리고 군의 모든 부문이 자신들이 아끼던 사업의 일부를 희생하려 해야 합니다. 우리의 테러와의 전쟁은 구식 기지와 사업, 또는 구식 무기 체계를 정당화하기 위해 실행될 수 없습니다. 국방 예산에 들어가는 모든 돈은 반드시 하나의 시험을 거쳐야 합니다. 미래의 전쟁에서 이기기 위해 필요한 결정적인 힘을 얻을 수 있도록 해야 합니다."[54]

모든 전문가들이 전쟁에 대한 부시 대통령의 관점에 동의하진 않았다. 비판자들은 아프가니스탄전쟁의 결과는 일반화할 수 없다고 주장했다. 이들은 미래의 전쟁에서 항공력의 지원을 받는 경보병에 의존하는 것은 바보 같은 일이 될 거라고 주장했다. 미 육군대학의 스티븐 비들은 이렇게 썼다.

아프가니스탄에서 치러진 실제 전투에는 상당한 근접전이 포함되어 있다. (……) 아프가니스탄에서 미국의 지원을 받는 토착 세력들은 별다른 기술이 없고 동기부여도 제대로 안 되는 아프가니스탄의 탈레반들을 해

치웠다. 그러나 극렬 알카에다 세력과의 전투에서는 21세기 미국의 항공력과 이를 지시하는 미국의 지휘관들의 도움에도 불구하고 결과가 의심스러웠다. (……) 정밀 무기가, 이를 지시하는 특전대원의 유무와 관계없이, 전통적인 지상 전력을 대체할 수 있을 정도로 전쟁의 혁명을 가져왔다는 주장은 주의 깊게 검토해야 한다.[55]

비들은 토라보라에 제대로 훈련을 받고 동기부여가 된 지상군을 투입하지 못해 알카에다 지도부가 탈출할 수 있었다고 주장했다.

결국 아프가니스탄 방식은 지지자들이 희망했던 것보다는 미군 내에서 높은 영향력을 행사하지 못했다. 미국은 이라크전쟁에서 (아프가니스탄에서 실시한 작전보다는) 일반 목적 전력general purpose forces에 중심 역할을 부여했다. 그러나 아프가니스탄전쟁은 나름대로 미군이 1991년에 비해 얼마나 변화하였는지를 보여주었다.

이라크, 제1막

인듀어링프리덤 작전이 개시된 지 2년도 안 돼 미국은 다시 전쟁을 일으켰다. 이번에는 이라크 후세인의 바트당 정권을 전복시키기 위해서였다. 전쟁을 시작한 이유는 여러 가지였다. 후세인이 유엔 결의안을 준수하기를 꾸준히 거부했고, 주변국을 계속 위협했으며, 자국민들에게 체계적으로 공포정치를 자행하고 있기 때문이었다. 많은 사람들의 마음에 맨 먼저 떠오른 것은 이라크가 화학무기와 생물학무기를 갖고 있을지 모르며, 핵무기 개발 사업을 되살렸다는 점이었다. 후세인 정권을 전복하는 대신 견제하는 방안은 러시아와 프랑스 같은 국가들이 이라크 제재를 완화하거나 아예 철회하려고 했기 때문에 실현 가능성을 잃고 있었다. 많이 논의되지는 않았으나 보다 중요한 이유는, 바로 남부 이라크에 비행금지구역 적용을 강제하기 위해 사우디아라비아에 주둔하고 있는 다수 미군의 존재와 일련의 제재가 오사마 빈 라덴 같은 지하드주의자들에게 좋은 핑곗거리를 주었다는 사실이다.[56]

작전명 이라키프리덤은 12년 전에 같은 지역에서 실행된 데저트스톰 작전과 대조를 보였다. 미국은 1991년, 리스크를 절대적으로 최소화하고 모험을 하지 않는 압도적 전력 교리에 따라 걸프전쟁을 수행했다. 걸프전쟁은 전구에서 전투력을 체계적으로 증강시킨 후 시작되었다. 먼저 39일간 항공 작전을 실시했고, 50만 명이 넘는 지상군이 100시간에 달하는 작전으로 결정타를 날렸다.

걸프전쟁과는 대조적으로 이라키프리덤 작전은 이라크가 자국의 석유 관련 기간시설을 파괴하는 행위를 막고, (보유하고 있을 것으로 추정되는) 화학 및 생물학 무기를 연합군에게 사용하는 것을 방지하기 위해 기습을 강조했다. 이 작전에 투입된 18만 명의 지상군은 1991년의 연합군 숫자에 5분의 2에도 미치지 못했다.

미국이 2003년에 맞닥뜨린 적 또한 1991년에 맞닥뜨린 적과는 달랐다. 1991년 이라크는 60개 사단으로 이루어진 95만 명의 병력을 보유했으며, 공화국수비대는 15만 병력을 유지하고 있었다. 게다가 바그다드는 5,000대가 넘는 전차와 5,000대가 넘는 병력 수송 차량, 그리고 3,000문이 넘는 포들이 있었다. 반면 2003년 이라크군은 17개 사단으로 구성되어 28~35만 명이었고, 공화국수비대는 8만으로 줄었다. 바그다드의 무기 수량도 줄어들어 전차 2,200대, 병력 수송 차량 2,400

대, 포 4,000문 정도가 있을 뿐이었다.[57]

과거에도 그랬고 아프가니스탄전쟁에서도 그랬듯, 많은 전문가들이 이라크전쟁의 전망을 내놓았다. 가장 비관적인 전망을 내놓은 이들 중에는 당시 걸프전쟁을 지휘했던 지휘관들도 있었다. 군사적 전문성을 갖춘 그들의 견해는 진지하게 고려할 만한 가치가 있다. 더불어 그들의 예측이 크게 빗나갔다는 사실은 전쟁의 성격이 변하고 있다는 또 다른 증거가 된다.

몇몇 유명 예비역 장교들은 전쟁이 시작될 때 미군이 이라크군을 물리치기에 너무 약하다고 주장했다. 배리 매캐프리 예비역 대장은 이라크전쟁의 결정적인 대결을 이라크의 다섯 개 기갑사단과 미국의 한 개 기갑사단(미 제1해병사단의 "보통의" 기갑 전력과 제101공수사단의 AH-64 아파치 헬리콥터를 섞은 정도의 전력)의 대결로 묘사했다. 그의 관점에서 볼 때 미국은 약자 위치에 있었다. "우리는 이 전투를 세 개 기갑사단과 후방 지역 경계를 위한 한 개 기갑수색연대로 싸워야 한다. 또한 우리에겐 합동 전력을 위한 제압 사격을 가할 로켓포와 튜브*가 부족하다." 그가 볼 때 미국은 "과도하게 전선을 확장하였고 위험에 처해" 있었다. 매캐프리는 대통령이 적어도 육군 주방위군 세 개 사단을 36개월 동안 소집하고 상당한 숫자의 해병대, 해군, 해안경비대, 그리고 공군 예비역 부대들을 소집해야 전쟁에서 승리할 수 있다고 주장했다.[58]

매캐프리의 주장은 2차 대전에 뿌리를 두고, 냉전을 거치면서 발달하여, 걸프전쟁에서 표현된 전쟁에 대한 한 가지 시각을 대표한다. 이 시각에 따르면 중기갑/기계화 전력이 바로 지상전의 필수 요소였다.

---

* 튜브에서 발사되는 방식 때문에 붙은 별칭으로, BGM-71 TOW 대전차미사일을 가리킨다.

경형輕型 전력은 부수적 역할을 할 따름이었다. 마찬가지로 항공력은 중형重型 전력은 물론이고 포병 전력도 대신할 수 없는 것이었다.

럼스펠드 국방부 장관이 매캐프리의 판단에 이의를 제기하자 매캐프리는 이렇게 답했다. "나는 국가안보 관련 연구의 교수입니다. 그리고 (국방부 장관이 아는 것보다) 싸움에 대해서는 훨씬 더 많이 알고 있습니다. (……) 제5군단* 소속 장교들이 사안에 대해 언급하거나 퇴역 장성들이 텔레비전에 나와 논평을 하는 것이 문제가 아닙니다. 진짜 문제는 정부가 한 개 기갑사단으로, 후방 지역 경계 조치를 취하거나 제2전선을 펼치지도 않고 이라크 영내 400킬로미터를 진격해 들어가겠다고 결정한 것입니다."[59]

매캐프리 같은 권위자의 말은 개인의 용감성과 군사적 전문성이 곧 전략적 통찰력을 낳는 것은 아님을 보여준다. 그리고 과거 전쟁에서 얻은 교훈은 지혜를 주기도 하지만 판단을 흐리게도 한다는 사실 또한 보여준다. 만일 걸프전쟁 참전 용사들이 원하던 대로 보다 많은 중기갑사단(준비하는 데 더 많은 시간이 소요되는)을 동원했더라면 이라크 정부가 공격에 대비할 시간을 더 벌 수 있었을 것이다. 이라크의 기간시설이 더 많은 손상을 입었을 테고, 더 많은 민간인 사상자들이 발생했을 것이다. 중기갑 전력들이 이라크전쟁 이후에 뒤따른 반란군들을 진압할 수 있도록 장비를 갖추거나 훈련이 된 것도 아니었다.

미국이 후세인과 그 아들들, 그리고 바트당 지도부가 바그다드 인근의 도라 농장 건물에서 회합하고 있다는 첩보를 입수하자 이라크전쟁은 계획보다 하루하고도 반나절 더 일찍 시작되었다. 그리하여 부시 대

---

* 이라크전쟁 당시 쿠웨이트에서 바그다드까지 진격한 미 육군 부대.

통령은 토마호크 순항미사일과 EGBU-27 레이저 유도 폭탄을 장착한 F-117 2대를 동원한 폭격을 승인했다.[60] 무기들은 정밀했다. 하지만 무기들의 목표물을 생성한 첩보는 그렇지 않았다. 실상 후세인과 아들들은 그 근처에 없었다. 또 다른 공습을 촉발시킨, 사담과 아들들이 바그다드의 알만수르 지역에서 회합 중이라던 이후의 보고도 마찬가지로 틀렸다. 실제로는 이라크 최고위 지도부 200인 중 단 한 명도 공습으로 사망하지 않았다.[61] 이라크전쟁은 클라우제비츠가 일컬은 '마찰'*이 여전히 타당하다는 점을 생생히 보여주었다.

지상 공격은 미 육군의 제3보병사단과 제101공수사단, 미 해병대 제1해병원정군, 그리고 영국의 제1기갑사단으로 이루어진 4개 사단에 의해 수행되었다. 주력이었던 육군 전력은 바그다드 점령을 위해 유프라테스강의 서쪽으로 돌진했다. 해병대는 유프라테스강 동쪽으로 전진하여 이라크군의 발을 묶고 주력군으로 향하는 화력을 분산시켰다. 영국군은 이라크 제2도시인 바스라의 항구를 점령했다. 미군은 16일 만에 바그다드에 다다랐고, 27일 만에 후세인의 고향인 티크리트를 점령했다.

특전대는 이라크전쟁에서 중요한 역할을 수행했다. 펜타곤의 지도부는 이라크에 '아프가니스탄 방식'을 적용하여 전투의 대부분을 특전대와 항공력, 토착 세력에 의존하려는 시도를 거부했으나 이라크에서 특전대는 1991년보다 2003년에 더 중요한 역할을 수행했다. 남쪽에서 네이비실은 이라크의 석유 수출 기간시설을 장악하여 후세인 정권이 이를 파괴하지 못하게 했다. 북쪽에서는 '아프가니스탄 방식'을 제한적으로 적용해 특전대와 쿠르드의 페시메르가[Pesh Merga] 민병대가 이라크 사

---

* 전쟁에서 계획과 실제 사이의 간극을 발생시키는 요인.

단들의 40퍼센트를 묶어놓았다.[62] 서쪽에서는 특전대가 이라크의 군사 시설들을 점령하여 바그다드 정부가 이스라엘과 동맹국으로 미사일을 발사하지 못하도록 했다.[63]

연합군은 몇몇 어려운 순간들을 겪었는데, 그중에서도 3월 23일이 최악이었다. 그날 해병대의 타라와Tarawa 특임대가 안나시리야에서 치열한 접전을 벌였고, 이 과정에서 18명을 잃었다. 같은 날, 육군의 제507 정비중대는 그곳에서 매복 공격을 당해 11명이 사망하고, 9명이 부상을 입었으며, 7명이 생포당했다. 더 멀리 북쪽에서는, 육군의 제11공격헬리콥터연대가 카르발라 근처에서 이라크 공화국수비대의 메디나 Medina사단을 상대로 침투 공격을 시도했으나 성공하지 못했다. 공화국 수비대는 최소한의 피해만 입었지만 공격에 투입된 AH-64 아파치 헬리콥터는 모두 피해를 입었다.[64]

이러한 차질에도 불구하고 이라크전쟁의 주요 전투에서 미국과 동맹국은 거의 무혈 승리에 가까운 결과를 냈다. 5월 1일까지 미국과 영국군은 총 169명의 사망자를 기록했는데 이는 미국 역사상 독립전쟁 이래 가장 낮은 일간 사상자 비율이었다.[65] 키건은 이라크전쟁을 두고 "붕괴였지 전쟁이 아니었다"고 평했다. 승리가 너무나 손쉽게 얻은 것처럼 여겨져 서구 해설가들은 독자에게 이라크가 어떻게 전쟁을 치렀어야 했는지를 설명하는 기괴한 모습을 보였다.[66] 마치 피와 고통이 따르지 않은 승리는 가치가 없는 것이라는 듯.

⊙ 정밀유도무기

이라크전쟁에서 미국은 지속적으로 공중 우세를 보여주었다. 연합군 항공기는 3월 19일부터 4월 30일까지의 주요 전투 작전에서 4만 1,400

회 이상을 비행했다. 고정익 항공기(A-10A) 1대와 헬리콥터 6대만이 적의 공격으로 격추당했다.[67]

이라크전쟁에서는 계속해서 정밀유도무기가 애용되었다. 1991년 걸프전쟁에 사용되었던 폭탄 중 8퍼센트만이 유도형이었던 데 비해 2003년 이라크전쟁에 사용된 폭탄의 68퍼센트가 유도형이었다. 이는 BGM-109 토마호크 지상공격미사일과 AGM-86C/D 비핵 공중발사순항미사일 153기를 포함한 것이다. 그러나 가장 흔히 사용된 정밀유도무기는 바로 합동직격탄이었다. 연합군은 몇몇 종류의 합동직격탄을 6,500발 이상 투하했다.[68]

연합군의 정밀 공습은 이라크군의 의지를 꺾었다. 이라크 공화국수비대 제1군단 사령관이었던 마지드 후사인 알리 이브라힘 알둘라이미 중장은 전쟁이 끝난 뒤 이렇게 말했다. "우리 부대는 심리전으로 인한 걱정 때문에 아무것도 할 수가 없었다. 우리는 어떠한 기후와 어떠한 기상에서도 정밀한 전쟁을 수행하는 현대전을 두려워했다." 그는 정밀 공습으로 아드난 공화국수비대 사단의 대대 하나가 박살났을 때 사단을 방문했던 일을 회고했다. "미군의 공격 정밀도는 사단의 나머지 병사들에게 엄청난 공포를 심어주었다. 미국인들은 정밀 항공력을 이용하여 우리 군에 공포를 주입시킬 수 있었다."[69]

1991년의 걸프전쟁 때는 구름이나 먼지가 레이저 유도 폭탄을 방해했지만 GPS 유도 폭탄들은 그러한 제약을 전혀 받지 않았다. 3월 25일부터 28일 사이, 쿠웨이트와 남부 이라크는 앞을 보기 힘들 정도의 모래폭풍으로 뒤덮였다. 이라크군은 기동이 불가능해 대기하고 있었고, 자신들이 보이지 않을 거라는 생각에 안전하다고 느끼고 있었다. 그러나 미국의 항공기는 GPS 유도 폭탄을 사용하여 이라크 부대들을 섬멸

했다.[70]

　이라크는 미국의 항공력에 맞서 대응책을 개발했다. 예를 들어 작동 불능인 장비들을 미국 항공 조원들을 속일 수 있을 만한 위치에 두었다. 부대를 야자수 숲 아래나 병원과 학교와 같은 공습이 제한된 구역 근처에 숨겼다. 통신에 휴대전화, 저전력 라디오, 그리고 전령을 사용했다.[71] 미국의 정밀유도무기에 대응하기 위해 GPS 신호를 교란하는 장비를 배치하기도 했으나 이러한 대응책들은 별 효과가 없었다. 미국 장교들에 따르면 미군은 GPS 교란 장치를 식별하여 EGBU-27 정밀유도무기로 파괴할 수 있었다.[72]

　GPS 정보는 폭탄 투하를 도왔을 뿐만 아니라 지휘관들로 하여금 자신의 병력들이 전장 어디에 있는지를 알 수 있게 했다. '포스21 여단급 이하 전투지휘체계Force XXI Battle Command Brigade and Below'란 이름이 붙어 있지만 사실 '우군전력추적체계BFT: Blue Force Tracking'라는 이름으로 더 잘 알려진 육군의 이 체계는 GPS 응답기를 사용하여 부대의 좌표와 방향, 속도를 위성을 통해 각 본부와 중부사령부, 그리고 펜타곤에 암호화된 신호로 전송했다. 여기 자리 잡은 지휘관들은 전차중대나 개별 항공기 단위에 이르기까지 아군 전력을 추적할 수 있었다.[73]

　1990년대 중반에 최초로 이 체계를 실험한 부대는 이 체계로 현 위치를 더 정확히 보고하고, 지휘통제를 개선했다고 평가했다. 육군이 지정한 제4보병사단은 이 체계를 장비한 최초의 사단이 되었다. 사단의 병사들은 보다 개선된 상황 인식을 토대로, 보다 빠르고 정확하게 작전을 수행할 수 있도록 사용법을 익혔다.[74]

　2002년 말, 다른 지상군에 이 장비를 배치하기 시작했고, 이는 이라크전쟁이 시작될 때까지 계속되었다. 전쟁 전 3개월 동안 육군과 방산업체는 사용 가능한 장비들을 차량과 헬리콥터에 장착했고, 지휘관과 병사들에게 사용법을 가르쳤다. 전쟁이 시작되었을 무렵, 1,200대 이상의 장비가 육군, 해병대, 그리고 영국군에 보급되었다.[75]

우군을 추적할 수 있는 능력으로 연합군은 지휘통제를 개선했다. 제3보병사단의 사단장이었던 버포드 블론트 소장에 따르면 우군전력추적체계는 200~300킬로미터 떨어진 전선에 위치한 자신의 사단을 통제할 수 있는 능력을 주었다. 이는 1991년 걸프전쟁 때보다 10배 넓어진 것이다. 이 기술은 또한 작전 속도를 가속시켰고, 우군에 대한 오인 공격을 급격히 감소시켰다. 이라키프리덤 작전의 주요 전투에서 우군에 대한 오인 공격으로 사망한 병사는 단 한 명이었다. 이는 우군에 대한 오인 공격으로 35명이 죽고, 72명이 부상을 당했던 1991년의 데저트스톰 작전과는 극명하게 대비된다.[76]

또한 군인들은 디지털 시스템을 혁신적인 방법으로 사용했다. 많은 지휘관들이 포스21 여단급 이하 전투지휘체계의 이메일과 채팅방 기능에 크게 의존했다. 본래 이 기능은 주둔지 내 행정 편의를 위해 개발된 것이지 전장 내 통신을 위한 것이 아니었다. 군인들은 이 체계를 사용하여 시야가 심각하게 제한되는 상황에서 차량을 운행하는 데도 사용할 수 있다는 것을 발견했다. 이 또한 본래 개발자들은 전혀 생각하지 못했던 것이다.[77]

눈에 띄는 또 다른 대조는 바로 전구 미사일 방어의 효과였다. 1991년 걸프전쟁에서 전구 탄도미사일 방어의 효과는 미미했으나 2003년 미국과 쿠웨이트의 패트리어트 전구 탄도미사일 방어 포대들은 군사 목표물을 향해 발사된 이라크의 탄도미사일 9기를 모두 요격하여 파괴했다. 이 효과는 보다 훌륭한 요격체, 특히 패트리어트 PAC-2 유도 개선 미사일과 PAC-3 요격체의 배치 덕택이었다. 전쟁이 시작되었을 때 쿠웨이트와 요르단, 카타르, 바레인 그리고 사우디아라비아에는 27개의 미국 패트리어트 포대와 5개의 연합군 패트리어트 포대가 있었고, 이스라엘과 터키에도 포대가 있었다. 이 못지않게 중요했던 것은 패트리어트 포대와 이지스 구축함 USS 히긴스Higgins를 연결하는 네트워크의 구성이었다. USS 히긴스는 탄도미사일 공격에 대한 조기경보를 제공했다.[78]

미국의 미사일 방어는 순항미사일에는 효과가 떨어졌다. 사실 쿠웨이트를 향해 발사된 5기의 HY-2/CSSC-3 시어서커Seersucker 순항미사일을 탐지하고 요격하는 데 모두 실패했다. 그중 한 발은 개전 첫날 쿠웨이트에 있는 미 해병대 본부인 캠프 코만도를 맞힐 뻔했다. 다른 한 발은 쿠웨이트시티의 한 쇼핑몰 근처에 떨어졌다. 패트리어트 미사일은 또한 우군을 오인 공격해 2대의 연합군 항공기와 3명의 항공 조원을 희생시키기도 했다.[79]

⊙ 네트워크화된 작전

이라크전쟁에서 미군은 정보 네트워크를 더욱더 많이 사용했다. 중부사령부는 4개국에 자리 잡은 지휘소에서 전쟁을 수행했다. 프랭크스는 카타르의 알우데이드 공군기지에서, 그의 항공 지휘관인 마이클 모슬리 중장은 사우디아라비아의 프린스술탄 공군기지에서, 티모시 키팅 해군 중장은 바레인에서, 그리고 지상군 지휘관인 마이클 매키어넌 중장은 쿠웨이트에서 군을 지휘했다. 미국의 지휘관들이 사용한 통신 대역폭은 1991년 걸프전쟁 당시의 지휘관들이 사용한 것의 42배였다.[80] 또한 지휘관들은 비화인터넷망SIPRNET: Secret Internet Protocol Router Network의 덕도 보았는데, 비화인터넷망은 비밀 인터넷의 일종으로 이를 통해 작전 계획관과 지휘관들이 최신 계획과 정보를 나누고, 데스크탑으로 보안 이메일과 대화방에 접속할 수 있었다.[81]

그러나 1990년대의 몇몇 국방 전문가들의 예언과는 달리 이러한 정보 체계로도 전장 상황을 속속들이 파악할 수는 없었다. 사단급 이상의 지휘관들은 전장에 대한 훌륭한 정보를 얻을 수 있었으나 여단과 대대에 있는 병력들은 보다 적은 정보를 받았다. 게다가 장거리를 진군하는 미군의 속도에 비해 통신체계의 성능이 충분치 못했다. 빠르게 이동하는 전력은 상급 부대 본부와 연결되는 통신 반경을 넘어가버리는 경우가 잦았고, 통신 지원 부대는 미 육군 최말단 부대에는 통신 지원을 할 수가 없었다.[82]

4월 3일, 바그다드 서남쪽 약 30킬로미터에 있는 유프라테스강의 핵심 교량 근처에서 발생한 이라크의 최대 규모 반격은 미군을 놀라게 했다. 미국의 센서는 이라크군 3개 여단의 접근을 탐지하는 데 실패했다. 제3보병사단의 3-69특임대는 70대의 전차와 병력 수송 장갑차의 지원을 받는 총 8,000명의 병력과 싸워야 했다.[83] 수적으로도 열세였으며, 맞닥뜨린 적에 대한 정보도 결여되어 있었지만, 미군은 어려운 싸움 끝에 승리했다.

이라크전쟁에서 가장 잘 알려진 사건 중 하나는 2003년 4월 첫째 주에 제3보병사단 제2여단이 8번 고속도로를 따라 바그다드로 진격한 '선더 런Thunder Run' 급습일 것이다.

급습은 전술적·작전적으로 성공했지만 이라크 전력의 위치와 의도를 제대로 알지 못한 상황에서 실행되었다. 미군 지휘관들은 이라크의 전력과 작전 계획에 대한 상세하고 정확한 정보를 얻을 수 없었으며, 심지어 특전대가 해당 지역을 정찰했는지를 확인해볼 수도 없었다.[84] 미군은 간선도로에서 두 번 길을 잘못 들었다.

미국에게는 다행스럽게도 이라크 쪽의 상황은 더 나빴다. 데이비드 주키노는 이렇게 썼다. "수도의 고위급 이라크 장교들은 전쟁이 잘 진행되고 있으며, 미국인들은 도시의 남쪽에서 교착상태에 빠져 있다는 자신들의 거짓말에 만족하는 듯 보였다. 심지어 평범한 시민 다수는 전쟁이 진행 중이라는 것도 모르는 듯했다. 불타는 차량에서 나오는 검은 연기 기둥과 미군의 전차에서 나는 우레 같은 포성과 브래들리 차량의 소음에도 시민들은 패밀리 세단을 타고 다녔다. (……) 마치 여느 때와 다름없이 교외에서 평범한 토요일을 보내는 것처럼."[85]

이를 특히 적나라하게 보여주는 한 사건이 있었다. 공화국수비대의 수피안 티크리티 장군이 해병대의 봉쇄선에 접근했다가 사망한 사건이다.[86] 그와 경호원들은 거기에 미군 해병대가 있다는 사실을 몰랐던 것으로 보인다.[87]

이라크전쟁의 신속하고 일방적인 결과는 전쟁의 성격이 변했음을 증명하는 또 하나의 증거를 제공했다. 부시 대통령은 바그다드가 함락되고 얼마 지나지 않아 연설에서 이렇게 선언했다. "창조적인 전략과 고급 기술의 조합으로 우리는 우리의 방식으로 전쟁을 재정의하고 있습니다. (……) 어느 때보다도 정밀한 기술에 힘입어 우리 병사의 생명과 무고한 민간인의 생명을 보호하고 있습니다. (……) 이러한 새로운 전쟁의 시대에 우리는 하나의 국가가 아닌 하나의 정권을 겨냥할 수 있습니다."[88] 맥스 부트는 이보다 훨씬 열광적이어서 이라크전쟁을 두고 "군사 역사상 가장 뛰어난 성취 가운데 하나"라고 평했다. 그는 이렇게 썼다. "정보 기술의 극적인 진전의 자극을 받아 미군은 과거의 악전고투를 삼가는 새로운 스타일의 전쟁을 도입했다. 새로운 스타일의 전쟁은 양쪽 모두 최소한의 사상자를 내는 빠른 승리를 모색하며, 속도, 기동, 유연성, 기습이 특징이다. 그리고 정밀 화력, 특전대, 심리전에 크게 의존한다. 또한 해상, 항공, 지상 전력을 온전한 하나로 통합하고자 노력한다."[89]

이라크, 제2막

이러한 흥분 상태는 정규 작전에서의 승리가 점령과 막연하기 짝이 없는 반란 진압 작전counterinsurgency으로 바뀌자 오래가지 못했다. "주요 전투 작전"이 끝나고 이어진 시기는 주요 전투 작전보다 훨씬 치명적인 결과를 낳았다. 2003년 3월 19일부터 2006년 4월 16일까지 미국은 3,773명이 사망하는 피해를 입었다. 이 중 3,086명은 적대 행동으로 인해 사망했다. 39퍼센트는 급조 폭발물IED: Improvised Explosive Device에 의해 사망했고, 31퍼센트는 적 사격에 의해 사망했다. 4퍼센트는 차량 폭탄, 그리고 3퍼센트는 박격포와 로켓추진식수류탄RPG에 의해 사망했다.[90]

미국이 이라크에서 실시한 반란 진압 작전을 비판한 영국의 한 전문가는 고급 기술에 대한 미군의 의존이 비정규전 수행에 어려움을 낳고 있다고 지적했다. 그는 이렇게 썼다. "기술의 유혹은 잘못된 길로 인도할 수 있다. 점령군이 선善을 위한 군으로 비쳐야만 하는 환경에서, 일반인들에게서 격리될 수밖에 없는 기술적 해결책에 의존하는 것은 역효과를 낳는다. 게다가 기술에 대한 편애는 십중팔구 빠르고 상투적인 해결책을 모색하는 것을 장려한다. 이는 종종 덜 분명하지만 궁극적으로는 더 오래가는 해결책을 버리게 한다."[91]

기술은 분명 반란군을 진압하는 데 특효약을 제공하지 못하지만 아무 쓸모가 없는 것은 아니다. 기술은 미국에게 방탄복, 장갑차량, 급조 폭발물에 대응할 수 있는 수단 등을 비롯하여 반군의 무기로부터 병사들을 보호할 수 있는 능력을 제공했다.

장갑을 갖추지 않은 차량을 타고 달리다가 피해를 입는 미군의 참상은 미국의 차량에 적용된 보호 장구를 강화하는 노력으로 이어졌다. 최대의 관심사는 고기동성 다목적 차량HMMWV: High Mobility Multipurpose Wheeled Vehicle(흔히 '험비'라고 불린다)으로, 전선 뒤쪽에서 임무 수행을 위해 개발된 다용도 차량이었다. 그러나 반군에게 전선이란 존재하지 않았다. 전선에서 사용할 용도로 개발되지 않은 차량들을 타고 이동하는 병사들은 이제 자살 테러범과 로켓추진식수류탄 그리고 급조 폭발물과 맞닥뜨렸다. 그러자 국방부는 야전 차량에 추가 장갑을 제공하는 일련의 사업들을 출범시켰다. 개별 부대들 또한 고철과 모래주머니 등을 사용하여 임기응변식으로 장갑을 조달했다.

2005년 6월 당시, 이라크의 험비 중 3분의 2는 기본 장갑에 추가로 900킬로그램에 달하는 보호장갑과 방탄유리를 장착한 M-1114 사양을 채택하고 있었다. 이로써 AK-47 돌격소총의 사격과 대전차지뢰의 폭발로부터 보호될 수 있었다. 미군은 또한 M-1117 기갑경계차량Armored Security Vehicle을 배치하기 시작했다. 이는 M-1114보다 강력한 방호를 제공하기는 했으나 가격이 다섯 배나 더 비쌌다.[92]

반군들은 보다 크고 더 발달한 폭탄들을 대량으로 설치해 장갑을 강화한 미국의 차량에 대응했다. 방호장갑이 완전무결한 수단은 아니어서 실제로 반군의 몇몇 폭발물은 어떠한 두께의 장갑이라도 관통할 수 있을 정도로 강력했다. 2005년 7월 23일, 바그다드 인근에서 230킬로그램가량의 폭탄이 험비 밑에서 폭발했다. 험비에 탑승하고 있던 병사 4명은 모두 사망했고, 깊이 2미터, 폭 5미터의 화구가 남았다. 8월 3일, 급조 폭발물 하나가 25톤짜리 상륙 강습 차량을 전복시켰고, 안에 타고 있던 해병 14명 모두 사망했다. 반군들은 이란의 도움을 받아 성형작약탄*을 비롯한 보다 효율적인 급조 폭발물을 설계했다.[93]

미국의 차량 중 가장 강력한 장갑을 장착하고 있는 M-1 에이브럼스 전차가 입은 피해만큼 급조 폭발물의 위력을 잘 보여주는 사례는 없을 것이다. 1991년 걸프전쟁에서는 18대의 M-1이 타격을 입고 고장이 났지만 아무도 사망하지 않았다. 하지만 2003년 3월과 2005년 3월 사이에는 80대의 M-1 전차가 심각한 피해를 입었고, 70퍼센트가 적의 공격을 받았다.[94]

급조 폭발물이 폭넓게 사용되자 이를 막기 위해 미군은 다방면으로 노력했다. 미군이 워록Warlock 무선주파수 교란기를 사용하여 멀리서 급조 폭발물이 폭발하게 하는 신호를 가로채려 했다는 보도가 있었다. 수백 대의 장비가 이라크로 보내졌다.[95] 미군은 또한 전자광학 센서를 장착한 무인기로 급조 폭발물을 설치하고 있는 팀을 찾아내려고 했으며, 레이더를 통해 급조 폭발물의 존재를 보여주는 지형의 변화를 발견하려고 했다.[96] 육군은 또한 레이더와 적외선 센서를 장비한 C-12 혼드아울Horned Owl 항공기를 운용했다. 밤에 비행하는 혼드아울은 지상의 움직임을 감시했다. 센서들은 지면 형태의 변화를 탐지하고 땅에 묻힌 물체들을 탐지할 수 있었다. 공군 또한 원격 폭발 장치를 교란하려고 EC-

---

* 특정 지점에 폭발물의 에너지를 집중시키도록 모양이 꾸며진 탄.

130 컴파스콜^{Compass Call} 항공기를 사용했다는 보도가 있었다.[97]

이라크전쟁에서는 또한 현대 방탄복의 효능이 잘 드러났다. 이라크에서 대부분의 병사들은 케블러가 박힌 세라믹판으로 만들어진 방탄복을 착용했다. 이 방탄복들은 이전의 제품들보다 가볍고 유연하며 방호 능력도 매우 뛰어났다. 과거의 "방탄조끼^{flak jacket}"들은 파편만을 막을 수 있었지만 세라믹 방탄복은 자동소총탄도 막아낼 수 있다. 토라보라 전투에서 한 탈레반 전투원이 근거리에서 한 특전대원에게 AK-47 소총 탄알 세 발을 발사했다. 특전대원은 바닥에 잠시 쓰러졌다가 다시 일어나 자신을 공격한 자를 총으로 쏘아 죽였다.[98] 또한 과거의 헬멧들이 파편만을 막아낸 반면, 현재 사용되고 있는 케블러 헬멧은 권총 탄환을 막을 수 있다.

방탄복의 개선과 약품의 발달, 그리고 신속해진 부상자의 공중 후송을 통해 이라크에서 많은 생명들을 살려냈다. 야전병원에 살아서 도착한 병사의 생존 확률은 96퍼센트이다. 한편 생명을 살리는 일은 보다 많은 절단과 실명, 뇌손상으로 이어졌다. 이라크에서 사망자 1명당 부상자의 수는 10명으로 한국전쟁, 베트남전쟁, 그리고 걸프전쟁 때에 비해 두 배가 넘었다.[99] 그러나 반군의 다양한 급조 폭발물과 로켓추진식 수류탄으로 인해 더 심각한 부상들이 많이 발생했다. 방탄복은 병사의 몸통을 보호했지만 병사의 사지는 취약한 채로 남았다. 후세인의 몰락 이후 부상을 입은 병사의 절반 가까이가 다리에 부상을 입었으며, 4분의 1이 손 또는 팔에 부상을 입었다. 신체 절단을 한 병사의 숫자는 과거의 전쟁들에 비해 두 배 많았다. 게다가 부상자들의 4분의 1 가까이는 외상성 머리 부상과 뇌 손상을 입었다.[100]

전 세계에 걸친 테러와의 전쟁은 고급 기술의 유용성과 한계를 동시에 보여준다. 고급 군사기술의 도움을 받아 미국은 아프가니스탄과 이라크에서 빠르고 결정적인 승리를 거두었다. 그러나 기술이 반군에 대한 만병통치약을 제공하지는 않았다.

고급 기술이 이라크의 반군과 싸우는 데 결코 무용한 것은 아니었다. 이는 베트남에서도 마찬가지였다. 단 하나의 예를 들자면, 이라크의 수많은 미군 병사들은 방탄복 덕택에 자동소총 탄알로부터 생명을 지킬 수 있었다. 게다가 전사자가 발생하면 국민의 지지가 약화된다는 사실을 상기해보면, 방탄복 덕에 미국은 장기화된 반란 진압 작전을 계속 수행할 수 있는 셈이다.

이 책은 기술과 미군 문화의 상호작용을 1945~2005년의 전략 환경이라는 맥락에서 탐색했다. 나는 이 책에서 비록 미국 육해공군의 문화가 기술을 형성했고 기술에 의해 형성되기도 하였으나, 기술이 각 군을 형성했다기보다는 각 군이 각자의 목적에 부합하도록 기술을 이용했다고 주장한다. 결론에서는 넓게는 전쟁 수행의 대변화 가능성과, 좁게는 이러한 변화에 대해 미군이 취할 수 있는 최적의 행동 방침을 논하기 위해 실제 사건에서 얻은 통찰을 종합하고자 한다.

전쟁의 혁명?

지난 15년간 미국의 국방 전문가들은 정보혁명으로 촉발된 기술, 교리,

조직의 변화가 군사 혁명을 예견하는가를 두고 논쟁을 벌여왔다. 이는 단지 미합중국 군대에서 기술이 점하는 역할에 대한 논쟁들 중 가장 최근에 일어난 논쟁일 뿐이다. 근래의 논의들은 2차 대전 이후 미군에서 핵무기의 역할에 대한 논쟁과 1970~1980년대 국방 개혁론자들과 국방 전통주의자들의 논쟁과 궤를 같이한다.

오늘날 논쟁을 벌이는 무리들 한편에는 우리가 전쟁의 성격과 수행에서 근본적인 변화를 목도하고 있다고 여기는 군사 혁명의 열광적인 지지자들이 있다. 어떤 이들은 새로운 기술을 활용해 미국이 잠재적 적국들에 대해 중대한 군사적 강점을 얻을 것이라고 주장한다. 윌리엄 오언스 제독의 선임 보좌관이었던 제임스 R. 블레이커는 1997년에 이렇게 썼다. "미국 군사 혁명의 잠재력은 상호작용을 통해 미국과, 미국에 맞서는 상대 사이에 엄청난 군사적 격차를 낳을 새로운 군사 체계에서 나온다. 대담하게 말하자면, 미군은 자군 전력에 별다른 위험을 초래하지 않으면서 상대보다 훨씬 뛰어난 효율로 군사력을 적용할 수 있을 것이다."[1] 다른 이들은 미국이 자국의 군대를 변화시키는 데 실패하면 미래의 적에 비해 불리해질 수 있다고 주장했다.[2]

반대편에는 고급 기술에 대한 믿음은 그릇될 뿐 아니라 위험할 수도 있다고 여기는 군사 혁명 회의론자들이 있다. 어떤 이들은 기술이 애초의 약속을 지키는 경우는 드물다고 주장한다. 다른 이들은 기술에 집중하면 훈련과 같은 군사적 효율성 측면에서 보다 중요한 결정 요인들에 관심을 덜 기울이게 된다고 여긴다.[3]

이 논쟁의 양 끝에 있는 이들은 전쟁에서 기술의 역할에 대해 지나치게 단순한 견해를 내놓는 경향이 있다. 미군에서 기술이 차지하는 위치를 논할 경우 특히 그러하다. 지지자들은 기술에 의해 초래된 변화의 정도와 새로운 기술이 군사 조직 내에 흡수될 수 있는 정도를 과장하는 경향이 있다. 이 책이 보여주었듯, 각 군의 문화는 그들이 추구한 기술과, 새로운 무기들을 어떻게 전장에 채용할 것인지를 결정하곤 했다. 게다가 무기 체계의 도입과 중단 과정 때문에 무기가 종종 적기에 효과적으로 사용되지 못했다. 예를 들어 정밀유도무기와 무인기는 베트남전쟁에서 널리 사용되었으나 1990년대 전쟁에서 진정으로 성숙기를 맞이했다.

기술이 전쟁 수행에 극적인 변화를 초래할 것이라는 숨 가쁜 예언들도 실현되지 못했다. 핵무기와 대륙간탄도미사일은 냉전기에 재래식 전력을 무용지물로 만들지 못했다. 베트남전쟁 때 처음 언급되었던, 무인 센서와 정밀유도무기로 수놓인 "전자 전장electronic battlefield"에 대한 예언들은 이제야 현실화되고 있을 뿐이다.

지지자들이 기술을 너무 떠받든다면 회의론자들은 전쟁에서 기술이 수행하는 역할을 너무나 자주 과소평가했다는 문제가 있다. 기술이 성공의 유일한(또는 반드시 가장 중요한) 결정 요인은 아니지만 그 효과를 무시해서는 안 된다. 기술은 이 책에서 다룬 전쟁에서 미군의 승리에 중요한 역할을 했다. 미국의 기술은 냉전기에 소련에 대한 우위를 제공했다. 기술은 베트남에서 비록 흠결이 있는 전략을 구조하지는 못했으나 미국 전력의 효과를 증대시켰다. 그리고 지난 15년간 미국이 이라크(2회), 세르비아(2회), 그리고 아프가니스탄과의 대결에서 일방적인 승리를 거두는 데 일조했다.

절반만 채워진 컵?

미군에 대한 견해는 기술을 열렬히 지지하느냐, 아니면 회의하느냐에 따라 달라진다. 열성 지지자의 관점에서 미군은 지난 60년 동안 거의 변화를 겪지 않았다. 오늘날의 미군은 2차 대전에서 싸우고 승리한 군대와 많은 면에서 닮았다. 유인 항공기가 공중전을 주도하고, 지상에서는 주력 전차가 전장의 왕이다. 항공모함은 여전히 주력함으로 남아 있다. 분명 지난 5년간 미국이 겪은 변화들 중 더 주목할 만한 것은 바로 미군의 비핵화였다. 냉전기 미군에게 가장 중요했던 핵무기를 한때 열렬히 포용했던 각 군은 이제 놀라울 정도로 미미한 관심을 보인다.

그러나 또 다른 관점에서 볼 때, 미군은 극단적인 변화를 경험했다. 적의 탐지를 제한하기 위해 감소된 레이더 신호와 정밀유도무기로 무장한 오늘날의 유인 항공기는 2차 대전 시절의 항공기는 말할 것도 없고, 무유도 폭탄으로 무장했던 베트남 시절의 선조들에 비해 수십 배는 더 효과적이다. 1993년 국방과학위원회의 연구에 의하면, 여러 목표물에 대해 1톤의 정밀유도무기는 12~20톤의 무유도 폭탄의 효과를 냈다.[4] 무유도 폭탄을 투하하는 항공기로는 목표물 하나를 파괴하려면 여러 번 비행을 해야 했지만, 오늘날에는 정밀유도무기로 무장한 항공기 한 대가 여러 개의 목표물을 파괴할 수 있다.

오늘날의 전차 또한 더 멀리 보고, 더 멀리, 더 정확하게 발사할 수 있는 능력으로 과거의 전차들보다 훨씬 효과적인 공격 수단이 되었다. 또한 피격에도 더 잘 견딜 수 있으며, 네트워크로 연결되어 탑승자들이 자신과 우군, 그리고 적이 전장 어디에 위치하고 있는지를 더 잘 알게 되었다.

오늘날의 항공모함은 2차 대전에서 태평양 작전에 투입된 항공모함들의 디자인이 점진적으로 발전한 형태이다. 하지만 비행단의 작전 반경이 더 넓어지고, 정확하게 폭탄을 투하할 수 있게 되고, 구축함과 순양함의 위상배열 레이더를 통해 (우주 바깥까지 포함한) 매우 먼 거리에서도 물체를 탐지할 뿐 아니라 지상공격순항미사일로 해상 전력이 내륙 깊숙이 타격할 수 있게 되면서 항모를 주축으로 하는 항모전단은 훨씬 강력해졌다.

미군에서 가장 덜 기술 집약적인 분과인 보병만큼 기술의 영향을 적나라하게 보여주는 부문도 없을 것이다.[5] 2차 대전에서 보병과 해병들은 303구경 M-1 개런드Garand 반자동소총을 들고 싸웠다. 그들이 썼던 철제 헬멧은 포탄 파편을 막을 수 있었을지 몰라도 권총이나 소총의 탄환으로부터 병사들을 보호하지 못했다. 통신을 위해서 장교들은 커다란 장비들을 지고 다니던 무전병에게 의존했다.

베트남에서 싸웠던 보병 세대는 2차 대전 때의 선배들과 여러 면에서 유사했다. 물론 그들은 M-16 자동소총 같은 더 효과적인 무기로 무장했다. 분대들은 보다 성능이 좋기는 했지만 여전히 커다란 휴대용 무전기를 보유했으며 더욱 믿을 수 있는 공중 지원을 받을 수 있었다. 그러나 다른 방면에서 베트남전쟁 시절의 보병은 2차 대전 시절의 보병과 유사했다. 여전히 나침반에 항법을 의존해야 했고, 야간에는 작전에 제한을 받았다.

대조적으로 오늘날의 보병은 소화기 탄환을 막을 수 있는 헬멧과 방탄복을 착용한다. 그가 휴대하는 M-4 자동소총은 M-16의 후신으로, 평범한 사수를 명사수로 만들 수 있는 광학 장비가 장착되어 있다. 그는 야간에도 볼 수 있는 야시경은 물론이고, 자신이 현재 전장의 어디

USS 에이브러햄 링컨 항모전단의 2000년 림팩 훈련 모습. © U.S. Navy photo by PH2 Gabriel Wilson

에 있는지를 알려주는 GPS 수신기를 갖고 있다. 그리고 우군전력추적 체계를 통해 아군도 그가 어디 있는지를 알 수 있다. 이제는 헬멧 안에 들어갈 수 있을 정도로 작아진 무전기로 분대 전체와 소통할 수 있다. 이 무전기를 레이저 지시기와 GPS 수신기와 결합하면 부대의 화력을 집중시키고 각종 포와 항공기를 통해 엄청난 타격을 가할 수도 있다.

이러한 변화의 많은 부분은 정보 기술의 성장과 확산에 따른 것이다. 정보 기술은 정밀 유도라는 방식으로 항공기로 하여금 놀라운 정확도 로 목표물을 타격할 수 있게 해준다. 또 우군전력추적체계와 같은 상황 인식 체계의 형태로 지상 전력들이 보다 효과적으로 작전에서 협력하 게 해준다. 또한 네트워크 통신의 형태로 항모전단이 산개하면서도 화 력을 집중시킬 수 있게 한다. 그리고 이 책의 시작과 끝을 장식하는 두 가지 대변혁인 핵 혁명과 정보혁명의 결정적인 차이점은 정보 기술의 확산성과 서로 다른 국제적, 관료적 맥락을 통해 드러난다.

첫째, 핵무기와 장거리 운반체는 눈에 보이는 핵 혁명의 증거로 작용했다. 실제로 핵 혁명은 근세기 들어 기술이 전쟁 수행에 영향을 미친 가장 명확한 사례이다. 반면에 정보혁명의 변화 원동력은 단일 무기 체계처럼 실체가 있는 기술이 아닌, 확산성이 높은 정보 기술이었다.

둘째, 두 시기의 전략적 맥락이 달랐다. 핵 혁명 시기는 소련과 경쟁하기 시작할 때와 맞물렸고 당시에는 새로운 전쟁 방식을 최대한 활용하는 것이 지상 과제였다. 반면 정보혁명은 소련과의 경쟁이 막을 내리고 미래 안보 환경이 어떠한 양상을 띨 것인가를 두고 논란이 시작되었을 때와 맞물렸다.

셋째, 관료적 맥락이 달랐다. 핵 혁명은 미군이 중대한 변화를 겪고 있던 시기에 발생했다. 각 군은 맡을 역할과 임무를 두고 경쟁하던 중이었다. 이와 대조적으로 정보혁명은 각 군의 역할과 임무가 대부분 정리된 시기에 발생했다.

전쟁의 성격 변화에 대한 증거는 다섯 개 범주로 분류된다.

첫째, 최근 전쟁들은 새로운 전쟁 방식을 실증했다. 이는 1991년 이래 정밀유도무기의 사용이 증가한 데서 가장 두드러질 것이다. 걸프전쟁에서 사용된 폭탄 중 8퍼센트만이 유도형이었으나 8년 후 코소보에서 사용된 폭탄 중 29퍼센트가 유도형이었다. 10년 후 아프가니스탄에서 사용된 폭탄 중 60퍼센트가 유도형이었으며, 12년 후 이라크에서 사용된 폭탄의 68퍼센트가 유도형이었다. 6장에서 논의했듯 합동직격탄 같은 GPS 유도 폭탄들의 폭넓은 사용은 특히 주목할 만하다. 베트남전쟁 이래로 사용된 레이저 유도 폭탄과 달리, GPS 유도 폭탄을 사용함으로써 항공기는 야간이나 악천후에서도 공습을 가할 수 있었다.

전쟁의 성격이 변화하고 있다는 또 다른 징후는 정찰 감시는 물론이고 공습 임무에도 갈수록 더 많이 사용되고 있는 무인 체계이다. 2000

년에 미국이 운용하고 있던 무인기는 단 2종에 불과했으나 2015년까지 적어도 12종의 체계가 현역으로 활동할 것으로 예상된다.[6] 2005년 8월 당시, 미군은 이라크와 아프가니스탄에서 약 1,500대의 무인기를 운용하고 있었다.[7] 무인기 보유량의 증가는 이 체계들에 대한 국방부의 연간 예산 요청에 반영되어 있다. 2001년에는 3억 3,600만 달러였으나 2005년에는 22억 달러로 늘어났다.[8] 무인기는 작전에서 점차 자동화되고 있다. 조종사가 전통적인 '스틱'을 가지고 직접 조종하던 방식 대신 키보드로 미리 입력된 컴퓨터의 지시에 반응하는 것으로 점차 바뀌고 있다.

공습 임무에도 무인기 사용이 점차 증가하고 있다. 아프가니스탄과 이라크 전투에서 미군은 무인기로 살상 무기를 발사했다. 그리고 몇몇 종류의 무인기는 특별히 무기 발사를 위해 (무인 장거리 폭격기를 포함하여) 개발되고 있다. 2006년의 4년 주기 국방검토보고서에 따르면 미래의 장거리 공습 전력의 절반 가까이가 무인화될 것이다.[9] 심지어 무기 발사 과정도 점차 자동화될 것으로 보인다. 보잉의 무인기 X-45A는 전체 목표물 위치를 보고 운항 경로를 선택하고, 목표물을 식별하며, 50×100킬로미터 구역 내에서 식별한 목표물을 자동 공격할 수 있는 능력을 이미 보여주었다.

둘째, 군 조직들의 구조가 변화하는 추세이다. 정밀유도무기를 통해 항공 전력이 점차 포병 전력을 대체할 수 있게 되었다. 이 변화는 결과적으로 지상 전력과 항공 전력의 역사적인 관계를 변화시켰다. 코소보, 아프가니스탄, 그리고 이라크에서 지상 전력은 공중 공격을 위해 적 전력을 묶어두는 역할을 했다. 몇몇 사례에서 보병부대들은 적의 부대를 식별하고 겨냥하는 지각 센서 역할을 했다. 이러한 접근법은 인듀어링

미 공군 중령이 MQ-1 프레데터 무인기를 조종하고 있는 모습. © U.S. Air Force photo/Senior Airman Tiffany Trojca

프리덤 작전에서 구사된 '아프가니스탄 방식'에서 가장 두드러지긴 했으나, 오늘날 이라크에서도 더 가벼운 형태로 계속되고 있다.

지상 전력과 항공 전력의 관계가 변화하고 있다는 사실을 가장 잘 보여주는 사례는 아마 이라크의 알카에다 지도자였던 아부 무사브 알자르카위를 살해한 2006년 6월의 작전일 것이다. 알자르카위가 있는 안전가옥을 급습하는 대신, 미국 특전대는 위치를 식별한 후 공습을 요청하여 해당 건물을 파괴했다고 한다.

셋째, 이러한 변화들은 각 군의 정체성 일부를 시험한다. GPS 유도 무기들은 운용자가 덜 관여하기 때문에 공격기 조종사들은 트럭 운전사보다 조금 나아 보이는 정도로 지위가 변화할 조짐이 보인다. 무인기와 무인 공격기를 폭넓게 도입할 경우 조종사의 정체성은 심각한 도전을 받게 될 것이다. 아프가니스탄과 이라크에서 운용되고 있는 많은 무인기들은 전구가 아닌 라스베이거스 외곽의 넬리스 공군기지에 있는 운용자들이 조종한다.

오늘날은 과거 대규모 변화가 일어난 시기들과는 많은 면에서 대조를 이룬다. 과거의 혁신들로 새로운 특기와 조직이 부각되었다. 양차 대전 사이 수십 년 동안 비행사(지상 기반 및 해상 기반 모두)와 공중급유기가 출현했다. 오늘날에는 아직 이와 비슷한 새로운 병과나 보직이 나오지 않았다. 대신 군 내의 다양한 요소들이 재정의되고 있다.

넷째, 전쟁의 성격과 수행 방법의 변화는 세력 균형에 반영된다. 고급 기술에 정통하게 되면서 미국은 여러 잠재 적수들에 비해 재래식 전력에서 상당한 우위를 점하게 되었다. 지난 15년간의 경험은 미국이 재래식 전력을 손쉽게 격파할 수 있음을 보여주는 증거들로 가득하다. 게다가 미국은 많은 분야에서 절대적 우위를 누리고 있다. 대기갑전의 우위가 그러한데, 사실 미군을 위협할 수 있는 기갑 전력을 상상하기란 어렵다. 또한 미 해군과 경쟁할 수 있는 수상 함대를 상상하기도 어렵다.

물론 적들은 미국의 재래식 전력 우위에 대응책들을 마련했다. 몇몇은 미국을 억제하거나 전쟁이 발생할 경우 동등한 기회를 얻기 위해 화생방 무기를 찾았다. 다른 몇몇은 테러리즘과 게릴라전 전략을 도입하여 비정규전으로 미국과 싸우려 했다. 양쪽 모두 중대한 도전으로 남아 있다. 그럼에도 불구하고 미국이 누리는 재래식 전력의 우위를 침식하는 정도는 아니다.

전쟁의 성격 변화에 대한 다섯째 증거는 지난 15년간 보인 전문가들의 안타까운 전적에 있다. 평화의 시기에 미래 전쟁의 전개와 결과를 예상하기란 어렵다. 마이클 하워드 경은 이를 선원이 추측으로 "평화의 안개"를 뚫고 항해하는 것에 비유했다.[10] 그러나 지난 15년간 일어난 다양한 무력 충돌은 참여자와 관찰자 모두에게 현대 무력 충돌의 성격에 대해 값진 정보를 제공했다. 그러나 5장과 6장이 보여준 바와 같이 군사 전문가들은 이러한 무력 충돌의 전개와 결과를 예측하는 데 엉망이었다. 군사 분야에서 전문성의 질이 하락하고 있음을 보여주는 사례일 수도 있지만, 전쟁의 성격이 중요한 방식으로 변화하고 있다는 설명이 더 설득력 있다.

기술과 미국 장교단

결국 기술은 조직들이 개발하고 사용한다. 이 조직들의 문화는 어떠한 기술이 개발되고, 어떻게 사용되느냐와 깊은 연관이 있다. 우리가 중대한 변화의 시대를 맞았다면 미군은 이를 활용하기에 얼마나 잘 준비되어 있을까? 미국의 장교들은 기술을 열성적으로 지지하는가, 아니면 회의하는가?

어떤 이들은 미군의 문화가 훈련이나 리더십 같은 전승의 무형적인 결정 요인보다 기술을 더 강조한다고 주장했다.[11] 그들이 볼 때 미군은 현대 전장에 엄존하는 마찰을 무시하고 고급 기술의 성배를 찾기 위한 여정을 시작했다.[12] 다른 이들은 미군이 새로운 전쟁 방식, 특히 기존 무기와 교리, 조직을 위협하는 방식을 수용하기를 꺼린다고 주장했다. 정보화 시대에 적응하는 대신 각 군이 점차 시대에 뒤떨어지는 접근법들을 부여잡고 있다고 보았다.[13]

제임스 R. 피츠시몬즈와 내가 2000년, 2002년, 2006년에 실시한 미 장교들에 대한 설문 조사를 통해 미군이 적어도 추상적으로는 정보화 시대의 전쟁 방식에 매우 높은 지지를 보내고 있음을 알 수 있었다.[14] 예를 들어 2000년에 설문에 응한 장교들 중 85퍼센트는 정보화 시대의 기술, 교리, 조직을 수용하는 군은 그러지 않는 군에 비해 상당한 우위를 누릴 거라고 보았다. 75퍼센트는 새로운 전쟁 방식이 미국에게 모든 적대 세력들에 대한 우위를 선사할 것이라고 여겼다. 2000년, 2002년, 2006년 설문 조사에 응한 장교들 다수가 정보화 시대의 전쟁 방식으로 미국이 사상자 발생 위험을 줄이면서 결정적인 결과를 창출할 수 있을 것으로 예상했다. 분명 이러한 견해는 이라크전쟁이 장기화되는 와중에도 지속되었다.

미국의 장교들은 또한 우주와 사이버 공간의 중요성이 점점 커지고 있다고 굳게 믿고 있었다. 2000년에 설문에 응한 장교들의 76퍼센트와 2002년에 설문에 응한 장교들의 79퍼센트는 향후 20년 내로 전쟁에서 우주 작전도 보게 될 것이라고 여겼다. 2000년 응답자들의 85퍼센트와 2002년 응답자들의 74퍼센트는 같은 기간 내에 컴퓨터 네트워크 공격이 군사작전의 중심축이 될 것이라고 믿었다. 많은 이들이 우리가 "급진적" 변화를 겪고 있다고 여겼다.

그러나 "급진적" 변화가 정확히 무엇인가를 두고는 다양하게 해석할 수 있다. 장교들은 근본적으로 새로운 능력의 개발보다는 기존의 무기와 교리의 부분 개선을 변화와 동일시하는 경향이 있었다. 대다수가 전차, 유인 항공기, 항공모함 같은 오늘날의 주요한 무기 체계들이 20년 후에도 여전히 중요할 것이라고 믿었다. 또한 기술, 교리, 조직의 변화가 군에서의 보직 관리에 제한된 영향만 미칠 것이라고 예상했다. 2002년과 2006년 설문에 응답한 장교들 다수가 자기 분과나 특기에 소속된 개인에게 2020년에는 매우 다른 능력이 필요할 거라고 믿은 반면, 2020년까지 자신의 특기가 무용해질 것이라고 믿는 이들은 20퍼센트도 되지 않았다. 그리고 대다수 장교들은 전쟁에 대한 새로운 접근법에 투자하기 위해 기존의 전력 구조나 대비 태세의 비중을 줄이고 싶어하지 않았다. 마찬가지로 소수의 장교들만이 우주나 사이버 공간에서 펼칠 작전을 위해 새로운 군을 만드는 것을 지지했다.

미군은 일반적으로 고급 기술을 선호하겠지만 기존의 임무 분야와 어울리는 체계만 낙관적으로 받아들일 듯하다. 물론 그러한 "점진적인" 변화도 혁명적인 결과를 가져올 수 있다. 정밀 유도와 스텔스는 기존 임무나 공동체를 위협하지 않으면서도 지대한 영향을 미친 기술 개발의 두 가지 사례이다. 많은 경우, 전쟁의 새로운 방식이 자군의 문화와 잘 어우러질 수 있다는 생각을 받아들이게 하는 민간 지도자와 군 지도자들의 능력이 열쇠가 될 것이다. 육군에 헬리콥터를 널리 사용하는 것을 지지하면서 개빈이 주장한 논지는 이에 대한 적절하면서도 훌륭한 사례이다. 그는 헬리콥터가 전통적인 기병 임무를 수행하는 육군의 능력을 복원시킬 것이라며, 보수적인 근거를 들어 급진적인 변화의 정당성을 주장했다.[15]

이 책은 또한 각 군이 전쟁의 새로운 방식을 수용할 수 있음을 보여주었다. 대륙간탄도미사일이나 지상공격순항미사일, 그리고 정찰위성의 개발이 그러한 사례이다. 하지만 그렇게 하려면 새로운 기술, 교리, 조직을 통해 현존하거나 예상되는 작전적 혹은 전략적 문제를 해결해야 한다. 또한 고위급 민간 지도자나 군 지도자들의 지지도 필요하다.

누군가는 틀림없이 비정규전의 중요성이 향후 고급 기술의 유용성을 약화시키리라고 주장할 것이다. 그러나 반란이나 반란 진압은 저급 기술과 동의어가 아니다. 예를 들어 이라크의 반군들은 공격을 계획하고 협력하는 데 쓰는 휴대전화와 컴퓨터부터 급조 폭발물의 뇌관과 자신들의 메시지를 전파하기 위해 사용하는 글로벌 뉴스 매체에 이르기까지 정보 기술을 폭넓게 활용한다. 헤즈볼라도 2006년 여름 남부 레바논에서의 전쟁에서 이스라엘을 상대로 매우 세련된 기술을 사용했다.[16] 게다가 야시경, 우군전력추적체계, 무인기와 정밀유도무기 같은 고급 기술들은 미군에게 반란군과 싸우는 데 중대한 이점을 안겨주었다. 한 예를 들자면, 미국인 사상자의 발생 정도와 수준이 미군의 해외 작전에 대한 여론에 영향을 미친다는 점을 고려할 때, 아프가니스탄과 이라크에서 무수한 생명들을 살린, 소총 탄환으로부터 병사들을 보호할 수 있는 현대 방탄복의 등장은 전략적 효과를 발휘했다.

물론 기술은 그것이 뒷받침하는 전략에 좌우된다. 냉전이 입증하듯 고급 기술은 성공적인 장기 전략의 중요한 요소가 될 수 있다. 반면 베트남전쟁은 기술 우위조차도 흠결 있는 전략 아래에서는 승리를 쟁취할 수 없음을 보여주었다.

미국은 예측 가능한 미래까지는 세계에서 가장 강력한 국가로 남을 것이다. 미국의 군대는 잠재적 적과 치를 고강도 무력 충돌 가능성에 대비함과 동시에 지하드 극렬분자들과 장기간 전쟁을 치러야 할 것이다. 단기 위협과 장기 위협에 대처하는 데 필요한 서로 다른 능력들 사이에서 균형을 잡는 것은 미국의 국방 정책가들이 맞닥뜨린 중대한 도전들 중 하나이다.

어떤 점에서는 지하드 극렬분자들과 치르는 오랜 전쟁이 미국식 전쟁 방식 체계에 잘 부합한다. 이는 특히 무제한의 정치적 목표를 선호하고, 악에 대한 전쟁을 좋아하는 미국의 성향에 잘 어울린다. 마찬가지로 고급 기술은 비록 새로운 방식일지라도 미래의 적에 대한 우위를 선사할 수도 있다. 역사를 돌아보면, 야간 작전이나 악천후 또는 험준한 지형에서 벌이는 작전은 약자에게 유리했다. 1991년과 2003년의 이라크전쟁과 2001년의 아프가니스탄전쟁에서 미군은 기술 우위로 적들이 예상하지 못했던 방식으로 작전을 할 수 있었다. 예를 들어 걸프전쟁에서 이라크군이 대부분 도로에 묶여 있는 동안 미군은 정밀 항법을 위한 GPS 사용으로 도로가 없는 사막을 가로지를 수 있었다. 걸프전쟁과, 알카에다와 탈레반에 맞선 아프가니스탄전쟁에서 미국은 야간 관측 우위를 활용해 적들이 활동하지 못하는 야간에 자유롭게 작전을 수행했다.

그러나 다른 면에서는 현재의 무력 충돌에서 승리하기 위해 미국의 전략적 전통과는 크게 다른 방식의 작전이 필요할 듯하다. 첫째로, 직접 접근법이 미래에도 통할지는 의심스럽다. 테러리스트들을 숨겨주는 정부를 전복하는 것은 소수의 경우를 제외하고는 선호되지 않을 것이다. 대신 미국은 현지 관계자들과 법 집행 방식에 협력하고 비밀 작전을 구사하여 테러리스트들을 색출해야 할 것이다. 둘째로, 어느 정도 대중의 지지를 유지해야만 하는 무력 충돌에서는 화력 집약적인 전통적인 전략을 구사할 경우 역효과를 낳을 수 있다. 마지막으로, 미국은 특수 작전, 안정화 작전과 연관된 분야 등에서도 능력을 계발해야 한다. 시간이 지날수록 이러한 변화들은 미국식 전쟁 방식에 대한 우리의 생각을 크게 바꾸어놓을 수도 있다.

서론

1. Paul Dickson, *The Electronic Battlefield* (Bloomington: Indiana University Press, 1976), 71에서 인용.

2. Bill Owens and Ed Offley, *Lifting the Fog of War* (New York: Farrar, Straus & Giroux, 2000), 14−15.

3. Robert B. Strassler, ed., *The Landmark Thucydides: A Comprehensive Guide to the Peloponnesian War* (New York: Free Press, 1996), 45−46, 81−82.

4. Julian S. Corbett, *Some Principles of Maritime Strategy* (London: Longmans, Green, 1911), 38.

5. Basil H. Liddell Hart, *The British Way in Warfare* (New York: Macmillan, 1933).

6. Colin S. Gray, *Modern Strategy* (Oxford: Oxford University Press, 1999), chapter 5.

7. Michael I. Handel, "The Evolution of Israeli Strategy: The Psychology of Insecurity and the Quest for Absolute Security", in *The Making of Strategy: Rulers, States, and War*, ed. Williamson Murray, MacGregor Knox, and

Alvin Bernstein, 534-78 (Cambridge: Cambridge University Press, 1994).

8. Michael Evans, *The Tyranny of Dissonance: Australia's Strategic Culture and Way of War, 1901-2005* (Canberra: Land Warfare Studies Center, 2005).

9. Russell F. Weigley, *The American Way of War: A History of United States Military Strategy and Policy* (Bloomington: Indiana University Press, 1973). '미국식 전쟁 방식'에 대한 보다 비판적인 평가에 대해서는 Murray, Knox, and Bernstein, *The Making of Strategy*, 579-613에 실린 Colin S. Gray, "Strategy in the Nuclear Age: The United States, 1945-1991"을 참조하라.

10. Brian M. Linn, "The American Way of War Revisited," *Journal of Military History* 66, no. 2 (April 2002): 501-33.

11. Max Boot, *The Savage Wars of Peace: Small Wars and the Rise of American Power* (New York: Basic Books, 2002).

12. 클라우제비츠는 다음과 같이 썼다. "전쟁에는 두 종류가 있다. 하나는 그 목적이 **적을 전복시키는** 것으로, 그를 정치적이나 군사적으로 무력하게 만들어 우리가 원하는 평화에 서명하게 강요하는 것이다. 다른 하나는 단지 **적의 전방 지역 일부를 점령**하는 것으로, 그리하여 그 지역을 병합하거나 평화 협상을 하는 데 사용하는 것이다. 한 종류에서 다른 종류의 전쟁으로 전이되는 것 또한 나의 논문에서 다룰 것이다. 그러나 이 두 종류의 전쟁 목적이 상당히 다르다는 사실은 항상 명확해야 하며, 이 둘이 서로 조화를 이룰 수 없다는 걸 알아야 한다." (고딕 강조는 원문) 카를 폰 클라우제비츠, 『전쟁론』

13. David R. Woodward, *Trial by Friendship: Anglo-American Relations, 1917-1918* (Lexington: University Press of Kentucky: 1993), 213-14.

14. Allen Guttmann, ed., *Korea: Cold War and Limited War*, 2nd ed. (New York: D. C. Heath, 1972)에서 더글러스 맥아더 대장의 증언을 참조하라.

15. 다른 관점에 대해서는 Eliot A. Cohen, *Supreme Command: Soldiers, Statesmen, and Leadership in Wartime* (New York: Free Press, 2002), 175-84; Andrew Krepinevich, *The Army and Vietnam* (Baltimore: Johns Hopkins University Press, 1986)을 참조하라.

16. George Bush and Brent Scowcroft, *A World Transformed* (New York: Knopf, 1998), 389.

17. Gray, *Modern Strategy*, 147.

18. Kevin M. Woods, Michael R. Pease, Mark E. Stout, Williamson Murray,

and James G. Lacey, *Iraqi Perspectives Project: A View of Operation Iraqi Freedom from Saddam's Senior Leadership* (Norfolk, VA: U.S. Joint Forces Command, 2006), 15.

19. Carl H. Builder, *The Masks of War: American Military Styles in Strategy and Analysis* (Baltimore: Johns Hopkins University Press, 1989), 7.

20. Thomas G. Mahnken and James R. FitzSimonds, *The Limits of Transformation: Officer Attitudes Toward the Revolution in Military Affairs* (Newport, RI: U.S. Naval War College, 2003), 108.

21. 일례로 2002년 설문 조사에서 '원거리에서 정밀무기로 적을 공격할 수 있는 능력이 미국의 지상군에 대한 필요성을 감소시킬 것이다'라는 문항에 대해 공군 조종사의 41퍼센트가 동의한 반면 해군 조종사는 단 21퍼센트만이 동의했다.

22. 일례로 2002년 설문 조사에서 '미군이 미래의 적들과 효과적으로 경쟁하기 위해서는 전쟁에 대한 접근법을 급진적으로 바꿔야만 한다'는 문항에 대해 육군 보병 장교의 57퍼센트가 동의한 반면 해병대 보병 장교들은 단 30퍼센트만 동의했다. '현대의 전장 여건은 미군 군종의 전통적인 역할과 임무의 중대한 변화를 요구한다'는 문항에 대해 육군 보병 장교는 65퍼센트가 동의했지만 해병대 보병 장교는 단 14퍼센트만 동의했다.

23. Mahnken and FitzSimonds, *The Limits of Transformation*, 60.

24. Thomas P. Ehrhard, "Unmanned Aerial Vehicles in the United States Armed Services: A Comparative Study of Weapon System Innovation" (Ph. D. dissertation, Johns Hopkins University, 2000), 75.

25. Builder, *Masks of War*, 18.

26. 프레드 C. 웨이앤드, 버나드 W. 로저스, 에드워드 C. 메이어, 존 A. 위컴 대장은 보병 장교였다. 고든 R. 설리번과 에릭 K. 신세키는 전차 장교였다. 윌리엄 C. 웨스트모어랜드, 칼 E. 부오노, 데니스 J. 레이머는 포병 장교였으며, 피터 슈메이커는 특전대 출신이었다.

27. Builder, *Masks of War*, 33.

28. 제임스 L. 홀로웨이 3세, 토머스 B. 헤이워드, 제이 L. 존슨은 조종사였다. 제러미 R. 보더, 번 클라크, 마이클 멀렌은 해상 특기였다. 제임스 D. 와킨스, 칼리슬 A. H. 트로스트, 프랭크 B. 켈소 2세는 잠수함 장교였다.

29. Ehrhard, "Unmanned Aerial Vehicles," 89.

30. A. W. Marshall, *Long-Term Competition with the Soviets: A Framework*

for *Strategic Analysis*, R−862−PR (Santa Monica, CA: Rand Corporation, 1972), vi.

31. Thomas G. Mahnken, "Beyond Blitzkrieg: Allied Responses to Combined− Arms Armored Warfare During World War II," in *The Diffusion of Military Technology and Ideas*, ed. Emily O. Goldman and Leslie C. Eliason, 246− 50 (Stanford, CA: Stanford University Press, 2003).

32. 군사 혁명이란 주제에 대해서는 Eliot A. Cohen, "A Revolution in Warfare," *Foreign Affairs* 75, no. 2 (March−April 1996): 37−54; Andrew F. Krepinevich, "Cavalry to Computer: The Patterns of Military Revolutions," *The National Interest* (Fall 1994): 30−42; Williamson Murray, "Thinking About Revolutions in Military Affairs," *Joint Force Quarterly* 12 (Summer 1997): 69−79를 참조하라.

1장 • 핵 혁명, 1945~1960년

1. Lawrence Freedman, *U.S. Intelligence and the Soviet Strategic Threat*, 2nd ed. (Princeton, NJ: Princeton University Press, 1986), 64.

2. Vannevar Bush, *Modern Arms and Free Men: A Discussion of the Role of Science in Preserving Democracy* (New York: Simon & Schuster, 1949), 123.

3. Robert Jackson, *High Cold War: Strategic Air Reconnaissance and the Electronic Intelligence War* (Sparkford, UK: Patrick Stephens, 1998), 38.

4. David Alan Rosenberg, "U.S. Nuclear War Planning, 1945−1960," in *Strategic Nuclear Targeting*, ed. Desmond Ball and Jeffrey Richelson (Ithaca, NY: Cornell University Press, 1986), 40.

5. R. Cargill Hall, "Postwar Strategic Reconnaissance and the Genesis of CORONA," in *Eye in the Sky: The Story of the Corona Spy Satellites*, ed. Dwayne A. Day, John M. Logsdon, And Brian Latell (Washington, DC: Smithsonian Institution Press, 1998), 105.

6. Jackson, *High Cold War*, 37.

7. William E. Burrows, *By Any Means Necessary: America's Secret Air War in the Cold War* (New York: Farrar, Strauss & Giroux, 2001).

8. *GRAB: Galactic Radiation Background Experiment*, information paper

(Washington, D.C.: Naval Research Laboratory, 2000) at http://code8200. nrl.navy.mil/grab.html (accessed June 23, 2006). 또한 Dwayne A. Day, "Ferrets Above: American Signals Intelligence Satellites During the 1960s," *International Journal of Intelligence and Counterintelligence* 17, no. 3 (2004): 449–67을 참조하라.

9. "POPPY Program Fact Sheet," at www.nro.gov/PressReleases/POPPY_ Program_Fact_Sheet.doc (accessed June 23, 2006).

10. Freedman, U.S. *Intelligence*, 65–66.

11. Ibid., 66.

12. Steven J. Zaloga, *The Kremlin's Nuclear Sword: The Rise and Fall of Russia's Strategic Nuclear Forces, 1945-2000* (Washington, DC: Smithsonian Books, 2002), 24.

13. Jeffrey T. Richelson, *The Wizards of Langley: Inside the CIA's Directorate of Science and Technology* (Boulder, CO: Westview Press, 2001), 13.

14. Ben R. Rich and Leo Janos, *Skunk Works* (Boston: Little, Brown, 1994), 130–31.

15. Gerald Haines, "The National Reconnaissance Office: Its Origins, Creation, and Early Years," in Day, Logsdon, and Latell, *Eye in the Sky*, 144.

16. Ibid., 145.

17. Freedman, *U.S. Intelligence*, 67.

18. Rich and Janos, *Skunk Works*, 151.

19. Ibid., 153, 157.

20. Ibid., 205, 211.

21. Ibid., 232.

22. Gene Poteat, "Stealth, Countermeasures, and ELINT, 1960–1975," *Studies in Intelligence* 42, no. 1 (1998): 51.

23. Gerald K. Haines and Robert E. Leggett, eds., *CIA's Analysis of the Soviet Union, 1947-1991* (Washington, DC: Center for the Study of Intelligence, 1993), 36.

24. Ernest R. May, "Strategic Intelligence and U.S. Security: The Contributions of CORONA" in Day, Logsdon, and Latell, *Eye in the Sky*, 22에서 인용.

25. Rosenberg, "U.S. Nuclear War Planning," 46.

26. Ibid., 47–48

27. Maxwell D. Taylor, *The Uncertain Trumpet* (New York: Harper and Brothers, 1959), 131.

28. James M. Gavin, *War and Peace in the Space Age* (New York: Harper, 1958), 3–4.

29. Ibid., 243.

30. Ibid., 244.

31. Allan R. Millett and Peter Maslowski, *For the Common Defense: A Military History of the United States of America* (New York: Free Press, 1984), 513–14.

32. Richelson, *Wizards of Langley*, 32.

33. Freedman, *U.S. Intelligence*, 72.

34. Day Logsdon, and Latell, *Eye in the Sky*, 5.

35. Ibid., 39.

36. Kevin C. Ruffner, ed., *Corona: America's First Satellite Program* (Washington DC: Center for the Study of Intelligence, 1995), xiv–xv.

37. Day, "Development and Improvement," 71.

38. Ibid., 7.

39. Central Intelligence Agency, *Intelligence Aspects of the Missile Gap*, TCS 11848/68, November 1968.

40. Freedman, *U.S. Intelligence*, 73.

41. 그 예로 William R. Kintner and Harriet Fast Scott, *The Nuclear Revolution in Soviet Military Affairs* (Norman: University of Oklahoma Press, 1968)에 수록된 번역을 참조하라.

42. Marc Trachtenberg, *History and Strategy* (Princeton, NJ: Princeton University Press, 1991), 4.

43. Rosenberg, "U.S. Nuclear War Planning," 38–39.

44. Millett and Maslowski, *For the Common Defense*, 476.

45. Rosenberg, "U.S. Nuclear War Planning," 38–39.

46. Ibid., 41–42.

47. Millett and Maslowski, *For the Common Defense*, 478.

48. Rosenberg, "U.S. Nuclear War Planning," 42, 48.

49. Millett and Maslowski, *For the Common Defense*, 517−18.

50. Robert Frank Futrell, *Ideas, Concepts, Doctrine: Basic Thinking in the United States Air Force, 1907-1960*, (Maxwell AFB, AL: Air University, 1989), 16.

51. Rosenberg, "U.S. Nuclear War Planning," 44.

52. Millett and Maslowski, *For the Common Defense*, 512.

53. A. J. Bacevich, *The Pentomic Era: The U.S. Army Between Korea and Vietnam* (Washington, DC: National Defense University Press, 1986), 16.

54. George W. Baer, *One Hundred Years of Sea Power: The U.S. Navy, 1890-1990* (Stanford, CA: Stanford University Press, 1994), 350−51.

55. G. C. Reinhardt and W. R. Kintner, *Atomic Weapons in Land Combat* (Harrisburg, PA: Military Service Publishing, 1953), 9.

56. Gavin, *War and Peace*, 265.

57. Futrell, *Ideas*, 216.

58. Daniel Ford, "B−36: Bomber at the Crossroads," *Air and Space Magazine*, April/May 1996, 42−51.

59. Worden, *Rise of the Fighter Generals*, 32.

60. Futrell, *Ideas*, 252.

61. Ford, "B−36."

62. Zaloga, *The Kremlin's Nuclear Sword*, 18−19.

63. Ford, "B−36."

64. Carolyn C. James, "The Politics of Extravagance: The Aircraft Nuclear Program Project," *Naval War College Review* 53, no. 2 (Spring 2000): 158−90.

65. Ibid., 205−6.

66. Worden, *Rise of the Fighter Generals*, 106.

67. Millett and Maslowski, *For the Common Defense*, 515.

68. Futrell, *Ideas*, 479.

69. Robert Perry, *The Interaction of Technology and Doctrine in the USAF*, P−6281 (Santa Monica, CA: Rand Corporation, 1979), 9.

70. Kenneth P. Werrell, *The Evolution of the Cruise Missile* (Maxwell AFB,

AL: Air University Press, 1996), 111.

71. Ibid., 111-12.

72. Ibid., 82.

73. Ibid., 85.

74. Ibid., 82.

75. Ibid., 85-86, 89.

76. Ibid., 93, 95.

77. Ibid., 96, 97.

78. Ibid., 100.

79. Jacob Neufeld, *Ballistic Missiles in the United States Air Force, 1945-1960* (Washington, DC: Office of Air Force History, 1990), 85.

80. Thomas P. Hughes, *Rescuing Prometheus* (New York: Pantheon Books, 1998).

81. Futrell, *Ideas*, 504.

82. Ibid., 504.

83. Werrell, *Evolution of the Cruise Missile*, 104.

84. Futrell, *Ideas*, 510.

85. Bush, *Modern Arms and Free Men*, 121.

86. Hughes, *Rescuing Prometheus*, 77.

87. Perry, *Interaction of Technology*, 10.

88. Futrell, *Ideas*, 221.

89. Neufeld, *Ballistic Missiles*, 2.

90. Ibid., 71.

91. Ibid., 68.

92. Edmund Beard, *Developing the ICBM: A Study in Bureaucratic Politics* (New York: Columbia University Press, 1976).

93. Perry, *Interaction of Technology*, 11.

94. Hughes, *Rescuing Prometheus*, 104.

95. Ibid., 107-8.

96. Neufeld, *Ballistic Missiles*, 119.

97. Hughes, *Rescuing Prometheus*, 118.

98. Ibid., 70.

99. Neufeld, *Ballistic Missiles*, 179, 192.

100. Hughes, *Rescuing Prometheus*, 126.

101. Perry, *Interaction of Technology*, 14.

102. Neufeld, *Ballistic Missiles*, 121.

103. Ibid., 226.

104. Wilbur D. Jones Jr., *Arming the Eagle: A History of U.S. Weapons Acquisition Since 1775* (Ft. Belvoir, VA: Defense Systems Management Press, 1999), 352.

105. Hughes, *Rescuing Prometheus*, 51.

106. Ibid., 52, 54.

107. Ibid., 15.

108. Vincent Davis, *The Politics of Innovation: Patterns in Navy Cases* (Denver: University of Denver, 1967), 7.

109. Ibid., 11.

110. Ibid., 13.

111. Jerry Miller, *Nuclear Weapons and Aircraft Carriers: How the Bomb Saved Naval Aviation* (Washington, DC: Smithsonian Institution Press, 2001), 81.

112. Davis, *Politics of Innovation*, 16.

113. Ibid., 16–18.

114. William F. Trimble, *Attack from the Sea: A History of the U.S. Navy's Seaplane Striking Force* (Annapolis, MD: Naval Institute Press, 2005).

115. Werrell, *Evolution of the Cruise Missile*, 114.

116. Ibid., 116.

117. Ibid., 119.

118. Davis, *Politics of Innovation*, 33.

119. Ibid., 37–38.

120. Ibid., 39.

121. Baer, *One Hundred Years of Sea Power*, 353.

122. Davis, *Politics of Innovation*, 40.

123. Harvey M. Sapolsky, *Polaris System Development: Bureaucratic and Programmatic Success in Government* (Cambridge, MA: Harvard

University Press, 1972).

124. Donald MacKenzie, *Inventing Accuracy: A Historical Sociology of Nuclear Missile Guidance* (Cambridge, MA: MIT Press, 1990), 145.

125. Michael Russell Rip and James M. Hasik, *The Precision Revolution: GPS and the Future of Aerial Warfare* (Annapolis, MD: Naval Institute Press, 2002), 63.

126. Owen R. Cote Jr., *The Third Battle: Innovation in the U.S. Navy's Silent Cold War Struggle with Soviet Submarines* (Newport, RI: Naval War College Press, 2002), 29.

127. Ibid., 21.

128. Ibid., 30.

129. Bacevich, *Pentomic Era*, 20.

130. Ibid., 19—20.

131. Ibid., 21.

132. John K. Mahon, "The Army's Changing Role," *Current History* (May 1954), 263.

133. Bacevich, *Pentomic Era*, 22, 53—54.

134. Theodore C. Mataxis and Seymour L. Goldberg, *Nuclear Tactics, Weapons, and Firepower in the Pentomic Division, Battle Group, and Company* (Harrisburg, PA: Military Service Publishing, 1958), vii.

135. Bacevich, *Pentomic Era*, 65.

136. Ibid., 56.

137. Marvin L. Worley Jr., *A Digest of New Developments in Army Weapons, Tactics, Organization, and Equipment* (Harrisburg, PA: Stackpole, 1959), 44.

138. Bacevich, *Pentomic Era*, 72.

139. Worley, *Digest of New Developments*, 17—18.

140. Bacevich, *Pentomic Era*, 82.

141. Ibid., 74.

142. James W. Bragg, *Development of the Corporal: The Embryo of the Army Missile Program* (Redstone Arsenal, AL: Army Ballistic Missile Agency, 1961).

143. Worley, *Digest of New Developments*, 30.

144. Mary T. Cagle, *History of the Sergeant Weapon System* (Redstone Arsenal, AL: U.S. Army Missile Command, 1971).

145. Ibid.

146. Mataxis and Goldberg, *Nuclear Tactics*, 39–40.

147. John W. Bullard, *History of Redstone Missile System* (Redstone Arsenal, AL: U.S. Army Missile Command, 1965).

148. Bacevich, *Pentomic Era*, 87.

149. Michael H. Armacost, *The Politics of Weapons Innovation: The Thor-Jupiter Controversy* (New York: Columbia University Press, 1969).

150. Ibid., 88, 90.

151. Ibid., 100.

152. Ibid., 77–78.

153. Worley, *Digest of New Developments*, 38–39.

154. James R. Chiles, "Ring of Fire," *Air and Space* 20, no. 2 (June/July 2005), 34.

155. Ibid., 40–41.

156. Ibid., 323.

157. Bacevich, *Pentomic Era*, 68.

158. Ibid., 68–69.

159. Mataxis and Goldberg, *Nuclear Tactics*, 117; Robert A. Doughty, *The Evolution of U.S. Army Tactical Doctrine*, 1946–76 (Ft. Leavenworth, KS: U.S. Army Command and General Staff Combat Studies Institute, 1979), 17.

160. Mataxis and Goldberg, *Nuclear Tactics*, 240.

161. Ibid., 241.

162. Worley, *Digest of New Developments*, 193–202.

163. Bacevich, *Pentomic Era*, 72–73.

164. Mataxis and Goldberg, *Nuclear Tactics*, 242, 240.

165. Worley, *Digest of New Developments*, 88.

166. Ibid., 89.

167. Mataxis and Goldberg, *Nuclear Tactics*, 100.

168. Bacevich, *Pentomic Era*, 131, 132.

168. Paul Freeman, *Sixty Years of Reorganizing for Combat: A Historical Trend Analysis* (Ft. Leavenworth, KS: Combat Studies Institute, U.S. Army Command and General Staff College, January 2000), 23.

170. Hughes, *Rescuing Prometheus*, 145.

2장 • 신축적 대응, 1961~1975년

1. Allan R. Millett and Peter Maslowski, *For the Common Defense: A Military History of the United States of America*, rev. ed. (New York: Free Press, 1994), 554.

2. George W. Baer, *One Hundred Years of Sea Power: The U.S. Navy, 1890-1990* (Stanford, CA: Stanford University Press, 1994), 372.

3. Alain C. Enthoven and K. Wayne Smith, *How Much Is Enough? Shaping the Defense Program, 1916-1969* (New York: Harper & Row, 1971), 2, 7.

4. Ibid., 6.

5. Thomas D. White, "Strategy and the Defense Intellectuals," *Saturday Evening Post*, May 4, 1963.

6. Curtis E. LeMay, *America Is in Danger* (New York: Funk & Wagnalls, 1968), viii, x.

7. House Subcommittee of the Committee on Appropriations, Hearings on Department of Defense Appropriations for 1969, 90th Congress, 2nd Session (Washington, DC: U.S. Government Printing Office, 1968), 54–55.

8. Enthoven and Smith, *How Much Is Enough?* 136, 138, 148.

9. Millett and Maslowski, *For the Common Defense*, 558.

10. Clarence E. Smith, "CIA's Analysis of Soviet Science and Technology,' in *Watching the Bear: Essays on CIA's Analysis of the Soviet Union* (Washington, DC: Center for the Study of Intelligence, 2003), chapter 4.

11. 소련의 엔지니어들은 비행기나 미사일을 날릴 때 중요한 부품에 센서를 부착하여 그 상태를 지상에 전달했다. 분석가들이 해당 무기의 성능을 측정할 수 있게 하기 위해서였다. 미국의 정보기관들은 이 신호를 가로채 해독하고 분석해야 했다. David S. Brandwein, "Telemetry Analysis," *Studies in Intelligence* 8, no. 4 (Fall 1964): 21–29를 참조하라.

12. Jeffrey T. Richelson, *The U.S. Intelligence Community*, 2nd ed. (New York: Ballinger, 1989), 256, 259.

13. Wyman H. Packard, *A Century of U.S. Naval Intelligence* (Washington, DC: Office of Naval Intelligence and Naval Historical Center, 1996), 201.

14. NIE−11−67, June 1967, "Soviet Military Research and Development," in *CIA's Analysis of the Soviet Union, 1947-1991, ed. Gerald K. Haines and Robert E. Leggett* (Washington, DC: Center for the Study of Intelligence, 2001), 2.

15. *Sixty Years of Reorganizing for Combat: A Historical Trend Analysis* (Ft. Leavenworth, KS: Combat Studies Institute, U.S. Army Command and General Staff College, January 2000), 26.

16. Ibid., 27.

17. Robert A. Doughty, *The Evolution of U.S. Army Tactical Doctrine, 1946-76* (Ft. Leavenworth, KS: Combat Studies Institute, U.S. Army Command and General Staff College, 1981), 23.

18. Elizabeth J. DeLong, James C. Barnhart, and Mary T. Cagle, *History of the Shillelagh Missile System, 1958-1982* (Redstone Arsenal, AL: U.S. Army Missile Command, 1984), 41, 56.

19. Robert J. Sunell, "The Abrams Tank System," in *Camp Colt to Desert Storm: The History of U.S. Armored Forces*, ed. George F. Hofmann and Donn A. Starry (Lexington: University Press of Kentucky, 1999), 434.

20. DeLong, Barnhart, and Cagle, *History of the Shillelagh*, 96.

21. Kenneth P. Werrell, *The Evolution of the Cruise Missile* (Maxwell AFB, AL: Air University Press, 1996), 24.

22. Wilbur D. Jones Jr., *Arming the Eagle: A History of U.S. Weapons Acquisition Since 1775* (Ft. Belvoir, VA: Defense Systems Management Press, 1999), 353.

23. Ibid., 353.

24. Werrell, *Evolution of the Cruise Missile*, 25, 28.

25. Ibid., 28−29.

26. David R. Mets, *The Quest for a Surgical Strike* (Eglin Air Force Base, FL: Air Force Systems Command Monograph, Armament Division, 1987), 106.

27. Pavel Podvig, ed., *Russian Strategic Nuclear Forces* (Cambridge, MA: MIT Press, 2001), 286–90.

28. Steven J. Zaloga, *The Kremlin's Nuclear Sword: The Rise and Fall of Russia's Strategic Nuclear Forces, 1945-2000* (Washington, DC: Smithsonian Books, 2002), 115.

29. Podvig, *Russian Strategic Nuclear Forces*, 290–94.

30. Cote, *The Third Battle*, 23.

31. Gary E. Weir, "From Surveillance to Global Warming: John Steinberg and Ocean Acoustics," *International Journal of Naval History* 2, no. 1 (April 2003):4.

32. Cote, *The Third Battle* 25; Weir, "From Surveillance to Global Warming," 3.

33. Ibid., 25.

34. Christopher Ford and David Rosenberg, *The Admirals' Advantage: U.S. Navy Operational Intelligence in World War II and the Cold War* (Annapolis, MD: U.S. Naval Institute Press, 2005), 36–38; Packard, *Century of U.S. Naval Intelligence*, chapter 14.

35. Cote, *The Third Battle*, 39.

36. Ibid., 48.

37. Ibid., 50.

38. Podvig, *Russian Strategic Nuclear Forces*, 294–98.

39. Baer, *One Hundred Years of Sea Power*, 396.

40. Cote, *The Third Battle*, 73.

41. Podvig, *Russian Strategic Nuclear Forces*, 298–302.

42. Cote, *The Third Battle*, 69.

43. "Letter from Secretary of Defense McNamara to President Kennedy," Washington, February 20, 1961, in *Foreign Relations of the United States, 1961-1963*, ed. David S. Patterson (Washington, DC: U.S. Government Printing Office, 1996), 8:35–48.

44. "Memorandum from the President's Military Representative (Taylor) to President Kennedy," Washington, September 19, 1961, in ibid., 126–29.

45. Desmond Ball, "The Development of the SIOP, 1960–1983," in *Strategic Nuclear Targeting*, ed. Desmond Ball and Jeffrey Richelson (Ithaca, NY:

Cornell University Press, 1986), 62.

46. "Memorandum from the Chairman of the Joint Chiefs of Staff (Lemnitzer) to Secretary of Defense McNamara, CM–190–61," Washington, April 18, 1961, in Patterson, *Foreign Relations of the United States*, 74–78.

47. Ball, "Development of the SIOP," 63.

48. Ibid., 65.

49. "Draft Memorandum from Secretary of Defense McNamara to President Johnson," Washington, December 6, 1963, in Patterson, *Foreign Relations of the United States*, 549.

50. Ball, "Development of the SIOP," 69.

51. Ibid.

52. "Policy for Planning the Employment of Nuclear Weapons," National Security Council, NSDM–242, January 17, 1974, Washington, DC.

53. Ball, "Development of the SIOP," 74.

54. A. W. Marshall, *Long-Term Competition with the Soviets: A Framework for Strategic Analysis* (Santa Monica, CA: Rand Corporation, 1972), vi.

55. Ibid., vii.

56. Ibid., viii.

57. Zaloga, *The Kremlin's Nuclear Sword*, 77, 68, 70.

58. Frank Eliot, "Moon Bounce Elint," *Studies in Intelligence* 11, no. 2 (Spring 1967): 59–65; Albert D. Wheelon, "Technology and Intelligence," *The Intelligencer: Journal of U.S. Intelligence Studies* 14, no. 2 (Winter/Spring 2005), 51–56.

59. Packard, *Century of U.S. Naval Intelligence*, 52.

60. NIE 11–8–64, October 1964, *Soviet Capabilities for Strategic Attack*, in Haines and Leggett, *CIA's Analysis of the Soviet Union*, 2.

61. Lawrence Freedman, *U.S. Intelligence and the Soviet Strategic Threat*, 2nd ed. (Princeton, NJ: Princeton University Press, 1986), 153.

62. Ibid., 114.

63. Robert L. Hewitt, John Ashton, and John H. Milligan, "The Track Record in Strategic Estimating: An Evaluation of the Strategic National Intelligence Estimates, 1966–1975," unpublished paper, February 6, 1976, iii.

64. Freedman, U.S. *Intelligence*, 104.

65. 소련의 정보원들은 SS-9의 목적에 대해 각기 다른 견해를 내놓았다. 몇몇은 이 미사일이 미국의 대륙간탄도미사일 기지를 파괴하기 위해 특별히 고안됐다고 주장했다(Podvig, *Russian Strategic Nuclear Forces*, 196을 참조하라). 다른 몇몇은 SS-9가 선제 핵 공격용 무기가 아니라고 주장했다(Zaloga, *The Kremlin's Nuclear Sword*, 132를 참조하라).

66. Freedman, *U.S. Intelligence*, 109.

67. Smith, "CIA's Analysis."

68. Freedman, *U.S. Intelligence*, 135.

69. Smith, "CIA's Analysis."

70. Peter Roman, "Strategic Bombers Over the Missile Horizon, 1957−1963," *Journal of Strategic Studies* 8, no. 1 (March 1995): 198−208.

71. Freedman, *U.S. Intelligence*, 98.

72. Jacob Neufeld, *Ballistic Missiles in the United States Air Force, 1945-1960* (Washington, DC: Office of Air Force History, 1990), 230.

73. Freedman, *U.S. Intelligence*, 98.

74. Ibid., 99.

75. Donald MacKenzie, *Inventing Accuracy: A Historical Sociology of Nuclear Missile Guidance* (Cambridge, MA: MIT Press, 1990), 213.

76. Lawrence Freedman, *The Evolution of Nuclear Strategy* (New York: St Martin's, 1981), 252−53에서 인용.

77. Freedman, *U.S. Intelligence*, 83.

78. Donald R. Baucom, *The Origins of SDI: 1944-1983* (Lawrence: University Press of Kansas, 1992), 30.

79. Freedman, *U.S. Intelligence*, 93.

80. Eliot, "Moon Bounce Elint."

81. Wheelon, "Technology and Intelligence," 56.

82. Freedman, *U.S. Intelligence*, 88.

83. Podvig, *Russian Strategic Nuclear Forces*, 413−14, 416.

84. Baucom, *The Origins of SDI*, 16.

85. Ibid., 11.

86. Ibid., 9.

87. Ibid., 7.

88. Ibid., 17.

89. Ibid., 19.

90. Enthoven and Smith, *How Much Is Enough?* 176.

91. Ibid., 188.

92. Zaloga, *The Kremlin's Nuclear Sword*, 128−29.

93. Ibid., 113.

94. Freedman, *U.S. Intelligence*, 125.

95. Ibid., 129.

96. Ibid., 146−47.

3장 · 베트남전쟁과 기술, 1963~1975년

1. 그 예로 Andrew F. Krepinevich Jr., *The Army and Vietnam* (Baltimore: Johns Hopkins University Press, 1986); Earl H. Tilford Jr., *Setup: What the Air Force Did in Vietnam and Why* (Maxwell AFB, AL: Air University Press, 1991)를 참조하라.

2. Russell F. Weigley, *The American Way of War: A History of United States Military Strategy and Policy* (Bloomington: Indiana University Press, 1973), 465−66.

3. Kenneth P. Werrell, *Chasing the Silver Bullet: U.S. Air Force Weapons Development from Vietnam to Desert Storm* (Washington, DC: Smithsonian Books, 2003), 13.

4. Ibid., 42.

5. Marshall L. Michel Ill, *Clashes: Air Combat Over North Vietnam, 1965-1972* (Annapolis, MD: Naval Institute Press, 1997), 19.

6. Ibid., 29.

7. Werrell, *Chasing the Silver Bullet*, 49.

8. Gilles Van Nederveen, *Sparks Over Vietnam: The EB-66 and the Early Struggle of Tactical Electronic Warfare* (Maxwell AFB, AL: Air University Press, 2000), 11−13, 44−45.

9. Michel, *Clashes*, 37, 61, 71, 38.

10. Ibid., 72에서 인용.

11. Ibid., 34.

12. Ibid., 33.

13. Ibid., 35.

14. Werrell, *Chasing the Silver Bullet*, 50.

15. Michel, *Clashes*, 62.

16. Ibid., 41, 45.

17. Ibid., 46.

18. Ibid., 100.

19. Ibid.

20. Werrell, *Chasing the Silver Bullet*, 48.

21. Michel, *Clashes*, 114.

22. Ibid., 252.

23. Ibid., 44–45, 151.

24. Curtis Peebles, *Dark Eagles: A History of Top Secret U.S. Aircraft Programs* (Novato, CA: Presidio Press, 1995), 219.

25. Werrell, *Chasing the Silver Bullet*, 43.

26. Michel, *Clashes*, 154; Werrell, *Chasing the Silver Bullet*, 45.

27. Werrell, *Chasing the Silver Bullet*, 45.

28. Michel, *Clashes*, 228–30.

29. Peebles, *Dark Eagles*, 218–19.

30. Michel, *Clashes*, 181, 267, 268.

31. Ibid., 186.

32. Peebles, *Dark Eagles*, 219–20, 223–24.

33. Worden, *Rise of the Fighter Generals*, 158.

34. Ibid., 173.

35. Van Nederveen, *Sparks Over Vietnam*, 35.

36. Werrell, *Chasing the Silver Bullet*, 31.

37. Ibid., 32.

38. Timothy N. Castle, *One Day Too Long: Top Secret Site 85 and the Bombing of North Vietnam* (New York: Columbia University Press, 1999), 1–2, 15.

39. Edward F. Puchalla, "Communist Defense Against Aerial Surveillance in

Southeast Asia," *Studies in Intelligence* 14, no. 2 (Fall 1970): 31–78.

40. Werrell, *Chasing the Silver Bullet*, 18.

41. Ibid., 19.

42. Ibid., 20–21.

43. Worden, *Rise of the Fighter Generals*, 172, 186.

44. Krepinevich, *The Army and Vietnam*, 4–7.

45. John H. Hay, *Tactical and Materiel Innovations: Vietnam Studies* (Washington, DC: U.S. Government Printing Office, 1974), 179.

46. Krepinevich, *The Army and Vietnam*, 198.

47. James M. Gavin, "Cavalry, and I Don't Mean Horses," *Harper's Magazine*, April 1954, 55.

48. J. A. Stockfisch, *The 1962 Howze Board and Army Combat Developments* (Santa Monica, CA: Rand Corporation, 1994), 9–10.

49. Department of Defense, *Semiannual Reports, Jan.-June*, 1956, 83.

50. Robert S. McNamara, "Memorandum for Mr. Stahr," April 19, 1962, reprinted in Stockfisch, *1962 Howze Board*, 41.

51. Stockfisch, *1962 Howze Board*, 1.

52. Ibid., 24.

53. Ibid., 21, 24.

54. Ibid., 25–26.

55. Matthew Allen, *Military Helicopter Doctrines of the Major Powers, 1945-1992: Making Decisions About Air-Land Warfare* (Westport, CT: Greenwood, 1993), 10.

56. Stockfisch, *1962 Howze Board*, 28.

57. Jones, *Arming the Eagle*, 381.

58. Hay, *Vietnam Studies*, 82.

59. John D. Bergen, *Military Communications: A Test for Technology* (Washington, DC: U.S. Government Printing Office, 1989), 284에서 인용.

60. Elmo Zumwalt Jr., Elmo Zumwalt Ill, and John Pekkanen, *My Father, My Son* (New York: Macmillan, 1986), 44.

61. Jones, *Arming the Eagle*, 386–88에서 인용.

62. Jones, *Arming the Eagle*, 390.

63. Thomas J. Cutler, *Brown Water, Black Berets: Coastal and Riverine Warfare in Vietnam* (Annapolis, MD: Naval Institute Press, 1988), 91.

64. Ibid., 143−44.

65. Jones, *Arming the Eagle*, 388.

66. Cutler, *Brown Water*, 193, 195−97.

67. Baer, *One Hundred Years of Sea Power*, 390.

68. William B. Fulton, *Riverine Operations: 1966-1969* (Washington, DC: Department of the Army, 1973).

69. Cutler, *Brown Water*, 248−49.

70. Ibid., 240−44.

71. Baer, *One Hundred Years of Sea Power*, 391−92.

72. Elmo R. Zumwalt Jr., *On Watch: A Memoir* (New York: Quadrangle, 1976), 64.

73. Ibid., 72.

74. Baer, *One Hundred Years of Sea Power*, 405.

75. Darrel D. Whitcomb, "Tonnage and Technology: Air Power on the Ho Chi Minh Trail," in *Military Aspects of the Vietnam Conflict*, ed. Walter L. Hixson (New York: Garland, 2000), 236.

76. John Prados, *The Blood Road: The Ho Chi Minh Trail and the Vietnam War* (New York: Wiley, 1999), 213.

77. Ibid.

78. Christopher P. Twomey, "The McNamara Line and the Turning Point for Civilian Scientist−Advisers in American Defense Policy, 1966−1968," *Minerva* 37 (1999): 242−44.

79. Prados, *The Blood Road*, 214.

80. Twomey, "The McNamara Line," 244.

81. Bergen, *Military Communications*, 392; Prados, *The Blood Road*, 213.

82. Prados, *The Blood Road*, 214.

83. Bergen, *Military Communications*, 392.

84. 예를 들어 '인간 탐지기'라는 기기는 공중 전기화학 기기로 공기 중의 미세한 분자들을 감지했다. 헬리콥터에 장착하여 대기를 분석해 적의 존재를 입증할 수 있었다. Hay, *Vietnam Studies*, 80을 참조하라.

85. "Acoubuoy, Spikebuoy, Muscle Shoals, and Igloo White," at http://home. att.net/~c.jeppson/igloo_white.html.

86. Twomey, "The McNamara Line," 251.

87. Werrell, *Chasing the Silver Bullet*, 37−38.

88. Ibid., 38.

89. Ibid., 39.

90. Bergen, *Military Communications*, 392.

91. Whitcomb, "Tonnage and Technology," 239에서 인용.

92. Ibid.

93. Werrell, *Chasing the Silver Bullet*, 40.

94. Charles Piller, "Army of Extreme Thinkers," *Los Angeles Times*, August 14, 2003.

95. Prados, *The Blood Road*, 220−21.

96. Twomey, "The McNamara Line," 247.

97. Prados, *The Blood Road*, 219.

98. Twomey, "The McNamara Line," 248.

99. Whitcomb, "Tonnage and Technology," 240.

100. Ibid., 242.

101. Twomey, "The McNamara Line," 249.

102. Ibid., 251.

103. Bergen, *Military Communications*, 392.

104. Paul Dickson, *The Electronic Battlefield* (Bloomington: Indiana University Press 1976), 122−23.

105. Ibid., 159에서 인용.

106. Ibid., 221.

107. Thomas P. Ehrhard, "Unmanned Aerial Vehicles in the United States Armed Services: A Comparative Study of Weapon System Innovation" (Ph. D. dissertation: Johns Hopkins University, 2000), 50.

108. Werrell, *Chasing the Silver Bullet*, 33.

109. Ibid., 35.

110. Ehrhard, "Unmanned Aerial Vehicles," 408.

111. Ibid., 408.

112. Ibid., 412-14.

113. Ibid., 438-64.

114. Werrell, *Chasing the Silver Bullet*, 143.

115. Ibid.

116. Peter deLeon, *The Laser-Guided Bomb: Case History of a Development*, R-1312-1-PR (Santa Monica, CA: Rand Corporation, 1974), 6.

117. Ibid., 7.

118. Ibid., 12.

119. Ibid., 20-23.

120. Ibid., 23-26.

121. Headquarters, U.S. Air Force, Management Information Division, *United States Air Force Statistical Digest: Fiscal Year 1973*, July 31, 1974, table 34, p. 86; *United States Air Force Statistical Digest: Fiscal Year 1974*, April 15, 1975, table 37, p. 73.

122. Werrell, *Chasing the Silver Bullet*, 149.

123. David R. Mets, *The Quest for a Surgical Strike: The United States Air Force and Laser Guided Bombs* (Eglin AFB, FL: Office of History, Armament Division, Air Force Systems Command, 1987), 71, 94-95.

124. Donald K. Osterman, "An Analysis of Laser Guided Bombs in SEA," Headquarters 7th Air Force, Thailand, Tactical Analysis Division, Air Operations Report 73/4, June 28, 1973, ii, 9, 34.

125. Michel, *Clashes*, 218-25.

126. Mets, Quest for a Surgical Strike, 86-87.

127. Ibid., 91.

128. 이 정보에 대해 배리 D. 와츠에게 고마움을 전한다.

4장 · 냉전의 승리, 1976~1990년

1. ohn B. Hattendorf, *The Evolution of the U.S. Navy's Maritime Strategy, 1977-1986* (Newport, RI: Naval War College Press, 2004), 3에서 인용.

2. CIA National Foreign Assessment Center, "The Development of Soviet Military Power: Trends Since 1965 and Prospects for the 1980s," SR81-10035X, April 1981, iii-iv.

3. CIA Directorate of Intelligence, "Soviet Military R&D: Resource Implications of Increased Weapon and Space Systems for the 1980s," SOV 83-10064, April 1983, iii.

4. *Soviet Military Power* (Washington, DC: Department of Defense, 1984), 105.

5. Peter Schweizer, *Victory: The Reagan Administration's Secret Strategy That Hastened the Collapse of the Soviet Union* (New York: Atlantic Monthly, 1994), 18.

6. Perry, "Defense Reform," 186-87.

7. National Security Decision Directive 75, "U.S. Relations with the USSR," January 17, 1983, at http://fas.org/irp/offdocs/nsdd-075.htm (accessed October 15, 2004), 2. On the drafting of the document, see Richard Pipes, *Vixi: Memoirs of a NonBelonger* (New Haven: Yale University Press, 2003), 188-202.

8. CIA Directorate of Intelligence, "The Soviet Defense Industry: Coping with the Military Technological Challenge," SOV 87-10035DX, July 1987, iii.

9. *Soviet Military Power*, 108.

10. Ibid., 109-10.

11. Gus W. Weiss, "The Farewell Dossier," *Studies in Intelligence* (1996) at www.cia.gov/csi/studies/96unclass/farewell.htm (accessed October 14, 2004).

12. Schweizer, Victory, 189.

13. General Accounting Office, *Ballistic Missile Defense: Records Indicate Deception Program Did Not Affect 1984 Test Results* (Washington DC: GAO, July 1994), 3.

14. William S. Lind, "Quantity Versus Quality' Is Not the Issue," *Air University Review* (September-October 1983): 86-88.

15. James Fallows, *National Defense* (New York: Random House, 1981), 35.

16. Ibid.

17. Pierre Sprey, "The Case for Better and Cheaper Weapons," in *Defense Reform Debate*, ed. Asa A. Clark (Baltimore: Johns Hopkins University Press, 1984), 200, 202.

18 Ibid., 107, 98.

19. Perry, "Defense Reform," 192.

20. John F. Lehman, *Command of the Seas* (New York: Scribner's, 1988), 156.

21. Donn A. Starry, "Reflections," in *Camp Colt to Desert Storm: The History of U.S. Armored Forces*, ed. George F. Hofmann and Donn A. Starry (Lexington: University Press of Kentucky, 1999), 546.

22. John L. Romjue, *From Active Defense to AirLand Battle: The Development of Army Doctrine, 1973-1982* (Fort Monroe, VA: Historical Office, U.S. Army Training and Doctrine Command, 1984), 3.

23. Headquarters, United States Army Training and Doctrine Command, "Net Assessment of U.S. and Soviet Tank Crew Training" (Ft. Monroe, VA: U.S. Army Training and Doctrine Command, January 29, 1977), 2−1.

24. Starry, "Reflections," 549.

25. Romjue, *From Active Defense to AirLand Battle*, 7.

26. Richard M. Swain, "AirLand Battle," in Hofmann and Starry, *Camp Colt to Desert Storm: The History of U.S. Armored Forces*, 378; Romjue, *From Active Defense to AirLand Battle*, chapter 2.

27. Romjue, *From Active Defense to AirLand Battle*, 33.

28. Swain, "AirLand Battle," 379.

29. Ibid., 383.

30. 그 예로 Steven E. Miller, ed., *Conventional Forces and American Defense Policy* (Princeton, NJ: Princeton University Press, 1986)를 참조하라.

31. Barry D. Watts, *Long-Range Strike: Imperatives, Urgency and Options* (Washington, DC: Center for Strategic and Budgetary Assessments, 2005), 34에서 인용.

32. Kenneth P. Werrell, *Chasing the Silver Bullet: U.S. Air Force Weapons Development from Vietnam to Desert Storm* (Washington, DC: Smithsonian Books, 2003), 200.

33. Ibid., 200−202.

34. Ibid., 204.

35. Ibid., 204−5.

36. Richard J. Dunn III, Price T. Bingham, and Charles A. "Bert" Fowler,

"Unblinking Eye in the Sky: Moving-target Radar Provides True Picture of the Enemy," *Intelligence, Surveillance, and Reconnaissance Journal* 3, no. 7 (August 2004), 112.

37. Headquarters, United States Army Training and Doctrine Command, "Net Assessment," 2-1, 2-2.

38. Robert J. Sunell, "The Abrams Tank System," in Hofmann and Starry, *Camp Colt to Desert Storm*, 433.

39. Ibid., 435-36.

40. W. Blair Haworth Jr., *The Bradley and How It Got That Way: Technology, Institutions, and the Problem of Mechanized Infantry in the United States Army* (Westport, CT: Greenwood, 1999), 83-84.

41. Ibid., 437, 449.

42. Ibid., 444.

43. Ibid., 454.

44. Ibid., 460.

45. Ibid.

46. Ibid., 463.

47. CIA Directorate of Intelligence, "The Soviet T-72 Tank Performance," SW 82-10067X, August 1982, iv.

48. Robert H. Scales Jr., *Certain Victory: The U.S. Army in the Gulf War* (Washington DC: Brassey's, 1994), 261.

49. Sunell, "The Abrams Tank System," 432.

50. Ibid., 466.

51. Haworth, *The Bradley and How It Got That Way*, 2.

52. Ibid., 80.

53. Ibid., 81.

54. Ibid., 137.

55. Ibid., 142-43.

56. Combat Studies Institute, *Sixty Years of Reorganizing for Combat: A Historical Trend Analysis* (Fort Leavenworth, KS: U.S. Army Command and General Staff College, 1999), 40, 46.

57. Ibid., 9-10.

58. Christopher Ford and David Rosenberg, *The Admirals' Advantage: U.S. Navy Operational Intelligence in World War II and the Cold War* (Annapolis, MD: U.S. Naval Institute Press, 2005), 61–62.

59. Norman Friedman, *Seapower and Space* (London: Chatham, 2000), 175.

60. Ford and Rosenberg, *Admirals' Advantage*, chapter 4.

61. Friedman, *Seapower and Space*, 188.

62. Ibid., 220.

63. Ibid., 237, 234.

64. Ibid., 135–36.

65. John C. Toomay, "Technical Characteristics," in *Cruise Missiles: Technology, Strategy, Politics*, ed. Richard K. Betts (Washington, DC: Brookings Institution, 1981), 37.

66. Ibid., 39.

67. Michael Russell Rip and James M. Hasik, *The Precision Revolution: GPS and the Future of Aerial Warfare* (Annapolis, MD: Naval Institute Press, 2002), 164, 228.

68. Friedman, *Seapower and Space*, 270.

69. Robert J. Art and Stephen E. Ockenden, "The Domestic Politics of Cruise Missile Development, 1970–1980," in Betts, *Cruise Missiles*, 406.

70. Ibid., 394.

71. Lehman, *Command of the Seas*, 169.

72. Art and Ockenden, "Domestic Politics," 384.

73. Ron Huisken, "The History of Modern Cruise Missile Programs," in Betts, *Cruise Missiles*, 86.

74. Kenneth P. Werrell, *The Evolution of the Cruise Missile* (Maxwell AFB, AL: Air University Press, 1996), 154.

75. Ibid., 155.

76. Friedman, *Seapower and Space*, 211.

77. Ibid., 269.

78. Ibid., 60–65.

79. Ibid., 65–66.

80. Ibid., 68–70.

81. Ibid., 73.

82. Milt Bearden and James Risen, *The Main Enemy* (New York: Random House, 82. 2003), 27.

83. Werrell, *Chasing the Silver Bullet*, 75.

84. Ibid., 75.

85. Ibid., 78.

86. Ibid., 83.

87. Ibid., 86–87.

88. Pavel Podvig, ed., *Russian Strategic Nuclear Forces* (Cambridge, MA: MIT Press, 2001), 213.

89. Ibid., 222.

90. Ibid., 218.

91. Ibid., 243.

92. Donald R. Baucom, *The Origins of SDI: 1944-1983* (Lawrence: University Press of Kansas, 1992), 172–74.

93. Ibid., 176.

94. Ibid., 179.

95. Donald Mackenzie, *Inventing Accuracy: A Historical Sociology of Nuclear Missile Guidance* (Cambridge, MA: MIT Press, 1992), 232.

96. Interagency Intelligence Memorandum, "Soviet Approaches to Defense Against Ballistic Missile Submarines and Prospects for Success," NIO IIM 76–012J, March 1976, 2.

97. Ibid., 243, 246, 275.

98. Ibid., 225–26.

99. Werrell, *Evolution of the Cruise Missile*, 203.

100. Art and Ockenden, "Domestic Politics," 408.

101. Dennis M. Gormley, *Double Zero and Soviet Military Strategy* (London: Jane's, 1988).

102. Office of the Undersecretary of Defense for Acquisition, Technology, and Logistics. INF Treaty, Executive Summary, at www.defenselink.mil/acq/acic/treaties/Inf/execsum.htm.

103. Kenneth P. Werrell, *Hitting a Bullet with a Bullet: A History of Ballistic*

Missile Defense (Maxwell AFB, AL: Air University Press, 2000), 20.

104. Baucom, *The Origins of SDI*, 103, 108−9.

105. Ibid., 129.

106. Baucom, *The Origins of SDI*, 165에서 인용.

107. Ibid., 182

108. Ronald Reagan, "Announcement of Strategic Defense Initiative," March 23, 1983, at www.missilethreat.com/resources/speeches/reagansdi.html (accessed August 16, 2005).

109. Werrell, *Hitting a Bullet with a Bullet*, 22.

110. GAO, *Ballistic Missile Defense*, 3.

111. Tim Weiner, "Lies and Rigged 'Star Wars' Test Fooled the Kremlin, and congress," *New York Times*, August 18, 1993.

112. GAO, *Ballistic Missile Defense*, 15.

113. Jeremi Suri, "Explaining the End of the Cold War: A New Historical Consensus?" *Journal of Cold War Studies* 4, no. 4 (Fall 2002): 65에서 인용.

114. Ibid., 66.

115. Stephen G. Brooks and William C. Wohlforth, "Power, Globalization, and the End of the Cold War," *International Security* 25, no. 3 (Winter 2000/2001): 165−73.

5장 • 걸프전쟁과 탈냉전 시대, 1991~2001년

1. Headquarters, U.S. Air Force, Management Information Division, *United States Air Force Statistical Digest: Fiscal Year 1973*, July 31, 1974, table 34, p. 86; *United States Air Force Statistical Digest: Fiscal Year 1974*, April 15, 1975, table 37, p. 73.

2. Kenneth P. Werrell, *Chasing the Silver Bullet: U.S. Air Force Weapons Development from Vietnam to Desert Storm* (Washington, DC: Smithsonian Institution Press, 2003), 149.

3. David R. Mets, *The Quest for a Surgical Strike: The United States Air Force and Laser Guided Bombs* (Eglin AFB, FL: Office of History, Armament Division, Air Force Systems Command, 1987), 98.

4. Werrell, *Chasing the Silver Bullet*, 153.

5. Ibid., 155.

6. Barry D. Watts, *Long-Range Strike: Imperatives, Urgency and Options* (Washington, DC: Center for Strategic and Budgetary Assessments, 2005), 32–33.

7. Fred Ikle and Albert Wohlstetter, *Discriminate Deterrence: Report of The Commission on Integrated Long-Term Strategy* (Washington, DC: U.S. Government Printing Office, 1988), 8.

8. Scott Pace et al., *The Global Positioning System: Assessing National Policies*, MR–614 (Santa Monica, CA: Rand Corporation, 1995), 238.

9. Ibid., 240.

10. Ibid., 242.

11. Ibid., 243, 267.

12. Ibid., 248.

13. Ikle and Wohlstetter, *Discriminate Deterrence*, 49.

14. Werrell, *Chasing the Silver Bullet*, 125.

15. David C. Aronstein and Albert C. Piccirillo, *Have Blue and the F-117A: Evolution of the "Stealth Fighter"* (Reston, VA: American Institute of Aeronautics and Astronautics, 1997), 23, 29.

16. Ben R. Rich and Leo Janos, *Skunk Works* (Boston: Little, Brown, 1994), 21.

17. Aronstein and Piccirillo, *Have Blue and the F-117A*, 33.

18. Werrell, *Chasing the Silver Bullet*, 128.

19. Rick Atkinson, "Stealth: From 18–Inch Model to $70 Billion Muddle," *Washington Post*, October 8, 1989.

20. Aronstein and Piccirillo, *Have Blue and the F-117A*, 2.

21. Werrell, *Chasing the Silver Bullet*, 131–34.

22. Ibid., 132.

23. Rich and Janos, *Skunk Works*, 64.

24. Aronstein and Piccirillo, *Have Blue and the F-117A*, 113.

25. Atkinson, "Stealth."

26. 스텔스 개발에 대한 언론 보도에 대해서는 Aronstein and Piccirillo, *Have Blue and the F-117A*, 243–50을 참조하라.

27. Werrell, *Chasing the Silver Bullet*, 135.

28. Atkinson, "Stealth."

29. Werrell, *Chasing the Silver Bullet*, 129–30; Tacit Blue at http://www. wpafb.af.mil/museum/modern_flight/mf37a.htm.

30. Ikle and Wohlstetter, *Discriminate Deterrence*, 49.

31. Caspar W. Weinberger, *Annual Report to the Congress, Fiscal Year 1988* (Washington, DC: U.S. Government Printing Office, 1987).

32. Central Intelligence Agency, Directorate of Intelligence, *Soviet Work on Radar Cross Section Reduction Applicable to a Future Stealth Program*, SW 84–10015, February 1984, iii–iv.

33. CIA Directorate of Intelligence, "U.S. Stealth Programs and Technology: Soviet Exploitation of the Western Press," SW M 88–20036, 1 August 1985, 6.

34. James C. Goodall, *America's Stealth Fighters and Bombers* (Osceola, WI: MBI Publishing, 1992), 69–75.

35. Atkinson, "Stealth."

36. Michael E. Brown, *Flying Blind: The Politics of the U.S. Strategic Bomber Program* (Ithaca, NY: Cornell University Press, 1992), 296.

37. Rick Atkinson, "Unraveling Stealth's 'Black World,'" *Washington Post*, October 9, 1989.

38. Benjamin S. Lambeth, *The Transformation of American Air Power* (Ithaca, NY: Cornell University Press, 2000), 159.

39. Ibid., 158.

40. "A–12 Avenger Il," at http://www.fas.org/man/dod–101/sys/ac/a–12. htm (accessed 10 March 2006).

41. Rich and Janos, *Skunk Works*, 274–78.

42. Robert H. Scales, *Certain Victory: The U.S. Army in the Gulf War* (Ft. Leavenworth, KS: U.S. Army Command and General Staff College Press, 1994), 19.

43. Thomas A. Keaney and Eliot A. Cohen, *Gulf War Air Power Survey Summary Report* (Washington, DC: U.S. Government Printing Office, 1993), 7–10.

44. Ibid., 79, 168.

45. Jacob Weisberg, "Gulfballs," *The New Republic*, March 25, 1991.

46. Stephen C. Pelletiere, Douglas V. Johnson II, and Lief R. Rosenberger, *Iraqi Power and U.S. Security in the Middle East* (Carlisle Barracks, PA: U.S. Army War College Strategic Studies Institute, 1990), ix, xi.

47. Edward N. Luttwak, "Blood for Oil: Bush's Growing Dilemma," *The Independent*, August 27, 1990.

48. Michael R. Gordon and Bernard E. Trainor, *The Generals' War* (Boston: Little, Brown, 1995), 87, 102–22, 180–81, 188.

49. Lambeth, *Transformation of American Air Power*, 110.

50. F−117과 토마호크 지상공격미사일(TLAM)만 바그다드 공격이 허용되었다. F−117은 야간에, TLAM은 주간에 공격했다. Keaney and Cohen, *Gulf War Air Power Survey*, 225 참조.

51. Ibid., 224.

52. Lambeth, *Transformation of American Air Power*, 156.

53. Keaney and Cohen, *Gulf War Air Power Survey*, 225.

54. Gordon and Trainor, *The Generals' War*, 118.

55. Ibid., 12, 229–30.

56. Ibid., 226, 241.

57. Michael Russell Rip and James M. Hasik, *The Precision Revolution: GPS and the Future of Aerial Warfare* (Annapolis, MD: Naval Institute Press, 2002), 209.

58. Keaney and Cohen, *Gulf War Air Power Survey*, 15.

59. Rip and Hasik, *Precision Revolution*, 214.

60. Keaney and Cohen, *Gulf War Air Power Survey*, 63.

61. Eliot A. Cohen, "A Bad Rap on High Tech," *Washington Post*, July 16, 1996.

62. Gordon and Trainor, *Generals' War*, 322–23; Lambeth, *Transformation of American Air Power*, 124.

63. Gordon and Trainor, *Generals' War*, 420–21.

64. Keaney and Cohen, *Gulf War Air Power Survey*, 200.

65. Gordon and Trainor, *Generals' War*, 216.

66. Rip and Hasik, *Precision Revolution*, 156.

67. Ibid., 158.

68. Keaney and Cohen, *Gulf War Air Power Survey*, 58, 60, 106.

69. 이라크군은 약 300킬로미터의 스커드 미사일 사정거리를 늘이기 위해 450킬로
    그램짜리 탄두의 크기를 줄이고 연료 탱크의 크기를 늘렸다. 그리하여 사정거리
    640킬로미터의 알후세인과 880킬로미터의 알아바스 미사일을 만들었다.

70. Watts, *Long-Range Strike*, 52.

71. Keaney and Cohen, *Gulf War Air Power Survey*, 79, 83.

72. Michael Russel Rip and David P. Lusch, "The Precision Revolution: The
    Navstar Global Positioning System in the Second Gulf War," *Intelligence
    and National Security* 9, no. 2 (April 1994): 167–241.

73. Gordon and Trainor, *Generals' War*, 353.

74. Pace et al., *Global Positioning System*, 245.

75. Lambeth, *Transformation of American Air Power*, 235–36.

76. Rip and Hasik, *Precision Revolution*, 135–36.

77. Pace et al., *Global Positioning System*, 245.

78. Lambeth, *Transformation of American Air Power*, 237.

79. Scales, *Certain Victory*, 71.

80. Ibid., 72.

81. Stewart M. Powell, "Scud War, Round Two," *Air Force Magazine*, April
    1992.

82. Scales, *Certain Victory*, 182–83.

83. Gordon and Trainor, *Generals' War*, 239.

84. Ibid., 457.

85. Stephen Biddle, "Victory Misunderstood: What the Gulf War Tells Us
    About the Future of Conflict," *International Security* 21, no. 2 (Fall 1996):
    139–79.

86. 그 예로 William J. Perry, "Desert Storm and Deterrence," *Foreign Affairs*
    70, no. 4 (Fall 1991): 66–82; Andrew F. Krepinevich, "Cavalry to
    Computer," *The National Interest* 37 (Fall 1994): 30–42; Eliot A. Cohen,
    "A Revolution in Warfare," *Foreign Affairs* 75, no. 2 (March/April 1996):
    37–54를 참조하라.

87. Michael J. Mazarr et al., *The Military Technical Revolution: A Structural Framework* (Washington, DC: CSIS, 1993), 28.

88. Keaney and Cohen, *Gulf War Air Power Survey*, 251.

89. 그 예로 Stephen J. Blank, "The Soviet Strategic View: Ogarkov on the Revolution in Military Technology," *Strategic Review* (Summer 1984), 3을 참조하라.

90. Andrew F. Krepinevich Jr., *The Military-Technical Revolution: A Preliminary Assessment* (Washington, DC: Center for Strategic and Budgetary Assessments, 2002), i.

91. Andrew W. Marshall, "Some Thoughts on Military Revolutions," memorandum for the record, July 27, 1993.

92. Statement of Andrew W. Marshall, Director, Net Assessment, Office of the Secretary of Defense, before the Senate Armed Services Committee Subcommittee on Acquisition and Technology on May 5, 1995.

93. 그 예로 William A. Owens, "The Emerging System of Systems," *U.S. Naval Institute Proceedings* (May 1995): 36–39를 참조하라.

94. William S. Cohen, *Report of the Quadrennial Defense Review* (Washington, DC: Department of Defense, 1997), iv.

95. National Defense Panel, *Transforming Defense: National Security in the 21st Century* (Washington, DC: U.S. Government Printing Office, 1997).

96. Eliot A. Cohen, "The Mystique of Air Power," *Foreign Affairs* 73, no. 1 (January/February 1994): 109.

97. Andrew J. Bacevich, *American Empire* (Cambridge, MA: Harvard University Press, 2002), 152.

98. Wayne Specht, "Iraq Watch Operations Up in the Air," *Stars and Stripes*, March 31, 2003.

99. Kenneth M. Pollack, *The Threatening Storm: The Case for Invading Iraq* (New York: Random House, 2002), 64.

100. Ibid., 67.

101. Ibid., 83.

102. Ibid., 92–94.

103. Karl Mueller, "The Demise of Yugoslavia and the Destruction of Bosnia:

Strategic Causes, Effects, and Responses," in *Deliberate Force: A Case Study in Effective Air Campaigning*, ed. Robert C. Owen (Maxwell Air Force Base, AL: Air University Press, 2000); Bacevich, American Empire, 163–64.

104. Richard L. Sargent, "Aircraft Used in Deliberate Force" in Owen, *Deliberate Force*, 200, 220.

105. Ibid., 257.

106. Ibid., 227–28.

107. Benjamin S. Lambeth, *NATO's Air War for Kosovo: A Strategic and Operational Assessment* (Santa Monica, CA: Rand Corporation, 2001), 61.

108. Ibid., 21.

109. William M. Arkin, "Operation Allied Force: 'The Most Precise Application of Air Power in History," in *War Over Kosovo: Politics and Strategy in a Global Age*, ed. Andrew J. Bacevich and Eliot A. Cohen (New York: Columbia University Press, 2001), 8.

110. Lambeth, *NATO's Air War for Kosovo*, 25.

111. Ralph Peters, "Invading Kosovo: A Battle Plan," *Newsweek*, May 3, 1999.

112. Lambeth, *NATO's Air War for Kosovo*, 108.

113. Ibid., 187.

114. Ibid., 40–41.

115. Ibid., 92.

116. Ibid., 116–20.

117. David A. Fulghum and Robert Wall, "Russians Admit Testing F–117 Lost in Yugoslavia," *Aviation Week and Space Technology*, October 8, 2001.

118. Lambeth, *NATO's Air War for Kosovo*, 88.

119. Arkin, "Operation Allied Force," 21.

120. Lambeth, *NATO's Air Warf or Kosovo*, 87.

121. Ross Kerber, "U.S. Bombs Seen Smarter, Cheaper," *Boston Globe*, October 3, 2003.

122. Rip and Hasik, *Precision Revolution*, 236.

123. Lambeth, *NATO's Air War for Kosovo*, 91.

124. Ibid., 90−91.

125. Ibid., 144, 146−47.

126. Michael G. Vickers, "Revolution Deferred: Kosovo and the Trans-formation of War," in Bacevich and Cohen, *War Over Kosovo*, 194.

127. Ibid., 94−95.

128. Arkin, "Operation Allied Force," 17.

129. Vickers, "Revolution Deferred," 196.

130. Arkin, "Operation Allied Force," 25.

131. Barry R. Posen, "The War for Kosovo: Serbia's Political−Military Strategy," *International Security* 24, no. 4 (Spring 2000): 39−84; Stephen T. Hosmer, *Why Milosevic Decided to Settle When He Did* (Santa Monica, CA: Rand Corporation, 2002).

132. John Keegan, "So the Bomber Got Through to Milosevic After All," *Daily Telegraph*, June 4, 1999.

133. Headquarters United States Air Force, *Initial Report, The Air War Over Serbia: Aerospace Power in Operation Allied Force*, 48−49.

134. Jason Sherman, "Dream Work," *Armed Forces Journal International*, May 2000, 25.

135. 그 예로 Eliot A. Cohen, "Kosovo and the New American Way of War," in Bacevich and Cohen, *War Over Kosovo*를 참조하라.

136. Ronald R. Fogelman, "Air Power and the American Way of War," presented at the Air Force Association Air Warfare Symposium, Orlando, FL, February 15, 1996, available at www.au.af.mil/au/awc/awcgate/af/air_power_and_the_american_htm (accessed March 10, 2006).

137. 일각에서는 이 공장이 실제로 신경가스 제조에 연루되었는지에 대해 의문을 표했다. James Risen and David Johnston, "Experts Find No Arms Chemicals at Bombed Sudan Plant," *New York Times*, February 9, 1999를 참조하라. Daniel Benjamin and Steven Simon, *The Age of Sacred Terror* (New York: Random House, 2002)도 참조하라.

6장 · 테러와의 전쟁, 2001~2005년

1. George W. Bush, "Address to a Joint Session of Congress and the American people," September 20, 2001, at www.whitehouse.gov/news/releases/2001/09/print/20010920−8.html (accessed April 18, 2006).

2. Ibid.

3. 아프가니스탄에서의 옵션에 대한 논의는 Bob Woodward, *Bush at War* (New York: Simon & Schuster, 2002), chapter 6을 참조하라.

4. Gary Schroen, *First In* (New York: Ballantine Books, 2005), 87.

5. Linda Robinson, *Masters of Chaos* (New York: Public Affairs, 2004), 156.

6. David R. Brooks et al., *The First Year: U.S. Army Forces Central Command During Operation Enduring Freedom* (Carlisle, PA: U.S. Army War College, 2002), 30.

7. Patricia Cohen, "Getting It Right: Strategy Angst," *New York Times*, October 27, 2001.

8. John J. Mearsheimer, "Guns Won't Win the Afghan War," *New York Times*, November 4, 2001.

9. Ann Scott Tyson, "Talk Grows of a Major U.S. Troop Deployment," *Christian Science Monitor*, November 1, 2001.

10. Mackubin Thomas Owens, "How to Win: The Case for Ground Troops," *Wall Street Journal*, October 31, 2001.

11. Lawrence F. Kaplan, "Ours to Lose," *New Republic*, November 12, 2001.

12. Benjamin S. Lambeth, *Air Power Against Terror: America's Conduct of Operation Enduring Freedom* (Santa Monica, CA: Rand Corporation, 2005), 160−61.

13. Henry A. Crumpton, "Intelligence and War: Afghanistan, 2001−2002," in *Transforming U.S. Intelligence*, ed. Jennifer E. Sims and Burton Gerber (Washington, DC: Georgetown University Press, 2005), 162−79.

14. John Keegan, "The Changing Face of War," *Wall Street Journal Europe*, November 26, 2001.

15. "Counter−Terrorism and Military Transformation: Impact of the Afghan Model," in International Institute for Strategic Studies, *Strategic survey 2002/3* (Oxford: Oxford University Press, 2003).

16. Richard B, Andres, Craig Wills, and Thomas Grifflth Jr., "Winning with Allies: The Strategic Value of the Afghan Model," *International Security* 30, no. 3 (Winter 2005/2006): 124–60. Stephen D. Biddle, "Allies, Airpower, and Modern Warfare: The Afghan Model in Afghanistan and Iraq," ibid., 161–76도 참조하라.

17. Lambeth, *Air Power Against Terror*, 259.

18. Vernon Loeb, "Afghan War Is a Lab for U.S. Innovation," *Washington Post*, March 26, 2002.

19. Lambeth, *Air Power Against Terror*, 260.

20. Sean Naylor, *Not a Good Day to Die: The Untold Story of Operation Anaconda* (New York: Berkeley, 2005), 263.

21. Lambeth, *Air Power Against Terror*, 145.

22. Defense Science Board, *1996 Summer Study Task Force on Tactics and Technology for 21st Century Military Superiority* (Washington, DC: Department of Defense, 1996).

23. 이 연습에 대한 좋은 개괄을 위해서는 James A. Lasswell, "Assessing Hunter Warrior," *Armed Forces Journal International*, May 1997, 14–15를 참조하라.

24. John F. Schmitt, "A Critique of the Hunter Warrior Concept," *Marine Corps Gazette* 82, no. 6 (June 1998): 14–15.

25. Gary Anderson, "Infestation Tactics and Operational Maneuver from the Sea: Where Do We Go from Here?" *Marine Corps Gazette* 81, no. 9 (September 1997): 70.

26. Owen O. West, "Who Will Be the First to Fight?" *Marine Corps Gazette* 87, no. 5 (May 2003):54.

27. John H. Hay Jr., *Vietnam Studies: Tactical and Materiel Innovations* (Washington, DC: Department of the Army, 1989), 52.

28. Thom Shanker, "The Edge of Night," *New York Times Magazine*, December 1, 2002.

29. Naylor, *Not a Good Day to Die*, 207.

30. Lambeth, *Air Power Against Terror*, 252.

31. Ross Kerber, "U.S. Bombs Seen Smarter, Cheaper," *Boston Globe*,

October 3, 2003.

32. Eric E. Theisen, *Ground-Aided Precision Strike: Heavy Bomber Activity in Operation Enduring Freedom* (Maxwell AFB, AL: Air University Press, 2003), 1, 10.

33. Lambeth, *Air Power Against Terror*, 144.

34. Headquarters, United States Air Force, *Operation Anaconda: An Air Power Perspective* (Washington, DC: Department of Defense, 2005), 61.

35. Lambeth, *Air Power Against Terror*, 159.

36. 9/11 Report, 189–90.

37. Ibid., 211–12.

38. *Aerospace Daily and Defense Report*, October 13, 2004.

39. Naylor, *Not a Good Day to Die*, 357.

40. Schroen, *First In*, 166–67.

41. Lambeth, *Air Power Against Terror*, 278.

42. Douglas Jehl, "Remotely Controlled Craft Part of U.S.–Pakistan Drive Against Al Qaeda, Ex–Officials Say," *New York Times*, May 16, 2005.

43. Douglas Jehl and Mohammad Khan, "Top Qaeda Aide Is Called Target in U.S. Air Raid," *New York Times*, January 14, 2006.

44. Naylor, *Not a Good Day to Die*, 307.

45. Ibid., 152.

46. Lambeth, *Air Power Against Terror*, 326.

47. Tommy Franks, *American Soldier* (New York: HarperCollins, 2004), 290–96.

48. Ibid., 294.

49. Lambeth, *Air Power Against Terror*, 203.

50. Jeffrey Record, "Collapsed Countries, Casualty Dread, and the New American Way of War," *Parameters* (Summer 2002): 4–23.

51. Arthur K. Cebrowski and Thomas P. M. Barnett, "The American Way of War," *Transformation Trends*, January 13, 2003.

52. *Military Transformation: A Strategic Approach* (Washington, DC: Department of Defense, 2003), 28에서 인용.

53. "President Speaks on War Effort to Citadel Cadets," at www.whitehouse.

gov/news/releases/2001/12/print/20011211−6.html (accessed December 11, 2001).

54. Ibid.

55. Stephen Biddle, *Afghanistan and the Future of Warfare: Implications for Army and Defense Policy* (Carlisle, PA: U.S. Army War College, 2002), vii−ix.

56. 그 예로 오사마 빈 라덴의 1998년 파트와를 참조하라. www.fas.org/irp/world/para/ docs/980223−fatwa.htm (accessed October 3, 2005).

57. Gregory Fontenot, E. J. Degan, and David Tohn, *On Point: The United States Army in Operation Iraqi Freedom* (Ft. Leavenworth, KS: Combat Studies Institute Press, 2004), 100.

58. Barry R. McCaffrey, "A Time to Fight," *Wall Street Journal*, April 1, 2003. 이후의 흐름을 고려할 때, 맥캐프리가 이라크를 안정화시키거나 점령하는 데 필요한 조건이 아닌 이라크군을 격파하는 데 필요한 조건을 논하고 있었다는 점은 특기할 필요가 있다.

59. Thom Shanker and John Tierney, "Head of Military Denounces Critics of Iraq Campaign," *New York Times*, April 2, 2003.

60. Fontenot, Degan, and Tohn, *On Point*, 90.

61. Michael R. Gordon and Bernard E. *Trainor, Cobra II: The Inside Story of the Invasion and Occupation of Iraq* (New York: Pantheon Books, 2006), 177, 409.

62. Fontenot, Degan, and Tohn, *On Point*, 153.

63. Robinson, *Masters of Chaos*, chapters 9 and 13; Gordon and Trainor, Cobra III, chapter 17.

64. Fontenot, Degan, and Tohn, *On Point*, 89.

65. Dennis Cauchon, "Why U.S. Casualties Were Low," *USA Today*, April 21, 2003; Oscar Avila, "Allies Won with Few Casualties," *Chicago Tribune*, May 3, 2003.

66. John Keegan, "Saddam's Utter Collapse Shows This Has Not Been a Real War," *Daily Telegraph*, April 8, 2003.

67. *CENTAF Assessment and Analysis Division, Operation IRAQI FREEDOM— By the Numbers*, April 30, 2003, 3, 7.

68. Ibid., 11.

69. Kevin M. Woods et al., *Iraqi Perspectives Project: A View of Operation Iraqi Freedom from Saddam's Senior Leadership* (Norfolk, VA: U.S. Joint Forces Command, 2006), 125.

70. 합동직격탄(JDAM)이 전천후로 발사가 가능했음에도 불구하고 모래폭풍은 여전히 미국이 공습을 실시하는 능력에 영향을 미쳤다. 일례로 미국 중부사령부는 3월 27일에 계획된 공습의 4분의 1을 날씨 때문에 취소했다. Gordon and Trainor, *Cobra II*, 324.

71. Fontenot, Degan, and Tohn, *On Point*, 255.

72. Bill Gertz, "Signal Jamming a Factor in Future Wars, General Says," *Washington Times*, July 16, 2004; Gordon and Trainor, *Cobra II*, 324.

73. Franks, *American Soldier*, 446.

74. Richard J. Dunn, *Blue Force Tracking: The Afghanistan and Iraq Experience and Its Implications for the U.S. Army* (Washington, DC: Northrop Grumman, 2004), 5.

75. Ibid., 7.

76. Ibid., 9, 11.

77. Adam Grissom, "The Future of Military Innovation Studies," *Journal of Strategic Studies* 29, no. 5 (October 2006): 929.

78. Fontenot, Degan, and Tohn, *On Point*, 97, 65.

79. Dennis M. Gormley, "Missile Defense Myopia: Lessons from the Iraq War," *Survival* 45, no. 4 (Winter 2003/2004): 61, 63, 66.

80. "We Got Nothing Until They Slammed Into Us," *Technology Review* (November 2004), 38.

81. Fontenot, Degan, and Tohn, *On Point*, 11.

82. Ibid., 174.

83. "We Got Nothing," 38; Greg Grant, "Network Centric Blind Spot," *Defense News*, September 12, 2005.

84. David Zucchino, *Thunder Run: Three Days in the Battle for Baghdad* (London: Atlantic Books, 2004), 12.

85. Ibid., 35.

86. Juan O. Tamayo, "Iraqis Seem Unaware of Enemy Location," *Miami*

Herald, April 9, 2003.

87. Woods et al., *Iraqi Perspectives Project*, chapter 6.

88. "President Bush Outlines Progress in Operation Iraqi Freedom," April 16, 2003, at www.state.gov/p/nea/rls/rm/19709.htm (accessed April 2, 2006).

89. Max Boot, "The New American Way of War," *Foreign Affairs* 82, no. 4 (July/August 2003): 42–44.

90. Michael E. O'Hanlon and Jason H. Campbell, "Iraq Index: Tracking Variables of Reconstruction and Security in Post–Saddam Iraq," at www.brookings.edu/iraqindex (accessed September 21, 2007).

91. Brigadier Nigel Aylwin–Foster, "Changing the Army for Counterinsurgency Operations," *Military Review* (November/December 2005): 10.

92. Carol J. Williams, "Soldiers Get Extra Layer of Defense," *Los Angeles Times*, July 29, 2005.

93. David S. Cloud, "Insurgents Using Bigger, More Lethal Bombs, U.S. Officers Say," *New York Times*, August 4, 2005.

94. Steven Komarow, "Tanks Take a Beating in Iraq," *USA Today*, March 30, 2005.

95. John M. Donnelly, "New Countermeasure for Roadside Bombs Nearly Ready, House Chairman Says," *CQ Today*, March 11, 2005.

96. Megan Scully, "Hunting for Solutions to IEDs: U.S. Army Rounds Up Resources to Stop Roadside Bombs," *Defense News*, September 27, 2004.

97. David A. Fulghum, "Looking for the Silver Bullet," *Aviation Week and Space Technology*, May 9, 2005.

98. Ronald J. Glasser, "A War of Disabilities," *Harper's*, July 1, 2005.

99. Tom Infield, "The Stunning Success of Battlefield Medicine," *Philadelphia Inquire*, December 11, 2005.

100. Glasser, "A War of Disabilities," 59.

결론

1. James R. Blaker, "The American RMA Force: An Alternative to the QDR," *Strategic Review* (Summer 1997): 22.

2. Office of the Secretary of Defense, *Transformation Planning Guidance*

(Washington, DC: Department of Defense, 2003), 4-5.

3. Stephen Biddle, "Victory Misunderstood: What the Gulf War Tells Us About the Future of Conflict," *International Security* 21, no. 2 (Fall 1996): 139-79.

4. Benjamin S. Lambeth, *The Transformation of American Air Power* (Ithaca, NY: Cornell University Press, 2000), 160.

5. 엘리엇 A. 코언 또한 "Change and Transformation in Military Affairs," *Journal of Strategic Studies* 27, no. 3 (September 2004): 403에서 같은 논지의 주장을 펼친다.

6. Office of the Secretary of Defense, *Unmanned Aircraft Systems Roadmap: 2005-2030* (Washington, DC: OSD, 2005), 3.

7. United States Government Accountability Office, *Unmanned Aircraft Systems: DOD Needs to More Effectively Promote Interoperability and Improve Performance Assessments*, GAO-06-49 (December 2005), 7.

8. Ibid., 7.

9. Donald Rumsfeld, *Quadrennial Defense Review Report* (Washington, DC: OSD, 2006), 46.

10. Michael Howard, "Military Science in an Age of Peace," *Journal of the United Services Institute for Defense Studies* 119, no. 1 (March 1974): 4.

11. Warren Caldwell, "Promises, Promises," *Proceedings* (January 1996).

12. Mackubin T. Owens, "Technology, the RMA, and Future War," *Strategic Review* (Spring 1998): 63-70.

13. Eliot A. Cohen, "Defending America in the Twenty-first Century," *Foreign Affairs* 79, no. 6 (November/December 2000): 40-56; Andrew F. Krepinevich, "Why No Transformation?" *Joint Force Quarterly* (Autumn/Winter 1999-2000): 97-101.

14. 2000년 설문에 대한 상세한 결과는 Thomas G. Mahnken and James R. FitzSimonds, *The Limits of Transformation: Officer Attitudes Toward the Revolution in Military Affairs* (Newport, RI: Naval War College Press, 2003)를 참조하라. 2002년 설문에서 육군 장교들의 태도에 대한 상세한 결론은 Thomas G. Mahnken and James R. FitzSimonds, "Tread-Heads or Technophiles? Army Officer Attitudes Toward Transformation," *Parameters* (Summer 2004): 57-72를 참조하라.

15. James M. Gavin, "Cavalry, and I Don't Mean Horses," *Harper's Magazine*, April 1954.
16. Edward Cody and Molly Moore, "'The Best Guerrilla Force in the World': Analysts Attribute Hezbollah's Resilience to Zeal, Secrecy and Iranian Funding," *Washington Post*, August 14, 2006.

이 책은 1990년대 말 컬럼비아대학교 출판부의 제임스 워렌과의 대화에서 비롯되었다. 당시의 분위기는 오늘날과는 사뭇 달랐다. 2001년 9월 11일의 테러리스트 공격과 그 후에 이어진 아프가니스탄 및 이라크에서의 전쟁으로 나는 이 책의 개념을 다시 설정하고 6장을 추가했다. 제임스는 내가 이 책을 시작하게 만들었고, 그 과정의 대부분을 나와 함께했다. 감사를 표한다. 이 책을 끝마칠 수 있게 해준 피터 디먹에게도 감사를 표한다.

나는 이 책을 로드아일랜드 뉴포트에 있는 미 해군전쟁대학의 전략학 교수로 일하고 있을 때 쓰기 시작해 워싱턴 DC에 있는 존스홉킨스대학교 폴 H. 니츠 고등국제학대학원SAIS의 필립 머릴 전략연구센터에서 초빙 연구위원으로 있을 때 마무리했다. 두 곳 모두 속한 분야에서 최고의 연구기관이며, 나에게 많은 지원과 영감을 주었다. 그것이 없었다면 나는 이 책을 완성시키지 못했을 것이다. 해군전쟁대학의 조지 베어, 존 모러, 캐롤 킬티, 캐시 휴버트, 그리고 나의 혁신, 네트워크 중심전, 정보 기술에 대한 강좌를 수강한 학생들에게 감사를 표현다. SAIS의 엘리엇 A. 코언, 토머스 A. 키니, 세이어 맥켈, 커트니 마타, 그리고 나의 '군사기술의 이해' 수업을 수강한 학생들에게도 감사를 표현다.

나는 특히 이상적인 동료이자 협력자인 해군전쟁대학의 제임스 R. 피츠시몬즈에게 큰 빚을 졌다. 그는 누구보다도 군사기술에 대한 나의 관점에 영향을 미쳤다. 나는 해군전쟁대학에서 그와 함께 일련의 강좌를 진행하면서 큰 기쁨을 누렸다. 지난 7년간 우리는 미래전에 대한 장교들의 태도를 탐색하는 프로젝트에서 공동으로 작업했다.

개인적인 차원에서 나는 이 책을 쓰면서 아들 토머스와 딸 레이철의 탄생을 보았고, 나의 어머니 매들린의 죽음을 겪었다. 또한 해군과 함께 두 차례 해외에 파병되는 등 상상하지 못했던 곳을 가고, 상상하지 못했던 일을 했다. 이 책의 원고 일부는 바레인의 호텔방에서 썼고, 또 일부는 쿠웨이트의 텐트에서 썼다.

이 원고의 몇몇 부분을 읽어준 토머스 에르하드, 토머스 A. 키니, 앤드루 W. 마셜, 배리 D. 와츠, 제임스 R. 피츠시몬즈에게 감사를 표한다. 그들의 의견과 조언으로 이 책은 더 좋은 책이 될 수 있었다. 또한 나의 산만한 지시도 말이 되게 만들어준 나의 연구조교 엘레너 더글러스, 벤저민 클레이, 이완 맥도걸, 애니 안, 그렉 슈니펠, S. 레베카 짐머먼에게 감사를 표한다. 물론 사실관계나 해석의 오류가 있다면 전적으로 나의 책임이다.

지은이 토머스 G. 맨켄Thomas G. Mahnken

토머스 맨켄은 현재 미국의 싱크탱크인 전략예산평가센터CSBA의 회장이다. 존스홉킨스대학교 폴 H. 니츠 고등국제학대학원 필립 머릴 전략연구센터의 수석 연구교수이며, 미 해군전쟁대학 전략학 교수로 20년 가까이 일했다. 2006년부터 2009년까지 미 국방부 정책기획실 부차관보로 근무했다. 서던캘리포니아대학교에서 역사와 국제정치를 공부했고, 존스홉킨스대학교 고등국제학대학원에서 국제 문제로 석사와 박사 학위를 받았다. 저서 및 편저로『국제정치의 군비경쟁: 19세기부터 21세기까지』,『아시아에서의 전략: 지역 안보의 과거, 현재, 미래』,『비밀과 책략: 중국의 전략 문화 이해』등이 있다.

옮긴이 김수빈

BBC 코리아 기자이다. 허핑턴포스트 한국어판, 국방 전문지 디펜스21+ 등에서 주로 외교 안보 문제를 다뤘다. 국제투명성기구TI 2015년 국방 분야 반부패지수 보고서의 한국 국방 분야 평가를 맡았다. 옮긴 책으로『리얼 노스 코리아』,『반미주의로 보는 한국 현대사』등이 있다.

궁극의 군대

미군은 어떻게 세계 최강의 군대가 되었나

발행일	2018년 6월 25일 (초판 1쇄)
	2020년 8월 31일 (초판 2쇄)
지은이	토머스 G. 맨켄
옮긴이	김수빈
펴낸이	이지열
펴낸곳	미지북스
	서울시 마포구 성암로 15길 46(상암동 2-120번지) 201호
	우편번호 03930
	전화 070-7533-1848 팩스 02-713-1848
	mizibooks@naver.com
	출판 등록 2008년 2월 13일 제313-2008-000029호
책임 편집	박기효, 이지열
출력	상지출력센터
인쇄	한영문화사
ISBN	978-89-94142-70-8 03940
값	16,800원

· 블로그 http://mizibooks.tistory.com
· 트위터 http://twitter.com/mizibooks
· 페이스북 http://facebook.com/pub.mizibooks